Geschichte lehren und lernen

Schriftenreihe für Forschung und Unterricht

Geschichte lehren und lernen
Schriftenreihe für Forschung und Unterricht

Geschichte spielend lernen

Hilfen für den handlungsorientierten Geschichtsunterricht

von Friedrich Jahn

mit Beiträgen von Holger Jahn

Verlag Moritz Diesterweg
Frankfurt am Main

Geschichte lehren und lernen

Schriftenreihe für Forschung und Unterricht

Geschichte erleben im Museum
Anregungen und Unterrichtsbeispiele für den Geschichtsunterricht.
Von Frank Andraschko, Alexander Link und Hans-Jakob Schmitz (7320)

Geschichte spielend lernen
Hilfen für den handlungsorientierten Geschichtsunterricht. Von Friedrich Jahn (7321)

Geschichtsunterricht in der Praxis der Sekundarstufe I
Befragungen, Analysen und Perspektiven. Von Wolfgang Hug (7323)

Deutschland und Polen nach 1945
Vorschläge für eine Unterrichtseinheit über die deutsch-polnischen Beziehungen.
Von Gerhard Heck und Manfred Schurig (7324)

Der deutsche Widerstand gegen den Nationalsozialismus
Seine Darstellung in Lehrplänen und Schulbüchern der Fächer
Geschichte und Politik in der Bundesrepublik Deutschland.
Von Otto-Ernst Schüddekopf (7325)

Führer und Geführte. Monarch und Untertan
Eine Studie zur politischen Ikonologie und ihre unterrichtliche Umsetzung.
Von Karsten Weber (7326)

Ur- und Frühgeschichte im Unterricht
Zugleich ein Beitrag zur Geschichte des Geschichtsunterrichts.
Von Wolfgang Marienfeld (7327)

Lehrzielorientierte Lernerfolgskontrolle
Schwerpunkt: Affektion Bereich. Von Norbert M. Seel (7328)

Heimat oder Region?
Grundzüge einer Didaktik der Regionalgeschichte.
Hrsg. von Peter Knoch und Thomas Leeb (7329)

Die Reihe wird fortgesetzt

Die Deutsche Bibliothek – CIP-Einheitsaufnahme

Jahn, Friedrich:
Geschichte spielend lernen : Hilfen für den handlungsorientierten Geschichtsunterricht / von Friedrich Jahn. Mit Beitr. von Holger Jahn.
– 1. Aufl. – Frankfurt am Main : Diesterweg, 1992
(Geschichte lehren und lernen)
ISBN 3-425-07321-4

ISBN 3-425-07321-4

1. Auflage 1992

Umschlagentwurf: Hetty Krist, Frankfurt am Main
Gesamtherstellung: Rheinhessische Druckwerkstätte, Alzey

Inhalt

Vorwort

Zitate – Zitate! 1
Mein Einstieg in die Spielgestaltung 2
Einwände und Fragen 3

I Zur Methodik der Spielarbeit

1. Die Einführung in das Spiel 7
   Die „Spieleinstimmung" 7
   Pantomimische Einzelübungen 10
   Das Scharadenspiel 14
2. Verschiedene Spielformen 16
   Memorierspiele 16
   An der Geschichtsleiste spielend lernen 17
   Persönlichkeiten erraten 18
   Historische Begriffe – spielend erlernen 18
3. Spielformen im Überblick und ihre Einsatzmöglichkeiten 23
4. Spielerfahrung und Motivation 27
5. Anmerkung zur Begrifflichkeit 28

II Unterrichtsbeispiele

1. Ur- und Frühgeschichte
   U 1 : Der Mensch entwickelt sich 30
   Spiel mit einer spielunerfahrenen Klasse
   U 2 : Der Mensch entwickelt sich 33
   Spiel mit einer spielerfahrenen Klasse
   U 3 : Der Nil als Lehrmeister der Menschen 41
2. Antike
   U 4 : Demokratie in Athen 44
   U 5 : Sklaven zur Römerzeit 48
   U 6 : Die Ursachen der Völkerwanderung 53
3. Mittelalter
   U 7 : Das Lehnswesen 58
   U 8 : Markttag in einer mittelalterlichen Stadt 63
   U 9 : Der Investiturstreit 68

4. Reformation und Bauernkrieg
U 10: So bald das Geld im Kasten klingt 71
U 11: Der Bauernaufstand von 1525 76
U 12: Von der Freiheit eines Christenmenschen 81
U 13: Der Bauernkrieg 85
U 14: Hugenottenverfolgung – „Die Füße im Feuer" 91
U 15: Der 30jährige Krieg 96

5. Erfindungen und Entdeckungen
U 16: Die Erfindung des Buchdrucks 104
U 17: Kolumbus entdeckt Amerika 109
U 18: Siedler und Indianer in Nordamerika 116

6. Absolutismus und aufgeklärter Absolutismus
U 19: Ludwig XIV. und Friedrich II. – ein Vergleich 123

7. Revolutionen
U 20: Die Französische Revolution 132
U 21: 1848 in Berlin 141

8. Industrialisierung
U 22: Industrialisierung – Landflucht 146

9. Weimarer Republik
U 23: Zum Vertrag von Versailles 151
U 24: Weltwirtschaftskrise und Arbeitslosigkeit 162
U 25: Der Kampf um die Macht – Wahlkampf 1932 169

10. Nationalsozialismus
U 26: Nationalsozialistische Jugenderziehung 178
U 27: Antisemitismus in einer Schulklasse 1934 190
U 28: Österreich soll „heim ins Reich" 194
U 29: Widerstand gegen Hitler 198

11. Die Zeit nach 1945
U 30: Deutschland in den Jahren 1945/46 208
U 31: Alltag und Politik 214

III Literaturverzeichnis

1. Lesetips für Schüler 221

2. Verzeichnis der zitierten Literatur 224

Vorwort

Zitate – Zitate!

„In einer 6. Klasse kann man Geschichte noch gut vermitteln, da sind die Schüler noch interessiert, aufnahmebereit und arbeitswillig, aber im 7. Jahrgang der Hauptschule läßt die Mitarbeit merklich nach, sinkt in der 8. Klasse auf sporadische Aktivitäten und wird wieder in der Abschlußklasse der Hauptschule an jenen Themen sichtbar, die sich mit sozialen Problemen befassen."

„Leider können die Schüler nicht mehr richtig zuhören und hinsehen. Meine ‚goldenen Worte' nehmen sie nicht auf und Anschauungsmaterial, von mir wirklich sinnvoll angeboten, wird nur oberflächlich wahrgenommen. Eine Speicherung von Fakten im Langzeitgedächtnis der Schüler ist nur in Ausnahmefällen festzustellen. Ständig höre ich den Vorwurf ‚Die Schüler haben keine Geschichtskenntnisse mehr – die Schule hat versagt!'"

„Um jede Geschichtsstunde so vorzubereiten, daß Schüler motiviert und aktiviert werden, damit sie sich mit dem Stoff auseinandersetzen und ihn nacherleben können, fehlt mir einfach die Zeit – und außerdem sind meine kreativen Ansätze, Schüler zu motivieren und zu begeistern, erschöpft."

„Natürlich möchte ich gern guten Geschichtsunterricht erteilen und Schüler zu verantwortlich handelnden Staatsbürgern von morgen erziehen, aber daran hindern mich die Stoffverteilungspläne, die uns immer wieder zwingen, durch die Jahrhunderte zu hetzen. Wann und wo soll ich z. B. die dringend erforderlichen Realbegegnungen mit der Geschichte durch Unterrichtsgänge und Museumsbesuche einplanen?"

„Die vornehmste Pflicht des Geschichtslehrers ist es doch wohl, Informationen zu geben, problemorientiert zu arbeiten und Quellentexte interpretieren zu lassen. Der Schwerpunkt meines Unterrichts liegt eindeutig auf der Inhaltsebene! Ich leiste im Unterricht Schwerstarbeit, aber leider nur mit geringem Erfolg, denn die Schüler werden von mir überfordert und schalten einfach ab. Mir fällt es sehr schwer, Beziehungsebene und Inhaltsebene sinnvoll miteinander zu verknüpfen!"

Weitere Aussagen von Kollegen zur Situation im Geschichtsunterricht erübrigen sich wohl, denn schon diese wenigen reichen aus, um die Kernprobleme in unser Blickfeld zu rücken:

a) das Desinteresse der Schüler
b) das Unvermögen der Schüler, nicht mehr zuhören und hinsehen zu können
c) die zeitliche Überforderung der Geschichtslehrer
d) die Stoffauswahl und die Verteilungspläne
e) Verknüpfung von Beziehungs- und Inhaltsebene!

Die Punkte a) und b) kann man wohl nur bedingt herausstellen, denn Schüler können in allen Jahrgängen für den Geschichtsunterricht interessiert werden, sie sind auch durchaus in der Lage, sich über einen längeren Zeitraum zu konzentrieren, wenn sie sich angesprochen fühlen. Diese Schwierigkeiten münden ein in den Punkt e) und werden dort bei Lösungsvorschlägen mit einzubeziehen sein.

Schwieriger dürfte es sein, die zeitliche Überforderung der Geschichtslehrer in den Griff zu bekommmen, schließlich steht und fällt unser Unterricht mit der Vor- und Nachbereitung der Geschichtsstunden.

Durch enge Zusammenarbeit innerhalb des Kollegiums kann der Punkt d) angegangen werden. Gemeinsam ist es leichter, „den“ historischen Stoff auszuwählen und sich dem „richtigen“ anzunähern. Aber die letzte Entscheidung darüber ist eigenverantwortlich von jedem Kollegen zu leisten, sie kann ihm niemand abnehmen!

Und nun noch zu Punkt e): Jeder Lehrer weiß, wie wichtig es ist, ein Schüler-Lehrerverhältnis aufzubauen, das auf gegenseitigem Vertrauen basiert und den jeweiligen Belastungen, die im Lehren und Lernen zwangsläufig auftreten, standzuhalten und darüber hinaus die Beziehungen der Schüler untereinander so zu entwickeln und zu festigen vermag, daß sie sich als Gemeinschaft fühlen, einander helfen und ganz selbstverständlich füreinander einstehen und miteinander und nicht gegeneinander arbeiten.

Diese Voraussetzungen waren früher genauso für einen guten Unterricht erforderlich wie heute, wenn man Schüler inhaltlich ansprechen und erreichen wollte. Es galt und gilt, den Schülern Informationen methodisch so anzubieten, daß sie von ihnen aus eigenem Antrieb angegangen und bewältigt werden. Es geht also um die Verknüpfung von Beziehungs- und Inhaltsebene, um die man in der Praxis täglich neu kämpft, stets auf der Suche nach einem entscheidenden Durchbruch.

Vielleicht geben dem Suchenden hierfür die praktischen Beispiele aus der Unterrichtsarbeit in Geschichte einige Anregungen.

Mein Einstieg in die Spielgestaltung

Bereits in meiner Junglehrerzeit gelangte ich ganz zufällig zu der Erkenntnis, wie bedeutsam es für den Unterricht sein kann, wenn Geschichtsereignisse spielerisch verarbeitet werden. Meine Schüler hatten mir diesen Weg gewiesen, als sie mir nämlich an einem Sonnabendvormittag – an diesem Wochentag stellte ich stets den Schülern 2 Stunden zur freien Gestaltung zur Verfügung – Heinrichs Gang nach Canossa vorspielten. Die Klasse und ich erlebten in einem Stegreifspiel einen Heinrich IV., der keine Mühe scheute, über die Alpen zu ziehen, sich den widrigsten Witterungsverhältnissen aussetzte und beharrlich vor dem Tor der Burg stand, um sich vom Bann freisprechen zu lassen und einen überaus harten Gregor, der den König auf die Knie zwang, sich von ihm seine Füße küssen ließ und ihn immer wieder demütigte. Günther, der den Papst spielte, hatte ohne Zweifel im Unterricht begriffen, daß es bei den beiden in ihrem Investiturstreit allein um die Macht ging. Die Mitschüler waren begeistert, ich auch – aber gleichzeitig war ich auch tief von der Aussage betroffen, die durch das Spiel erfolgte. – Ich dachte über meinen Lehrervortrag nach, über den gedanklichen Aufbau und über die Art, wie ich erzählt hatte und konnte mich dann nicht ganz davon freisprechen, Günther zu einem derartigen Rollenverständnis angeregt zu haben. Es war aber auch nicht auszuschließen, daß er dank seiner schauspielerischen Begabung seine eigene Vorstellung von Macht mit eingebracht hatte.

Im Auswertungsgespräch ging ich sehr vorsichtig zu Werke: es galt, Korrekturen vorzunehmen, aber auf keinen Fall die spielende Gruppe zu verprellen.

Ich bat die „Zuschauer“ der Klasse um Stellungnahme, ließ den Text über den Gang nach Canossa noch einmal im Geschichtsbuch nachlesen und mit dem Spiel vergleichen. Einige Schüler meinten, daß Günther als Papst übertrieben habe, aber Günther verteidigte sich: „Als wir die Spielidee entwickelten und wir über Gregor VII. sprachen, da wußte ich gleich, daß das meine Rolle ist. Ich habe mir halt ausgemalt, wie verärgert er über die Absetzung war, und dann habe ich gespielt, wie man es diesem König heimzahlen müßte!"

Damals verstand ich noch recht wenig von spielerischen Ansätzen: der Übernahme einer Rolle – der Verwandlung – der Identifizierung mit der Rolle – vom Typenspiel und der Charakterdarstellung, vom Memorier-, Imitations- und Simulations-Spiel!

Klar wurde mir aber, wie vorsichtig der Lehrer bei seiner Lehrer-Erzählung sein muß, wenn nicht die Phantasie mit den Schülern durchgehen soll.

Nachhaltig blieb aber der Eindruck, den das Spielgeschehen auf die Klasse gemacht hatte. Alle Schüler waren angesprochen worden, gingen aus sich heraus, bezogen Stellung! Ich beschloß deshalb, in Zukunft nach Abschluß einer Unterrichtseinheit regelrecht dazu aufzufordern, besondere Ereignisse zu spielen, nicht zuletzt um auch diese Möglichkeit der Lernerfolgskontrolle und der Korrektur zu nutzen. Die Themenwahl und die Gestaltung des Spiels überließ ich zunächst weiterhin den Schülern. Aber das änderte sich in dem Augenblick, als ich erkannte, daß sich der Einstieg in eine Unterrichtseinheit mit einer Spielsituation geradezu anbot. Hatte ich den Schülern bisher nur im *Frontalunterricht* Informationen gegeben oder mit ihnen in *Gruppenarbeit* an Quellentexten gearbeitet, so wollte ich nun die Spielbereitschaft einiger Schüler dazu nutzen, die Motivationsphase zu beleben und alle Klassenangehörigen von vornherein auf das neue Thema einzustimmen.

Dieses Vorhaben überzeugte mich dann von der Notwendigkeit, handlungsorientiert zu arbeiten, um die Schüler zum Nacherleben zu führen.

Das Interesse meiner 56 Schüler am Geschichts-Unterricht wuchs, die aktive Beteiligung nahm auffallend zu, Fragen und Meinungsäußerungen bestimmten mehr und mehr die Qualität des Unterrichts. Geschichtsarbeiten, die nun geschrieben wurden, bewiesen eine beachtliche Leistungssteigerung, und von Disziplinschwierigkeiten konnte bald nicht mehr die Rede sein! Wenn ich zurückblicke, erscheint es mir wie ein Geschenk, daß ich damals einige spielbegeisterte Schüler in der Klasse hatte, die mir klargemacht haben, wie Geschichtsunterricht lebendiger gestaltet werden kann. Auch heute warten Schüler darauf, zum Spiel aufgefordert zu werden!

Aus Erfahrung kann ich sagen, alle Schüler sind für Spielsituationen zu begeistern, wir müssen nur wissen, wie wir es anfangen!

Einwände und Fragen

Bevor die methodischen Möglichkeiten des Spieleinsatzes im Geschichtsunterricht aufgezeigt werden, sollen zunächst Kollegen zu Wort kommen, die sich zu diesem Thema kritisch äußerten. Es könnten ja auch Ihre Bedenken sein, und die sollen doch gleich im Ansatz durch die folgenden praktischen Beispiele zerstreut werden. Also:

„Was soll diese Spielerei? – Sie erzeugt nur Unruhe in der Klasse, die dann nur mit Mühe wieder zu zügeln ist. – Es kommt ja sowieso nichts dabei heraus!"

„Ich sehe nicht ein, warum ich die Schüler spielen lassen soll. – Wenn ich anschaulich arbeite, Quellentexte einsetze und im richtigen Augenblick die Lehrererzählung wähle, dann habe ich die Klasse voll im Griff, sie ist interessiert und arbeitet aktiv mit!"

„Bei der Durchsicht meiner umfangreichen Stoffsammlung ist mir noch nie der Gedanke gekommen, daß ich diese oder jene Situation spielen lassen könnte. – Ich wüßte auch gar nicht, was ich da auswählen sollte, weil ich einfach nicht übersehe, was ich denn mit dem Spiel zur Klärung einer Unterrichtseinheit beitrage, ob ich damit überhaupt die sachliche Kompetenz der Schüler fördere!"

„Ich habe schon Bedenken, die Lehrer-Erzählung einzusetzen, um nicht in Gefahr zu geraten, die Schüler zu manipulieren. Würde ich mich mit dem Spiel nicht noch viel mehr dieser Gefahr aussetzen?"

„Wenn ich mir diese Werbung für den Spielgedanken anhöre, dann komme ich nicht umhin, mir auszumalen, daß ich für diese Arbeit wesentlich mehr Zeit für die Vorbereitung, für die Durchführung und letztlich für die Auswertung der Stunde benötige. – Ja, lohnt sich denn der zeitliche Mehraufwand überhaupt?"

„Ich verstehe zu wenig vom Spiel, und darum lasse ich die Finger davon!"

„Bisher habe ich es noch niemals geschafft, auch nicht bei größter Kraftanstrengung, den Lehrplan auch nur annähernd zu erfüllen – und soll ich nun mit dem Spiel noch Zeit vertrödeln?"

Das ist nicht gerade ermutigend!
Wo liegen nun die Schwerpunkte der kritischen Stellungnahmen?

- Spiel wird als Spielerei angesehen!
- das Problem der Auswahl: Welche Texte bieten sich denn zur Spielgestaltung an?
- die Gefahr der Manipulation!
- der zeitliche Aufwand: Spiel erfordert noch mehr Vorbereitung!
- die Erfüllung des Lehrplans wird immer fragwürdiger!
- mangelnde Sachkenntnis: Ich verstehe zu wenig vom Spiel!

Beim letzten Einwand, genau da, ist sogleich anzusetzen! Also, wie kann sich der Geschichtslehrer sachkundig machen, um mit dem Spiel die historische Sachkompetenz der Schüler zu fördern, deren soziale Kompetenz zu erweitern und schließlich deren personale Kompetenz zu steigern?

Einmal anders formuliert:

- Wie kann die Fähigkeit des Schülers, sich sachgerecht mit Geschichte auseinanderzusetzen, sich in der Geschichte zu orientieren und Geschichtliches wahrzunehmen, gesteigert werden?
- wie können dem Schüler historische Entwicklungs- und Strukturzusammenhänge in den sozialen Beziehungen seiner Umwelt näher gebracht, einsichtig gemacht werden
- und wie kann ihm geholfen werden, mittels historischer Erfahrungen, seine eigene Identität zu finden und zu erweitern?

Mit allen bisherigen bekannten Versuchen: durch lernzielorientierten Geschichtsunterricht – durch Quellenarbeit – durch Anschaulichkeit – durch problemorientierten Unterricht ist es dem einen oder anderen nur in Ansätzen gelungen, Schüler für Geschichte zu interessieren und zu befähigen.

Das Problem liegt offen zutage: Welche Möglichkeiten gibt es, alle Schüler – ja alle! – einer Klasse zu motivieren und sie durch Informationen betroffen zu machen – sie lernwillig, aktiv und kreativ werden zu lassen – sie sachkundig und einsichtig in verschiedener Hinsicht zu machen?

Das war mein Problem! – In jahrelangen Versuchen gelang es mir, mich dieser Zielvorstellung zu nähern.

Die Erfahrungen, die ich sammelte, sollen hier nun mit zahlreichen Beispielen belegt werden. Sie sollen als Denkanstoß dienen, ermutigen und helfen, den Geschichtsunterricht wieder attraktiver zu machen.

Natürlich sind dem Verfasser auch die Grenzen seines Tuns in inhaltlicher, spielerischer und zeitlicher Hinsicht deutlich geworden:

Es kann im Geschichtsunterricht nicht immer nur gespielt werden!

Spiel ist nur da einzusetzen, wo es wesentlich und nachhaltig zur Klärung einer historischen Situation beiträgt, wo damit Betroffenheit ausgelöst werden kann und wo eine exemplarische Gestaltung weitere langatmige Themenbehandlungen erspart und zur Zeiteinsparung verhilft.

Entsprechende Hinweise findet der Leser bei den Unterrichtsbeispielen.

I Zur Methodik der Spielarbeit

Um nicht mißverstanden zu werden, sei vorweg doch noch einmal das Anliegen eines Geschichtslehrers formuliert:

Es geht darum, *alle* Schüler einer Klasse anzusprechen, sie zu motivieren und für Geschichte zu aktivieren!

Daß es nicht leicht ist, diese Zielvorstellung mit der alltäglichen Unterrichtspraxis in Einklang zu bringen, weiß jeder, der das Fach Geschichte unterrichtet, weil er viele Versuche unternommen und eigene Vorstellungen eingebracht hat, um sich dieser Zielvorstellung zu nähern.

Um das Versuchen und Erproben zu erleichtern, wird hier nun die Möglichkeit angeboten, es doch einmal mit dem Spiel zu versuchen. Ein konsequenter Aufbau der Spielarbeit und seine richtige Handhabung kann die Unterrichtserfolge sichern, die einem vielleicht bisher versagt blieben.

Mit den folgenden Beispielen aus der Praxis wurden alle Schüler angesprochen, an das Mitspielen gewöhnt und leistungsmäßig gefördert.

Es hat sich als lohnend und richtig erwiesen, wenn die Schüler rechtzeitig an das Spiel herangeführt werden, dann geht die Einführung um so leichter vonstatten, und der Einsatz des Spiels im Unterricht bereitet keine Schwierigkeiten mehr.

Spielerfahrung muß aber sinnvoll aufgebaut und nach und nach gesammelt werden, wenn die tatsächlich vorhandenen Begabungen und Kräfte der Schüler mobilisiert werden sollen.

Niemand käme wohl auf die Idee, nur einmal im Jahr eine Singstunde einzulegen oder gar nur eine Stunde Sport treiben zu lassen, jedoch im Spiel hält man sich zurück, da konzentriert man sich – wenn es gut geht – auf eine einmalige Weihnachtsaufführung!

So sieht die Realität aus, und die ist nur zu verständlich, weil man zu wenig vom Spiel weiß und von seinen vielseitigen Möglichkeiten nicht überzeugt ist.

Die Erfahrung lehrt, auch darauf ist hinzuweisen, daß man dem angekündigten „Hoffnungsträger" Spiel keinen Dienst erweist, wenn eine Lehrkraft die Schüler auffordert:

„Ihr habt ja gerade den Quellentext gehört, und nun versucht einmal, ihn spielend nachzugestalten!"

Die Aufgabenstellung ist genau so wenig geeignet, wie die freundliche Frage: „Na, wer möchte denn nun spielen?"

Aufforderung und Frage wecken die Spielbereitschaft nicht, sie treffen die Schüler auf jeden Fall unvorbereitet, denn niemand kann auf Kommando spielen, schon gar nicht, wenn er spielunerfahren ist.

Die Schüler haben vor ihren Spielauftritten zuerst einmal einige Hemmschwellen zu überwinden, die Angst nämlich, sich vor den Mitschülern urplötzlich präsentieren zu müssen – Einblick in die ureigenste Gefühlswelt gewähren und körperliche und geistige Leistungen erbringen zu müssen, die man sich noch keineswegs zutraut.

1. Die Einführung in das Spiel

Was kann nun getan werden, um als Lehrkraft für Geschichte mit dem Spiel vertraut zu werden und Schüler an den Umgang mit Spiel zu gewöhnen?

Es bieten sich verschiedene methodische Möglichkeiten aus der langjährigen Spielhandhabung an:

Da ist zunächst einmal eine fünfminütige *Spieleinstimmung* zu nennen, die zu Beginn einer Geschichtsstunde vorgenommen werden sollte, wenn in der Stundenplanung eine spielerische Gestaltung vorgesehen ist.

Beispiele für den Stundenbeginn zu ganz bestimmten Themen finden Sie auf den nachfolgenden Seiten.

Doch auf Dauer wird man sich mit der *Spieleinstimmung* allein nicht zufrieden geben, obwohl sie durch das gemeinsame Tun zwar alle Schüler körperlich lockert und geistig entspannt, aber doch zu wenig für die fortschreitende spielerische Förderung des Einzelnen zu leisten vermag.
Der individuellen Förderung eines jeden Schülers würde dann Rechnung getragen, wenn einige Stunden darauf verwendet würden, grundsätzlich in die *pantomimische Einzelarbeit* einzuführen. Entsprechende Hinweise finden Sie nach den Beispielen der *Spieleinstimmung.*

Anschließend, so wie es Ihre Zeit erlaubt und wie sehr Sie und Ihre Schüler Gefallen am Spiel gefunden haben, sollten Sie den Mut aufbringen, noch einen Kurzlehrgang im *Scharadenspiel* anzufügen. Den Beitrag finden Sie im Anschluß an die Darstellung des Pantomimenspiels.

Mit beiden Spielansätzen hätten Sie dann ganz wesentliche Voraussetzungen dafür geschaffen, daß szenisches Spiel überzeugend dargeboten werden kann, und Schüler in der Gruppenarbeit selbständig und kreativ einen Spielaufbau bewältigen können.

Aus eigener Erfahrung weiß ich, wie sehr sich die Stunden, die für diese Anregungen aufgewendet werden, in der Folgezeit – nicht nur für den Geschichtsunterricht – bezahlt machen.

Die „Spieleinstimmung"

Durch eine fünfminütige *Spieleinstimmung* können die peinlichen Minuten der Aufforderung und der Ermunterung überwunden werden. Die verschiedenen methodischen Möglichkeiten der Spieleinstimmungen und Spielformen werden im folgenden kurz erläutert:

Pantomimische Spieleinstimmung

Eine Anmerkung vorab: Handlungsorientierter Geschichtsunterricht verlangt eine ihm gemäße Gestaltung des Klassenraums. – Dazu folgende Empfehlung: Bei den derzeitigen Klassenfrequenzen fällt es nicht schwer, die Tische und Stühle halbkreisförmig in der zweiten Hälfte des Klassenraums mit Blickrichtung auf die Tafel aufzustellen – der so gewonnene freie Raum steht ständig als Spielfläche zur Verfügung – der Blick zur Tafel, zur Geschichtskarte, zum Anschauungsmaterial ist frei – kein Umräumen – keine Unruhe – kein Zeitverlust mehr!

Spieleinstimmung am Beispiel des Themas „Frühe Lebensformen"

Alle Schüler stellen sich in Kreisform auf – der Lehrer gibt Anweisungen: Wir gehen ganz normal in Kreisrichtung herum – wir gehen langsam – wir gehen schnell – wir gehen wieder langsam – wir sind schon stundenlang unterwegs und schleppen uns nur noch so dahin. Das drücken wir jetzt mit unserem Körper aus – wir haben ein Tier entdeckt und schleichen uns an. Wir schleichen – wir werfen unseren Speer mit voller Wucht und noch einmal – wir haben beide Male das Tier verfehlt, enttäuscht setzen wir uns nieder – wir rappeln uns wieder auf – wir stolpern über eine Wurzel und haben uns einen Fuß verletzt – wir treten an einen Bach heran – vorsichtig setzen wir die Füße in das kalte Wasser – wir versuchen, einen Fisch mit den Händen zu fangen – frierend verlassen wir das Wasser – nun sammeln wir Pilze – nehmen hier und da ein paar Beeren mit – die Früchte liefern wir bei unserer Horde ab!

„Wir schleppen uns nur noch so dahin"

Vorschläge zu weiteren Spieleinstimmungen:

Thema „Sklaven zur Römerzeit"

„Wir stellen uns wieder zum Kreis auf – wir gehen zügig vorwärts – wir gehen vorsichtig rückwärts – wir gehen in gebückter Haltung – wir richten uns auf, stöhnen und schütteln unsere Glieder aus – wir werden geschlagen und ducken uns, versuchen die Schläge abzuwehren – wir nehmen den Kopf zwischen unsere Schultern und ziehen uns mehr und mehr in uns zusammen – wir bewegen uns nun frei im Raum – begegnen anderen Menschen, weichen ihnen aus – wir haben Angst vor den anderen – spielt diese Angst – wilde Tiere fallen uns an, wir drängen uns Rücken an Rücken zu einem festen Kreis zusammen – wir beobachten die lauernden Tiere – wir erstarren – wir legen uns müde nieder!"

Thema „Investiturstreit"

„Wir verteilen uns im gesamten freien Raum – wir bewegen uns mit kleinen Schritten – wir gehen auf Zehenspitzen – wir machen ganz lange Schritte – wir schreiten – wir schreiten würdevoll – wir suchen uns einen Partner, ihm nähern wir uns in gebückter Haltung – was kann nun der Partner tun? – wir verbeugen uns mehrfach – in gebückter Haltung überreichen wir ein Schriftstück – wir bewegen uns langsam rückwärts und richten uns allmählich wieder auf – wir tauschen die Rollen – wir knien uns vor dem Partner nieder – was tut der Partner? – er neigt sich huldvoll nieder, deutet Unterstützung an, dem Knieenden wieder auf die Beine zu helfen – wir legen unsere Hände aneinander, winkeln unsere Arme und führen die Unterarme langsam bis zum Kinn – wir neigen den Kopf, schließen die Augen und beten! – nun schreiten wir würdevoll zu unseren Sitzplätzen!"

Thema „Völkerwanderung"

„Wir verteilen uns im Spielraum – denkt nach – macht einige Schritte vor, dann wieder zurück – ihr begegnet einem Mitmenschen, der genau so bedrückt ist wie ihr – ihr unterhaltet euch pantomimisch mit ihm – ihr geht hastig weiter – macht wieder kehrt – geht im Kreis – sucht Gegenstände – ihr tragt sie zusammen – ihr ladet sie auf einen Wagen – ihr führt Pferde heran – ihr spannt sie vor den Wagen – ihr nehmt Abschied von Menschen, die zurückbleiben wollen – ihr setzt euch als Kolonne in Bewegung!"

Thema „Das Lehnswesen"

„Wir sind alle auf dem Land beschäftigt – wir graben den Boden um – wir harken ihn – wir säen das Getreide aus – wir mähen mit der Sense – mit der Forke laden wir Garben auf den Erntewagen – wir dreschen das Korn mit Dreschflegeln – wir sägen einen Ast ab – wir ästen die Bäume aus – wir machen Feuer an – nun sind wir Ritter – wir kämpfen mit dem Degen – wir verteidigen uns mit unserem Schild – wir verbinden Verwundete!"

Thema „Markttag in einer mittelalterlichen Stadt"

„Wir befinden uns im Spiel-Raum – wir sind gerade aufgestanden, gähnen, recken und strecken uns – trinken einen Schluck und kauen dann an einem Kanten Brot – jetzt nehmen wir in jede Hand einen schweren Korb und wollen damit zum Markt in der Stadt – jetzt haben wir eine schwere Kiepe auf unserem Rücken und gehen damit langsam und schnaufend – wir gelangen zum Stadttor und werden kontrolliert. – Setzt nun eure Körbe nieder oder nehmt eure Kiepe ab – jeder sucht sich einen Partner, einer ist der

Lastträger, der andere der Kontrolleur – nun sind wir auf dem Markt, setzen ab und pakken unsere Waren aus – zum Schluß wählen wir einen Beruf: wir versuchen uns als Schmied – als Schneider – als Tischler – mit leeren Körben geht jeder auf seinen Platz zurück!"

Thema „Informationen aus dem 30jährigen Krieg"

„Wir verteilen uns wieder im Raum – jeder hält Ausschau nach Reitern, nach fremden Soldaten – wir legen unsere Sachen zurecht, die wir mitnehmen wollen, falls wir schnell in unser Versteck flüchten müssen – wir hängen den Wassereimer in unseren Ziehbrunnen – wir lassen den Eimer hinunter – wir kurbeln den vollen Eimer wieder herauf – wir tragen den schweren Eimer zu unserem Haus – wir suchen ein gutes Versteck für unsere Wertsachen – wir bilden Dreiergruppen: einer führt, zwei ziehen den Pflug – wir säen das Getreide aus – müde und zerschlagen gehen wir nach Hause – Alarm! – nehmt euer Bündel und lauft in euer Versteck!"

Pantomimische Einzelübungen

Mit den Spieleinstimmungen haben wir schon den ersten Zugang zum pantomimischen Spiel gefunden.

Sicherlich haben auch Ihre Schüler aufgeschlossen mitgemacht, und vielleicht ist bei dem einen oder anderen Mitspieler der Wunsch aufgetaucht, mehr über Pantomime zu erfahren, mehr Gestaltungsmöglichkeiten zu erlernen. Denn je besser der Einzelne oder die Gruppe zu gestalten verstehen, um so nachhaltiger ist die spielerische Überzeugungskraft ihrer historischen Aussageversuche.

Es sei jeder Lehrkraft empfohlen, doch einige Übungsstunden darauf zu verwenden, es kommt ihr und den Schülern in vielerlei Hinsicht zugute.

Beginnen wir also mit pantomimischen Einzelübungen:

Wir unterscheiden in der Pantomime: Ausdrucksübungen – Typen spielen – Körperübungen – Spiele mit einem imaginären Partner.

Ausdrucksübungen

Wir beginnen mit Ausdrucksübungen: Hören (lauschen) – Sehen – Schmecken – Riechen!

Einstimmung der Schüler: Stellt euch vor, ihr seid allein zu Hause, plötzlich hört ihr ein Geräusch im Nebenzimmer – da – schon wieder! – ihr habt aber Angst, nachzusehen und versucht zuerst einmal herauszufinden, was das für Geräusche sind und wer sie wohl verursacht. Ihr *hört* also genau hin! Wer von euch will mal versuchen, diese Situation pantomimisch zu spielen?

Ein Schüler beginnt: Bei seinem Auftritt geht er sogleich zu der Seite, auf der er das Geräusch wahrgenommen hat – er legt die rechte Hand ans Ohr – zuckt die Schulter!

Ein anderer Schüler: Er geht langsam und vorsichtig in die Richtung, aus der wohl das Geräusch kam – er geht ganz leise an der Seite auf und ab – bringt einmal das linke dann das rechte Ohr in die Richtung des anderen Zimmers – atmet auf – tritt ab!

Ein dritter Schüler: Er setzt sich – liest ein Buch – plötzlich das Geräusch – er bekommt Angst – drückt sich in eine Ecke, faßt langsam Mut – geht mit vorgebeugtem Oberkörper auf Zehenspitzen in die Geräuschrichtung – bleibt stehen – bringt vorsichtig einmal die linke Körperseite, dann die rechte in die Geräuschrichtung – sein Gesichtsausdruck ist voll konzentriert – die Augen geschlossen – den Körper angespannt – kein Geräusch mehr – er atmet tief durch – entspannt sich – tritt ab!

Erst nach dem dritten Auftritt fordert der Spielleiter die Mitspieler auf, sich zu äußern: Was hat euch gefallen – euch angesprochen – was überzeugte – was wurde nicht verstanden?

Die Auftritte werden verglichen:

„Das dritte Spiel hat mir am besten gefallen – die Angst konnte wahrgenommen werden – der Gang auf Zehenspitzen – der vorgebeugte, angespannte Oberkörper – die geschlossenen Augen – es wurde sehr deutlich, wie angespannt der Spieler gelauscht hat."

Beim 2. Spieler gefiel mir, daß er langsam und vorsichtig und dann auf und ab ging –"

„und beim ersten Spieler wurde am schnellsten klar, daß er genau hinhörte, weil er die Hand ans Ohr legte – aber das Spiel war nicht so spannungsvoll."

„Mir haben alle drei gefallen, jeder hat es auf seine Art versucht!" Frage an den Spielleiter: „Und wer hat ihnen am besten gefallen?" „Ich möchte zuerst allen drei Spielern danken, daß sie so mutig an die Höraufgabe herangegangen sind. Am schwersten hat es wohl der erste gehabt, ihn konnten die Nachfolger beobachten und sich sagen, das würde ich aber anders machen. Und 2 und 3 haben es dann ja auch anders gemacht, und schließlich kam dann das Ängstliche und Vorsichtige heraus und jeder von uns hat aus dem angespannten Körper das konzentrierte Hinhören ablesen und nachempfinden können.

Der dritte Spieler hat nicht nur durch Mimik – den zusammengepreßten Lippen und die geschlossenen Augen – sondern mit dem ganzen Körper seine innere Anspannung zum Ausdruck gebracht. Ja, am meisten überzeugt Mimik – Gestik und die angespannte Körperhaltung.

Nr. 1 hat die Hand ans Ohr gelegt. Er hat es so gemacht, wie er es schon beim schwerhörigen Opa gesehen hat. So machen es viele, wenn sie andeuten wollen, etwas nicht richtig verstanden zu haben.

Wir wollen hier aber keine allgemeinen Klischeevorstellungen bringen, sondern versuchen, wie einer von euch es schon gesagt hat – in eigener Art seine Empfindungen zum Ausdruck zu bringen. Der Anfang war jedenfalls ganz prima!

So und jetzt wollen wir mal feststellen, wer uns richtiges *Sehen* vermitteln kann.

Wie kann man Sehen wohl spielen?"

Schüler: erschrickt – ängstlich – aufgeregt – neugierig – interessiert – gelangweilt!

Wer fängt an? – Und achtet ihr gleich auf Mimik – Gestik und angespannte Körperhaltung?

Wieder spielen drei Schüler vor – jetzt andere – und dann wird wieder verglichen und ausgewertet.

Danach könnte das *Schmecken* einen anderen Ansatz der Verwandlung ergeben, und mit dem *Riechen* sollte dieser Teil der Übungen abgeschlossen werden.

Typen spielen

Wenn noch ein wenig Zeit bleibt, so könnten noch einige *Typen* gespielt werden:

Thema: Auf der Straße!

Ein gemütlicher Mann – eine gehetzte Frau – ein verspieltes Kind – ein alter gebrechlicher Mann – ein eitler Mensch – ein Blinder – ein Taschendieb treten auf.

Wieder spielen drei Schüler den alten gebrechlichen Mann oder die alte gebrechliche Frau.

Wie kann man den alten gebrechlichen Mann spielen?

Langsame Bewegungen: schlurfender oder hinkender Schritt, langsame Armbewegungen, langsames Drehen und Schütteln des Kopfes, alles ein wenig zeitlupenhaft.

Mit diesen Typenspielen beginnen die eigentlichen Verwandlungsaufgaben:

Aus der Vorstellung – der Entspannung des eigenen Ich hinein in die Anspannung des ganzen Körpers, der nun aussagt: Ich bin alt und gebrechlich!

Und das versuchen die Schüler: jeder in seiner eigenen Art – aus seiner Vorstellungskraft in der Verwandlung glaubhaft und überzeugend auszusagen.

Körperübungen

In der nächsten Stunde beginnen wir mit Atemübungen und dann mit kleinen Spielübungen:

Alle gehen so stolz wie ein Spanier – alle sind ganz müde – wir freuen uns und bringen das bewegungsmäßig zum Ausdruck – wir zeigen, daß wir ganz traurig sind – wir tragen einen schweren Koffer in der rechten Hand – wir halten mit beiden Händen einen aufgespannten Schirm und kämpfen gegen den Wind an!

Spiele mit einem imaginären Partner

Wer von euch spielt Tischtennis? – Wer versucht es, uns einen Tischtenniskampf vorzuspielen?

Zwei bis drei Schüler versuchen es. Sie spielen:

Lockerungsübungen – fassen den Schläger – Ballaufgabe – Abwehr, ran an die Platte – zurückweichen und schmettern – ganz tief von unten wird der Ball über das Netz gebracht!

In der Aussprache wird herausgestellt, daß es gilt, Beweglichkeit in Zeitlupe zu demonstrieren, daß es darauf ankommt, den ganzen Körper einzusetzen – die Tätigkeit der Arme im Schlageinsatz zu zeigen – in der Mimik Zufriedenheit und Enttäuschung auszudrücken. Danach folgt eine zweite Übung:

Ein Boxer bereitet sich auf seinen Kampf vor: Er tänzelt leichtfüßig – blockt ab – schlägt einen linken Haken, dann links und rechts – nimmt den Oberkörper zurück, um dem Schlag des Gegners die Wirkung zu nehmen!

Diese Übungen sollen die Schüler locker und beweglich machen und durch das Tun, jedem Spieler die Möglichkeit geben, es als beglückend zu empfinden, so viel mit seinem Körper anfangen zu können. Weitere Spielmöglichkeiten wären: Fechten – Eine Fliege fangen – Beim Holzfällen!

Kleine Geschichten pantomimisch erzählen

Telefonieren:

Schüler beschreiben, was alles beim Spiel berücksichtigt werden kann: An den Apparat treten – Hörer abnehmen – wählen – oder Tasten drücken – sprechen –

Mehr!: eine Telefonzelle aufsuchen – es spricht gerade ein Fremder – warten – Hörer abnehmen – nein, erst die Nummer suchen – Geld einwerfen – ein Groschen fällt immer durch – ein anderes Geldstück suchen – wählen – sprechen – vielleicht eine Verabredung treffen!

Phase 1: Bevor der erste Spielversuch gestartet wird, legt der Spielleiter den Spielraum fest:

Dies ist die Straße – sie ist stark befahren – sie ist zu überqueren – hier steht die Telefonzelle – Telefonieren – der Spieler kehrt über die Straße zurück – Spielende!

Nun versuchen zwei bis drei Schüler hintereinander eine kleine Geschichte, ein Erlebnis vom Telefonieren pantomimisch zu erzählen. Die zuschauenden Schüler erhalten den Auftrag, genau zu beobachten und die jeweils erzählte Geschichte in sich aufzunehmen.

Es folgen die Spielsituationen – die Auswertung.

Schüler geben wieder, was der erste – zweite – dritte Spieler erzählt hat.

Die Spieler bestätigen oder korrigieren.

Schüler freuen sich über gute Spieleinfälle:

Beim Überqueren der Straße wurde deutlich der vorbeirasende Verkehr sichtbar – spürbar!

Die Telefonzelle ist besetzt – der Spieler wartet – klopft an die Scheibe, endlich!

Der Spieler hat kein passendes Geld, bittet Passanten um Hilfe. Der Spieler kann die herausgesuchte Telefonnummer nicht behalten, er drückt einen Finger auf die Nummer im Buch!

Schüler fragen: Wie spielt man das Sprechen? Darf man dabei die Lippen bewegen und wie eine Ente schnattern?

Das sah jedenfalls bei Nr. 2 recht komisch aus!

„Nein, man macht keine Lippenbekenntnisse, sondern versucht, durch Mimik, Gestik und Körperhaltung zu reagieren: zu lächeln – den Kopf zu schütteln – zuzustimmen – abzulehnen! Man drückt sichtbar seine Empfindungen aus."

Schüler stellen fest: zwei Spieler standen wohl in der Zelle nicht richtig, denn man konnte ihr Minenspiel nicht sehen, auch der Vorgang des Telefonierens konnte nicht richtig wahrgenommen werden – außerdem waren alle Bewegungen zu schnell!

„Achtet bitte in Zukunft darauf, daß man als Spieler seinen Standort so wählt, daß man den Zuschauern nicht den Rücken zudreht – der Spieler muß offen – einsichtig – für seine Spielhandlung sein. Weil man sich als Spielanfänger noch nicht sicher fühlt, macht man die pantomimischen Bewegungen einfach zu schnell! – Langsam, klar und deutlich muß jede Bewegung sein, erkennbar – nachvollziehbar. Auch das Minenspiel kann nicht nur angedeutet werden!"

Schüler: Die drei Spieler haben uns zwar eine Geschichte erzählt, aber ich habe nicht feststellen können, welche Rolle jeder Einzelne übernommen hatte!

„Du hast gut beobachtet – keiner hatte eine Rolle übernommen, jeder hatte mehr oder weniger sich selbst gespielt.

Das Übernehmen einer Rolle war ja auch nicht ausdrücklich gefordert worden, das soll jetzt erst in der zweiten Phase geschehen. Jetzt sollt ihr eine Rolle übernehmen, euch also verwandeln und eine kleine Geschichte in der von euch übernommenen Rolle erzählen."

Phase 2: Ein altes, fast erblindetes Mütterchen tastet sich über die Straße bis zum Telefonhäuschen – beim Wählen muß sie Hilfe in Anspruch nehmen!

Wieder spielen drei Schüler!

Verwandlung! – gebückt in der Haltung – einen Stock in der Hand – fast starren Blikkes – bewegt sich langsam schlurfend und tastend die Spielerin – neue Ideen kommen hinzu!

Auswertung:

Erneut versuchen die Beobachter die gesehenen Aussagen wiederzugeben – loben – geben Anregungen.

Die Schüler bringen zum Ausdruck, daß das Spielen erst in der Verwandlung richtig Spaß macht!

Der Spielleiter dankt für die aktive Mitarbeit und kündigt an, daß in der nächsten Stunde mit der Gruppenpantomime angefangen wird.

Das Scharadenspiel

Scharadenspiel ist eine wichtige Voraussetzung für die Spielgestaltung:

Und wenn Sie jetzt Gefallen am Spiel gefunden haben sollten und in einer Geschichtsstunde feststellen können, daß immer mehr Schüler zur Spielaussage drängen, und die Spielbeiträge immer echter wirken, dann sollten Sie nicht versäumen, auch noch das *Scharadenspiel* einzuführen, damit die Schüler etwas über Spielgestaltung, über Aufbau und Ablauf einer Spielszene erfahren, um sie später in der Gruppenarbeit historische Quellen, Bilder oder Balladen in Handlungsabläufe umsetzen lassen zu können.

Bekannt sind: Silben-, Buchstaben-, Lied- und Begriffsscharaden.

Der Schwerpunkt verlagert sich nun von der Darstellung auf das *Spiel.* Scharaden werden nicht nur dargestellt, sondern gespielt – und *Spiel* baut auf einer Idee auf, lädt zur Übernahme einer Rolle ein und erfordert eine gestaltete Aussage.

Das soll nun in kleinen Ansätzen geübt werden.

Zunächst muß jedoch erklärt werden, wie eine Scharade aufgebaut werden kann, und wie sie dann gespielt wird.

Zunächst: Was ist unter Silben-Scharade zu verstehen?

Das Wort Scharade stammt aus dem Französischen und soll so viel wie Silbenrätselspiel bedeuten.

Scharaden werden in Gruppenarbeit vorbereitet und dann von den Gruppen gespielt.

Nach einer festgelegten Vorbereitungszeit kommen die Gruppen zusammen. Gruppe 1 beginnt mit ihrem Spiel, Gr. 2 u. 3 schauen zu und „erraten" den Begriff – dann spielt Gr. 2 u. 1 u. 3 schauen zu usw.

Ein Beispiel für eine Silben-Scharade:

Schnee – ball – schlacht

Sie hat drei Bilder und ein Schlußbild, den Gesamtbegriff Schneeballschlacht.

Eine Gruppe hat diese Scharade einmal wie folgt gespielt und zwar pantomimisch:

Die Gruppe versammelte sich auf dem Flur vor dem Klassenraum – der Gruppensprecher begrüßte die Zuschauer und sagte seine Scharade an: „Wir spielen eine Silbenscharade in 3 Bildern, das 4. Bild bringt dann die Zusammenfassung des ganzen Begriffes. Widmet besondere Aufmerksamkeit dem 3. Bild, denn bei der Zusammensetzung des ganzen Begriffes sind 2 Buchstaben zu streichen. Meine Gruppe wünscht gute Unterhaltung."

Die Zuschauer klatschten (Spielatmosphäre entstand!)

1. Bild: Schnee (Requisiten: ein Tisch)
Ein Hahn betrat den Spielraum – er lockte: tuck – tuck! – es folgten mehrere Hühner und zum Schluß trat noch ein Hahn auf – die Hühner suchten ihre Nester auf und legten schnell ein Ei – derweilen nahmen sich die Hähne aufs Korn und lieferten sich einen munteren Hahnenkampf – dann erschien eine Hausfrau und streute Hähnen und Hühnern Futter hin – die Hähne beendeten ihren Kampf, erinnerten sich ihrer sozialen Pflichten und lockten ihre Hühner herbei, die nun unter Gekakel ihre Nester verließen.

Während die Hühner dann ihr Futter pickten, erst laut, dann immer leiser, sammelte die Hausfrau die gelegten Eier ein – trat damit an den bereitgestellten Tisch – stellte ihr Körbchen ab – stellte 2 Schüsseln bereit und begann, das erste Ei an der Tischkante anzuschlagen und Eigelb und Eiweiß voneinander zu trennen – die Hühner waren nun ganz ruhig geworden, die Zuschauer konnten sich voll auf die handelnde Hausfrau konzentrieren – nahm ein 2. und ein 3. Ei, um diesen Vorgang eindrucksvoll zu vermitteln – dann griff sie nach der Schüssel mit dem Eiweiß und danach einen Schneebesen und schlug das flüssige Eiweiß zu festem Schnee – beim Schlagen überzeugte sie sich ab und zu davon, ob das Eiweiß inzwischen die erforderliche Festigkeit hätte – zum Schluß kehrte sie die Schüssel um, das Eiweiß war fest, Schnee war geschlagen worden – das hatten alle Zuschauer begriffen, natürlich hatten es auch die Hähne bemerkt, sie lockten nun mit „tuck – tuck" ihre Hühner und zogen auf den Flur ab – die Hausfrau folgte – Ende des 1. Bildes!

Die Zuschauer notierten: Schnee

2. Bild: Ball

An Requisiten wurden ein Tisch, der als Theke diente und 2 Stühle für die Musiker bereitgestellt.

Nach und nach traten die Spieler auf, zuerst der Wirt, der Biergläser reinigte, dann die Musiker und schließlich die Gäste. In einer Ecke, als Garderobe gedacht, stellte sich ein Spieler auf, der einen Spiegel spielte, vor ihm machten sich die Damen für das Fest zurecht, kämmten oder schminkten sich (der Spiegel reagierte seitenverkehrt) – dann begann die Musik zu spielen, Paare formierten sich zur Polonäse – die Musik ging zu einem Walzer über – die Paare tanzten: eins – zwei – drei! usw. – tanzten schließlich nach draußen – die Musikanten folgten – der Spiegel – der Wirt! Ende des 2. Bildes.

Die Zuschauer notierten: Ball

3. Bild: Schlachten

Requisiten: 3 Stühle

Der Spielraum wurde hergerichtet – die Stühle auf den Boden gelegt, damit ein Rechteck gebildet und so eine Schweinebucht angedeutet.

Der erste Spieler erschien – begab sich in die Bucht – legte sich nieder und grunzte – ein Schlachter und ein Helfer erschienen – gefolgt von Neugierigen – der Schlachter und sein Helfer betraten die Bucht – versuchten einen Strick über die Hinterpfote des Schweines zu streifen – es dann aus der Bucht zu treiben – das Schwein wollte nicht – grunzte – wich in die eine und dann in die andere Richtung aus – endlich, außerhalb der Bucht – versucht das Schwein wieder in die Bucht zurückzukehren – die Neugierigen weichen aus, ein chorisches Spiel begann – müde, legte sich das Schwein nieder – wurde getötet – gestochen – Blut aufgefangen – Blut gerührt – ein Spieler fiel in Ohnmacht – wurde hinausgetragen – das Schwein abgebrüht und abgeschabt und dann nach draußen getragen – Abzug aller Beteiligten.

Die Zuschauer notierten: schlachten (e und n streichen)

4. Bild: Schneeballschlacht

Requisiten waren nicht erforderlich!

Zwei Spaziergänger traten auf – schlugen den Mantelkragen hoch – sahen nach oben – streckten die Hände aus – griffen nach unten – machten Schneebälle – Skiläufer kamen – mehrere Spieler machten Schneerollen, bauten einen Schneemann – andere Spieler rollten auch – rollten aufeinander zu – störten sich gegenseitig – bewarfen sich mit Schnee – die Schneeballschlacht endete auf dem Flur – Ende des 4. Bildes.

Die Zuschauer notierten: „Schneeballschlacht“

Nun trat die Spielgruppe noch einmal geschlossen auf – alle verneigten sich und forderten die Lösung des Begriffes: drei – vier!: Die Zuschauer antworteten: „Schneeballschlacht“!

Dieser Bericht gibt Anregungen, wie eine Scharade gespielt werden kann. Auf keinen Fall sollte man sich mit der Darstellung der Spieleinfälle begnügen. Als Darstellung könnte man im 1. Bild den Auftritt eines Spielers bezeichnen, der nur über die Bühne geht, Papierschnitzel streut und damit im Zuschauer die Illusion nährt, das soll etwas mit Schnee zu tun haben – Darstellung wäre es auch nur, wenn die Hausfrau lediglich Eiweiß zu Schnee schlagen würde. In beiden Fällen würden nur vordergründig der Scharade Rechnung getragen, indem auf der Bühne so viel getan würde, um die Zuschauer den Begriff erraten zu lassen. Jedoch Ideen, Spielwitz, Spannung, Verwandlung und Gestaltung kämen zu kurz!

Der Wert des Scharadenspiels ist vielfältig:

Alle Schüler einer Klasse sind in Gruppen tätig, alle können ihre Ideen in der Vorbereitung einbringen und die Gestaltung eines Spiels erlernen. Gerade die Vorbereitung einer Scharade vermittelt allen Beteiligten viel Freude, und wenn man dann noch seine eigenen Ideen anderen vorspielen kann, Zuschauer in Spannung zu setzen vermag, indem sie raten müssen, so haben alle doppelten Gewinn davon.

Von spielerfahrenen Schülern sollte eine Scharade in der Gruppe nur entwickelt und die Rollenverteilung vorgenommen werden, um dann ganz spontan, frei und locker vorspielen zu können.

Für das Scharadenspiel ist weder eine Bühne, noch ein Vorhang, noch eine fabelhafte Beleuchtung erforderlich. Es muß lediglich daran gedacht werden, daß die einzelnen Bilder klar abgegrenzt aufgeführt werden und die Spieler Auf- und Abzug einer Spielszene erlernen und beherrschen. Alles geschieht unter sparsamsten Einsatz von Requisiten und Kostümen (Andeutungen genügen), denn eine Scharade lebt vom Zusammenspiel und der pantomimischen Aussagekraft.

2. Verschiedene Spielformen

Memorierspiele im Geschichtsunterricht

Weiterhin gibt es eine ganze Reihe von Spielmöglichkeiten, um das Gedächtnis durch wechselnde Bedingungen zu schulen.

Im Geschichtsunterricht geht es auch darum, in wenigen Minuten, die der Wiederholung gewidmet sind, Wissen einzuprägen, Situationen erfassen zu lassen, Querverbindungen herzustellen, Begriffe zuordnen und Ereignisse und Personen zeitlich einordnen zu lassen.

Das Memorierspiel kann ohne Zweifel für den Lehrer im Geschichtsunterricht eine wesentliche Rolle spielen, der im Wettstreit der Schüler zur Wiederholung seines Stoffes und darüber hinaus auch zur Vertiefung der Sachinformationen führen möchte.

Mein besonderes Anliegen ist der Einsatz dieser ‚Spielart‘ indessen nicht, denn hierbei handelt es sich nicht um Nachgestaltung, die Betroffenheit auslöst, auch nicht um Rollenübernahme, die zur überzeugenden Aussage reift und schon gar nicht um kreatives Umsetzen von Fakten in einen Handlungsablauf, der Zusammenhänge erfassen läßt. Mir geht es entschieden mehr darum, daß Schüler im Erarbeiten eines Spiels sich geistig und seelisch einbringen und durch das Vorspielen Mitschüler an Informationen heranführen, die diese sichtbar und nachvollziehbar angeboten bekommen und ihnen damit zu Erkenntnissen und Einsichten verhelfen.

Aber welche Memorierspiele haben dennoch zur Vertiefung beigetragen, sich als effektiv erwiesen und auch die Zustimmung der Schüler gefunden?

Wettbewerbe nach Punkten – Gruppe A gegen B

nutzten sich sehr schnell ab, wohl aufgrund der einseitigen direkten Fragestellung nach Personen, Jahreszahlen und Ereignissen und auch wegen der Unruhe im Klassenraum und den ständigen Streitereien der Schüler um den zustehenden Punkt.

Ermittlung eines Champions

Wesentlich mehr beeindruckte ein zwei-minütiges Fragespiel durch den Lehrer (Fragen unterschiedlicher Art nach Ort, Zeit, Ländern, Zusammenarbeit, Zuordnung, Begriffsklärungen), das in dem Höhepunkt gipfelte, den Champion der Stunde zu ermitteln:

Zwei Schüler, die die meisten Punkte erringen konnten, durften nacheinander auf einem Stuhl an der Stirnseite der Klasse Platz nehmen.

Im Klassenraum herrschte eine atemlose Stille, wenn Schüler A (wie in einer beliebten Fernsehsendung) die Augen verbunden bekam, um sich so besser auf die letzte dreiteilige Frage konzentrieren zu können.

Während Schüler B nun den Klassenraum verließ, wurde z. B. folgende Aufgabe gestellt:

„Nenne drei Gründe, die zur Franz. Revolution führten, nenne das Ereignis, das die Revolution auslöste und sage uns, wann und wo das geschah?"

Erwiesen sich beide Schüler als gleichwertig, dann wurde noch eine Zusatzfrage gestellt, damit der Sieger ermittelt werden konnte.

Es war erstaunlich, mit welchem Eifer plötzlich Schüler im Geschichtsunterricht mitarbeiteten, um auch einmal Champion einer Stunde zu werden.

An der Geschichtsleiste spielend lernen

In diesem Spiel empfanden Schüler es als eine besondere Auszeichnung, zu Beginn einer Stunde Fragen stellen zu dürfen, die nur unter Einbeziehung der Geschichtsleiste beantwortet werden durften.

Eine große Geschichtsleiste (von Schülern und Lehrer gefertigt), die längste Wandseite bedeckend, bebildert, mit Symbolen versehen, mit herausragenden Ereignissen gekennzeichnet wie Erfindungen – Entdeckungen – Kriege – Revolutionen – Machtaufbau und Verfall – soziale Entwicklungen – Personen und Regierungszeiten, stellte das Anschauungsmaterial dar. Eine ansprechende und überschaubare Zeitleiste ist nur dann sinnvoll, wenn auch an ihr und mit ihr gearbeitet wird, das war der Grundgedanke ihrer Fertigung.

Schüler einer 9. Klasse waren schon vom 7. Jahrgang daran gewöhnt worden, eigenständig Fragen zu formulieren und an die Mitschüler heranzutragen, die dann im 9. Jahrgang mit der Auflage versehen wurden, nur Fragen zu stellen, mit denen Entwicklungen erklärt, Zusammenhänge verdeutlicht werden konnten und Zuordnungen ermöglicht wurden, wie z. B.:

„Tritt an die Zeitleiste und zeige uns das Jahr 1525 – was fällt dir zu dem Ereignis ein – erzähle wie es dazu kam – blicke noch weiter zurück und sage uns, in welcher Zeit die

Bauern in Unfreiheit gerieten – nun nenne das Jahr und die Entwicklungen, die endlich zur Befreiung der Bauern führten." Es erfolgte eine Wanderung durch die Geschichte, die vom 16. Jahrhundert ins neunte und schließlich ins 19. Jahrhundert führte.

War ein aufgerufener Schüler nicht in der Lage, der Fragestellung zu folgen und in die Zeitdarstellung einzudringen, dann wurde von den Klassenkameraden Hilfestellung geleistet, es wurde korrigiert und ergänzt. Dabei wurde von der ganzen Klasse registriert, wer sich am besten auskannte, und der wurde danach zum „Frager vom Dienst" für die nächste Geschichtsstunde verpflichtet.

Solche Übungen entwickelten in den Schülern das erwünschte Zeitbewußtsein, steigerten die Fähigkeiten, Personen und Ereignisse richtig ein- und zuzuordnen.

Persönlichkeiten erraten

Bei pantomimischen Auftritten von Persönlichkeiten, wie z. B. Friedrich der Große – Napoleon – Bismarck, verwandelten sich Schüler in Haltung, Mimik und Gestik in eine der genannten Personen und stellten sich in einer Kurz-Szene dar, bis von den Mitschülern der Name genannt wurde.

Dargestellte Begegnungen, wie Heinrich IV. und Gregor VII., oder Friedrich der Große bei seinen Bauern im Oderbruch, machten den Schülern noch mehr Spaß, weil jetzt nicht nur die Namen gesagt werden mußten, sondern auch die Situation zu schildern und die zeitliche Einordnung vorzunehmen war.

Historische Begriffe – spielend erlernen

Den Schülern in der *Hauptschule* bereitet es oft große Schwierigkeiten, Begriffe in ganzer Breite und Tiefe zu erfassen.

Oft hilft verbales Erklären nur wenig! Begriffe sollten veranschaulicht, zum Nachempfinden angeboten werden.

Dabei bin ich mir durchaus der Problematik bewußt, daß hier komplexe Begriffe nur in vereinfachter Form angespielt werden. Selbstverständlich muß in der spezifischen historischen Situation eine Präzisierung erfolgen. Diese wird jedoch erfolgreicher und nachhaltiger abgeschlossen werden können als sonst, da sich die Schüler bei dem anstehenden Begriff sofort an die Spielsituation zu dem Begriff erinnern und nun den erhofften Zugang gewinnen und zum aktiven Umgang mit dem Begriff vorstoßen.

Auch hierbei bietet das Spiel eine ausgezeichnete Möglichkeit, einen Zugang zu dem auftauchenden Begriff zu finden.

Als besonders eindrucksvoll hat sich die Erarbeitung von Begriffspaaren in einer Gegenüberstellung erwiesen, z. B.:

Freiheit und *Unfreiheit*   *Macht* und *Ohnmacht*
Gerechtigkeit und *Ungerechtigkeit*
Aufstand und *Revolution*   *Kapitalismus* und *Sozialismus*
Demokratie und *Diktatur*   *Innen-* und *Außenpolitik*
Freie Marktwirtschaft und *Planwirtschaft*
National und *international*   *Soldatentum* und *Militarismus*.

Wie sollte denn die Erarbeitung aussehen? Wie müßte der Einstieg erfolgen?

Das sollen nun einige Beispiele verdeutlichen: Am Stundenbeginn bittet die Lehrkraft die Schüler, sich zum Halbkreis zusammenzusetzen. Sie erklärt ihnen ihr Vorhaben, sich heute spielend mit zwei Begriffen vertraut zu machen, mit: *Freiheit und Unfreiheit.*

Zunächst werden die Schüler aufgefordert, doch etwas aus ihrem derzeitigen Kenntnisstand zu den Begriffen zu sagen. Zutreffende Beiträge werden an der Tafel festgehalten.

Da nicht alle Schüler etwas mit den Erklärungen anzufangen wissen, erfolgt die Bitte, doch einmal darüber nachzudenken, wie man pantomimisch – entweder allein oder mit Partnern – zu einem Begriff inhaltlich etwas aussagen könne. (Bei der Einführung dieses Spielansatzes sollten Lehrkräfte keine allzu hohen Erwartungen hegen, denn die Schüler müssen langsam auf den Weg gebracht werden!)

Dazu nun einige Beispiele:

Ein Schüler tritt auf – er trägt einen „Käfig" in der Hand – stellt ihn nieder – öffnet ein Türchen – tritt zur Seite – lockt – der Vogel fliegt davon – nun freut er sich!

„Wer könnte nun seine Vorstellung zum Begriff *Unfreiheit* spielen?"

Ein anderer Schüler tritt auf, deutet ein Auto an, macht sich an den Türen zu schaffen – langt in die Tasche – holt ein Werkzeug heraus und versucht, die Tür aufzuknacken – da tritt ein weiterer Schüler in der Rolle eines Polizisten auf ihn zu – erschreckt läuft der Dieb davon – der Polizist hinter ihm her – ergreift ihn – fesselt ihm die Arme auf dem Rücken zusammen – führt ihn ab – steckt ihn ins Gefängnis – der Abgeführte geht hinter Gittern auf und ab und guckt sehnsüchtig nach draußen!

Und noch ein Beispiel zum Begriff *Freiheit*:

(Schüler sind oft in der Lage, die Lehrkraft mit ihren Einfällen zu überraschen!)

Fünf Schüler betreten die Spielfläche – Schüler A stellt drei Mitschüler an verschiedenen Punkten auf – er rückt die „leblosen" Figuren zurecht – macht ihnen vor, wie sie lächeln, sich darstellen sollen. Er verläßt den Spielraum. – Jetzt tritt Schüler B in Aktion: er betrachtet die eine Figur, geht drum herum, ist zufrieden – tritt an die nächste heran, mustert sie eingehend, blickt kritisch – geht zur dritten: betrachtet sie von oben bis unten, schüttelt den Kopf – geht ins Wahllokal, sieht den Wahlzettel durch, guckt noch einmal zu den Kandidaten und macht endlich ein großes Kreuz auf dem Wahlzettel!

Und noch ein Beitrag zum Begriff *Unfreiheit*:

Schüler A stellt zwei Posten auf – deutet einen Schlagbaum an – versucht dann, die Posten zu bewegen, doch den Schlagbaum zu heben und ihn durchzulassen – beide Posten verwehren ihm den Durchgang – noch einmal weist er auf die andere Seite – die Posten schütteln den Kopf – und als er dennoch gehen will, nehmen sie ihn kurzerhand fest und führen ihn ab!

Nach diesen Kurzszenen folgte die Auswertung:

Schüler erzählen – deuten – fragen – besprechen die dargebotenen Situationen und entdecken die Vielfältigkeit der Begriffe.

In einer anderen Stunde wurde an den Begriffen *Macht* und *Ohnmacht* gearbeitet:

Wieder setzen sich die Schüler der Klasse im Halbkreis zusammen, die Lehrkraft läßt drei Gruppen bilden und fordert dazu auf, doch zu überlegen, wie zunächst der Begriff *Macht* in einem Stegreifspiel veranschaulicht werden könne.

Die Ergebnisse der 3 Gruppen sahen dann so aus:

Gruppe 1: „Machtposition in der Familie"

Vater: Könnt ihr nicht ein wenig ruhiger sein? Wer soll denn dabei arbeiten!
Sohn: Können schon – wir wollen aber nicht!

Tochter: Wir freuen uns doch nur!
Vater: Ihr haltet jetzt die Klappe oder ich schmeiße euch raus!
Sohn: Dann machen wir eben draußen Krach!
Vater: Untersteh dich! Noch eine solche Widerrede und du kriegst ein paar an die Löffel! – Raus!

Gruppe 2: „Auf dem Schulhof“

Hans: Hast du noch eine Zigarette?
Martin: Ich hätte selber gern eine! – Mein Taschengeld ist schon wieder futsch!
Hans: Dann müssen wir wohl ein bißchen Geld besorgen. Komm mit!
(beide treten an Klaus heran)
Gib uns mal ne Zigarette!
Klaus: Ich rauche nicht!
Hans: Dann hast du ja bestimmt noch dein Taschengeld!
Klaus: Natürlich habe ich noch mein Taschengeld!
Martin: Dann rück es mal heraus!
Klaus: Ich denke ja gar nicht daran!
Hans: Du wirst es uns bestimmt gleich freiwillig geben!
(beide nehmen ihn in die Zange) – Na, was ist?
Klaus: Aber ich bekomme es doch wieder? – Ich gehe sonst zum Schulleiter!
Martin: Wenn du dir eine ordentliche Tracht Prügel einhandeln willst, dann kannst du es ruhig tun!
Hans: Ich würde dir raten: Laß das lieber! – Du weißt, wir beide können sehr unangenehm werden!
(Klaus gibt sein Taschengeld – die beiden ziehen ab)
Klaus: Diese Schufte! – Allein kann man gegen die nichts machen!

Gruppe 3: „Am Grenzübergang“

Posten: Fahren Sie mal rechts ran!
Fahrer: Warum denn?
Posten: Ich sagte, Sie sollen rechts ranfahren!
Fahrer: Ich hab es eilig, ich muß um 14 Uhr in Berlin sein!
Posten: Machen Sie den Kofferraum auf! Nehmen Sie die hinteren Sitze hoch!
Fahrer: Was soll das? – Ich hab keine Waffen dabei!
Posten: Öffnen Sie die Motorhaube! – Nun machen Sie schon, ich denke, Sie haben es eilig!
Fahrer: (schweigt und tut es)
Posten: Na sehen Sie, so ist es recht!

Lehrkraft: Und was habt ihr euch zu dem Begriff *Ohnmacht* einfallen lassen?

Wieder fängt die Gruppe 1 an zu spielen:

Gruppe 1: „Ein Anschlag“

Schüler
A: Hier ist der Wagen in die Luft geflogen!
B: Da muß ja eine ganze Menge Sprengstoff drin gewesen sein!
C: Wißt ihr, ob es Verletzte gegeben hat?

A: Ein Mann wurde getötet, vier Männer, fünf Frauen und drei Kinder wurden verletzt ins Krankenhaus gebracht!
B: Wer macht denn bloß so etwas?
C: Sicherlich waren es Terroristen! – Niemand hatte vorher etwas Verdächtiges bemerkt – plötzlich soll es gekracht haben!
A: Man geht spazieren, döst so vor sich hin – geht an einem Auto vorbei und auf einmal fliegste in die Luft!
B: Kann man denn überhaupt nichts dagegen tun?
C: Was willst du denn da tun?

Gruppe 2: „Täglich neue Überraschungen“
Schüler
A: Wir mögen schon gar nicht mehr in unseren Garten gehen, jeden Tag entdecken wir etwas Schlimmes!
B: An einem Tag sind alle Rosen umgeknickt
C: und am nächsten liegen alle Salatköpfe ausgerupft auf dem Rasen!
A: An einem weiteren Tag hatte man uns Müll und Steine in den Garten geschüttet!
D: Und das laßt ihr euch gefallen?
B: Wir wissen doch gar nicht, wer uns das antut!
A: Wir haben schon hin und her überlegt.
C: Wir können doch nicht einfach irgendjemand verdächtigen!
A: Wir sind wütend – manchmal fluchen wir – ich habe sogar schon geheult!
C: Und das ist alles, was wir tun können!

Gruppe 3: „Sie konnte es nicht mit ansehen!“
Schüler
A: Wir gehen gerade auf die Kreuzung zu – auf einmal quietschten Bremsen und dann krachte es auch schon!
B: Ein Laster ist einem PKW voll in die Seite gefahren!
C: Wir treten neugierig näher und sehen einen Mann blutüberströmt am Steuer des Wagens sitzen
A: Ich konnte das nicht ansehen
B: und dann lagst du auch schon auf der Erde!
A: Ich sackte zusammen und war einfach weg!
C: Es hat aber nur eine kurze Zeit gedauert, und dann warst du wieder voll da!

Die anschließende Phase der Auswertung war sehr lebhaft. Die verschiedenen Ansätze in der Gegenüberstellung forderten zu Fragen und Stellungnahmen heraus, auch wurden andere Beispiele erzählt und diskutiert.

Abschließend sollen noch die Spielansätze zum Begriffspaar *Freie Marktwirtschaft* und *Planwirtschaft* gebracht werden:

Am Stundenbeginn äußern sich die Schüler zu den Begriffen. Es werden die unterschiedlichsten Vorstellungen eingebracht. – Die Lehrkraft korrigiert nicht, bewußt nicht, denn Klarstellungen sollen erst in der Auswertung erfolgen. Die Klasse arbeitete in zwei Gruppen. Hier nun das Ergebnis der Gruppe:

Freie Marktwirtschaft: Zunächst richteten die Spieler den Spielraum her.

Auf der linken Seite werden ein Tisch und 4 Stühle aufgebaut – genau gegenüber zwei

Stühle im Abstand von 2 m postiert (später wird deutlich, daß sich dazwischen ein Schlagbaum befindet) und in der Mitte der Spielfläche wird noch ein Tisch aufgestellt.

Dann begann das Spiel:

Auf der linken Seite nimmt ein Spieler Platz, er beginnt, Schuhe zu fertigen – zwei Paar! – Jedes fertige Paar stellt er auf den Tisch – Käufer kommen – er verkauft ein Paar für 10 Mark – nun holt er sich einen Gehilfen – beide fertigen 4 Paar Schuhe, die sogleich zum gleichen Preis weggehen – ein weiterer Gehilfe kommt dazu – auch 6 Paar Schuhe werden zum gleichen Preis verkauft! – Da der Absatz floriert, werden noch zwei Gehilfen eingestellt und der Preis der Schuhe auf 15 Mark angehoben. – Der Absatz stockt keineswegs!

Nun wird es auf der gegenüberliegenden Seite der Spielfläche lebendig:

Zwei Zöllner stellen sich neben dem Schlagbaum auf. – Zwei Fremde erscheinen mit Waren – ein Zöllner kontrolliert – er zählt 20 Paar Schuhe – die Zollschranke geht hoch – die Fremden tragen ihre Schuhe zum Tisch in der Mitte der Spielfläche – sie stellen sie aus und bieten sie für 8 Mark an! Die Käufer gehen jetzt nur zur neuen Verkaufsstelle – da geht der bekannte Schuhmacher wieder mit seinem Preis auf 10 Mark zurück – bald kaufen wieder viele Leute bei ihm und auch bei der Konkurrenz!

Ohne Aussprache wird auf das nächste Spiel der Gruppe *Planwirtschaft* übergeleitet: Der Gruppensprecher erklärt: Da wir unsere Spielidee pantomimisch nicht so gut verwirklichen können, haben wir uns entschlossen, den Begriff als Stehgreifspiel zu bringen:

1. Bild: (6 Spieler nehmen an einem Tisch Platz)

A: Genossen! Ich eröffne die heutige Planungssitzung und nenne den einzigen Tagesordnungspunkt: Beschlußfassung über die Produktion von Damenkleidern!
So, wer möchte sich äußern?

B: An welche Produktionsmenge ist denn gedacht worden? Sollen *alle* Frauen unseres sozialistischen Landes ein neues Kleid kaufen können?

C: Die Statistik weist rund 30 Millionen Frauen aus! Nein, so viel Stoff kann ich unmöglich zur Verfügung stellen!

A: Wieviel laufende Meter Stoff stehen denn bereit?

C: Das vorhandene Material dürfte für 15 Mill. reichen!

D: Und welche Kleidergrößen sollen gefertigt werden?
40er – 44er – 48er oder 52er Größen?

E: Am günstigsten wären wohl die Größen 40 und 42! Wenn wir die herstellen lassen, könnten wir über dem Soll von 15 Mill. liegen, weil wir zu diesen Größen ja weniger Stoff benötigen!

A: Das ist wirklich ein sehr guter Vorschlag!

F: Und wie sollen die Modelle aussehen?

C: Bei den vorhandenen Stoffen stehen drei Grundfarben zur Verfügung: gelb – rot und grau! Für die drei Farben machen wir dann am besten auch nur drei Modelle – das vereinfacht die Sache sehr!

A: Ein ausgezeichneter Vorschlag!

F: Ich habe bereits notiert: 3 verschiedene Modelle in den drei genannten Farben in den Größen 40 und 42! Nun fehlt nur noch die Preisfestsetzung!

A: Genossen! – Laßt uns systematisch vorgehen!
Also: Was kostet der vorhandene Stoff? Wieviel Meter brauchen wir für ein Kleid? Und wie lange dauert es, ein Kleid zu produzieren?

E: Bei dem vorgesehenen Einheitsschnitt können wir in kürzester Zeit große Mengen produzieren. Der Arbeitslohn zählt da kaum!
C: Die Stoffqualität ist nicht überragend. Ich schlage vor, einen Meterpreis von 10 Mark vorzusehen.
E: Mehr als 2,5 Meter Stoff dürften wir wohl kaum für ein Kleid benötigen. Das wären dann 25 Mark plus Anfertigung natürlich!
B: So schlage ich denn vor, ein Kleid für 80 Mark anzubieten!
A: Aber wo denken Sie hin, Genosse! Wovon sollen wir denn unsere Rüstungsausgaben bestreiten? – Kein Kleid wird unter 120 Mark verkauft!
Die Sitzung ist geschlossen!

Der Gruppensprecher sagte dann an: „Es folgt nun der 2. Teil, den wir pantomimisch spielen:

Teil 2:
Es wird ein Laden hergerichtet – davor stellen sich die Käufer auf – es dauert nicht lange, da hat sich eine Schlange gebildet – die Anstehenden warten geduldig – endlich wird die Tür geöffnet – der Verkauf beginnt – die Frauen kaufen, ohne die Kleider anzuprobieren – langsam löst sich die Schlange wieder auf – der Laden wird geschlossen – neue Kundinnen kommen, rütteln an der Tür, niemand öffnet – enttäuscht kehren sie wieder um!

Nach sicherlich simpel erscheinender Aussage in den Spielbeiträgen wurden in der anschließenden Auswertung zahlreiche Informationsfragen gestellt und beantwortet. Danach hielt die Lehrkraft zu vertiefenden Vergleichen der Systeme an, um Schüler besser werten lernen zu lassen und grundsätzliche politische Probleme anzugehen.

3. Spielformen im Überblick und ihre Einsatzmöglichkeiten

Jetzt ist noch ein anderer methodischer Aspekt zu erhellen, der eine Antwort auf die Frage gibt, in welcher Stunde einer Unterrichtseinheit denn das Spiel überhaupt einzusetzen ist – und wie und wodurch die Schüler wohl an eine Spielgestaltung herangeführt werden sollen.

Soll eine Lehrererzählung den entscheidenden Impuls geben, oder soll es mit der Erarbeitung eines Quellentextes oder mit Hilfe eines Bildes oder gar mit einer Ballade geschehen?

Ist an eine szenische Gestaltung durch Pantomime oder durch Stegreifspiel gedacht und geht es dabei – in der Einordnung von Begriffen – um Simulations-, Imitations- oder Planspiele?

Wolfgang Hug geht in seinem Buch „Geschichtsunterricht in der Praxis der Sekundarstufe I“[1] auf diese Begriffe ein. Er unterscheidet drei Arten von Spielen: das Memorierspiel, das Imitationsspiel und das Simulationsspiel:

---

[1] Vgl. Hug, Wolfgang: Geschichtsunterricht in der Praxis der Sekundarstufe I, Verlag Moritz Diesterweg, Frankfurt a. M., 1985 S. 162 ff.

Das *Memorierspiel* – Beispiele dafür wuden ja schon angedeutet – trainiert ohne Zweifel die Fähigkeit, Wissen einzuprägen, also das Gedächtnis durch immer neue Anreize zu erweitern und zu schulen.

Das *Imitationsspiel* trainiert die Fähigkeit, fremde Menschen in ihrer Situation durch die Übernahme ihrer Rolle bzw. Indentifikation mit ihnen, durch Einfühlung und Nachahmung besser d.h. von innen her zu verstehen.

Das Spiel soll dazu verhelfen, historische Gestalten und die Vergegenwärtigung von Situationen möglichst sach- und sinngetreu wiederzugeben.

Im *Simulationsspiel* wird eine historische Konflikt- oder Problemsituation zum Modell gemacht: Die Schüler übernehmen zwar die Rollen von Personen, die an der historischen Situation real oder potentiell beteiligt waren, suchen jedoch eine eigenständige Lösung des Konflikts oder des Problems und üben damit die Fähigkeit, Interessen zu vertreten oder auf fremde Interessen einzugehen, ein Bedingungsgefüge zu durchschauen, Alternativen zu erkennen, Absprachen zu treffen, Kompromisse einzugehen oder Positionen durchzusetzen.

„Das *Planspiel* erweitert noch die begriffliche Fassung – man redet auch von Strategie-Spielen. Seine wesentlichen Elemente sind die Erarbeitung von Fakten, die Simulation eines Modells und die Zielgerichtetheit.

Die Idee, das Planspiel im Geschichtsunterricht einzusetzen, kam mir am Anfang meines Referendariats. In einer siebten Realschulklasse unterrichtete ich den Investiturstreit. Die Konfrontation zwischen Kaiser und Papst, unterschiedliche Interessenlagen und unterschiedlichste Verhaltensmöglichkeiten, erschienen mir als Grundlage geeignet und reizvoll, diesen Konflikt in arbeitsteiligem Gruppenunterricht erarbeiten und später durchspielen und lösen zu lassen. Die Motivation der Schüler war zunächst sehr hoch, sich auf das ‚Planspiel' einzulassen; Schwierigkeiten ergaben sich jedoch aus dem historischen Stoff selbst: Nur wenige Schüler vermochten, sich der komplexen politischen Ebene des Konflikts und den Auswirkungen politischer Reaktionen (Stichwort: Ausschluß des Kaisers aus der Kirche) anzunähern. Das Problem erforderte also zuviel historisches Wissen und ein Quantum an abstraktem Denkvermögen.

Aus diesen Erfahrungen heraus lenkte ich meine größte Aufmerksamkeit bei der Planung der Stunden meines Unterrichtsvorhabens auf die Auswahl der historischen Entscheidungssituationen. Sie sind Kernpunkt der einzelnen Stunden. Ich habe sie unter folgenden Gesichtspunkten ausgewählt:

1. Die historische Entscheidungssituation muß möglichst einfach strukturiert sein. Sie muß den Schülern verständlich gemacht werden, ohne die historischen Fakten zu stark vereinfachen und damit verzerren und fälschen zu müssen.
2. Die gewählte Situation muß eine tatsächliche Entscheidungssituation gewesen sein: Argumente für oder wider ein Vorhaben sollen sich nach Möglichkeit die Waage halten, jede Entscheidung soll begründbar und machbar sein und somit der historischen ‚Wirklichkeit' angemessen erscheinen.

Auf der Entscheidungssituation, dem Lernprozeß der Schüler, zu einer Entscheidung zu kommen, liegt also der Schwerpunkt des Unterrichtsvorhabens. Verständlich wird hier schon, daß nicht in jeder Unterrichtseinheit eine Entscheidungssituation herausarbeitbar ist, die die oben genannten Kriterien erfüllt und natürlich auch didaktisch relevant ist. Die Methode – dies zeigt sich hier – ist also nicht beliebig verfügbar, sondern ergibt sich aus dem historischen Stoff.

Bei der Planung der einzelnen Stunden des Unterrichtsvorhabens hat sich folgende Grundstruktur herausgeschält:

Die jeweilige Einzelstunde soll, um die Orientierung der Schüler zu erleichtern und der Überfrachtung der Stunde mit Fakten zu begegnen, in eine Unterrichtseinheit eingebettet sein. Am Anfang der Stunde soll das Wissen der vorangegangenen Lektionen z. B. mittels eines stummen Impulses (Bild, Folie, Plakat usw.) wiederholt und bewußt gemacht werden und gleichzeitig den Weg zur Entscheidungssituation ebnen helfen. Nach der Wiederholung kann durch Vermittlung von wichtigen Fakten zur Entscheidungssituation hingeführt oder gleich mit dem Aufbau der Spielsituation begonnen werden. Der Aufbau der Spielsituation an dieser Stelle soll kurz und knapp geschehen. Durch einige wenige Anweisungen und Informationen soll die Spielsituation skizziert werden. Erst jetzt ist der Schüler in der Lage und auch hoffentlich motiviert, sich für den Entscheidungsprozeß Informationen zu erarbeiten, da er Situation und eigene Rolle kennt. Diese Erarbeitungsphase kann mit Hilfe von Arbeitsbögen als vermittelndes Medium vorgenommen werden. Die Schüler werden in zwei Gruppen eingeteilt und erhalten entweder einen Arbeitsbogen mit Argumenten, die *für* die ins Auge gefaßten Entscheidung sprechen oder einen mit jenen Argumenten, die sich *gegen* diese Entscheidung stellen. Die Argumente sollen von den Schülern selbständig bzw. in Gruppenarbeit aus den gelieferten Quellen und/oder Materialien entnommen werden und, um sich besser einzuprägen, stichwortartig auf den Zetteln notiert werden.

Im Anschluß an diese Erarbeitungsphase folgt die wichtigste, aber auch schwierigste Sequenz der Stunde. Die Argumente der Gruppen sollen geäußert und eventuell erweitert werden. Es soll sich eine Diskussion entwickeln, in der die einzelnen Argumente auf ihre Tragweite untersucht und in der Auseinandersetzung mit dem Gegenüber gegeneinander abgewogen werden sollen. Der Gefahr der Zerfaserung oder gar des Stillstandes der Diskussion soll durch die Beteiligung des Lehrers mit einer Rolle im Spiel begegnet werden. In seiner Rolle kann der Lehrer, ohne zu stören, eingreifen, zusammenfassen lassen, darauf achten, daß zugehört wird oder aber gar sogenannte „Einlagen“ geben, um dem Spiel neue Impulse zu vermitteln. An der Diskussion sollten möglichst alle Schüler beteiligt sein.

Falls Schüler aufgrund der Spielstruktur oder der Klassenstärke nicht direkt am Spiel beteiligt sein können, müssen sie mit Arbeitsaufträgen versehen werden. Diese müssen dann am Ende des Spiels geklärt und beantwortet werden. Erst dann kommt die Abstimmung aller Schüler zu dem gestellten Problem. Vom Lehrer muß darauf hingewiesen werden, daß nicht der ursprünglichen Gruppenzugehörigkeit gemäß abgestimmt werden muß, sondern jeder einzelne sich seine eigene Meinung bilden soll, die natürlich mit der Gruppeneinteilung übereinstimmen kann. Eine kurze Pause ist an dieser Stelle geplant, um die Gelegenheit zur abschließenden Betrachtung der Situation zu geben.

Nach der Abstimmung sollen die Schüler zu ihrer persönlichen Meinung Stellung nehmen können. Sie sollen für sie ausschlaggebende Argumente, eigene Vorlieben und Erfahrungen benennen und somit die Entscheidungsfindung transparent machen.

Erst jetzt – und dies darf nicht vergessen werden – sollen die Schüler aus ihren Rollen entlassen werden und wieder sie selbst sein. Als letzte Phase ist der Transfer geplant. Die Frage der Schüler, wie sich wohl die Menschen in der historischen Situation entschieden haben, soll beantwortet werden. Mit einer Lehrererzählung und/oder anderen Medien wird die historische Entscheidung mitgeteilt. Zum Abschluß können die Schüler die möglichen Gründe für die Entscheidung der historischen Personen überdenken.“
(Diese Überlegungen zum Einsatz des Planspiels stammen von Holger Jahn)

Die Übergänge zwischen den einzelnen Spieltypen bleiben jedoch fließend, weil ja unterschiedliche Schwerpunkte in der Spielgestaltung gesetzt werden.

In den Beispielen aus der Unterrichtspraxis werden Sie diesen genannten „Spieltypen“ begegnen und aus den Beiträgen entnehmen können, wann und warum Texte, Bilder oder Balladen eingesetzt wurden und darüber hinaus erfahren, ob mit spielerfahrenen oder spielunerfahrenen Schülern gearbeitet wurde.

Außerdem wird beschrieben, ob das Spiel zur Motivation oder zur verständnisvollen Durchdringung gewählt, ob ein geformtes Spiel vorbereitet oder in der Stunde erarbeitet, ob es am Beginn einer neuen Unterrichtseinheit oder als Höhepunkt des Erschließens von historischen Situationen oder gar zur Nachbereitung und Vertiefung eingeplant wurde.

Auf den Umgang mit Texten soll in dieser Vorinformation nicht eingegangen werden, aber hinzuweisen ist auf den Einsatz von Bildern und Balladen.

Des öfteren wurden Bilder von mir in ihrer Aussage spielend nachgestaltet.

Warum eingentlich? – Bietet denn das Bild nicht schon Anschauung genug?

Aufgezeigt wurde schon, daß Schüler heute kaum noch in der Lage sind, sich Bildmaterial genau anzusehen und dann zu interpretieren.

So muß halt wieder das Sehen, Wahrnehmen und Erkennen von Zusammenhängen geübt werden, und wo bietet sich diese Möglichkeit erfolgversprechender an, als spielend den Blick zu schulen.

Wie das geschah, wird in einem Unterrichtsbeispiel zum Thema „Der Mensch entwikkelt sich“ mit dem Umsetzen des Bildes „Eingang einer Höhle“ in eine spielerische Handlung demonstriert.

Weitere Spielerfahrungen wurden noch mit folgenden Bildern gemacht, die Sie zusammen mit den U-Beispielen finden: *Karikatur der drei Stände, Schwur im Ballhaussaal, Der Aufstand der Weber, In einer Schulklasse 1933.*

Als sehr nützlich und ergiebig – im Sinne der entwickelten Zielvorstellung zum handlungsorientierten Geschichtsunterricht – erwies sich auch der Einsatz von Balladen. Er erweitert das Angebot, neue Wege zu beschreiten.

Was spricht denn überhaupt dafür, Balladen und Gedichte im Geschichtsunterricht einzusetzen und was veranlaßt zum anderen, sie auch noch handlungsorientiert zu bearbeiten? Balladen, gut vorgetragen, vermögen Schüler durchaus in ihrem Handlungsablauf zu fesseln und nachhaltig zu beeindrucken. Ich setzte sie stets dann ein, wenn ich das historische Thema noch in der Deutsch-Stunde erweitern bzw. ergänzen konnte. Auch entschied ich mich gelegentlich dafür, eine Ballade in die Motivationsphase der Geschichtsstunde einzubringen, so u. a. auch den *Bauernaufstand* von B. von Münchhausen.

In dem Unterrichtsbeispiel zum Thema *Der Bauernaufstand von 1525* soll aufgezeigt werden, warum die vorgetragene Ballade zum Spielansatz erweitert wurde.

Bei dem Thema *Hugenottenverfolgung* setzte ich die Ballade *Die Füße im Feuer* von C. F. Meyer ein und mit der Klasse in eine spielerische Handlung um.

Beim Lesen der angeführten Versuche werden Sie schnell feststellen, worin der Wert dieser erweiterten Durchdringung zu sehen ist.

4. Spielerfahrung und Motivation

Bei den folgenden Unterrichtsversuchen gebe ich an, ob ich mit einer spielerfahrenen oder spielunerfahrenen Klasse gearbeitet habe, weil ich meine, daß Grundsätzliches beachtet werden muß.

Spielerfahrene Klassen waren gewöhnlich meine eigenen, die ich im 5. Schuljahr als Klassenlehrer übernahm und stets bis zum 9. Schuljahr führte. Jedes Mal begann ich sogleich im 5. Jahrgang die Klasse mit den Grundelementen des Spiels vertraut zu machen, um den Schülern zunächst Freude am Unterricht und Anstöße zur Kreativität zu vermitteln. Recht schnell kannten sich alle Klassenangehörigen in der pantomimischen Gestaltung, im Scharaden- und Stegreifspiel aus. Sie waren damit auch an Gruppenarbeit gewöhnt worden und in der Lage, Kurzszenen selbständig zu erarbeiten, diese vorzuspielen und auch eigene Texte zu schreiben. Probleme, daß Schüler mal nicht spielen wollten – und das soll ja allgemein in den 7. bis 9. Jahrgängen festzustellen sein – tauchten bei mir in diesen Jahrgängen überhaupt nicht auf, da die Schüler ja an spielerisches Gestalten gewöhnt waren, jede Spielaufgabe ernst nahmen, und sich jedes Klassenmitglied beim Erarbeiten einer Szene nach besten Kräften in die erforderliche Verwandlung und Gestaltung einbrachte.

Zeigten einige Schüler gelegentlich auch mal Unlust, an eine Spielumsetzung heranzugehen, und das geschah dann, wenn sie sich vom Thema nicht sonderlich angesprochen fühlten, oder ich ihnen aus dem Augenblick heraus meine Spielvorstellung aufzwingen wollte, dann folgten sie mir jedoch stets wenn ich dann schnell auf die ‚pantomimische Spieleinstimmung' zurückgriff und sie damit an die Themengestaltung heranführte.

Die ‚pantomimische Spieleinstimmung' scheint mir bei spielunerfahrenen Klassen unerläßlich zu sein. Das habe ich selbst immer wieder erfahren können, wenn ich mit diesem Einsatz eine neue Schülergruppe auf eine Spielgestaltung vorbereitete.

Beim ersten Mal nahm ich mir ein wenig Zeit, erklärte ausführlich, gab klare Anweisungen und stellte mich als Lehrer mit in den Kreis der Handelnden und führte jeden Darstellungsauftrag genau so wie die Schüler aus.

Die Klasse machte mit, aber nach der Einstimmung wurde dann Stellung bezogen: Was soll das? – Und wie nennt man das? In dem Augenblick sprach ich mit den Schülern über Pantomime, ließ sie sagen, was sie darüber wissen und erklärte dann. Voraussetzen kann man übrigens in diesem Punkte gar nichts, bestenfalls erfährt man, daß es ein Tun ohne Worte sei. Bei weiterem Nachfragen hört man schließlich, daß dabei auch die Hände eingesetzt werden können, und wenn man dann weiter nachfaßt und dazu auffordert: Stellt Euch bitte noch einmal zum Kreis auf und zeigt dieses Mal deutlich, daß Ihr Euch weh getan habt! – dann wird damit das Gespräch auf Mimik gelenkt – und wenn man danach noch sagt: So jetzt versucht doch alle mal schwer zu tragen! – dann kommt so etwas wie ein Ahaerlebnis, denn während des Tuns und der Beobachtung der darstellenden Mitschüler erfassen plötzlich alle, daß der ganze Körper bei der Darstellung beteiligt ist. Meistens konnte ich mir danach den Hinweis nicht verkneifen, daß man als Spieler immer glaubwürdiger in seinem körperlichen Ausdruck wird, je mehr man seine persönlichen Empfindungen zuläßt und dabei den Körper für die Darstellung anspannt, dann sei man auf dem besten Wege, eine ganz persönliche Aussage zu gestalten.

So erfahren dann alle Schüler, daß Pantomime eine Erzählform ist, die mit Mimik und Gestik und durch den ganzen Körper vollzogen wird.

Mit spielunerfahrenen Klassen habe ich zunächst stets kleine Szenen gemeinsam erarbeitet. Die Arbeit begann damit, daß wir uns die handelnden Personen vorstellten, dann über Zeit und Ort des Geschehens sprachen, danach den Spielraum herrichteten, noch einmal das zu gestaltende Problem umrissen, die Rollenverteilung vornahmen und mit der Spielentwicklung begannen. Die ersten Aussagen ließ ich gewöhnlich pantomimisch spielen – da dieser Einstieg der leichteste für die Schüler ist – und ging dann allmählich zum gesprochenen Text über. Stellte ich nach einiger Zeit fest, daß auch einige spielbegeisterte Schüler in der Klasse waren, so bereitete ich mit ihnen zu Hause auch kleine Szenen vor, die sie dann am nächsten Tag in der Geschichtsstunde den Mitschülern vorspielten.

Eine Spielszene findet immer das Interesse aller Schüler, sie beobachten und nehmen auf und sind nach dem Spiel in der Lage, zu erzählen, was sie gesehen haben – auf das Erzählen legte ich besonderen Wert, weil ich davon überzeugt bin, daß erst durch die eigene Formulierung eines Geschehens es zum nachhaltigen Besitz eines jeden einzelnen wird.

Jedes Spiel wurde formal besprochen – die Leistung der Handelnden anerkannt – und die inhaltliche Aussage diskutiert.

Gruppenarbeit mit dem Ziel, selbständig eine Szene zu entwerfen und vorzuspielen, plante ich für spielunerfahrene Klassen im Anfangsstadium nicht, denn ich wollte keine Spielerei als Selbstzweck. Außerdem ist ein Spielgestaltungsauftrag unzumutbar, weil dafür nämlich Kenntnisse von Spielregeln und Gesetzmäßigkeiten des Spielaufbaus, die ja zielstrebig auf das Umsetzen von sachlichen Informationen ausgerichtet sein müssen, erforderlich sind. Diese Fähigkeiten müssen erst nach und nach erlernt werden.

Bei der Arbeit mit einer spielunerfahrenen Klasse muß man sich erst an die Voraussetzungen der Klasse herantasten, die in der geistigen Aufgeschlossenheit, in der sprachlichen Gewandtheit, im Arbeitstempo und letztlich in der Arbeitswilligkeit der Schüler liegen.

Aber auch spielunerfahrene Klassen reifen bei umsichtiger und sensibler Führung zu Klassen mit spielerischen Erfahrungen und spielerischem Können.

5. Anmerkung zur Begrifflichkeit

Es mag Ihnen auffallen, daß in den Unterrichtsbeispielen die Definitionen *Imitationsspiel* und *Simulationsspiel* kaum noch auftauchen. Jedes Mal den einen oder den anderen Begriff zu nennen, erscheint mir nicht so wichtig, zumal ich voraussetze, daß der Leser die Zuordnung ohne Schwierigkeiten auch selbst vornehmen kann. Mehr dürften Sie jene die Spielgestaltung kennzeichnenden Begriffe beschäftigen, die vielleicht recht eigenwillig von mir geprägt wurden.

Da ist zunächst die Rede von der *Spieleinstimmung mit pantomimischen Übungen,* zu denen ja alle Schüler der Klasse herangezogen werden. Sie sind für mich Darstellungen, die zunächst die Schüler zum Nachempfinden und zur Nachgestaltung anregen sollen. Wenn jedoch der Begriff *Pantomimische Gestaltung* gebraucht wird, dann werden die Schüler über das Nachempfinden zur Rollenübernahme (Verwandlung) geführt, in der sie Mitschüler überzeugend in ihrer Aussage ansprechen. Auch unterscheide ich zwischen Rollengespräch und Rollenspiel – beim Rollengespräch liegt der Schwerpunkt mehr auf dem Informationsanliegen und beim Rollenspiel mehr im Nachempfinden einer historischen Situation.

Sie werden auch bemerken, daß ich in einzelnen Szenen mit Sprecher und Erzähler unterschiedlich die handelnden Personen kennzeichne. Der Sprecher erfüllt die Aufgabe, Formales zu berichten, Hinweise zu geben und Übergänge und Verbindungen zum Nachfolgenden herzustellen, während der Erzähler in das historische Geschehen eingebunden ist und ergänzende Sachinformationen gibt.

Als Stegreifspiel bezeichne ich jene Szene, die nach Textinterpretationen und Aussprachen über Informationen aus dem Augenblick heraus sprachlich in der Rollenverwandlung gespielt wird. Diese Stegreifspielentwicklungen können sich zu einem Vorhaben ausweiten, wenn die Schüler nach einer Verbesserung ihrer Spielleistungen bzw. nach weiterer inhaltlicher Vertiefung streben, und wenn dann noch verschiedene Kurzszenen zu einer Zusammenfassung herausfordern, dann wird das als *Geformtes Stegreifspiel* bezeichnet. Wenn ich in einer Unterrichtsstunde Zeit sparen wollte oder in meiner Einschätzung der Klassensituation nicht davon ausgehen konnte, das angestrebte Unterrichtsziel ohne Schwierigkeiten in einer spielunerfahrenen Klasse zu erreichen, dann bereitete ich mit Schülern, die sich freiwillig gemeldet hatten, einzelne Szenen zu Hause vor und bezeichnete sie als Rollengespräche oder Rollenspiele, je nach Schwerpunkten meiner Intention. Lag mir aber daran, spielerfahrene Klassen in einer Stunde zur kreativen Gestaltung herauszufordern, dann ließ ich sie in der Gruppenarbeit eine Kurzszene als Stegreifspiel entwickeln und vorspielen.

Ohne auf begriffliche Festlegungen pochen zu wollen, sei noch einmal darauf hingewiesen, daß diese Unterrichtsbeispiele Anregungen für die Unterrichtspraxis geben sollen, um darüber zu befinden, wie man seinen Geschichtsunterricht vielseitiger – zur Freude und zur Bereicherung der Schüler in verschiedener Hinsicht – gestalten kann.

Seien sie nicht enttäuscht, wenn Ihnen in den ersten Stunden nicht gleich jeder Spielansatz gelingt, warten Sie ab und versuchen Sie es erneut, und gewöhnen sie sich und die Schüler an die Spielarbeit. Hüten sie sich aber davor, diese Unterrichtsbeispiele einfach zu kopieren, denn jede Schülergruppe ist anders, die geistigen Voraussetzungen, die Arbeitshaltung, das Arbeitstempo seien hier nur erwähnt. Ihre Unterrichtserfolge werden davon abhängen, in welcher Form und mit welchen Inhalten Sie diese Beispiele umsetzen, abwandeln, kürzen oder erweitern.

Entscheidend wird jedoch sein, wie sie sich die Spielideen aneignen und wie Sie sich damit in die Klasse einbringen und Ihre Schüler zum Mittun anregen.

Versuchen Sie es!

II Unterrichtsbeispiele

1. Ur- und Frühgeschichte

Der Mensch entwickelt sich U 1

Spielunerfahrene Klasse

Einführung

Die Funde der jüngsten Vergangenheit (Südafrika – China) lassen es als denkbar erscheinen, daß „Werkzeughersteller" bereits vor 1–2 Millionen Jahren auf der Erde gelebt haben.

Es scheinen also die Spuren der werdenden Menschheit viel weiter zurückzureichen, als bisher angenommen wurde.

Mit Sicherheit gibt es aber seit über 600 000 Jahren menschliche Wesen auf unserem Erdball.

600 000 Jahre, das war die Zeit, da die Eiszeiten begannen, deren letzte ja erst 10 000 Jahre v. Chr. endete. Zu der Zeit waren große Teile Europas von riesigen Eismassen bedeckt. Und dort, wo kein Eis war, glich die Landschaft einer nordischen Steppe, der Tundra.

Es lebten damals schon die Vorfahren einiger Tiere, die man noch heute in den kalten Zonen findet: Z. B. Rentier, Eisfuchs, Schneehase und Schneehuhn. Das Mammut dagegen, das auch in jener Zeit lebte, ist ganz ausgestorben.

Nach vielen Jahrtausenden nahmen die wärmenden Kräfte der Sonne wieder zu und ließen das Eis schmelzen. Große Überschwemmungen waren die Folge. Pflanzen wucherten und die Tierwelt breitete sich aus.

Jetzt leben wir in der 4. Warmzeit, wir nennen sie das Gegenwartszeitalter. Wie lange es dauern wird, vermag niemand zu sagen.

Zu diesen Sachinformationen gehören natürlich auch die Erkenntnisse von Wissenschaftlern von der Entstehung der Erde und von der Zeit, in der es noch keine Menschen gab. Das war den Schülern aber bereits in der vorangegangenen Stunde vermittelt worden.

Für das Thema der hier dargelegten Stunde stehen jedoch die Entwicklungen von Pflanzen, Tieren und Menschen im Mittelpunkt.

Mit der Übersicht – als Tafeltext gewählt – „Erde und Menschen in der Frühzeit":

2–5 Mrd. Jahre	Alter des Kosmos und der Erde
vor 600 000 Jahren	Beginn der ersten Eiszeit
um 10 000 v. Chr.	Ende der letzten Eiszeit
ca. 600 000–10 000 v. Chr.	Altsteinzeit (Jäger und Sammler)
ca. 2500–1800 v. Chr.	Jungsteinzeit (Viehzü. u. Ackerb.)
ca. 1800–800 v. Chr.	Bronzezeit
ca. 800 v. Chr.	Eisenzeit

bietet sich sogleich die Entwicklung einer Zeitleiste in der Klasse und darüber hinaus für die Hand des Schülers an, um das Zeitbewußtsein der Schüler zu gründen und danach ständig auszubauen.

Didaktische Überlegungen

Wie können Schüler wohl am besten darüber informiert werden, wie Menschen in der Altsteinzeit gelebt haben?

Was sollten sie erfahren?:

Wo und wie wohnten die Menschen damals? – Womit kleideten sie sich? – Wie ernährten sie sich? – Wie verständigten sie sich? – Welche Probleme hatten sie zu lösen?

Reicht das vorhandene Geschichtsbuch „Geschichtliche Weltkunde“ dafür aus, die Schüler anzusprechen, zu motivieren und weitgehend zu informieren?

Was kann an Anschauungsmaterial eingesetzt werden: Bilder – Materialien?

Könnte eine packende Lehrer-Erzählung die Schüler in der erwünschten Weise betroffen machen?

Oder sollte die Phantasie der Schüler bemüht werden?

Sollten die Schüler veranlaßt werden, sich vorzustellen, wie es damals wohl gewesen sein könnte und dann aufgefordert werden, ihre Vorstellungen in einen Handlungsablauf zu bringen und eine pantomimische Darstellung zu wagen?

Um alle Schüler zum Nachempfinden zu führen, fiel die Entscheidung zugunsten der Spielgestaltung aus.

Da die Klasse spielunerfahren war, mußte das berücksichtigt werden! Darum wurden 2 Stunden für die Behandlung des Themas vorgesehen.

Planung der Stunde

1. Die Schüler werden durch gemeinsame pantomimische Übungen eingestimmt (siehe Methodik: Pantomimischer Einstieg – Beispiel 1 – Seite 8). Dauer: 5 Minuten.
2. Die Lehrkraft nennt das Thema der Stunde und erläutert das besondere Vorhaben.
3. Die Klasse wird in drei Gruppen eingeteilt:
   Gruppe I: Horde auf der Jagd.
   Gruppe II: Horde beim Fischfang.
   Gruppe III: Horde bei der Nahrungsmittelsuche.
4. Bei der Austeilung der vorbereiteten Texte für jede Gruppe wird der Begriff „Pantomime“ erklärt: Bezug zum Einstieg hergestellt, auf Haltung, Mimik, Gestik hingewiesen und veranschaulicht, wie man in der Körpersprache seine Empfindungen zum Ausdruck bringen kann, wie man z. B. friert, leidet, sich ärgert, ängstigt. Zeitbedarf: 10 Minuten.
5. Gruppenarbeit. Dauer: 20–25 Minuten.
6. Die Gruppen spielen vor: Gruppe I: Rest der Stunde, die Gruppen II und III in der folgenden Geschichtsstunde.

Auswertung

Die Schüler machten bei der gemeinsamen Einstimmung begeistert mit, waren Feuer und Flamme bei der Gruppenarbeit, schafften es, kleine Spielszenen aufzubauen und ihre Einfälle und Vorstellungen vorzuspielen.

Gleich nach der ersten Spielszene wurde ausgewertet: Schüler der Gruppen II und III erzählten, was ihnen bei der Jagd aufgefallen war – Fragen wurden gestellt – Informationen zur Bewaffnung gegeben – Bilder und Material gezeigt – auf Texte hingewiesen!

Da die Gruppenarbeit, die Aufführung und die Auswertung ohne jedwede Hektik durchgeführt wurden, gelang es zunächst nur, die Thematik der Gr. I in einer Stunde abzuschließen.

Die Schüler der Gruppen II und III wurden mit ihrem Vorspielen auf die nächste Geschichtsstunde vertröstet, zum Abschluß jedoch alle Schüler aufgefordert, zu Hause eine kleine Szene zum Thema „Auf der Jagd" zu schreiben oder ein Bild dazu zu malen.

Zur Beachtung und zur Ermutigung wurde schnell ein Entwurf an der Tafel skizziert:

„Auf der Jagd" – (in einer Verschnaufpause):

Gero: Jetzt sind wir schon zwei Tage hinter dem Hirsch her! – Ich habe Hunger – ich kann einfach nicht mehr!

Hordenführer: Wenn du nicht so unvorsichtig gewesen wärst und mit einem trockenen Ast geknackt hättest, dann wäre er uns nicht entwischt!

Olaf: Das Jammern nützt nichts, wir müssen weitermachen, wir können doch nicht ohne Beute zur Höhle zurückkehren!

Hordenführer: (entwickelt nun seinen Plan!)

– Die Lehrkraft hatte sich den Text von den Schülern diktieren lassen! –

Die Spannung bis zur nächsten Geschichtsstunde blieb erhalten. Nein, sie war gesteigert worden, weil zahlreiche Spieltexte geschrieben und einige Bilder gemalt worden waren. Sie wurden ausgewertet und dann die Aufführungen fortgesetzt.

Erneut wurden die vermittelten Eindrücke besprochen, weitere Informationen gegeben und auf die nachfolgenden Epochen hingewiesen. – Informationen und Literaturhinweise befriedigten die Interessenten.

Auf der Basis der Freiwilligkeit konnten sich dann die Schüler selbst entfalten: Ins Museum gehen – selbst einen Faustkeil anfertigen – Bilder malen – Spieltexte schreiben!

Es folgen nun die Arbeitsbögen für die Gruppenarbeit:

Arbeitsbogen der Gruppe I „Auf der Jagd"

Die Menschen in der Altsteinzeit besaßen weder Kleidung, wie wir sie heute kennen, noch Nahrungsmittelvorräte, weder Eisenwerkzeuge noch Jagdgewehre, sie hatten weder eine feste Unterkunft, noch ein ständiges Feuer zum Wärmen und Kochen.

Wie konnten sie damals bloß überleben?

Könnt Ihr Euch das vorstellen?

Ihr seid junge Männer und gehört zu einer Horde – so nannte sich damals eine Gruppe Menschen, die zusammenlebten – und brecht zur Jagd auf.

Stellt Euch vor, daß Ihr ein Reh oder einen Hirsch verfolgt. Ihr wollt das Tier erlegen – wie werdet Ihr das wohl machen? Malt Euch aus, was dabei alles passieren kann.

Besprecht Eure ausgedachte Geschichte und überlegt dabei stets, ob es wohl so gewesen sein könnte.

Eure Vorstellungen, Eure ausgedachten Erlebnisse sollt Ihr dann den Mitschülern pantomimisch vorspielen.

Arbeitsbogen der Gruppe II „Beim Fischfang"

Die Menschen in der Altsteinzeit besaßen weder Kleidung, wie wir sie heute kennen, noch Nahrungsmittelvorräte, weder Eisenwerkzeuge noch Jagdgewehre. Sie hatten weder eine feste Unterkunft, noch ein ständiges Feuer zum Wärmen und Kochen. Wie konnten sie damals bloß überleben?

Könnt Ihr Euch das vorstellen?

Bemüht Eure Phantasie und malt Euch einmal aus, daß Ihr eine Horde seid, so nannte sich damals eine Gruppe Menschen, die zusammenlebte, und zieht los, um Fische zu fangen.

Wie werdet Ihr erfolgreich Fische fangen, wenn Euch weder Angeln noch Netze zur Verfügung stehen?

Überlegt, wie Ihr wohl die Fische fangen könnt, besprecht Eure Vorstellungen und denkt Euch aus, was dabei alles passieren kann.

Eure ausgedachte Geschichte sollt Ihr dann Euren Mitschülern pantomimisch vorspielen.

Arbeitsbogen der Gruppe III „Bei der Nahrungsmittelsuche"

Die Menschen in der Altsteinzeit besaßen weder Kleidung, wie wir sie heute kennen, noch Nahrungsmittelvorräte, weder Eisenwerkzeuge noch Jagdgewehre. Sie hatten weder eine feste Unterkunft noch ein ständiges Feuer zum Wärmen und Kochen.

Wie konnten sie damals bloß überleben?

Könnt Ihr Euch das vorstellen?

Ihr seid Frauen und Mädchen einer Horde, so nannte sich damals eine Gruppe von Menschen, die zusammenlebte, und zieht durch Wald und Felder, um etwas Eßbares zu finden.

Was werdet Ihr alles suchen?

Ob auch das Eingesammelte genießbar und verträglich ist? Laßt Euch nun einfallen, was Ihr alles finden werdet und was Euch in Wald und Flur passieren kann?

Tragt Eure Ideen zusammen und macht eine Geschichte daraus, die Ihr schließlich Euren Mitschülern pantomimisch erzählen sollt.

Vergeßt nicht, zu überprüfen, ob Eure Vorstellungen mit dem, was damals war, wohl übereinstimmen könnte.

Der Mensch entwickelt sich — U 2

Spielerfahrene Klasse

Vorüberlegungen

Auf der Suche nach Informationen:

„Geschichtliche Weltkunde"? – Soll der Einstieg über das Buch erfolgen? – Was könnte sich als Lehrererzählung anbieten?

Welches Anschauungsmaterial ist im Heimat-Museum zu finden?

Oder ist ein Besuch im Landes-Museum vorzuziehen?

Welches Bildmaterial zum Thema steht im Fundus der Schule zur Verfügung?

Gewonnene Erkenntnisse:

Das Informationsangebot deckt die Vorstellungen des Planenden nicht im gewünschten Maße ab: Die in Frage kommende Lehrererzählung führt nach Frankreich! Das Material im Heimat-Museum ist nur dürftig – ein Besuch im Landesmuseum zu umständlich und zeitraubend dazu!

Aber ein Bild findet besonderes Interesse: „Eingang vor einer Höhle" (siehe Abbildung auf Seite 34). – Dieses Bild könnte zum Mittelpunkt der Stunde bzw. der Unterrichts-Einheit werden. Sollte es gelingen, Schüler an eine intensive Bildbetrachtung heranzuführen und sie mit Hilfe von Darstellungen und Szenengestaltung zur Interpreta-

tion des Bildes vorstoßen zu lassen, dann könnten die Schüler in ein bis zwei Stunden vielerlei, betrachtend und handelnd, erfahren: Vom Leben der Menschen in einer Höhle – von der Arbeit der Frauen, der Männer – von der Herstellung der Kleidung, den Jagdproblemen – von der Bedeutung des Feuers und der Höhlenmalerei.

Der Unterrichtsversuch kann so geplant werden, weil die Schüler seit dem 5. Schuljahr an Spiel und Spielgestaltung gewöhnt wurden.

Stundenvorbereitung

Steinwerkzeug wird im Museum ausgeliehen – gegerbte Felle werden bei Bekannten besorgt – Speere angefertigt – Zweige und Knüppelholz gesammelt – die Klassenraumaufteilung neu durchdacht – der Einsatz der Tafel, auf der das Höhlenbild entstehen könnte, geplant – verschiedene Hocker bereitgestellt.

Denkbar wäre der Versuch, die Schüler nach den pantomimischen Spieldarbietungen beim Umgang mit Werkzeug und Material auch an eine sprachliche Gestaltung heranzuführen und das Spiel zum Stegreifspiel zu erweitern, Begriffsfindung und Sprachentwicklung anzuregen.

Stundenverlauf

Die Lehrkraft läßt das Bild „Eingang vor einer Höhle" betrachten – die Schüler äußern ihre Eindrücke – versuchen, das, was sie sehen, zu beschreiben.

Die Lehrkraft gibt Hilfen:

„Versucht doch einmal, Handlungszusammenhänge oder -abläufe zu entdecken. Es kommt mir auch auf die Gruppenbildungen an. Nachher wollen wir dann die Figuren der einzelnen Gruppen lebendig werden lassen und sie auf der Spielfläche darstellen. Zuerst werden wir das Bild zerstückeln und es dann, nach verschiedenen Proben, wieder zu dem ganzen Bild zusammensetzen.

So, jetzt seht Euch die abgebildeten Menschen noch einmal genau an. Wer Zutrauen zu einer Gruppe gefaßt hat, wählt sich eine Person, die ihm besonders gefallen hat, aus. – Warum wohl? Weil sie nachher von ihm gespielt werden soll!
Jeder geht jetzt auf Entdeckungsreise!"
Schüler setzen die Beschreibung des Bildes fort:

„Links auf dem Bild knien Frauen, die mit Fellen beschäftigt sind – gegenüber arbeiten drei Männer – im Hintergrund ist ein Felsvorsprung zu sehen, darunter sind ein Mann und ein Junge abgebildet, und links davon knien noch welche – auf der anderen Seite kommen zwei Männer, einer trägt ein erlegtes Wild!"

L.-Kr.: Welche Personen auf dem Bild bilden jeweils eine Gruppe?
„Die Frauen links – die drei Männer rechts – die zwei Männer mit dem Wild – die zwei vor dem Fels – und die linke Gruppe!"
L.-Kr.: Na, seht euch das Bild doch noch einmal an!
„Die linke Gruppe im Hintergrund und der Mann und der Junge gehören zusammen, denn die Knienden schauen zu ihnen hin!"
L.-Kr.: Ja, das ist richtig! – Zuerst wollen wir uns jetzt einmal die Frauengruppe genau ansehen!
„Es sind drei Frauen und ein Kind, aber man kann nicht erkennen, ob es ein Junge oder ein Mädchen ist – die Frauen tragen lange Haare – sie sind mit Fellen bekleidet – eine hält ein Messer in der Hand – die beiden anderen sind mit den Fellen beschäftigt – und das kniende Kind leckt an einem Stein oder?"
L.-Kr.: Jetzt frage ich die Mädchen: welche von den Frauen gefällt euch so gut, daß ihr sie darstellen möchtet?
Mädchen melden sich und sagen, welche der Frauen sie gern spielen möchten.
L.-Kr.: Jetzt fehlt uns aber noch das Kind!
„Das ist bestimmt ein Mädchen, es soll sicherlich lernen, wie die Felle bearbeitet werden müssen!"
L.-Kr.: Ich sehe das auch so – nun können wir mit der ersten Gruppe anfangen – aber wissen möchte ich nun gern von euch, wohin ihr denn nun geht?
„Wir gehen auf den Vorplatz einer Höhle, die recht hoch liegt, das sieht man daran, daß nur die Tannenspitzen zu sehen sind, und daß die Jäger heraufgeklettert kommen."
L.-Kr.: Und was braucht ihr an Material?
„Eins – zwei – drei Felle – und ich habe ein Messer!" „Quatsch, damals gab es doch noch gar keine Messer!" – „Dann ist es eben ein Steinmesser!" – „Und ich drücke wohl einen Stein auf das Fell" – „Der Stein hat aber einen Griff!" – „Stimmt!" – „Wir beide wollen die Felle zusammennähen" – „Womit denn?" – „Vielleicht halte ich ja in der rechten Hand eine Knochennadel?" – „In der linken!" – „Und ich schabe mit dem Gegenstand, den ich in der Hand halte, die Fleischreste von dem Fell, denn es sind noch braune Punkte zu erkennen!"
L.-Kr.: Ihr müßt euch eigentlich auch einen Namen geben, dann könntet ihr euch doch anreden. Wenn ihr noch einmal auf das Bild seht, welchen Namen würdet ihr euch denn geben?
„Ich nenne mich Brunhilde", „und ich heiße Mathilde" – „ich bin die Isolde" – „und ich bin die kleine Hilde, die Wilde!"
L.-Kr.: Dann könnt ihr auftreten – ihr habt euch einen Namen gegeben – kennt euer Material, mit dem ihr arbeitet und wißt, wohin ihr euch jetzt begeben werdet!

Die Frauen treten auf – bilden einen Halbkreis und knien nieder.

Brunhilde: Ich habe ja mein Material vergessen!

Isolde: Wir haben es alle vergessen, wir müssen noch einmal auftreten!

Brunhilde trägt nun ihr Fell und das Steinmesser – Mathilde und Isolde tragen gemeinsam (pantomimisch) ihre Felle, und Hilde hält einen Zipfel – sie breiten die Felle aus und beginnen mit der Arbeit.

Ein Junge: Die haben ja nicht mal die Schuhe ausgezogen! Damals sind sie barfuß gegangen, und bestimmt sind sie schwerfälliger gegangen als ihr!

Mathilde: Er hat recht! Also Schuhe aus und noch einmal von vorn!

Junge: Noch etwas! Es arbeitet aber nur Isolde, Mathilde guckt auf, und Brunhilde zeigt in die Richtung, wo die Jäger auftreten!

Brunhilde: Ich kann doch nicht die ganze Zeit hier mit ausgestrecktem Arm sitzen!

Junge: Das tust du ja auch erst, wenn die Jäger kommen!

Ein Mädchen: Die werden sich bei der Arbeit doch unterhalten haben!

L.-Kr.: Das nehme ich auch an! – Versucht es doch einmal!
(sie beginnen noch einmal!)

Brunhilde: Kommt, Mathilde und Isolde, wir wollen auf dem Vorplatz unserer Höhle die Felle zusammenstecken.

Mathilde: Ich habe damit schon angefangen – Isolde, faß doch mal mit an!

Isolde: Warte doch! – Ich hole noch die Sehnen und die Nadeln!

Hilde: Darf ich euch helfen?

Isolde: Natürlich! Du kannst noch den Restteil des Felles säubern, den mußt du abkratzen, besser, mit einem scharfen Keil abschaben! Komm ich zeig dir das!
(nun arbeiten sie eine Weile)

Hilde: Wann werden wohl die Männer von der Jagd zurückkommen? – Ich hab schon einen riesigen Hunger!

Brunhilde: Seht mal, da kommen sie, sie haben ein großes Tier erlegt!

L.-Kr.: Das wäre dann der Schlußpunkt dieses Teilbildes – wir müssen nun erst die anderen Teilstücke entwickeln, und beim Ganzen tretet ihr noch einmal auf! – Jetzt nehmt erst mal wieder Platz und beobachtet, ob die folgenden Gruppen es auch so gut machen wie ihr!
Die Jungengruppe ist dran!

„Ich möchte der Sitzende sein und Malte heißen" – „Dann bin ich der Stehende, der an der Steinspitze arbeitet und heiße Giselher" – „Und ich bin der Kniende und heiße Urk!" – „Wir brauchen drei Hocker und müßten auch Steine und Werkzeug haben!" – „Wieso drei Hocker? Auf dem Bild sind doch bloß zwei Stämme zu sehen!" – „Auf dem dritten sitze ich doch!"

L.-Kr.: Könnt ihr euch bei eurem Auftritt gleich unterhalten?

„Das versuchen wir!" (treten auf)

Malte: Wir gehen auf den Vorplatz – es scheint die Sonne! Haben wir auch alles? Steine – Knochen – Holz?

Giselher: Hier sind die Schaber und die Steinklingen! Was willst du denn heute machen, Urk?

Urk: Ich will an meiner Spitze aus Stein weiterarbeiten! Vielleicht schaffe ich es ja!

Malte: Steinspitzen wären schon gut, die dringen dann besser durch das dicke Fell der Tiere!

Giselher: Aber es dauert doch verdammt lange, ehe so ein Ding fertig ist! (alle drei hämmern – schaben – feilen)

L.-Kr.: Das könnte genügen! – Vielen Dank! – Ihr dürft euch auch wieder hinsetzen! – Was meint ihr, sollten jetzt die Jäger auftreten?

„Das kriegen wir sicherlich schneller hin!"

L.-Kr.: Gut! – Dann Freiwillige vor!

„Ich bin wohl der Stärkste in der Klasse, und deshalb spiele ich den, der das Tier auf dem Rücken trägt! Ich bin der Baru, der Bär!" – „Und weil ich der Kleinste bin, will ich das erlegte Tier sein!" – Baru: „Dich nehme ich leicht auf die Schultern!" – „Ich möchte der Begleiter sein, der die Speere trägt. Einen Namen für mich, den weiß ich noch nicht!"

L.-Kr.: Kann jemand helfen?

„Vielleicht sollte er Gundolf oder Speros heißen!" – „Als Speerträger bin ich für Speros!" – „Können wir anfangen?"

L.-Kr.: Bitte!

Speros: Gleich haben wir es geschafft – dann bricht der Jubel los – dann kommen sie alle angestürmt!

Baru: Die Horde hat uns bestimmt schon vermißt! – Zu lange haben wir vergeblich hinterherjagen müssen!

Speros: Und dabei haben wir noch Glück gehabt – es wäre schlimm geworden, wenn du dir bei deinem Sprung das Bein gebrochen hättest.

Baru: Gleich kann ich ja die Verstauchung mit Wasser kühlen! Es ist ja nicht so schlimm!

Speros: Du bist hart im Nehmen! – So, jetzt kündige ich uns an: Halli-Hallo! – Halli-Hallo!

Baru: Halli-Hallo!

L.-Kr.: Prima! – Setzt ihr euch auch erst wieder? Nun müssen wir uns noch das letzte Bild genau ansehen!

„Soll das eine Frau sein, die das Holz zerbricht?" – „Klar, denn die, die hocken oder knien, sind Mädchen, die auf das Feuer achten!" – „Aber sie kümmern sich ja gar nicht um das Feuer, sie blicken hinauf zu dem Mann, der ein Tierbild in den Fels ritzt" – „Der Junge guckt auch zu, der muß ihm wohl scharfe Faustkeile zureichen" – „Die knienden Mädchen bewundern den Mann – so wie wir heute einen Künstler!"

L.-Kr.: Nun müssen wir noch die Rolle der Frau, die der Mädchen, des Mannes und des Knaben besetzen!

Auch diese Rollenverteilung macht keine Schwierigkeiten. Die letzte Gruppe tritt auf, der Rest der Klasse beobachtet und gibt Anregungen: „Der Künstler kann doch die Tafel als Fels benutzen!" Es wird gefragt, warum denn das Feuer so weit unter dem Felsen sein muß? – Die Antworten trafen den Kern der Sache: Dort ist es sicherlich nicht so windig – das Feuer dient ja nicht nur zum Schmoren, sondern auch zum Wärmen!" – „Der Auftritt der Gruppe hat mir nicht gefallen, die gingen alle auf einmal an ihren Platz! Wäre es nicht besser, wenn erst der Künstler mit dem Jungen kommt. Er kann ja gleich mit der Arbeit beginnen. Auf dem Bild sieht man ja, daß er schon ein ganz schönes Stück geschafft hat – und besser wäre es, wenn die Mädchen mit Reisig reinhüpfen und zum Schluß erst die Frau mit dem großen Holzbrocken!"

L.-Kr.: Diese Vorschläge solltet ihr beachten und euch auch überlegen, worüber ihr euch unterhalten wollt.

Eine Spielerin will wissen: „Ist die Feuerstelle immer am gleichen Platz oder achtet man auf die Windrichtung und die Kälte?"

L.-Kr.: Was meint Ihr?

„Die Feuerstelle haben sie bestimmt nicht oft verlegt, denn die müssen doch aufpassen, daß sie sich die Glut erhalten! Ein neues Feuer zu entzünden, kann oft Stunden dauern!"

L.-Kr.: Den Auftritt der Gruppe sollten wir gleich noch einmal machen, und dann setzen wir hinterher das ganze Bild zusammen. Könnt ihr Vorschläge machen, in welcher Reihenfolge das geschehen soll?

„Zuerst diese Gruppe, die noch auftreten muß – dann die Männergruppe, die die Werkzeuge herstellt – dann die Frauen mit den Fellen und zum Schluß die Jäger!"

L.-Kr.: Hat jemand noch andere Vorstellungen?

„Nein, es ist gut so! – Wir beginnen links im Hintergrund, gehen dann nach rechts in den Vordergrund – dann nach links und zum Schluß kommen wir rechts aus dem Hintergrund. Damit nutzen wir gleich die ganze Spielfläche!"

L.-Kr.: Sind alle bereit? Und weiß jeder, welche Figur er in seiner Gruppe darstellt? – Gut, dann fangen wir an, das ganze Bild zusammenzusetzen!

Aus der ersten Gruppe treten der Künstler Gero und der Junge auf:

Junge: Was für ein Tier soll das denn werden?

Gero: Ich will versuchen, einen Hirsch in den Fels zu ritzen.

Junge: Und wie willst du das schaffen?

Gero: Zuerst werde ich mit dieser weißen Masse den Umriß vom Hirsch zeichnen, und dann fange ich an zu ritzen. Hast du genügend scharfe Faustkeile mitgebracht?

Junge: Natürlich, ich habe mir die besten für dich geben lassen!
(der Künstler beginnt, der Junge schaut zu)

Jetzt toben die Mädchen mit ihrem Reisig heran und lassen sich an der Feuerstelle nieder!

Mädchen 1: Du, das glüht gar nicht mehr – das Feuer ist aus!

Mädchen 2: Paß auf, das kriegen wir schon wieder in Gang!

Frau: (erscheint mit ihrem Holz)
Reißt doch nicht alles auseinander! – Die Reste müßt ihr zusammenschieben und dann ordentlich pusten – ja, so ist es richtig!

Mädchen 3: Ich puste auch!

Frau: Seht ihr, jetzt glimmt es wieder – weiterpusten! – Und nun legt vorsichtig trockenes Reisig drauf!

Mädchen 2: Es brennt – es brennt!

Frau: Jetzt lege ich die Holzknüppel darüber!

Mädchen 1: Das hätten wir wieder geschafft!

Mädchen 3: Guck mal – dreht euch mal zu unserem Gero um!

Mädchen 2: Das wird ja ein richtiger Hirsch!

Mädchen 1: Doll wie er das macht!

In diesem Augenblick tritt die Männergruppe auf!

Malte: (nachdem er sich gesetzt hat)
Haben wir auch alles mitgebracht? Die Steine, die Knochen und das Holz?

Giselher: Es ist alles da, und das Handwerkszeug habe ich auch, die Schaber und die Steinklingen!
(Urk wählt sorgfältig einen Stein aus) Na, was soll das heute werden?

Urk: Ich will eine Speerspitze aus Stein schlagen!

Malte: Meinst du, daß die besser durch das dicke Fell eines Tieres dringt?
Urk: Davon bin ich fest überzeugt! Baru bat mich schon vor einiger Zeit, es doch einmal zu versuchen.
Giselher: Das wird ganz schön lange dauern und dir viel Mühe machen!
Malte: Urk – und ärgern darfst du dich auch nicht, wenn es nicht gleich klappt!
Urk: Ich höre nicht eher auf, als bis ich es geschafft habe!
(alle drei hämmern – schaben – feilen)

Jetzt erscheint die Frauengruppe!

Brunhilde: Kommt, Mathilde und Isolde, wir wollen auf dem Vorplatz in der Sonne die Felle zusammenstecken!
Mathilde: Ich habe damit schon angefangen! – Isolde, faßt du mal mit an?
Isolde: Warte einen Augenblick – ich hole noch die Sehnen und die Nadeln!
Hilde: Darf ich euch ein bißchen helfen?
Mathilde: Natürlich kannst du helfen!
Isolde: Sieh mal, dieser Teil des Fells muß noch abgeschabt und gesäubert werden!
Hilde: Das mach ich gern!
(alle arbeiten)
Wann werden wohl unsere Jäger von der Jagd zurückkommen?
Seit zwei Tagen habe ich schon einen verflixten Hunger!
Brunhilde: Die müßten schon längst hier sein – aber du weißt ja, wie mühsam es ist, ein Tier zu erlegen!
(arbeiten weiter, auch die anderen Gruppen)

Nun kommen die Jäger!

Speros: (noch vor dem Spielraum)
Gleich haben wir es geschafft, dann bricht der Jubel los!
Baru: Dieses Mal haben wir die Horde lange warten lassen! Zu oft sind wir vergeblich hinter einem Tier hinterhergerannt!
Spero: Und dabei haben wir noch Glück gehabt! Stell Dir nur vor, du hättest dir das Bein gebrochen, als du mit großen Sätzen über den Bach sprangst!
Baru: Der Stein war glitschig, und ich rutschte ab.
Der Fuß ist inzwischen ganz stark angeschwollen!
Speros: Die Frauen werden dich schon mit kalten Umschlägen wieder hinkriegen!
Baru: Gleich sind wir da, jetzt nur noch den Berg hinauf!
(legt sich das „Wild“ über die Schulter)
Speros: Halli-Hallo! – Halli-Hallo!
Baru: Halli-Hallo-Hallo!
Mädchen: Die Jäger! – Die Jäger kommen!
Brunhilde: Dort kommen sie den Berg herauf, mit großer Beute!
Frau: Da haben wir das Feuer ja rechtzeitig in Gang gesetzt!
––– Spielende –––

Auf die Auswertung der Darstellung mußte zunächst verzichtet werden! Es blieb am Ende der Stunde gerade noch Zeit für die Hausaufgabe: „Malt ein Bild: Die Horde beim Festschmaus!“

Jubelnde Zustimmung!

Die nächste Geschichtsstunde begann mit der Betrachtung der gemalten Bilder. – Vergleichend wurde die Beziehung zum gezeigten Höhlenbild hergestellt. – Dann erzählten Schüler zwanglos von der letzten Stunde, sie sprachen von dem, was sie erfahren und handelnd erlebt hatten, stellten Fragen, diskutierten, wünschten weitere Informationen, da ihnen der bereits gelesene Text im Geschichtsbuch nicht ausreichte. Betroffenheit wurde geäußert: „Nein, unter keinen Umständen möchte ich damals gelebt haben!"

Das Leben damals und heute wurden verglichen, Informationen über Entwicklungsphasen angefordert!

Die Lehrkraft rückte die weiteren Entwicklungen in der Jungsteinzeit – Bronzezeit und Eisenzeit ins Blickfeld.

Weiterer Motivationsanstöße bedurfte es nun nicht mehr!

Die exemplarische Themenbehandlung, handlungsorientiert durchgeführt, hatte den Schülern nicht nur mehr Informationen gegeben – die auch aufgenommen und verarbeitet wurden – sondern auch eine Zeitersparnis bei der Behandlung des Gesamtkomplexes erbracht.

Anmerkung

Wo liegt denn nun der Unterschied zwischen einer Bildbetrachtung herkömmlicher Art im Geschichtsunterricht und diesem ausführlich entwickelten Interpretationsansatz?

Bildmaterial wird gern im Geschichtsunterricht eingesetzt – ich habe das bei Unterrichtsbesuchen immer wieder feststellen können – und das lief meistens so ab: Die Schüler sahen ein- oder zweimal zum Bild hin, benannten das Auffälligste, zögerten und brachten nach einer weiteren Aufforderung dann noch einen Beitrag, und danach herrschte gewöhnlich Funkstille!

Die Schüler sahen wirklich hin, das sei ausdrücklich betont, aber sie achteten weder auf Einzelheiten noch auf Zusammenhänge, und damit war die Wirkung des Bildes, bei der Stundenplanung geschickt zur weiteren Durchdringung des Themas plaziert, nutzlos verpufft.

In dem aufgezeigten Beispiel hatte die Aufforderung der Lehrkraft, sich alle Personen genau anzusehen, um sich mit einer zu identifizieren (Vorbereitung der Rollenübernahme) eine wesentlich nachhaltigere Wirkung. – Die Schüler studierten das Bild, um ihre „Rolle" zu finden, den Zusammenhang zu ergründen um die Nachgestaltung angehen zu können. – Und die Nachgestaltung zwang sie, bei der Erarbeitung der einzelnen Szenen, sich wieder dem Bild zuzuwenden, wobei das Neuentdeckte abermals ein Stück weiterhalf.

So lernten die Schüler durch Einfühlen und danach durch aktives Umsetzen, Sehen in einen Denkprozeß einmünden zu lassen.

Der Nil als Lehrmeister der Menschen U 3

Spielunerfahrene Klasse

Einführung

Im Niltal, das von beiden Seiten von großen Wüsten begrenzt ist, wohnte das Volk der Ägypter. Da im Niltal kaum jemals Regen fällt, macht es nur der Strom fruchtbar. In dessen Quellgebiet, besonders im Hochtal von Abbessinien, regnet es jedoch von Februar bis August fast ununterbrochen. In diesen Monaten steigt der Fluß auf seinem ganzen Lauf bis zum Mittelmeer. Das Wasser erreicht eine Höhe von vielen Metern, und das Flußbett kann schließlich die Wassermassen nicht mehr aufnehmen. Schon in frühester Zeit gaben Ausrufer die Höhe des Wasserstandes bekannt. Wenn der Fluß über seine Ufer tritt, verwandelt er das Land bis an den steilen Wüstenrand zu beiden Seiten in einen einzigen See, aus dem nur die Deiche und die von ihnen geschützten Städte und Dörfer aufragen. Wenn die Wasser zehn Meter hoch stiegen, konnten die Felder bewässert werden. Stieg der Nil höher, so überflutete er Deiche und Dörfer, blieb er aber darunter, so gerieten die Menschen in Hungersnot. Die Ägypter leiteten das Wasser mit seinem fruchtbaren Schlamm durch Gräben und Kanäle über das ganze Land, ja durch einfache Schöpfanlagen sogar bis zu den höher gelegenen Feldern. In den Jahren, in denen die Überschwemmung reichlich war, ließen sie das Wasser in große, künstlich angelegte Becken strömen, damit sie in Jahren des Wassermangels ein wenig Vorrat hatten.

Die Nilüberschwemmungen zwangen die Ägypter, genau auf den Ablauf des Jahres zu achten. Sie bemerkten sehr bald, daß das Hochwasser um die Zeit der Sommersonnenwende begann, beim Aufgang des Hundssternes (Sirius) am Morgenhimmel. Zuerst teilten sie das Jahr in drei Zeitabschnitte ein: vier Monate Überschwemmungszeit, vier Monate der Aussaat und des Wachstums und vier Monate der Trockenheit, in denen die Ernte eingebracht wurde. Den Monat rechneten sie zu 30 Tagen. Es mußten also immer einige Tage eingeschaltet werden bis zur neuen Überschwemmung, die nie ganz regelmäßig einsetzte. Als himmelskundige Priester lange Zeit den Eintritt der Überschwemmung mit dem Lauf der Sonne und der Sterne verglichen hatten, wurde wohl zu Beginn des geeinten Reiches ein fester Kalender eingeführt. Man bestimmte, daß das Jahr 12 Monate zu 30 Tagen und fünf Zusatztage haben sollte. Die Könige mußten sich bei der Krönung eidlich verpflichten, den Kalender nie zu ändern. So hatten die Ägypter, wenn auch nicht ganz genau, das Sonnenjahr entdeckt. Der Nil zwang die Menschen, gemeinsam zu handeln. Alle hatten ein gemeinsames Interesse daran, daß Dämme gegen Hochwasser gebaut, Stauseen angelegt, Kanäle gegraben wurden, und je mehr Menschen sich zusammentaten, je besser sie die gemeinsame Arbeit organisierten, desto eher gelang es, den Strom zu zähmen.

Die Führung in einer Siedlung hatte jeweils ein Häuptling. Er beobachtete planmäßig das Wetter und die Jahreszeit, um rechtzeitig Maßnahmen gegen Dürre und Überschwemmung anordnen zu können. Bei der Bevölkerung entstand so die Meinung, Häuptlinge hätten Gewalt über das Wetter, sie seien ‚Regenmacher' und besäßen göttliche Kräfte. Dadurch wuchs die Macht der Häuptlinge. Sie konnten befehlen, die anderen gehorchten. Wenn das Hochwasser des Nil abfloß und der Schlamm auf den Feldern zurückblieb, ließen die Häuptlinge das Land neu vermessen und aufteilen; sie selbst galten als oberste Besitzer des Bodens.

Die einzelnen Siedlungen nahmen enge Beziehungen zueinander auf. Es entstanden Stämme, die sich zusammenschlossen und größere politische Einheiten bildeten. Einige Stammesfürsten besiegten ihre Nachbarn und schufen im Laufe der Zeit zwei große Reiche: Oberägypten am Oberlauf des Nil und Unterägypten im Gebiet der Mündung. In der Zeit um 3000 v. Chr. vereinigte König Menes nach einem Sieg die beiden Reiche und baute dort, wo sie aneinandergrenzten, seine Hauptstadt Memphis.

Didaktische Überlegungen

Die Unterrichtseinheit bietet mehrere Möglichkeiten des Einstiegs, um die Schüler zu fesseln und ihnen ein Kulturvolk nahezubringen, das zu den ältesten der Welt zählt. Am anschaulichsten läßt sich sicherlich mit den Pyramiden beginnen. Sie regen die Phantasie der Schüler an, lassen sie über die Grabbeilagen und den Glauben nachdenken und regen sie an, zu erfragen, unter welchen Bedingungen und mit welchen menschlichen Leistungen und Opfern die Pyramiden wohl gebaut worden sind.

In zwei Jahrgängen war ich mit der Betrachtung der Pyramiden in die Unterrichtseinheit Ägypten eingestiegen und hatte dabei immer aufgeschlossene und aktive Schüler erlebt. Schwierigkeiten hatte ich aber in den folgenden Stunden, wenn ich auf die Bedeutung des Nils, auf die Entwicklung des Staates unter den Pharaonen einging. Da ließ die Begeisterung für das Gesamtthema merklich nach. Nun erwies sich, daß die Schüler wenig Neigung zeigten, sich auf die Fakten zum Bewässerungssystem, der Entwicklung eines Jahreskalenders und der Hieroglyphen zu konzentrieren. Sie hörten sich die Informationen ohne innere Beteiligung an, denn von Deichen, Gräben und Überschwemmungen wußten sie in Schleswig-Holstein schon aus dem Heimatkundeunterricht. Das war also nichts Neues für sie, und die anderen Informationen zur Staatsentwicklung usw. lagen noch so weit weg für sie, stellten keine Herausforderung dar.

Wenn ich das Schülerverhalten richtig einschätzte, dann mußte ich mir überlegen, wie ich auch die anderen Themenbereiche anschaulicher gestalten könnte.

Eine Lösung bot sich an, als ich in der „Geschichtlichen Weltkunde" Bd 1 das Thema fand: „Der Strom als Lehrmeister der Menschen". Nun kam mir die Idee, mir den Nil ins Klassenzimmer zu holen, ihn auf den Fußboden zu zeichnen oder mit Bändern auszulegen, um mit den Schülern gemeinsam im Niltal Erkenntnisse zu erarbeiten.

Planung der Stunde

– Wir beginnen mit einer pantomimischen Einstimmung:
„Wir stellen uns im Kreis auf – wir gehen im Kreis herum – wir stapfen barfuß durch den heißen Wüstensand – jetzt ist der Boden feucht und schlammig, wir patschen da hindurch – wir versuchen, mit einer Hacke eine Rinne zu ziehen, um das Wasser in einen Graben abzuleiten – wir schöpfen mit einem Behälter Wasser aus einem Sammelbecken und lassen es langsam auf das Land laufen – wir streuen Getreidekörner auf den Boden und trampeln sie fest ein – wir schneiden mit der Sichel das reife Getreide – nach getaner Arbeit wischen wir uns den Schweiß von der Stirn – und nun gehen wir wieder auf unsere Plätze."

– Es folgt ein Gespräch über unsere pantomimischen Übungen.
Dazu erkläre ich abschließend, daß wir uns fast schon im Niltal bewegt hätten.

– Ich fordere die Schüler auf, Stühle und Tische an die Seite zu stellen und sage an, daß wir uns jetzt den Nil in unser Klassenzimmer zeichnen werden. Wir legen Quelle und Mündung fest, bauen an der Quelle einige Tische und Stühle übereinander, um die Höhen in Abessinien anzudeuten und zeichnen zwei blaue Kreidestriche auf den Boden, um damit das Flußbett zu kennzeichnen, das zur Mündung hin immer breiter wird. Danach bitte ich die Schüler, sich links und rechts vom ‚Nil' niederzulassen.

– Nun gebe ich Informationen, die ich in Phasen gliedere.

Ich werde immer dann unterbrechen, wenn es sich anbietet, das Gehörte in eine Handlung umzusetzen.

Phase 1: Es werden Informationen zur Wüstensituation, zur Ernährungslage, zum Niltal, zu den Überschwemmungen, zu den drei jahreszeitlichen Abschnitten, zu den Siedlungen unter der Führung eines Häuptlings und dessen Aufgaben gegeben. Über die geschilderte Situation diskutiere ich mit den Schülern und überlege mit ihnen, was wir damals wohl anstelle der Menschen, die vor 3000 Jahren v. Chr. gelebt haben, getan hätten, um mit den Problemen fertigzuwerden.

Wir sind alle Ägypter, wählen einen Häuptling und fügen uns dessen Anordnungen: wir ziehen Gräben, bauen Deiche, schöpfen Schlammwasser, beobachten den Wasserstand des Nils.

Phase 2: Fortsetzung der Informationen: Zur Beobachtung von Sonne und Gestirnen, zum Jahreskalender, zur Erwartung der Überflutung in der Zeit der Sommersonnenwende.

Nach einer Aussprache folgt die erneute Verwandlung: Wir beobachten gemeinsam den Fluß, denn nur gemeinsam können wir die Probleme lösen, die auf uns zukommen werden.

Voller Spannung erwarten wir den Höchststand des Nilwassers von 10 Metern, endlich wird Alarm ausgelöst, wir jubeln, die Flutwelle tritt aus dem Flußbett heraus, langsam weichen wir zurück und kennzeichnen den immer breiter werdenden Fluß mit einem braunen Band und warten ab.

Phase 3: Fortsetzung der Informationen zur Landvermessung und -verteilung, zur Bodenbearbeitung, zum Säen und Ernten.

Das Hochwasser geht zurück, wir folgen ihm mit unserem braunen Band fast bis zur ‚Nil-Linie' und markieren damit den neuen Wasserstand. Nun geht der Häuptling mit einigen Helfern daran, das Land zu vermessen und teilt die abgesteckten Flächen den Siedlern zu. Danach gibt er den Boden zur Nutzung frei. Ohne den Acker zu bearbeiten, säen einige von uns sogleich das Getreide aus und stampfen es in den Boden ein, andere ziehen Gräben und schöpfen Schlammwasser hinein, um es zu den höhergelegenen Feldern zu leiten.

Wir unterhalten uns darüber, wie schnell alles unter der Sonne in dem fruchtbaren Schlammboden wächst. – Mit der Sichel mähen wir das Getreide und bringen die Ernte ein.

– Abschlußgespräch: Was haben wir gehört und was haben wir getan? – Welche Erkenntnisse haben wir im Vergleich zu unserer Landwirtschaft gewonnen? – Was hat der Nil den Menschen an geistigen Leistungen abverlangt?

– Ankündigung: In der nächsten Stunde werden wir uns mit dem Staatsaufbau und den Pyramiden beschäftigen.

Auswertung der Stunde

Viel ist über die Durchführung des Unterrichts nicht zu sagen, denn die Stunde verlief wie geplant.

Im Vergleich zu den von mir bereits erteilten Stunden zu diesem Thema, in der didaktischen Übersicht bereits erwähnt, war der Unterschied offensichtlich:

Während bei den ersten Versuchen der größte Teil der Klasse nur zuhörte, und einige nur gelegentlich aktiv mitarbeiteten, beteiligten sich in dieser Stunde alle Schüler. Sie hatten sichtlich Freude daran, sich in der Nachgestaltung pantomimisch einzubringen. Niemand zeigte mehr Hemmungen, einen Deich zu bauen, Gräben zu ziehen oder Wasser zu schöpfen. Sicherlich hatte der pantomimische Einstieg dazu beigetragen, sich so locker und frei zu bewegen.

Mitentscheidend für den Erfolg der Stunde war wohl auch die klare Gliederung. Zu keiner Zeit wurden die Schüler mit Informationen überfordert. Sie behielten stets die Übersicht und drängten bereits in der zweiten Phase zur Nachgestaltung.

Der von mir angestrebte Höhepunkt der Stunde war der Moment, als wir uns bei der Beobachtung des Nils vorstellten, daß er über seine Ufer trat und nun endlich das Land überschwemmte. Die Freude darüber wurde in dem Satz ausgedrückt: Du wunderbarer Nil! Bald können wir wieder säen und ernten! Im Abschlußgespräch brachten verschiedene Schüler ihre Bewunderung für die technischen und geistigen Leistungen der Ägypter zum Ausdruck, aber einer meinte: Das hätten wir auch geschafft, wenn wir damals gelebt hätten. Der Nil hätte uns schon dazu gebracht.

Abschließend bat ich die Schüler, zu Hause ein Bild zu unserem Thema zu malen und kündigte an, daß wir uns in der nächsten Stunde mit dem Herrschaftssystem der Pharaonen und den Pyramiden beschäftigen würden.

2. Antike

Demokratie in Athen — U 4

Spielerfahrene Klasse

Einführung

Die Athener, welche die Freiheit über alles liebten, konnten sich auf die Dauer nicht an die Tyrannenherrschaft gewöhnen. Nach dem Tode des Peisistratos wurde die Tyrannis gestürzt. Der Bürgerkrieg zwischen Adel und Volk drohte von neuem. Da gelang es Kleisthenes, Ruhe und Ordnung im Staate wiederherzustellen. Er war der Führer des Volkes gegen die Partei des Adels und sorgte mit einer neuen Verfassung für eine demokratische Grundordnung, das war etwa 510 v. Chr. Die Macht im Staat wurde auf drei Einrichtungen verteilt: die Volksversammlung – den Rat – und die Volksgerichte. In der Volksversammlung waren alle freien Bürger von Athen gleichberechtigt. Sie wählten die Beamten, Richter und Offiziere, und jeder freie Athener konnte für diese Ämter kandidieren. Nach Ablauf der Amtszeit, die in der Regel ein Jahr dauerte, mußte jeder Beamte der Volksversammlung Rechenschaft ablegen. Über der Volksversammlung stand keine Behörde; sie beschloß die Gesetze und entschied über Krieg und Frieden.

Für die laufenden Regierungsgeschäfte war der ‚Rat der 500' zuständig. Dieser setzte sich aus jeweils 50 Vertretern aus den 10 Wahlbezirken Athens zusammen. Die Wahlbezirke waren so eingeteilt, daß alle Bevölkerungsschichten: die Bewohner der Stadt, die Bauern aus den ländlichen Gemeinden und die Fischer und Seeleute aus den Dörfern an der Küste gleichmäßig vertreten waren. Für jeweils ein Zehntel des Jahres waren die 50 Ratsherren aus einem Wahlbezirk für die Staatsgeschäfte verantwortlich: Sie hatten dafür zu sorgen, daß die Beschlüsse der Volksversammlung vorbereitet und durchgeführt wurden. Jeden Tag wurde ein anderer Ratsherr durch das Los zum Vorsitzenden des Rates bestimmt. Die ganze Gerichtsbarkeit im Land unterstand den Volksgerichten. Die Gerichtskommissionen wurden von der Volksversammlung gewählt. Sie hatten Verbrechen aufzuklären, Urteile zu fällen, Streitigkeiten zu schlichten, die Amtsführung der Behörden zu überprüfen und Hafen und Märkte zu kontrollieren.

Eine Gerichtsentscheidung war jedoch der Volksversammlung vorbehalten. Einmal im Jahr konnten sie diejenigen Bürger aus dem Staat verbannen, die im Verdacht standen, die innere Freiheit Athens zu bedrohen. Jeder freie Mann konnte den Namen eines Verdächtigen auf eine Tonscherbe schreiben. Stimmte die Mehrheit der Bürger für die Verbannung eines Beschuldigten, dann mußte der so benannte für 10 Jahre das Land verlassen. Der Verbannte war dadurch weder an seiner Ehre gekränkt noch verlor er sein Vermögen. Mit diesem ‚Scherbengericht' verhinderten die Athener, daß noch einmal ein Tyrann über die Stadt herrschte.

Didaktische Überlegungen

Bisher standen für mich bei der Behandlung der Unterrichtseinheit Griechenland mehr die olympischen Spiele, die Betrachtung der großartigen Bauten und Kunstwerke und die Beschreibung der Lebensverhältnisse der Athener im Vordergrund. Auch nahm ich an, die Schüler für den Vergleich der Stadtstaaten Athen und Sparta interessieren zu können, aber der Entwicklung der Demokratie in Athen hatte ich noch keine volle Unterrichtsstunde gewidmet.

Stets hatte ich mir gesagt, was sollen die 11–12jährigen Schüler denn mit diesem Thema anfangen? Was nützt es, wenn ich ihnen von Kleisthenes erzähle und ihnen ein Schaubild von der Verteilung der Macht in Athen vor Augen halte? Ich unterließ es, weil ich davon überzeugt war, die Schüler mit diesem Thema im 6. Jahrgang nicht erreichen zu können. Als ich aber mehr Erfahrungen mit dem handlungsorientierten Geschichtsunterricht gesammelt und gelesen hatte, daß jedes Thema der Geschichte in jeder Altersstufe lehrbar sei, wenn es nur richtig vermittelt werde, da begann ich, mich mit diesem Thema auseinanderzusetzen. Und ganz allmählich entstand dann ein Konzept:

Zuerst ist zu Beginn der Stunde festzustellen, welche Vorstellungen die Schüler von dem Begriff Demokratie haben – bleiben die erwarteten Beiträge aus, dann setze ich zwei vorbereitete Kurzszenen zum Thema ‚Diktatur' und ‚Demokratie' ein – nach einer gründlichen Aussprache werde ich dann zum eigentlichen Thema der Stunde überleiten und über Entwicklung und Handhabung der Demokratie in Athen erzählen und dazu eine Szene ‚Scherbengericht' spielen lassen, um so zur Vertiefung der Vorstellungen von frühem Demokratieverständnis beizutragen. Ich gehe nun davon aus, daß es doch möglich sein muß, das Interesse der Schüler zu wecken und Erkenntnisse und Einsichten – der Altersstufe gemäß – gewinnen zu lassen.

Planung der Stunde

- Ich nenne das Thema der Stunde und frage: Was versteht Ihr eigentlich unter Demokratie?
  Dazu erwarte ich, daß Beiträge kommen, die zu den Parteien – Gemeindevertretungen – Parlamente – Freiheit – und Diktatur Stellung nehmen.
  Sind die Vorstellungen der Schüler jedoch nur vage, und fallen die Beiträge nur geringfügig aus, so setze ich zwei Kurzszenen ein, die ich mit einigen Schülern vorbereitet habe: ‚Vater hat das Sagen!' und ‚Abstimmung im Bundestag'.
- Danach lasse ich die Schüler fragen und Stellung nehmen.
- Und im Anschluß daran leite ich zum Stundenthema über und erzähle zunächst über die Entwicklung der Demokratie in Athen. Dabei lege ich Wert darauf, daß die Schüler vor allem etwas über das Freiheitsbedürfnis der Athener, deren Dreiteilung der Machtverhältnisse: Volksversammlung – Rat – und Volksgerichte und über die Handhabung der Demokratie erfahren.

- Um dann die Schüler nachhaltiger an die Verhaltensweisen in der Ausübung demokratischer Spielregeln heranzuführen, lasse ich von einer weiteren Gruppe die Szene ‚Scherbengericht' spielen.
- Im Abschlußgespräch werde ich – ausgehend von der Angst der Bürger Athens vor einer erneuten Tyrannis – den Bezug zur Diktatur, zu Hitler und Stalin herstellen und danach noch einen Vergleich der Dreiteilung der Macht Athens mit der Gewaltenteilung in der Bundesrepublik vornehmen.

Vater hat das Sagen!

Vater: Es ist gut, daß Ihr alle da seid, da kann ich Euch doch gleich sagen, was ich vorhabe.
Peter: Na, was hast Du denn vor?
Vater: Du sollst mich nicht immer unterbrechen! Wie oft soll ich dir das noch sagen?
Mutter: Ich will natürlich auch wissen, was Du vorhast?
Vater: Warte doch mal ab!
Also! – Im nächsten Monat ist unser Bausparvertrag zuteilungsreif. – Ich kann dann über die Zuteilungssumme von 40 000 verfügen.
Lisa: Dann können wir ja mit dem Bau unseres Hauses beginnen. – Da freue ich mich aber drauf!
Vater: Quatsch! – Wir werden gar nichts beginnen – wir werden überhaupt nicht bauen! Ich habe mich entschlossen, mir für das Geld einen neuen Wagen zu kaufen!
Mutter: Was? – Ich höre wohl nicht recht! – Du brauchst einen neuen Wagen? Das kommt gar nicht in Frage!
Wir wollen endlich das lang ausgewählte Grundstück kaufen!
Peter: Das sage ich auch! – Wir wollen bauen, Vater!
Vater: Nichts werdet Ihr! Ich kaufe mir den Wagen und damit basta!
(Verläßt den Raum)

Abstimmung im Bundestag

Präsident: Das Wort hat der Abgeordnete Müller von der SPD.
Müller: Wir haben alle Fakten geprüft und sind in unserer Fraktion zu der Überzeugung gelangt, dem Gesetz zur Steuerreform nicht zustimmen zu können, weil die Bedürfnisse der sozial Schwachen nicht im ausreichenden Maße berücksichtigt wurden.
Präsident: Das Wort hat der Abgeordnete Schulze von der CDU.
Schulze: Ich fasse nun noch einmal kurz die Haltung der CDU zum Gesetzentwurf zusammen: Wir halten ihn für durchdacht und in allen Belangen für ausgewogen. – Unsere Fraktion wird der Vorlage zustimmen.
Präsident: Das Wort hat der Abgeordnete Meier von der FDP.
Meier: Wir haben es uns in unserer Fraktion nicht leicht gemacht und Für und Wider ausgiebig erörtert. Wir schließen uns, wenn auch mit einigen Bedenken, der Meinung der CDU an und werden diesem Gesetz zustimmen.
Präsident: Damit sind wir am Ende der dritten Lesung und kommen zur Abstimmung.
Wer für das Gesetz ist, den bitte ich um das Handzeichen ....
Das ist die Mehrheit!
Wer ist dagegen?

Und wer enthält sich der Stimme?
Das hiermit beschlossene Gesetz wird nunmehr an den Bundesrat weitergeleitet.
Ich schließe die heutige Sitzung.

Scherbengericht

Sohn: Vater, was ist denn heute los? – Warum laufen so viele Bürger zur Volksversammlung?
Gehst Du auch hin?

Vater: Natürlich, mein Sohn, ich gehe da hin. Es ist doch für jeden Athener Bürger eine selbstverständliche Pflicht! – Politik ist jedermanns Sache, sie ist ein Anliegen des ganzen Volkes!

Sohn: Kann ich auch mitgehen? – Ich will doch auch einmal sehen, was Ihr da macht.

Vater: Nein, das kannst Du leider noch nicht. Zur Volksvertretung gehören die freien Bürger Athens, aber keine Kinder!

Sohn: Schade, Vater.

Vater: Einen Augenblick habe ich noch Zeit. Ich erzähle Dir schnell noch, worüber heute abgestimmt werden soll.
Siehst Du hier die Tonscherbe in meiner Hand?

Sohn: Natürlich sehe ich sie – das ist doch nichts Besonderes. – Was willst du denn damit?

Vater: Das will ich Dir gerade erklären:
In der letzten Sitzung der Volksvertretung war gefragt worden, ob es wohl die Lage des Staates erforderlich mache, daß über einen Politiker abgestimmt werden muß, dessen politische Aktivität den Staat aus dem Gleichgewicht zu bringen drohe.

Sohn: Und habt Ihr abgestimmt?

Vater: Ja, die Mehrheit entschied sich dafür, damit in einer zweiten Befragung der Verdächtige benannt werden kann.
Heute ist nun diese zweite Befragung, bei der jeder Volksvertreter den Namen des verdächtig vorkommenden Mannes auf die Tonscherbe schreiben kann. Die Scherbe ist dann mit dem Namen abzugeben!

Sohn: Vater, ich hätte vor einem Verdächtigen keine Angst. Kann einer allein denn den Staat gefährden?

Vater: Einer allein wohl nicht. – Aber er kann andere für seine Idee gewinnen, andere aufhetzen, und nach und nach sind es viele, die dann eines Tages wieder die Tyrannis in Athen ausüben.
Siehst Du, davor haben wir Angst, denn ein Athener liebt nichts mehr als seine Freiheit!

Sohn: Kennst du denn einen Verdächtigen, der das will?

Vater: Ja! – Einer ist mir aufgefallen, der macht das sehr geschickt.

Sohn: Und wirst Du seinen Namen auf die Tonscherbe schreiben?

Vater: Das habe ich schon getan!

Sohn: Du wirst mir den Namen bestimmt nicht verraten, das weiß ich, aber vielleicht sagst Du mir, was dann mit ihm geschieht.

Vater: Sollte von den 6000 Volksvertretern die Mehrheit den gleichen Namen auf die Tonscherbe schreiben, dann muß er für 10 Jahre Athen verlassen!

Sohn:	Das ist aber sehr hart, Vater, wenn er so lange von Athen fortmuß.
Vater:	Aber danach kann er wiederkommen und sich sogar erneut an der Volksvertretung beteiligen.
Sohn:	Er ist also kein Ausgestoßener?
Vater:	Nein, es wird ihm sogar sein Vermögen belassen. Du, jetzt muß ich aber los, sonst komme ich noch zu spät zur Abstimmung.
Sohn:	(sieht dem Vater nach und hört mehrfach in der Ferne den Ruf: Bürger! – Bürger! – Kommt zum Scherbengericht!)

Auswertung der Stunde

Der Begriff ‚Demokratie' war zwar allen Schülern bekannt, aber es fiel ihnen sehr schwer, etwas über die Wesensmerkmale der Demokratie und zur Handhabung demokratischer Spielregeln zu sagen. Und so weckten die eingesetzten Kurzszenen nicht nur das Interesse am Stundenthema, sondern sie brachten den Schülern wertvolle Anregungen, sich an Diktatur und Demokratie heranzutasten.

In der Aussprache über die erste Szene fielen zwei Beiträge besonders auf: Der Vater ist ein Diktator – er ist ein Tyrann! – und zur Abstimmung im Bundestag konnten dann Informationen über den parlamentarischen Aufbau der Bundesrepublik gegeben werden.

Aufgeschlossen folgten die Schüler den Ausführungen über die Entwicklung der Demokratie in Athen, diskutierten mit mir das Tafelschaubild zur Verteilung der Macht in diesem Staat und nahmen mit der Szene ‚Scherbengericht' an der Handhabung der Demokratie in Athen teil.

Im Mittelpunkt der abschließenden Aussprache standen die namentliche Abstimmung mit der Tonscherbe – das Freiheitsbedürfnis der Athener – und die Angst der Bürger vor einer erneuten Tyrannis.

Wir sprachen auch über die Gefahr, die mit solch einer namentlichen Nennung eines Verdächtigen heraufbeschworen werden kann, wenn nämlich unbequeme und unliebsame Bürger ausgeschaltet werden sollen.

Und als ein Schüler fragte, ob wir denn auch Angst vor einer erneuten Diktatur haben, da konnte der Transfer zur heutigen Zeit erfolgen.

Sklaven zur Römerzeit U 5

Spielunerfahrene Klasse

Einführung

Im Altertum mußten viele Dinge von den Menschen geleistet werden, die heute die moderne Technik für uns erledigt. Die niederen Arbeiten wurden damals gewöhnlich dem rechtlosen Sklaven aufgetragen, denen der Anspruch auf menschliche Würde versagt blieb.

Auch wenn Sklaven gelegentlich ihren Herren treu ergeben waren, blieben sie in der Regel dennoch abhängig und ohne persönliche Freiheit.

Ein Lehrbuch der Landwirtschaft empfahl damals den römischen Bauern, Sklaven wie Tiere, jedoch so gut zu behandeln, daß sie genügend Kraft haben, um ausdauernd arbeiten zu können. Ein paarmal versuchten die Sklaven, sich durch einen bewaffneten

Aufstand selbst zu befreien. Im Jahre 73 v. Chr. kam es unter der Führung von Spartacus zu einem Sklavenkrieg.

Viele Griechen und Römer hielten es für richtig, Sklaven wie Dinge, nicht aber wie Menschen zu behandeln. Sie betrachteten die Sklaverei nicht als etwas Besonderes. Für Sklaven und Diener hatten sie das gleiche Wort, sie zählten halt zum Personal oder zum Haushalt. Persönliche Rechte und menschliche Freiheit gab es für sie nicht. Zum Sklaven wurde, wer zur Strafe für ein Verbrechen seine Freiheit verlor oder im Krieg in Gefangenschaft geriet.

Wer von Sklaven abstammte, blieb unfrei. Als Sklaven galten auch Kinder, die von Eltern ausgesetzt oder in Schuldknechtschaft verkauft wurden.

Es gab aber auch organisierte Banden, die als Seeräuber auf dem Mittelmeer und an den Küsten wehrlose Menschen überfielen, gefangensetzten und als Sklaven verkauften. An manchen Tagen sollen Händler auf dem Menschenmarkt der Insel Delos bis zu 10 000 Sklaven verkauft haben. Der Preis richtete sich nach Gesundheit, Alter und Können des zum Verkauf angebotenen Menschen. Im Durchschnitt lagen die Preise so hoch wie die Preise für ein gutes Pferd.

Sklaven bestellten den Acker, drehten den Mühlstein, schürften in den Bergwerken nach Erz, arbeiteten in den Handwerksbetrieben (Ton – Stoffe – Leder – Werkzeuge – Geräte), bauten Straßen, Paläste, Tempel, Vergnügungsstätten und Häuser, schrieben Bücher ab und lehrten die Kinder ihrer Herren.

Für diese Stunde wurde mitbedacht, daß das Christentum im Laufe des Mittelalters allmählich die Sklaverei beseitigte, nach dem Grundsatz, daß alle Menschen frei geschaffen worden sind und das Recht auf Freiheit haben, daß es vor 150 Jahren noch die Sklaverei in Amerika gab, daß Menschen auf der Erde immer wieder um ihre Grundrechte auf Freiheit bis in unsere heutige Zeit hinein kämpfen müssen.

Hinzuweisen ist auch auf die „Allgemeine Erklärung der Menschenrechte" von den vereinten Nationen am 10. 12. 1948, Art. 1: Alle Menschen sind frei geboren und gleich an Würde und Rechten, und auf das Grundgesetz der Bundesrepublik Deutschland vom 23. 5. 1949, Art. 1: Die Würde des Menschen ist unantastbar. Sie zu achten und zu schützen ist Verpflichtung aller staatlichen Gewalt.

Für den Transfer in die heutige Zeit bieten sich die Uno-Erklärung und das Grundgesetz besonders an.

Didaktische Überlegungen

In der Unterrichtseinheit „Römisches Weltreich" nimmt die Fragestellung: Wie konnte sich das Weltreich über Jahrhunderte behaupten? – eine zentrale Stellung ein.

Bei den Untersuchungen fällt ins Auge, daß die Römer einen Teil der von ihnen unterworfenen Völker rücksichtslos versklavten, die Gefangenen – nicht nur Soldaten, sondern auch andere Männer, ja sogar Frauen und Kinder – mit nach Rom nahmen, um sie dort auf dem Sklavenmarkt zu verkaufen, zum Einsatz in Bergwerken, in der Landwirtschaft, in Haus und Hof, in der Bildungsarbeit, als Gladiatoren.

Hauptanliegen der Römer war es, die fehlenden Arbeitskräfte, nämlich die im Kriegsdienst stehenden Männer, durch Sklaven zu ersetzen.

Durch eine zielstrebige Ausbeutung der Arbeitskraft wurde die wirtschaftliche Entwicklung in Schwung gehalten, und somit trugen die Sklaven wesentlich zum Wohlstand des römischen Staates bei und halfen über einen langen Zeitraum, die erkämpften Machtpositionen zu sichern.

Zur Planung:

Informationen über die Entwicklung Roms vom Stadtstaat zur Weltmacht waren der vorgesehenen Stunde vorausgegangen. Vertiefend sollten nun die Schüler das Phänomen Macht in seiner Auswirkung auf Unfreiheit und Ausbeutung nachvollziehen und sich mit dem Problem und der Bedeutung der Sklaverei auseinandersetzen.

Planung der Stunde

Da für dieses Thema nur eine Stunde zur Verfügung stand, mußte überlegt werden, wie möglichst viele Informationen nachhaltig an alle Schüler herangetragen werden könnten.

Um alle Schüler anzusprechen, sie betroffen zu machen und sie zur Stellungnahme herauszufordern, schien mir die Möglichkeit die beste zu sein, die Stunde mit zwei vorbereiteten Spielszenen zu gestalten:

- Zwei Erzähler informieren im Wechselvortrag die Mitschüler.
- Schüler stellen Fragen, nehmen zum Gehörten Stellung.
- Spielszene: In einer Sklavenunterkunft.
- Aussprache – Weitere Informationen durch den Lehrer – Diskussion über Macht, Freiheit – Unfreiheit, Reaktionen.

Stundenablauf

Erzähler geben Informationen (vom Lehrer vorbereiteter Text).
Die Vorbereitung mit den Schülern dauerte 1 Stunde.

Erz. 1: Ich möchte Euch heute in eine Zeit zurückführen, die Euch allen gar nicht so unbekannt ist, nämlich in die Zeit, in der Christus geboren wurde, also in die Zeit vor etwa 2000 Jahren!

Erz. 2: Und da Ihr nun schon mal diesen Anhaltspunkt habt, ja auch schon etwas über den Stadtstaat Rom wißt, dürfte es Euch nicht schwerfallen, auch noch ein Jahrhundert weiter zurückzudenken.

Erz. 1: Wir wollen Euch mehr von den Römern erzählen, von deren Riesenreich, das sich rund um das Mittelmeer ausbreitete. – Die vielen kriegerischen Feldzüge der Römer führten jedoch zur Verarmung einer Bevölkerungsschicht, zur Verschuldung und zur Verarmung der Kleinbauern, die als freie Bürger ständig Kriegsdienste leisten mußten und sich deshalb nicht um ihren Besitz kümmern konnten.

Erz. 2: Das war die gewinnträchtige Zeit der Großgrundbesitzer. Sie übernahmen das Land der Kleinbauern zu günstigen Bedingungen

Erz. 1: und ließen es von Sklaven bewirtschaften.

Erz. 2: Sklaven gab es genug! – Es gab Monate und Jahre, in denen jeder 3. Bewohner Roms ein Sklave war!

Erz. 1: Natürlich wollt Ihr nun wissen, woher denn die Sklaven nach Rom kamen?

Erz. 2: Das ist schnell erzählt: Die Römer unterdrückten die von ihnen unterworfenen Länder, nahmen die Männer gefangen und schleppten sie als Sklaven fort, oft schreckten sie nicht mal davor zurück, auch Frauen und Kinder mitzunehmen.

Erz. 1: Und diese Verschleppten wurden dann z. B. in Rom auf dem Sklavenmarkt verkauft, so wie heute auf besonderen Märkten Schafe, Kühe oder Pferde verkauft werden.

Erz. 2: Mit dem erworbenen Sklaven konnte der Besitzer machen was er wollte. Er konnte ihn im Bergbau einsetzen

Erz. 1: oder ihn den ganzen Tag auf dem Lande schuften lassen.

Erz. 2: Er konnte ihn prügeln, so oft und so viel er wollte

Erz. 1: ihn quälen, schikanieren und hungern lassen! Aber seit Hadrian und den Soldatenkaisern des 3. Jh. waren Mißhandlungen und Tötungen von Sklaven verboten.

Erz. 2: Die Sklaven mußten sich dennoch allerlei gefallen lassen, es gab für sie keine Möglichkeit, sich irgendwo zu beschweren oder sich davonzumachen –

Erz. 1: denn sie wurden schnell wieder eingefangen! Sie waren unfrei und rechtlos!

Erz. 2: Sie waren auf Gedeih und Verderb der Güte oder Gnade ihres jeweiligen Besitzers ausgeliefert!

Erz. 1: Der Besitzer konnte – wenn er wollte – seinem Sklaven die Freiheit wiedergeben.

Erz. 2: Es ist vorgekommen, daß ein Herr seinen treuen Sklaven freigab – aber damit war der Freigelassene noch lange kein Vollbürger der Stadt Rom! – Erst seinen Kindern wurde die volle Gleichberechtigung zuerkannt!

Erz. 1: Vielleicht interessiert es Euch auch, wie die Sklaven damals lebten, was sie dachten und besprachen. Das könnten wir Euch in einer Szene vorspielen.

Erz. 2: Ich würde vorschlagen, doch zunächst eine Pause zu machen, damit Ihr fragen und Euch äußern könnt!

In der Pause werden Fragen beantwortet – Begriffe geklärt – weitere Informationen gegeben – die Diskussion jedoch noch hinausgeschoben!

In einer Sklavenunterkunft

(Afer – Silvio und Syrus werden von einem Wächter zu ihrer Unterkunft geführt – auf der Spielfläche des Klassenraumes deuten bereitgestellte Stühle diesen Raum an)

Wächter: Nun kommt schon, ihr faulen Hunde – bewegt euch ein bißchen schneller, sonst werde ich euch Beine machen. Ich will schließlich auch einmal Feierabend haben!
(Stößt die drei in den Raum – schließt hinter ihnen ab und läßt sie allein)

Afer: (schüttelt seine Glieder aus und stellt sich ans Fenster, an das kleine Loch mit den Gitterstäben und guckt sehnsüchtig hinaus. So steht er jeden Abend da, Silvio und Syrus den Rücken zugekehrt)

Syrus: (hat sich niedergesetzt – stöhnt vor sich hin – massiert seine schmerzenden Beine)

Silvio: (sucht in einer Ecke nach Brot – hält dann einen Kanten in der Hand – beißt hinein)
Verdammt – hab ich einen Hunger!
(zu Syrus) Willst Du auch einmal abbeißen?

Syrus: Auch ich habe Hunger – aber die Schmerzen – ich kann im Augenblick nichts essen – laß mich erst mal zur Ruhe kommen!

Silvio: Syrus, so gehst Du ja kaputt! – Du mußt Dich morgen unbedingt krank melden!

Syrus: Da kann ich nur lachen! – Man merkt Dir an, daß sie Dich erst kürzlich hierhergebracht haben.
Versuch nur, Dich hier krank zu melden! – Du wirst Dein blaues Wunder erleben!

Afer: Wo nur der Gallus bleibt? – Ob sie den heute länger festhalten?

Syrus: Der Gallus wird sich wieder heimlich verdünnesiert haben und irgendwo herumschnüffeln.

Silvio: Ich höre Schritte!

(der Wächter bringt Gallus – schließt auf)

Wächter: Wenn Du das noch einmal machst, dann schlage ich Dich windelweich, Du verdammter Hund Du!

(Stößt Gallus in den Raum – schließt wieder ab)

Afer: Da bist Du ja endlich! – Wir haben uns schon Sorgen um Dich gemacht! – Wo warst Du denn? – Wobei hat der Wächter Dich erwischt?

Gallus: Für mich alten Krieger braucht Ihr doch Eure Gefühle nicht zu verschwenden!

Ich hab halt so'n bißchen rumgehört!

Syrus: Hast was Neues erfahren?

Gallus: Syrus, ich setz mich zu Dir. – Afer und Silvio, kommt her, damit ich nicht so laut sprechen muß – hier haben ja die Wände Ohren!

Afer: (alle sehen ihn erwartungsvoll an)

Nun red schon!

Gallus: Habt Ihr schon mal etwas von Spartacus gehört?

Silvio: Wann und woher wohl?

Gallus: Es hätte ja sein können! – Also: Der Spartacus soll einen Aufstand gewagt und ganz schöne Erfolge gegen die verdammten Unterdrücker erzielt haben.

Afer: (begeistert)

Hat er gewonnen? – O, wäre doch auch ich dabei gewesen! – (lauter) – Einmal frei sein! – Ich weiß ja nicht wie das ist! – Ihr wart doch wenigstens einmal frei!

Syrus: Und darum ist es für mich wohl doppelt schwer! Ach – hätte ich damals meine Schulden bezahlen können, dann säße ich heute nicht hier als armseliger Sklave!

Gallus: Als Soldat muß man immer damit rechnen, in Gefangenschaft zu geraten! – Nun bin ich halt hier – aber irgendwann komme ich frei, das schwöre ich Euch!

Silvio: Ich weiß gar nicht mehr, wo und warum sie mich eigentlich mitgenommen haben. – Ich war schon überall! – Vielleicht kauft mich mal ein feiner Herr, bei dem ich es dann gut habe! – Ich lasse jedenfalls den Kopf nicht hängen!

Afer: Wir müssen auch etwas unternehmen, so wie der Spartacus! – Wir müssen uns zusammentun (immer lauter). Alle müssen mitmachen, dann werden wir es schon schaffen! – Ich will endlich frei sein!

Gallus: Schrei bloß nicht so! – Leise müssen wir das machen ganz leise!

Silvio: Wieder höre ich Schritte! – (alle lauschen)

Syrus: Ach, das ist Graecus – den erkenn ich schon am schlurfenden Schritt – der geht bestimmt zur Herrschaft, um den Kindern vorzulesen.

Gallus: (tritt ans Fensterloch)

Hallo – Graecus – hallo!

Afer: Der reagiert nicht einmal – nimmt keine Notiz von uns! – Der fühlt sich schon nicht mehr als Sklave!

Gallus: Da scheinst Du recht zu haben, sonst hätte er ja wohl geantwortet! – Jedenfalls hat er uns gezeigt, daß es eine Rangordnung gibt, eine Sklavenrangordnung!

Afer: Sollten wir eines Tages losschlagen – auf den können wir bestimmt nicht zählen!

Silvio: Pst ...!

Wächter: (schließt auf)
Ach – die Herrschaften scheinen noch gar nicht müde zu sein – wartet nur ab – morgen werde ich es euch schon zeigen! – Durchzählen!

Auswertung

Es folgte ein Gespräch über die Lage der Sklaven – über die Bedeutung der Sklaverei für die römische Wirtschaft – über die Kriegszüge Roms und seine Besatzungspolitik – über das Heer – über die wirtschaftliche Lage der Weltmacht – über Unfreiheit und Ausbeutung – über Habgier und Verschwendung der reichen Römer – über Mißtrauen dem Kaiser gegenüber – über Machtverhältnisse in Rom und in den besetzten Gebieten – Stundenabschluß: Transfer: Allgemeine Erklärung der Menschenrechte der Vereinten Nationen und zum Grundgesetz der Bundesrepublik.

Die Ursachen der Völkerwanderung U 6

Spielunerfahrene Klasse

Beitrag von Holger Jahn

Einführung

Mit dem Begriff „Völkerwanderung" werden die bedeutenden Völkerverschiebungen, die sich hauptsächlich im Verlauf des 4.–6. Jahrhunderts n. Chr. vollzogen, bezeichnet. Im historischen Zusammenhang, im weiteren Sinne also, begannen die Völkerverschiebungen bereits Jahrhunderte früher. Ein Beispiel für diese schon vor Christi Geburt einsetzende Völkerwanderung sind die Kimbern, Teutonen und Ambronen. Diese germanischen Stämme, aus dem Gebiet Jütlands bis hinunter zu den Nordfriesischen Inseln stammend, zogen etwa 125 v. Chr. mit wahrscheinlich zweihunderttausend Menschen südwärts. Als Gründe für die Auswanderung werden eine Bevölkerungsexplosion, Klimaverschlechterung, Sturmfluten und die unbestimmte Hoffnung auf ein besseres Leben angegeben.

Nach jahrzehntelanger Wanderung auf der Suche nach Siedlungsraum, die die Germanen bis nach Spanien und Gallien (Frankreich) führte, wurden die Kimbern und Teutonen, obwohl es ihnen gelang, mehrere römische Heere zu besiegen, 101 v. Chr. bei Vercellae (Oberitalien) von den Römern vernichtend geschlagen. Das Volk der Kimbern und Teutonen hatte, bis auf wenige in Gallien zurückgebliebene Reste, aufgehört zu bestehen.

Didaktische Überlegungen

Wichtige Lernvoraussetzung dieser Stunde war eine Unterrichtssequenz ‚Römer in Germanien' innerhalb einer Unterrichtseinheit ‚Das Römische Reich'. In dieser Sequenz wurden erstmals die Germanen und ihre in dieser Zeit einsetzenden Wanderbewegungen bzw. Kriegszüge, die die Römer zum Bau des Limes zwangen, angesprochen. Ein weiterer Aspekt war das Kulturgefälle, das zwischen Römern und Germanen zum Ausdruck kam. Dieser Stunde vorausgegangen war die Thematik „Das Leben der Germanen". Besprochen wurden hier Germanenstämme und ihre Siedlungsräume. Mit Hilfe eines Tacitustextes wurden Lebensumstände und Siedlungsformen der Germanen erarbeitet. Diese wurden mit denen der Römer verglichen. Bilder von Überresten und Funden der germanischen Siedlungen aus dem Landesmuseum Schleswig dienten der Veranschaulichung.

Die Behandlung des Themas „Völkerwanderung" ist zunächst einmal notwendig, um den Schülern den Untergang des Römischen Reiches – unter anderem durch die Ansiedlung germanischer Stämme auf ehemals römischem Boden – vor Augen zu führen. Durch die sich als dauerhaft erweisenden Reichsgründungen der Westgermanen wird die Völkerwanderung zum Ausgangspunkt der abendländischen Geschichte des Mittelalters. Somit kommt der Völkerwanderung Gelenkcharakter zwischen „Klassischem Altertum" und „Frühem Mittelalter" zu. Die Überleitung zu den Merowingern und Karolingern und so zum Fränkischen Reich kann nur auf den erarbeiteten Grundlagen der Völkerwanderung geschehen. Durch die Erarbeitung der Ursachen der Völkerwanderung vermitteln sich den Schülern die Härten und Schwierigkeiten der Lebensbedingungen der eigenen Vorfahren.

Durchführung der Stunde

Einstieg:

Ein Plakat mit Szenen aus dem germanischen Alltagsleben, welches in der letzten Geschichtsstunde erarbeitet wurde, wird als stummer Impuls präsentiert. Die Schüler werden angeregt, den Stoff zu wiederholen und gleichzeitig zum Thema hingeführt.

Ich erkläre: „Ihr sollt in dieser Stunde Germanen vom Stamme der Kimbern sein. Nachher werden wir uns alle zu einem germanischen Thing versammeln. Von Euch muß nämlich etwas sehr Wichtiges entschieden werden. Alles, war Ihr wissen müßt, steht auf dem Arbeitsbogen, den Ihr gleich bekommen werdet."

Erarbeitungsphase 1:

Die Schüler bearbeiten die zum Planspiel gehörigen Arbeitsbögen (siehe Anhang 1 und 2). Schwächere Schüler bekommen den Arbeitsbogen 1, der sich für das Abwandern ausspricht, da hier die Informationen einfacher zu entnehmen sind.

Der Arbeitsbogen selbst unterstützt die Rollen- und Situationsanweisung, hilft mittels einer Karte bei der räumlichen Zuordnung des genannten Stammes und liefert die Pro- und Contra-Argumente der zukünftigen Diskussionsteilnehmer.

Erarbeitungsphase 2:

Ich bitte die Schüler, sich in einen Stuhlkreis zu setzen und sage: „Ich als Euer germanischer Führer eröffne hiermit unseren Thing. Wir müssen heute eine sehr, sehr wichtige Entscheidung treffen. Wie Ihr wißt, leidet unser Volk sehr große Not. Deshalb wollen uns einige unserer Brüder und Schwestern heute einen Vorschlag machen." Nun bringen die Arbeitsgruppen ihre Argumente vor, hören sich die Argumente der Gegenseite an und diskutieren. Falls die Schüler ihre Argumente nur vortragen, ohne auf die anderen Schüler einzugehen, kann der Lehrer darauf achten, Betreffende anzuhalten, beim Vortrag Mitglieder aus der anderen Gruppe anzuschauen bzw. direkt auf das soeben Gesagte zu antworten.

Nachdem sich die Schüler eine eigene Meinung durch das Abwägen der gehörten Argumente und Tatsachen gebildet haben, treffen sie eine Entscheidung. Für die Entscheidungsfindung erhalten sie eine kleine Bedenkzeit. Vor dieser wichtigen ‚Nahtstelle' der Stunde sollte der ‚Fürst' nochmals alle Argumente, die im Laufe der Diskussion geäußert worden sind, zusammenfassen lassen.

Haben sich alle Schüler entschieden, werden sie aufgefordert, kurz zu ihrem Entschluß Stellung zu nehmen. Erst jetzt werden sie aus ihrer Rolle entlassen und das Spiel für beendet erklärt.

Erarbeitungsphase 3:

Mit Hilfe einer Karte und einer Lehrererzählung, in die die Schüler nach Möglichkeit mit einbezogen werden sollen, werden die Schüler mit der historischen Wirklichkeit konfrontiert. Sicherlich kann von einem großen Interesse der Schüler ausgegangen werden, in Erfahrung zu bringen, was aus den Leuten und der Situation geworden ist, mit denen/der sie sich identifiziert haben.

Auswertung

Über das Plakat mit Szenen aus dem germanischen Alltagsleben gelang sehr schnell die Hinführung zum Stundenthema. Allgemein scheint es sehr sinnvoll und notwendig zu sein, bei der inhaltlichen Vorbereitung der eigentlichen Entscheidungssituation auf Verknüpfungspunkte mit dem vorangegangenen Stoff zu achten. Die günstig verlaufene Bearbeitung oder besser gesagt; die wenigen Fragen, die von mir beim Herumgehen beantwortet werden mußten, zeigten, daß die Arbeitsbögen nicht überfrachtet oder unverständlich, daß der Arbeitsauftrag klar geworden und die angestrebte Entscheidungssituation den Schülern verständlich geworden war.

Die Diskussion der Ergebnisse der Arbeitsgruppen stellte wie geplant und erwartet den Kernpunkt der Stunden dar. Hier wurde deutlich, wie wichtig die kurze Einstimmung auf die zu übernehmenden Rollen und die Spielsituation und wie notwendig das Mitspielen des Lehrers war, in der für die Schüler erstmaligen Erfahrungssituation. Ich mußte an einigen Stellen die mit großem Eifer vorgebrachten Argumente zusammenfassen, deutlicher machen oder kanalisieren. Für die Diskussion war es von Vorteil, die Schüler im Sitzkreis nicht in den eingeteilten Gruppen sitzen zu lassen, sondern diese zu mischen. Die Arbeitsbögen mußten am Sitzplatz zurückgelassen werden, um einem Ablesen der Argumente vorzubeugen. Wichtig war auch der Hinweis kurz vor der Abstimmung: „Du brauchst nicht Deiner ursprünglichen Gruppenzugehörigkeit gemäß abstimmen. Vielleicht hast Du Dich von den Argumenten der anderen Gruppe überzeugen lassen."

In der Völkerwanderungsstunde verblüffte mich die hohe Motivation der Schüler, das Interesse, mit dem alle Spieler bei der Sache waren. Die vielen neuen Argumente erstaunten mich, die die Schüler sich während des Spiels ausdachten. Es zeigte sich jedoch auch, daß die Phase des Entscheidungsprozesses hohe Anforderungen an den Lehrer stellt, da er flexibel und behutsam auf die Entwicklungen achten und eingehen muß. Nur so konnte es gelingen, über den Anfang, wo eher beziehungslos Argumente ausgetauscht wurden, zu einer richtigen Diskussion zu gelangen.

Der sich jetzt anschließende Transfer mittels Karte und Lehrererzählung konnte auf ein großes Interesse der Schüler stoßen, die sehr gerne wissen wollten, wie es nun wirklich gewesen war.

Anhang 1

Arbeitsbogen 1

LIES FOLGENDEN TEXT AUFMERKSAM DURCH !

Du bist ein Germane vom Stamme der K i m b e r n.
Dein Stamm wohnt seit vielen Jahren in diesem Gebiet:

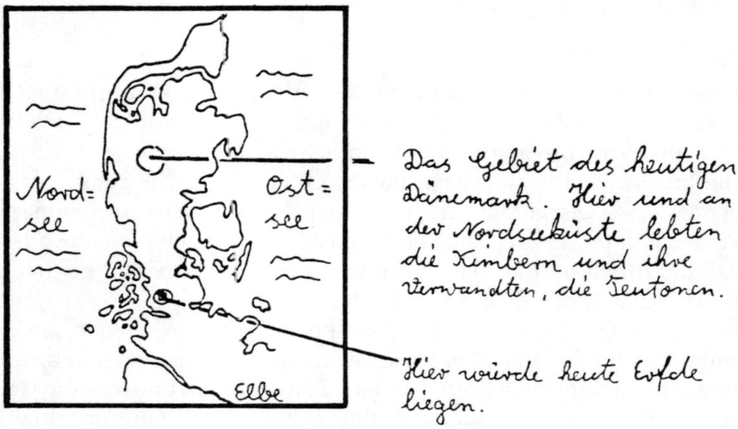

Du bist dafür, auf der Versammlung (Thing) dafür zu sprechen, daß der Stamm das Land verläßt und wegzieht in Richtung Süden.
Folgendes ist passiert:
In den letzten Jahren sind immer mehr Kinder geboren worden, daher gibt es nicht mehr genug Essen für alle. Viele Menschen hungern schon; wenn nichts passiert, werden viele vor Hunger sterben.
Außerdem wurde das Wetter in den letzten Jahren immer schlechter, oft durchweicht der Regen Tag und Nacht die Felder. Deshalb wird die nächste Ernte wieder schlecht ausfallen.
Schließlich hat kürzlich eine gewaltige Sturmflut die Landstriche an der Nordsee zerrissen, unter Wasser gesetzt und versalzen. Hier wird lange kein Getreide mehr angebaut werden können. Noch mehr Menschen werden hungern müssen.

Du wirst auf der Versammlung dafür sprechen, daß der Stamm in ein anderes Land ziehen soll. Schreibe stichwortartig Gründe auf, die dafür sprechen, fortzuziehen. Diese Gründe sollst Du in der Versammlung vortragen.

Anhang 2

Arbeitsbogen 2

LIES FOLGENDEN TEXT AUFMERKSAM DURCH !

Du bist ein Germane vom Stamme der K i m b e r n.
Dein Stamm wohnt seit vielen Jahren in diesem Gebiet:

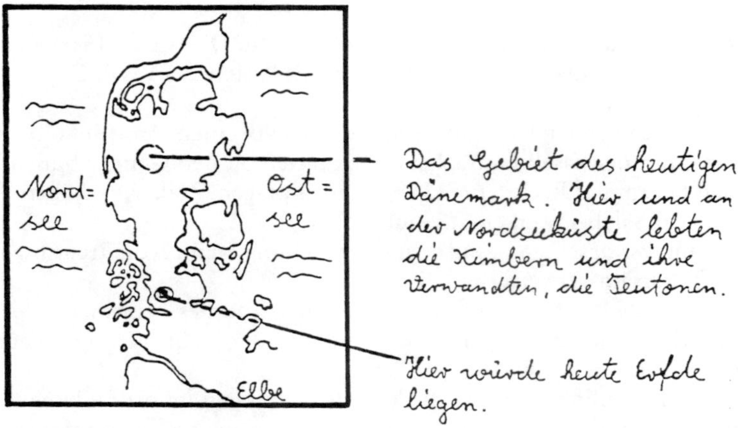

Du weißt, daß einige Germanen dafür sind, mit dem Stamm fortzuziehen. Du bist dagegen. Du wirst auf der Versammlung (Thing) dagegen sprechen, daß der Stamm seine Heimat verläßt.
Darum sollte man lieber in der Heimat bleiben:
Wenn Dein Volk wegziehen sollte, würde das bedeuten: 200.000 Männer, Frauen und Kinder müßten sich mit ihren ganzen Sachen hauptsächlich zu Fuß auf eine sehr lange Reise machen. Richtige Wege gibt es kaum; die Menschen würden über Jahrzehnte Wind und Wetter ausgesetzt sein, ohne ein richtiges Dach über dem Kopf zu haben.
Werdet ihr auf der Wanderung immer genug Nahrung finden? Du glaubst nicht daran. Viele würden hungern müssen.
Die Völker, durch deren Gebiet ihr ziehen werdet, werden Euch angreifen, Euch freiwillig kein neues Land geben und auch nicht mit Lebensmitteln versorgen. Viele werden im Kampf sterben. Das ganze Volk kann untergehen.

Du wirst in der Versammlung dagegen sprechen, daß der Stamm in ein anderes Land ziehen soll. Schreibe stichwortartig Deine Gründe auf. Diese Gründe sollst Du in der Versammlung vortragen.

3. Mittelalter

Das Lehnswesen

Spielunerfahrene Klasse

U 7

Einführung

Die mittelalterliche Ordnung von Staat und Gesellschaft ruhte auf dem Lehnsverhältnis.

Ursprünglich hatte der Vasall vom König ein Leben für Dienste und Treue erhalten.

Allmählich jedoch wandelte sich das Verhältnis: Es leistete der Vasall Dienste wegen des Lehens.

Es gab Lehen, die in einem Landgut bestanden, oder in einem Amt, dem Richteramt z. B., aus dem dann der Vasall einträgliche Einkünfte von den Gerichtsbußen bezog, oder ein Vasall bekam das Recht erteilt, Münzen zu prägen, Zölle zu erheben, Schürfrechte in Erz- und Salzbergwerken auszuüben.

Ein Lehnsmann verlor seinen Besitz oder seine Stellung, wenn er die Treue brach, d. h. wenn er den Gehorsam verweigerte.

Gewöhnlich endete das Lehnsverhältnis durch den Tod des Lehnsherren oder des Lehnsmannes. Der neue bzw. alte Lehnsherr konnte den Lehnsvertrag erneuern, er mußte es aber nicht.

Seit den letzten Karolingern waren die königlichen Lehen im ostfränkischen Reich erblich, so daß der König gezwungen war, die Belehnung an den Erstgeborenen weiterzugeben. (Leihezwang)

Dadurch verlor der Herrscher viele Königsgüter und die Verfügungsgewalt über manche königlichen Ämter. Deshalb verlieh der König am liebsten seine Lehen an die Kirche. Durch den Leihezwang wurde die Macht des Königs geschwächt, er konnte nun nur noch über die Gebiete, die ihm als Familienbesitz gehörten oder die er aus dem Reichsgut für sich behalten hatte, unmittelbar regieren.

Die Macht des Adels aber wuchs.

In England und Frankreich war der König dagegen seit dem 11. Jahrhundert Herr über alles Land. Die Vasallen lebten ausschließlich auf den Lehnsgütern, und wer sich gegen den Lehnsherrn auflehnte, mußte mit dem Verlust seiner Existenzgrundlage rechnen.

In diesen beiden Ländern sank der unmittelbare Einfluß des Adels mehr und mehr, und dadurch blieben diese beiden Staaten von einer Aufsplitterung in viele Einzelstaaten verschont.

Die Grundlage des Lehnswesens sah in Deutschland damals so aus:

Der König entlohnte seine Leute durch ein Landgut, das er ihnen nicht als Eigentum, sondern nur als Lehen gab. Gleiches taten die begüterten und mächtigen Adligen, auch die Bischöfe und Äbte:

Sie übergaben als Lehnsherren dem Lehnsmann ein Lehen. Dafür leistete der Lehnsmann Dienste und Treue, er wurde Vasall seines Herrn. Der Lehnsherr versprach dem Vasall Schutz und Treue.

Durch das Lehnsverhältnis wurde der Vasall jedoch nicht unfrei, denn das Besondere des mittelalterlichen Lehnswesens war, daß sich Lehnsherr und Lehnsmann gegenseitig den Treueeid schworen. Er lautete: „Deine Feinde sind meine Feinde, deine Freunde sind meine Freunde. Ich will dir allzeit treu und gegenwärtig sein, wenn du mich brauchst."

Die Treue sollte Herrn und Vasall binden. Darum leistete der Vasall nicht nur einzelne meßbare Dienste, sondern stand dem Herrn immer zur Verfügung, wenn der ihn brauchte. Das Lehnsgut war ein sichtbarer Ausdruck des Bundes und ein Faustpfand in der Hand des Herrn.

Didaktische Überlegungen

Bei diesem Thema geht es um die Einführung in das Wesen des mittelalterlichen Staates, um die Klärung von Herrschaft und Genossenschaft. Wie sah die damalige Strukturierung aus?

Auf welche besonderen Merkmale ist zu achten?

Da ist zunächst einmal herauszustellen, wie von der Führung die Wahrung von Ordnung, Friede, Gerechtigkeit und Sicherheit wahrgenommen wurden. Dann ist weiterhin zu erklären, daß alle Herrschaft, ob weltliche oder geistliche, hierarchisch begründet war, und worin der Hauptzweck des Lehnsstaates bestand: zum einen in der Erleichterung der Ausübung herrschaftlicher Gewalt und zum anderen in der engen Bindung der Belehnten an den König, um dessen breitere und zuverlässige Machtbasis zu erhalten.

Außerdem ist den Schülern zu sagen, wie die Belehnung durch den Doppelpakt von ‚Hulde' und ‚Leihe' vor sich ging, und daß aus Lehen schließlich Eigentum wurde. Wenn man nun in der Stundenvorbereitung berücksichtigt, daß diese Informationen an ein 6. Schuljahr heranzutragen sind, dann muß man sich überlegen, wie man die Schüler dafür interessiert und zu Einsichten in das Lehnswesen führt.

Motivation und Gewinnung von Erkenntnissen und Einsichten versprach ich mir von anschaulichen und sprachlich verständlichem Zuschnitt.

Es müßte also eine Lehnspyramide vorbereitet und vielleicht ein Rollengespräch entwickelt werden.

Bei der Zusammenstellung des Materials dachte ich auch noch daran, den Schwerpunkt der Durchdringung in der Stunde in die Gruppenarbeit zu verlagern. Diese Möglichkeit verwarf ich wieder, weil ich bei richtiger Einschätzung der Klasse davon ausgehen mußte, daß die Schüler mit den Schwierigkeiten der Interpretation überfordert sein würden, und so entschloß ich mich, mit zwei Schülern ein Rollengespräch vorzubereiten. Die Schüler fand ich und plante nun die Stunde.

Planung der Stunde

- Begonnen wird mit einer *pantomimischen Einstimmung* von ca. 5 Minuten.
- Danach sollen die Schüler Vermutungen über das gemeinsame Tun anstellen, um auf das Thema der Stunde zu stoßen.
- Anschließend wird mit folgendem Abschluß zum Thema hingeführt: „Damit Ihr das Ganze nun besser verstehen könnt, habe ich mit Karl und Hans ein Rollengespräch vorbereitet."
- Es folgt dann das Rollengespräch, das an mehreren Stellen unterbrochen wird, um Fragen zuzulassen und ins Gespräch zu kommen.
  Karl und Hans entwickeln auch die Lehnspyramide an der Tafel und antworten zunächst auch auf Fragen.
- Zum Abschluß erfolgt eine Zusammenfassung, dann werden die Schüler noch aufgefordert, das Tafelbild abzumalen und abzuschreiben und zu Hause ins Geschichtsheft einzutragen.

Rollengespräch zum Thema Lehnswesen

(Karl und Hans treten nach vorn und beginnen stehend ihr frei geführtes Gespräch):

Karl: Wenn unsere Eltern heute in ihrem Beruf arbeiten, dann bekommen sie dafür Geld. Vater sagt, er bekäme seinen Lohn.

Hans: Du sagst heute! – War das denn nicht immer so?

Karl: Nein, im Mittelalter, von dem wir ja heute wieder reden wollen, spielte das Geld noch keine herausragende Rolle. Für den König war es damals keineswegs üblich, ihm erbrachte Leistungen mit Geld zu bezahlen.

Hans: Was hat er denn gegeben, wenn er nicht mit Geld bezahlt hat?

Karl: Das kann ich gar nicht so einfach erklären, aber wenn ich nicht weiterkomme, frage ich den Lehrer. Also: Zuerst einmal müssen wir wissen, welche bedeutende Stellung damals ein König hatte. Er war nicht nur Regent, der über Krieg und Frieden entschied, sondern er war auch der höchste Richter und außerdem konnte er auch Gesetze erlassen.

Hans: Und das machte er alles allein?

Karl: Ich meine, daß das eine ganz wichtige Frage ist. Er hatte natürlich Helfer, nämlich die weltlichen und geistlichen Fürsten.
Und die hatten auch wieder Helfer, und das waren dann die Ritter.

Hans: Sicherlich hatten die Ritter auch noch wieder Helfer?

Karl: Ganz richtig, das waren die Bauern!
Doch nun zu Deiner Frage. Du wolltest wissen, was er denn anstelle von Geld gab.

Hans: Ja, das interessiert uns doch alle.

Karl: Der König gab entweder Land oder verlieh ein Amt, so z. B. das Richteramt – oder er erteilte das Recht, Münzen zu prägen oder Zölle zu erheben.

Hans: Konnte der Fürst das Land dann für immer behalten oder immer Münzen prägen?

Karl: Nein! – Das Land oder die Ämter gab er nur als Lehen, und zwar durfte der Lehnsmann Land oder Amt bis zu seinem Lebensende oder nur so lange behalten, wie er dem König die Treue hielt und ihm diente.

Gesprächsunterbrechung für Fragen und weitere Informationen.

Fortsetzung:

Hans: Der König gab also nichts ohne Bedingungen her?

Karl: Er gab nichts ohne gewisse Abmachungen her. So ein Lehensverhältnis war gewissermaßen ein Vertrag auf Gegenseitigkeit: einer diente treu und der andere erhielt dafür Schutz und Treue.

Hans: Der Beliehene – der Dienende – wurde damals Lehnsmann genannt. Das stimmt doch?

Karl: Ja, so war das.

Hans: Und wie nannte man den Gebenden?

Karl: Der Gebende war der Lehnsherr.

Hans: Ist es richtig, daß nur ein König ein Lehnsherr sein konnte?

Karl: Das stimmt nicht. – Ich hatte doch erzählt, daß der König Helfer hatte, die Fürsten – und die auch wieder Helfer hatten, die Ritter.
Fürsten konnten Lehnsmänner und auch Lehnsherren sein.

Hans: Konnten die denn etwas von dem Land weitergeben, das sie bekommen hatten?

Karl: Zum mindesten konnten sie von ihrem Land weitergeben, um Dienende zu belohnen.
Die Lehnsmänner hatten noch eine andere Bezeichnung, sie wurden auch Vasallen genannt. Die Fürsten waren die Königsvasallen und die Ritter die Untervasallen.

Hans: Nun komme ich vollkommen durcheinander!

Gesprächsunterbrechung für Begriffserklärungen und Aussprache.
Fortsetzung:

Hans: Wir haben jetzt zwar mehr gehört, aber mir ist immer noch nicht klar, wie das damals so vor sich ging mit dem Lehen und Belehen.

Karl: Am besten ist es, wenn wir uns jetzt einmal die Zeichnung an der Tafel ansehen, die wir vorbereitet haben:

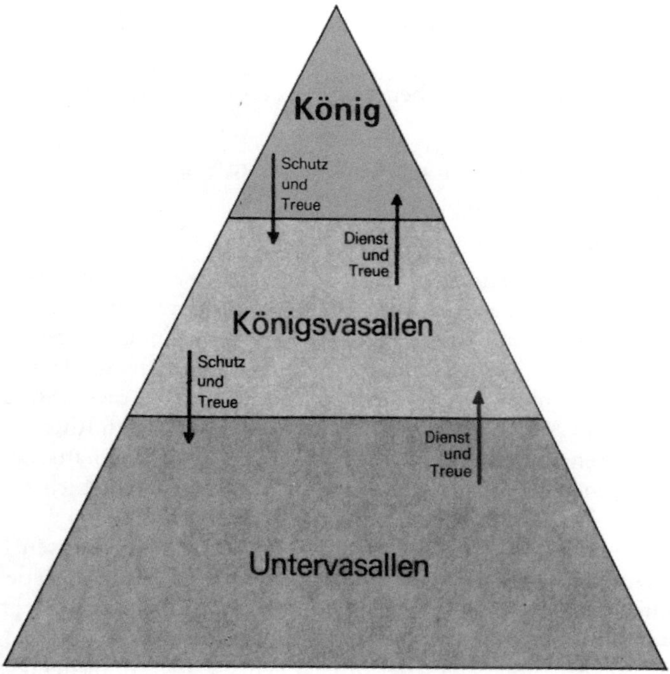

Hans: Das sieht ja aus wie eine Pyramide!

Karl: Ja, das ist eine sogenannte Lehnspyramide, und nun seht sie euch erst einmal genau an:
Ganz oben haben wir also den König – darunter die Königsvasallen und dann die Untervasallen.

Karl: Der König belehnt die Königsvasallen: Fürsten – Grafen – Äbte
– das schreibe ich gleich rechts von der Pyramide an die Tafel – und darunter:
– Die Königsvasallen belehen die Untervasallen: die Ritter

Und auf der linken Seite halten wir fest:
Der König gab das Lehen und versprach Schutz und Treue, und der Königsvasall gelobte Dienst und Treue.
Vergab ein Königsvasall ein Lehen, so versprach er ebenfalls Schutz und Treue und der Untervasall gelobte auch Dienst und Treue.

Hans: Ich nenne jetzt ein Beispiel, um festzustellen, ob ich das richtig verstanden habe:
Es konnte sein, daß der König von Feinden bedroht war, dann erbat er Hilfe von den Königsvasallen, und die wiederum von den Untervasallen. So mußten dann Vasall- und Untervasallen dem König Hilfe leisten?

Karl: Ja, so war es. Der Untervasall trat mit seinen Leuten an und führte sie zum Königsvasallen, der dann die Streitmacht – gebildet aus Untervasallen – dem König zu Verfügung stellte.
So leistete einer dem anderen treue Dienste:
Ich zeige das noch einmal an der Pyramide:

Gesprächsunterbrechung: Fragen – Aussprache.
Fortsetzung:

Hans: Das habe ich jetzt verstanden, aber es interessiert mich noch, wie ein Lehnsvertrag zustande kam.

Lehrer greift ein und schlägt vor, sich das gemeinsam zu erarbeiten.

Auswertung der Stunde

Nach der pantomimischen Einstimmung waren die Schüler zu der Überzeugung gelangt, daß wir in der Stunde über Bauern und Ritter sprechen werden.
Ich bestätigte die Vermutung und ergänzte, daß wir uns nicht nur über die Bedeutung der beiden Gruppen in der damaligen Zeit unterhalten, sondern uns auf das Ordnungssystem, das Lehnswesen, konzentrieren würden. Ich deutete an, wie dieses System funktionierte und in welchem Abhängigkeitsverhältnis die Bauern zu den Rittern, und die wiederum zu den Fürsten, und die zum König standen. Dieses Herrschaftssystem richtig zu erfassen, betonte ich, sei nicht so ganz einfach, und deshalb hätte ich zum besseren Verständnis ein Rollengespräch vorbereitet.

Der Hinweis machte die Klasse neugierig, und so verfolgte sie den ersten Teil, den Karl und Hans darstellten, schon mit großem Interesse, das sich dann nach der ‚Vertiefungsunterbrechung' noch verstärkte. Die beiden Gesprächspartner hatten nicht nur die Mitschüler motiviert, sondern auch zu lebhafter Mitarbeit herausgefordert.

In den weiteren Teildarbietungen und der anschaulichen Entwicklung der Lehnspyramide an der Tafel wurde den Schülern das Herrschaftssystem einsichtig vermittelt.

Als Rollengespräch und Aussprache über die Informationen beendet waren, erzählte ich dann von der feierlichen Zeremonie der Lehnsverleihung. Dabei schrieb ich den gegenseitig zu leistenden Treueid an die Tafel:

„Deine Feinde sind meine Feinde –
Deine Freunde sind meine Freunde –
Ich will Dir allzeit treu zugetan und gegenwärtig sein, wenn Du mich brauchst."

Dem Schülerwunsch, doch so eine Handlung nachzuspielen, kam ich gerne nach, zumal noch ein wenig Zeit zur Verfügung stand.

Wir besprachen, wie das damals wohl am Hofe des Königs vor sich gegangen wäre, wie wir uns die Rolle des Königs und des Königsvasallen vorstellen müßten, lasen noch einmal den Tafeltext, richteten den Spielraum her und entwickelten die kleine Verleihungsszene:

Der König trat mit Gefolge auf, setzte sich auf seinen „Thronsessel", umgeben von seinen Getreuen und empfing den Fürsten. Der kniete vor ihm nieder, beide sprachen den Treueid und dann legte der Vasall seine Hände in die Hand des Königs, um ihm damit zu huldigen – danach küßte der Lehnsherr den Vasallen zum Zeichen, daß er die Huldigung annahm, berührte ihn mit dem Zepter und entließ ihn. Mitwirkende und zuschauende Schüler waren ganz bei der Sache, war es ihnen doch mit der Nachgestaltung möglich geworden, die Bedeutung von „Huld" und „Treue" in ihrem ernsthaften Bemühen nachzuvollziehen.

Markttag in einer mittelalterlichen Stadt U 8

Spielerfahrene Klasse

Einführung

Wie entstanden die Städte im Mittelalter? Viele unserer Städte haben eine lange Geschichte.
Sucht man ihren Ursprung, so ist nicht nur an die römischen Legionslager zu denken, sondern auch an die Mittelpunkte des kirchlichen Lebens.
Eine kirchliche Vorschrift verlangte, daß der Bischof stets seinen Wohnsitz in einer Stadt haben müsse.
Diese Vorschrift bewirkte, daß die Römerstädte die Zeit der Völkerwanderung und der Normanneneinfälle überdauern konnten, weil sich in ihren Mauern ein Bischofssitz befand. Außerdem entwickelten sich Orte, an denen ein neues Bistum gegründet wurde, bald zu städtischen Siedlungen. Auch Klöster bildeten oft den Kern eines zentralen Ortes, der sich zur Stadt entwickelte.

Eine dritte Wurzel der Städte im Mittelalter stellen die Kaufmannssiedlungen dar. Sie sind an Küsten und Flußmündungen, aber auch an Punkten zu finden, wo sich die Handelswege gekreuzt haben.

Oft handelte es sich zunächst um befestigte Stützpunkte der Fernhändler. Später, seit dem 11./12. Jahrh., schlossen sich Fernhändler zu festen Gruppen zusammen und schufen in ihren Siedlungen eine eigene Verwaltung, aus der sich der städtische Rat bilden konnte.
Könige und Fürsten erkannten in dieser Zeit den Vorteil, den sie aus Handel und Handwerk ziehen konnten, denn Gewerbe und Markt erbrachten Einnahmen aus Zöllen und Marktgebühren.

So bildeten viele adlige Herren planmäßig städtische Siedlungen.

Nach mittelalterlicher Rechtsauffassung besaß eigentlich nur der König oder Kaiser das Vorrecht zur Gründung einer neuen Stadt. Aber unter dem Druck der immer mächtiger werdenden weltlichen und geistlichen Fürsten waren sie gezwungen, dieses Vorrecht auf Zeit oder für immer weiterzuverleihen.

Nachdem dann später auch adlige oder klösterliche Grundherren dieses Recht für sich in Anspruch nahmen, entstanden eine kaum überschaubare Zahl kleiner und kleinster Städtchen und Marktflecken.

Um das Jahr 1000 gab es in Mitteleuropa etwa 200 bis 300 Städte, am Ende des 15. Jahrh. aber bereits 4000, davon zählten etwa

2800 Städte 100 – 1000 Einw.
900 Städte 1000 – 2000 Einw.
200 Städte 2000 – 10000 Einw.

„Großstädte" über 10000 Einw. waren z. B:

Hamburg mit 10000 Frankfurt – 15000 Nürnberg – 20000 Danzig – 20000 Lübeck – 25000 Köln – 37000 Brügge – 50000 Rom – 50000 Paris – 60000 Neapel – 150000.

Didaktische Überlegungen

Für den Themenbereich „Die mittelalterliche Stadt" lassen sich mehrere Schwerpunkte bilden:

- Entstehung und Erscheinungsbild.
- Leben der Bürger und soziales Gefüge.
- Markttage.
- Stadtluft macht frei! – Abgrenzung zur Feudalherrschaft.
- Entwicklung des Handwerks und des Handels.
- Die Verwaltung einer Stadt.

Heimatliche Gegebenheiten werden unterschiedliche Ansatzpunkte der Behandlung herausfordern!

Es ist zu erwägen, ob in der Nähe eine Stadt besichtigt werden kann: Stadtmauer – Gassen – Häuser – Kirchen – Rathaus – Marktplatz bieten sich ja als echtes Anschauungsmaterial an.

Der Einsatz von Bildmaterial würde die Themenbehandlung erleichtern –

Erzählungen, Gedichte und Filme könnten dazu beitragen, daß Schüler das Leben in einer mittelalterlichen Stadt besser nachempfinden können –

Durch kreative Nachgestaltung könnte der Zugang zu dieser Zeit jedoch noch wesentlich gesteigert werden!

Zur Nachgestaltung entschloß ich mich bei der Behandlung des Themas „Markttag".

Dieser Stunde waren Informationen über „Entstehung und Erscheinungsbild" das „Leben der Bürger und soziales Gefüge" vorausgegangen.

Planung der Stunde

Das bunte Leben und Treiben eines Markttages informativ sichtbar und nachvollziehbar zu machen, zwang mich, bei Straffung des Stundenablaufs neue Wege zu gehen. Die Planung sah vor:

- Begriffserklärung „Markt!" (10 Minuten).
  Zum Stundenbeginn schreibt jeder Schüler drei Begriffe zum Oberbegriff „Markt" auf einen Zettel.
  Danach kann jeder Schüler seine Begriffe dem vorbereiteten Tafelbild zuordnen und sich für jeden richtig geschriebenen einen Punkt gutschreiben.
  Erwartet wurden von mir: Markttag – Wochenmarkt – Jahrmarkt – Gänsemarkt (bekannter Platz im Ort) – Viehmarkt – Marktplatz.
  Schüler sollten ergänzend aufnehmen: Marktordnung – Marktfriede – Marktrecht – Neu auf den Markt gekommen – Marktlücke – Freie Marktwirtschaft; diese Begriffe werden erklärt und besprochen.
- Einstimmung auf die Nachgestaltung des Markttages (5 Minuten).
- Schüler werden in drei Gruppen eingeteilt:

Gruppe I Bauer Jakob zieht zum Markt.
Gruppe II Auf dem Marktplatz – Besuch verschiedener Stände.
Gruppe III Am Pranger.

Sie erhalten einen vorbereiteten Informations- und Arbeitsbogen.
– Jede Gruppe erarbeitet eine Spielszene und führt sie auf (Gruppenarbeit 15 Minuten).
– Vor ihrem Auftritt informiert jede Gruppe die anderen über ihre Teilinformationen, damit alle Schüler ein Gesamtbild haben.
– Nach jeder Aufführung werden Fragen zugelassen, Verbesserungsvorschläge erbeten.
– Vielleicht ist zeitlich sogar eine Darstellung des Gesamtbildes möglich.
– Auswertung – Aussprache – Informationen
– Hausaufgabe: Schreibe eine Szene im Marktleben!

Arbeitsbogen Gruppe I – Bauer Jakob zieht zum Markt

1. Informationen in Stichworten:

Rollenübersicht:
- Jakob und Hans
- Bauer Schulz und Sohn Karl
- (Am Stadttor)
- Wächter – Steuereinnehmer
- Kaufmann
- Wiegemeister

Heute ist Markttag – Bauer Jakob weckt seinen Sohn Hans, um ihn mitzunehmen – Noch vor Tagesgrauen rumpelt Jakobs *einspänniger Ackerkarren* beladen mit 5 Sack *Roggen, Eiern* und *Butter* aus dem Dorf der Stadt entgegen – Die *Landstraße* ist *aufgeweicht* – tiefe *Löcher* – Jakob umfährt sie, die Eier sollen ja heil bleiben – Es sind noch mehr Bauern unterwegs, mit *Handkarren* und *Kiepen* – Bauer Jakob kommt ins Gespräch mit Bauer Schulz und Sohn Karl – Was werden sie gesprochen haben?
Am *Stadttor* müssen sie *Abgaben* entrichten – Die *Höhe* richtet sich nach *Stückzahl* oder *Gewicht* – Auf dem Weg zum Markt fahren sie beim *Getreidekaufmann* vorbei – der prüft das Korn – bietet *3 Silbergroschen je Sack* – Jakob fordert 4 – erhält aber nur 3 (Handelsgespräch führen) – Im Erdgeschoß des *Rathauses* befindet sich die *Ratswaage* – der *Wiegemeister wiegt nach* (Abladen und Nachwiegen pantomimisch spielen) – Danach gehen Jakob und Hans zum Bauernmarkt, um nun Eier und Butter zu verkaufen – Dort bieten *andere Bauern*: Erbsen, Bohnen, Hirse, Mehl, Gemüse, Obst, Geflügel, Käse, Schafwolle, Viehhäute, Kienspäne, Holz an.

2. Arbeitsanweisung für 8 Mitspieler:
– Lest Euch diesen Bogen genau durch!
– Wertet die Informationen aus, sammelt Ideen, sprecht darüber und überlegt, wie Ihr Eure Einfälle zu einem Stegreifspiel gestalten könnt.
– Nehmt dann die Rollenverteilung vor und legt die Szenenfolge fest!
– Ihr werdet mit Eurem Spiel beginnen!
– Nun ran an die Vorbereitung – Wer noch Fragen hat, kommt zu mir!

Arbeitsbogen Gruppe II – Auf dem Marktplatz

1. Informationen in Stichworten:

Jeder Marktplatz einer mittelalterlichen Stadt ist genau eingeteilt:
Es gibt den Bauernmarkt – den Platz für die Handwerker: Böttcher – Tischler – Stellmacher – Schlosser – Schmiede – Schneider – Schuhmacher – Sattler – Töpfer und den Platz für die Stände der Bäcker, Fleischer und Fischer.

Die Stände der einzelnen Berufszweige liegen immer nebeneinander! – (Warum wohl?)

Die Bauern kommen aus den umliegenden Dörfern in die Stadt, sie müssen durch ein Stadttor und dort Abgaben entrichten (Warum wohl?)
Die Handwerker wohnen in der Stadt, in ihren Gassen, z. B.: in der Schmiede-Gasse, der Schneider-Gasse, der Böttcher-Gasse.

Die Handwerker tragen ihre Produkte zum Marktplatz!

2. Arbeitsanweisung für 9 Mitspieler:
- Lest Euch die Informationen genau durch und besprecht, welche Berufe (Handwerker) auf dem Markt ausstellen, was sie anbieten sollen, welche Gespräche mit Käufern zu führen sind – Ihr sollt nämlich ein Stegreifspiel zu Eurem Thema erarbeiten
- Erwünscht sind: *2 Bauern*, die Geflügel, Obst, Gemüse, Viehhäute, Schafwolle oder Kienspäne und Kleinholz anbieten
- *3 Handwerker*, die lautstark ihre Produkte anbieten
- *4 Käufer*
- Wer übernimmt welche Rolle? – Überlegt Euch, wie Ihr pantomimisch deutlich macht, was Ihr schleppt und wie Ihr Euren Beruf kenntlich macht – Was werden die Handwerker lautstark ausrufen? – Wie werdet Ihr handeln (um jeden Groschen feilschen?) – Was soll gekauft werden?

In Eurer Gruppe treten zuerst die Handwerker – dann die Bauern, dann die Käufer auf!

So, nun laßt Euch etwas einfallen!

Arbeitsbogen Gruppe III – Am Pranger!

1. Informationen in Stichworten:
Auf dem Marktplatz sind ganz bestimmte Plätze für Verkäufer vorgesehen: Für Bauern – Handwerker – Bäcker – Fleischer – Fischer.

Es besteht eine Marktordnung, an die sich alle Verkäufer halten müssen:
- Ort und Zeit des Verkaufs sind genau festgelegt.
- Gleiche Warenangebote müssen an nebeneinanderliegenden Ständen verkauft werden! (Warum wohl?).
- Es dürfen keine Preisabsprachen getroffen werden.
- Maße: Elle – Gewichte: Scheffel, Pfund sind festgelegt – (unterschiedlich in verschiedenen Städten!).
- Preise für Lebensmittel richten sich nach Angebot und Nachfrage!

Verschiedene Wächter garantieren den Marktfrieden!

An einer Ecke des Marktplatzes befindet sich der Pranger, an den derjenige gestellt wird, der schlechte Ware anbietet oder einen Verkauf mit betrügerischen Absichten abschließt!

2. Arbeitsanweisung für 7 Mitspieler:
Lest Euch die Informationen genau durch und die nachfolgende Situationsschilderung, denn daraus sollt Ihr ein Stegreifspiel entwickeln.

Die Situation: Eine Bauersfrau bietet ranzige Butter an – die Käuferin holt einen Wächter, um die Butter prüfen zu lassen – Wächter verweist auf die Marktordnung – fordert die Bäuerin zum Mitgehen auf! – Sie wehrt sich, beteuert ihre Unschuld – Sie wird trotzdem zum Pranger geführt – Neugierige Jungen begleiten die Gruppe – Die Frau wird am Pranger festgebunden, ihr die ranzige Butter auf dem Kopf gelegt – Mittagssonne! Sie muß eine Stunde stehen!

Was werden Käufer und Kinder zu ihr sagen?

Malt Euch die Situation aus – verteilt die Rollen: Wächter – Bäuerin – Käuferin – 2 Kinder (was werden sie tun?) 2 Erwachsene, die sich über das Fehlverhalten äußern.

Spielt Eure Vorstellungen – Ihr kommt zum Schluß dran.

Auswertung

Bei der Erarbeitung der Spielszenen stand der Lehrer den Schülern beratend zur Seite: Raumaufteilung – Reihenfolge der Auftritte – aufeinander achten und hören, nicht alle auf einmal reden! – Die wichtigsten Aussagen sind gut verständlich für die Zuschauer zu bringen – Ein Karrengespann wird nur durch: „Hü! – Liese!" angedeutet – Handkarren pantomimisch geschoben! Lasten in Kiepen ebenfalls nur pantomimisch sichtbar gemacht – Der Steuereinnehmer am Stadttor zählt laut die Mengen, z. B. 3 Sack Roggen – 2 Körbe Eier – 5 Bündel Holz und legt den Abgabenbetrag fest.

Informationen sind für alle Schüller gedacht: Deshalb gibt jede Gruppe vor ihrem Auftritt ihr Informationsbündel bekannt. Nach jeder Spielszene wurden Fragen gestellt – Eindrücke geäußert – dann schilderten einige Zuschauer den Spielverlauf (dabei läßt sich am besten überprüfen, ob die Spielaussagen angekommen waren).

Aus zeitlichen Gründen konnten die drei Gruppen nicht zu einer spielerischen Gesamtaussage zusammengefaßt werden.

Es wurden lebhafte Gespräche geführt und auf das nächste Thema „Stadtluft macht frei!" hingewiesen.

Bei der Erteilung der Hausaufgaben wurde den Schülern freigestellt, welche Szene vom Marktleben sie zu schreiben gedächten. Alle drei Gruppen hatten gute Einfälle. – Die Spiele gaben in etwa wieder: So könnte es gewesen sein!

Wiedergegeben werden soll nur die nachträgliche Aufzeichnung des Stegreifspiels der Gruppe III.

Am Pranger!

Rollenverteilung: Bäuerin – Stadtfrau – Wächter – Junge 1 und Junge 2 – Mann und Frau

Bäuerin: Frische, ganz frische Butter!
Nur heran, ihr lieben Leute – nur heran!

Stadtfrau: Ist die Butter auch wirklich ganz frisch?

Bäuerin: Aber natürlich! – Wieviel soll's denn sein?

Stadtfrau: Darf ich erst einmal probieren?

Bäuerin: Aber warum denn?
Ich sag Ihnen doch, daß die Butter ganz frisch ist!

Stadtfrau: Das glaub ich ja. – Aber mir kommt es auch auf den Geschmack an!

Bäuerin: (brummig) Hier – bitte – die Probe!

Stadtfrau: (probiert) Nanu! – Die Butter ist ja ranzig! – Sie wagen es, mir ranzige Butter anzubieten? – Pfui Teufel!

Wächter: Gute Frau – warum schreien Sie denn so?

Stadtfrau: Diese Bäuerin verkauft ranzige Butter!

Bäuerin: Das stimmt gar nicht – das ist gar nicht wahr! – Ich habe nur einwandfreie Butter!
(Zwei Jungen sind neugierig nähergetreten)

Wächter: Nun, das werden wir gleich haben!
Geben Sie mir mal ne Probe!

Bäuerin: (hantiert erst herum – dann reicht sie ihm ein Stückchen)

Wächter:	(schmeckt) Hm – die Butter ist wirklich einwandfrei!
Stadtfrau:	Das kann nicht sein! – Meine Probe schmeckte entsetzlich!
Junge 1:	(der interessiert zugesehen hatte) Sie hat jetzt die Butterprobe von einem anderen Stück genommen. – Das habe ich genau gesehen!
Wächter:	Her mit der anderen Butter! (probiert – spukt aus) Das ist ja grauenhaft! Sie sind verhaftet! – Mitkommen!
Bäuerin:	Ich geh nicht mit! – Ich denk gar nicht daran!
Wächter:	Sie haben gegen die Marktordnung verstoßen – § 3 – Absatz 4 – In betrügerischer Absicht! Ich werde Sie bestrafen! – Sie gehören für eine Stunde an den Pranger!
Junge 2:	Prima! – Sie kommt an den Pranger!
Bäuerin:	Ich will nicht an den Pranger! – Lieber gebe ich der Frau meine letzte Butter umsonst!
Wächter:	Das hätten Sie vorher tun sollen! Und nun machen Sie keine Mätzchen und gehen mit! Reichen sie mir gleich mal die Butter her!
Bäuerin:	Ich will nicht – nein – ich will nicht – diese Schande!
Wächter:	Seien sie friedlich und gehen sie mit! – Wenn ich erst andere Maßnahmen ergreifen muß, dann wird der Auflauf noch viel größer! (Er packt die Bäuerin am Handgelenk und führt sie zum Pranger)
Junge 1+2:	(springen vorweg und schreien) Sie muß an den Pranger! – Sie muß an den Pranger!
Wächter:	(bindet die Bäuerin am Pranger fest und legt ihr den Rest der Butter auf den Kopf) So – nun kannste selber deine ranzige Butter schlecken!
Junge 1:	Jetzt heult sie auch noch!
Junge 2:	Wetten! – Das macht die nie wieder!
Junge 1:	Guck nur – wie die Butter schmilzt – wie sie ihr über das ganze Gesicht läuft!
Junge 2:	Prächtig sieht sie aus!
Junge 1:	Das schadet ihr nichts! Guten Appetit! (dann beide) Guten Appetit – guten Appetit!

Der Investiturstreit U 9

Spielerfahrene Klasse

Einführung

Immer wieder werden wir in der Geschichte dem Kampf um die Macht begegnen. Wir werden feststellen, wo es um weltliche oder um kirchliche Macht ging, wo Fürsten untereinander um die Macht rangelten, auch mit dem König, und wo kirchliche Würdenträger sich um die Verwaltung ausgedehnter Besitzungen bemühten, weil sie der Versuchung des Reichtums nicht widerstehen konnten! Zu einem Höhepunkt der Auseinandersetzung kam es im 11. Jahrh., nach dem Tode Heinrich III. und der päpstlichen Thronbesteigung durch den Mönch Hildebrand aus Cluny, der sich Gregor VII. nannte. Da der neue Papst die Einsetzung von Bischöfen und Äbten durch den König nicht mehr zulassen wollte, kam es zu dem sogeannten Investiturstreit, der über ein halbes Jahrhundert andauerte.

Didaktische Überlegungen

Ohne Zweifel ist es ein brisantes Thema, das bei der Behandlung in einem 7. Schuljahr Probleme aufwirft, weil die 13—14jährigen Schüler noch nicht in der Lage sind, vom Wort, vom Quellentext, vom Bildhaften her sich in den Kampf um Machtpositionen hineinzudenken.

Aber diese Auseinandersetzung ist mit ihren Auswirkungen und politischen Folgen so bedeutsam, daß man dieses Thema nicht einfach ignorieren kann.

Es ist deshalb für die Schüler erforderlich, daß für sie die doch recht abstrakten Machtpositionen des Königs und des Papstes, die für sie doch so weit weg liegen, durch Handlungsabläufe zu konkretisieren, um ihnen einerseits die Einsicht in das königliche Herrschaftssystem in Deutschland und zum anderen in das des Papstes in Rom, nicht nur räumlich und zeitlich, sondern auch in der geistigen Struktur nahezubringen.

In Spielszenen läßt sich die räumliche und zeitliche Dimension am besten dadurch nachvollziehen, daß man die Boten des Papstes und des Königs sichtbar die „Alpen" überqueren läßt.

Die „Alpen" sind also in den Klassenraum zu stellen, sie aus Tischen und Stühlen als ein Hindernis aufzubauen, das es zu überwinden gilt!

Heinrichs Gang nach Canossa über die Alpen

Dieser methodische Kunstgriff mag für den spielunerfahrenen Geschichtslehrer etwas Groteskes an sich haben, ihm geradezu als ein Kunstfehler erscheinen, ihm womöglich das Gefühl geben, daß damit die historische Situation in den Bereich des Lächerlichen gerückt wird!

Mitnichten!

Das wurde zweimal in verschiedenen Klassen mit spielerfahrenen Schülern ausprobiert!

Immer wenn es einer Lehrerin/einem Lehrer gelungen ist, Schüler ans Spiel zu gewöhnen, sie erfahren zu lassen, sich und ihre Mitspieler in der übernommenen Rolle *ernst* zu nehmen, dann rückt ihre spielerische Aussage in den Bereich des Überzeugenden, in die Nähe dessen, wo wir erleichtert feststellen dürfen: So könnte es wohl gewesen sein!

Wenn beide „Höfe", der des Königs und der des Papstes, sich gleichzeitig zur Erarbeitung der Aussage und zur Demonstration in diagonal gegenüberliegenden Ecken des Klassenraumes, jeweils vor oder hinter den „Alpen", niederlassen, dann ist Spannung gegeben, die Auseinandersetzung für jeden Mitwirkenden wahrnehmbar!

Dabei beginnen Schüler dann zu begreifen, einzusehen, aufzunehmen, geschichtliche Ereignisse auf Dauer für sich verfügbar zu machen.

Planung der Stunde

- Die Klasse ist in drei Gruppen einzuteilen:
  a) Am Hof Heinrich IV.
  b) Am Hof des Papstes Gregor VII.
  c) Eine technische Arbeitsgruppe.
- Die Gruppen erhalten Arbeitsanweisungen:

Gr. a): Sucht Euch die Textstellen aus den bereitliegenden Geschichtsbüchern heraus, die die Aktivitäten am Hof Heinrichs beschreiben (Einsetzen eines Bischofs, die Investitur – Eintreffen eines Boten aus Rom – Beratung – Schreiben an den Papst: Steig herab!) und überlegt gemeinsam, wie in einem Handlungsablauf den anderen Gruppen ein Eindruck von der Entschlossenheit Heinrichs, sich die Macht zu erhalten, vermittelt werden kann.
Nehmt die Rollenverteilung vor (König – Fürsten – Bischöfe – Äbte – Berater – Boten – Diener) – legt die Szenenfolge fest und gebt ein Zeichen, wann Ihr mit dem Spiel beginnen könnt!

Gr. b): soll sich auf die Textstellen konzentrieren, die die Haltung des Papstes wiedergibt und die Unruhe und Spannung in der Beratung mit den Mitarbeitern widerspiegelt –
sich um die Spielgestaltung bemühen (Beratung mit den kirchlichen Würdenträgern – Eintreffen des Boten – Bannstrahl – Lösen vom Bann)
die Rollen verteilen: (Papst – Kardinäle – Schreiber – Wachen!)

Gr. c): soll überlegen, wie sie die „Alpen" zwischen die beiden Höfe schieben kann und dann das sichtbare Hindernis in den Klassenraum bauen, damit eine „Alpenüberquerung" nachvollzogen werden kann. Außerdem soll die Gruppe als kritische Zuschauer Fragen stellen, Stellung zum Spiel und zur Aussage nehmen und somit zur Klärung des Problems beitragen.
Diese Gruppe informiert sich über die Situation an beiden Höfen!

- Der Lehrer steht allen Gruppen auf Anforderung beratend zur Seite.
- Es beginnt die Gr. b) mit ihrem Spiel – entsendet einen Boten zum Hof Heinrichs – und während der noch unterwegs ist, beginnt Gr. a) mit ihrem Spiel, nämlich mit der

Investitur – es folgen die Beratung, das Entwerfen des Absetzungsschreibens – Rückkehr des Boten nach Rom – Beratung in Rom – Flucht nach Canossa!
Heinrich gerät in Schwierigkeiten, faßt den Entschluß, sich vom Bann befreien zu lassen – sein Gang nach Canossa! Vor der Engelsburg – Befreiung vom Bann – Rückkehr nach Deutschland.

- Auswertung – weitere Informationen zum Programm Gregor VII.
- Hausaufgabe: Denkt über die Forderungen des Papstes nach, schreibe Deine eigene Meinung zum Investiturstreit nieder!

Stundenablauf und Auswertung

Mit den Fragestellungen: Soll sich die Kirche in die Politik einmischen? Soll der Staat über die Kirche oder die Kirche über dem Staat stehen? erfolgte der Einstieg in das Stundenthema. Die Gruppenarbeit erfolgte diszipliniert und zügig – zum Spielaufbau wurden Hilfen gegeben.

Als die Gruppe b) mit ihrem Spiel begann, hatte der Hof der Gruppe a) Sichtschwierigkeiten, die „Alpen" hatten das Geschehen tatsächlich in weite Ferne gerückt. – Das Spiel wurde unterbrochen und die Mitglieder der Gruppe a) aufgefordert, doch an die „Alpen" heranzutreten und dort so lange zuzusehen, bis der Papst den Boten abschickt.

Danach trat vorübergehend die Gruppe b) aus ihren Rollen und wurden zu Zuschauern bei der Gruppe a).

Dieses Wechselspiel wurde fortgesetzt, ohne dabei negative Auswirkungen auf die Gesamtaussage zu hinterlassen. Die Aussprache war sehr lebhaft!

Die Schüler hatten durch die Verwandlung nachempfinden können, was es bedeutet, Macht auszuüben und dabei auch feststellen können, wie ungern man seine eigene Machtposition aufgeben möchte, das ergaben die spontanen Stellungnahmen.

Erfreulich waren auch die eigenen Stellungnahmen zum Investiturstreit, die in der nächsten Geschichtsstunde verlesen wurden.

4. Reformation und Bauernkrieg

So bald das Geld im Kasten klingt ...! U 10

Spielerfahrene Klasse

Einführung

Die Entdeckungen ferner Erdteile, die Erfindungen sowie die neuen Lehren über das Weltall und die Gesetze der Natur hatten die alte Ordnung des Mittelalters von Grund auf erschüttert.

Die Menschen begannen zu fragen: Wo ist Gott, der nach den alten Vorstellungen über der Erde thront? Er schien den Menschen plötzlich weit entrückt. Der Himmel ist oben, die Hölle unten, so wußten es die Menschen. Aber wo ist oben und unten bei einer sich drehenden Erdkugel?

In dieser Zeit wurden die Menschen aber auch verunsichert durch weitverbreitete Krankheiten, Pest, Kriege und ein immer mehr um sich greifendes Räuberunwesen.

Das alles, so glaubte man, sei eine Strafe Gottes für die Sünden der Welt.

Aber nicht nur die Furcht vor dem Leben in einer so schrecklichen Welt bedrängte die Menschen. Die Angst vor dem Sterben bewegte sie nicht minder. Sie sorgten sich um das, was auf den Tod folgen sollte, das Leben im Jenseits. Da traf es sie sehr hart, daß viele Geistliche versagten, weil sie keine Antworten auf die religiösen Fragen wußten. Und die hohe Geistlichkeit versagte, weil sie Geld, Macht und Kunst wichtiger nahm als das religiöse Bedürfnis des Volkes.

Da die allgemeine Bildung des Volkes gstiegen war, nahm auch die Kritik an der Kirche zu.

In Florenz predigte der Mönch Savonarola: „Tut Buße, ihr Priester, ihr Geistlichen, ihr Prälaten, laßt ab von den Pfründen, laßt euren Prunk, eure Gastmäler und Gelage. Ihr Mönche laßt eure fetten Abteien und euren Überfluß an Kleidung und Silber! ......"

Der Pabst verbot Savonarola zu predigen und erreichte, daß er 1498 als Ketzer verbrannt wurde.

20 Jahre danach fand jedoch eine andere Stimme ein lautes Echo beim Volk, die Stimme Martin Luthers. Er wandte sich gegen den Ablaßhandel.

Leute aus Wittenberg hatten sich auch Ablaßbriefe bei Tetzel gekauft und kamen nun zu Luther, um zu beichten und losgesprochen zu werden, von so großen Sünden wie Ehebruch, Wucher und Diebstahl.

Luther verweigerte die Absolution, weil er keine rechte Buße feststellte. Da beriefen sich die Beichtenden auf ihre Ablaßbriefe, die sie von Tetzel erhalten hatten. Luther predigte gegen den Ablaß und schlug zu dieser Frage die 95 Thesen an die Schloßkirche zu Wittenberg.

Didaktische Überlegungen

Bei der Behandlung dieses Themas hatte ich mich in den ersten Jahren meiner Unterrichtstätigkeit nur dazu verpflichtet gefühlt, Martin Luther – als Person – seine 95 Thesen – den Reichstag zu Worms – in den Mittelpunkt einer Unterrichtsreihe zu rücken. Je mehr ich mich aber sachkundig machte, um so deutlicher wurde mir, daß das Hauptaugenmerk auf die sozialen und politischen Umwälzungen der damaligen Zeit zu richten war. Es ergaben sich für mich dann zwei Gesichtspunkte, nämlich Fakten unter dem Aspekt der historischen und der religiösen Deutung der Vorgänge anzugehen.

Es sollte zunächst das Vorfeld mit seinen kirchlichen und politischen Mißständen, die letztlich zur Reformation motivierten, ergründet werden.

Ich wollte die Wandlung des Papsttums in seiner Tendenz zur Verweltlichung herausstellen und die Zerrüttung der päpstlichen Finanzen beachten, die mehr und mehr zum Verfall des kirchlichen Ansehens führte und den Ruf zur „Reform an Haupt und Gliedern" laut werden ließ.

Ein Mißstand war ohne Zweifel der Ablaßhandel, den ich früher immer nur gestreift, lediglich mit einigen Sätzen umrissen hatte. – Das sollte anders werden!

Im Nachhinein war mir klar geworden, daß die Schüler nie begriffen hatten, worauf eigentlich der Erfolg der Ablaßprediger zurückzuführen war.

Um das einsichtig zu machen, müßte ich auf die Volksfrömmigkeit, die sich ja vor allem auf das sichtbare Einbringen guter Werke für die Kirche richtete, und auf den wildwuchernden Aberglauben der Menschen eingehen.

Gerade dieses Verhalten der Leute in ihrer Zeit sollte von den Schülern nachempfunden werden und das, so glaubte ich, könnte ich nur damit erreichen, wenn ich gemeinsam mit den Schülern eine Spielszene erarbeitete, in der die Empfindungen der Menschen zum Ausdruck kämen.

Die Planung sah dann so aus:

- Es ist auf den vorhandenen Kenntnissen aus der vorangegangenen Stunde (Wandlungen des Papsttums – das Ausgabensystem der Kurie – Bau der Peterskirche – Tetzel) aufzubauen.
- Nochmaliger Hinweis auf Ablaßpredigten – Ablaßhandel!
- Wie verhielten sich die Zuhörer – wie reagierten sie?
  Verdeutlicht an einer Begegnung von zwei Kaufleuten!
- Anhaltspunkte – im Sinne einer Stoffsammlung (Tafelbild):
  Auf dem Weg von Wittenberg nach Jüterbog treffen sich zwei Kaufleute – wir nennen sie
  Wenzel und Balthasar, die sich über Geschäfte unterhalten.
  Wenzel fragt nach Tetzel
  Balthasar berichtet vom Ablaßhandel
  Frage: Hast du auch gekauft?
  Ich habe meinen Ablaßzettel – auch den für meine verstorbene Frau!
  Streitgespräch über folgende Punkte:
  Bruder Martinus von den Augustinern läßt den Ablaß nicht gelten! – Luther verlangt Buße und Reue – Ablaß bewirkt nichts!
  Wenzel erzählt vom Apotheker, der ihn mit der Forderung überzeugte: Ändere deine Lebensweise – Bereue deine Sünden.
  Balthasar: Was hat das mit dem Ablaß zu tun? – Der Ablaßzettel muß genügen!
- Es folgt die Arbeit an den Anhaltspunkten mit der gesamten Klasse – Zeile für Zeile durchgehen, z. B.:
  Worüber werden die beiden geredet haben?
  Warum fragt Wenzel nach Tetzel?
  Was wird Balthasar vom Ablaßhandel berichtet haben?
- Nachdem die Schüler ihre Vorstellungen zur Nachgestaltung geäußert haben, wird der erste Versuch eines Stegreifspiels – und dann noch ein zweiter gestartet.
- Überprüfung – Vergleiche – Auswertung!
- Hausaufgabe: Wer will, darf diese Szene zu Hause nachschreiben.

Kurzfassung des Stundenverlaufs:

- Zwei Schüler gaben einen Stundenbericht (Wiederholung).
- Schüler lasen den Tafeltext, leise, jeder für sich.
- Gemeinsame Arbeit an den Anhaltspunkten, die zu einem Handlungsablauf aufgebaut wurden – ergänzend wurden weitere Informationen gegeben – Beim Erarbeiten wich ich von der Planung ab, ich ließ sogleich nach der Besprechung einer Zeile, z. B.: W. und B. redeten über Geschäfte – Bericht über den Ablaßhandel – Das Streitgespräch – diese Teilbereiche spielen.
- Nach der Gesamterarbeitung meldeten sich 6 Schüler, um die Rolle des Wenzel und fünf, um die des Balthasar zu übernehmen.
- Es wurden aber nur zwei Spielpaarungen gebildet.
- Nun stellten sich die Ausgewählten in ihrer Rolle vor und nannten noch einmal die wichtigsten Punkte, die sie für die Spielentwicklung beachten mußten.
- Lehrkraft wies auf die Sprachentwicklung hin, regte an, auch die Anrede: Ihr und Euch zu gebrauchen!
- Das Spiel verdeutlichte allen Schülern: wie groß der Andrang beim Ablaßhandel war – daß der Ablaßhandel auch abgelehnt wurde – den Kampf Luthers gegen den Ab-

laßhandel mit seinem Aufruf zu Buße und Reue – wie schwer es war, mit guten Argumenten zur Umkehr zu bewegen.
– Nach den Spielen war die Gesprächsbereitschaft der Schüler sehr groß – es drängte sie, ihre Meinung zu sagen!

In der nachfolgenden Geschichtsstunde lasen verschiedene Schüler ihre selbstgeschriebenen Szenen vor. Gut gelungene Beiträge wurden dann zu einem Spiel umgearbeitet. Die Klasse gab nicht eher Ruhe, bis ihr die Neufassung vorgespielt wurde. – Nachstehend wird das Ergebnis als geformtes Stegreifspiel vorgelegt:

Spielszene

Sprecher: Auf dem Weg von Wittenberg nach Jüterbog treffen sich zwei Geschäftsleute. Der eine kommt aus Jüterbog, der andere ist auf dem Wege dorthin!

Wenzel: Gott zum Gruß, Herr Nachbar – Woher kommt Ihr?

Balthasar: Warum fragt Ihr? – Ich hatte geschäftlich in Jüterbog zu tun!

Wenzel: Und ich bin gerade auf dem Weg dorthin!
Habt Ihr gute Geschäfte gemacht?

Balthasar: O .. ch, ja, danke! – Ich bin zufrieden.
Es war immerhin schon die zweite Ladung Bier, die ich innerhalb von zwei Wochen nach Jüterbog verkauft habe. – Die Geschäfte gehen dort besonders gut, seitdem so viele Leute zum Dominikanermönch Tetzel drängen.

Wenzel: Ich habe davon gehört, und darum will ich eigentlich auch hin, aber nicht ohne Ware! – Ich will dort den Wirten wieder meinen guten Wein anbieten. Ich hoffe, Ihr seid mir deshalb nicht böse. Vielleicht erzählt Ihr mir, ob Ihr auch den Tetzel gesehen und gehört habt?

Balthasar: Den Tetzel? – Natürlich habe ich ihn gesehen und gehört. – So eine Predigt von ihm, die laß ich mir doch nicht entgehen!
Ich sag Euch nur, da müßt Ihr auch hin!
Da ist was los in Jüterbog: Jung und alt, Männlein und Weiblein, arm und reich, Gesunde und Kranke, Jungfrauen und Witwen – alles was Beine hat, kommt dort zusammen, hört und kauft seinen Ablaß!

Wenzel: Darf ich fragen, ob Ihr auch einen gekauft habt?

Balthasar: Na klar! – Warum denn auch nicht! – So einen Zettel kriegt man doch so schnell nicht wieder!
Seht her, hier ist mein Ablaßzettel – und da ist mein Name eingetragen. Es ist zwar alles in lateinisch abgefaßt, aber eines weiß ich: Meine Sünden bin ich los und die Strafen dafür auch!
Und wißt Ihr, worüber ich mich am meisten gefreut habe: Auch meine verstorbene Frau habe ich damit aus dem Fegefeuer erlöst!
Es hat mich zwar nochmals drei Gulden gekostet, aber das war mir die Sache wert!
Als das Geld im Kasten klang, ihre Seele in den Himmel sprang!
So habe ich es empfunden – ja, davon bin ich überzeugt!
Sobald ich nun in Wittenberg bin, gehe ich zur Beichte, zeige meinen Ablaßzettel vor und verlange die Lossprechung von meinen Sünden!

Wenzel: Dann paßt aber auf, daß Ihr nicht an den Bruder Martinus von den Augustinern geratet! – Der läßt nämlich den Ablaß nicht gelten!

Balthasar: Warum nicht? – Was fällt dem denn ein?

Der Ablaß stammt vom Papst, an den hab ich doch bezahlt, und nun will ein kleiner Mönch ihn nicht gelten lassen? – Der nimmt sich ja ganz schön was heraus!
Ich will doch mein schönes Geld nicht umsonst ausgegeben haben!

Wenzel: Ja, wißt Ihr das denn nicht? – Darüber wird doch in ganz Wittenberg gesprochen:
Gegen den Verkauf von Ablaßzetteln wettert der Martin Luther, direkt von der Kanzel!
Stattdessen fordert er Buße und Reue und ein geändertes Leben! – Und das steht auch ganz deutlich in seinen 95 Thesen, die er an die Schloßkirche schlug.

Balthasar: Was interessieren mich Buße und Reue! Hier ist mein Ablaßzettel und damit sind meine Sünden vergeben und vergessen!

Wenzel: Nehmt es mir nicht übel – aber so einfach ist die Sache nicht!
Ich habe das ja zuerst auch gedacht – Ich alter Esel habe mir doch neulich auch so einen Ablaßzettel gekauft!

Balthasar: Ach ne – Ihr also auch!
Bereut Ihr den Kauf denn? – Ich versteh Euch nicht!

Wenzel: Ich habe lange überlegt – und das ich nicht richtig gehandelt habe, ist mir inzwischen klar geworden! Mein Freund, der Apotheker hat mir da auf die Sprünge geholfen!
Mit ihm habe ich kürzlich gesprochen über eine Sache, die mir zu denken gab.
An einem Tag hatte ich wohl ein paar Glas Wein zu viel probiert und in meiner Weinlaune dann den Knecht verprügelt!
Und stellt Euch vor, trotz des gekauften Ablaßzettels gingen die Striemen und blauen Flecken beim Knecht nicht weg – er hat sie immer noch!

Balthasar: Die Prügel hatte er bestimmt verdient!
Da gibts doch nichts zu bereuen!
Wieso wollt Ihr also, daß Euch vergeben werde?

Wenzel: Der Apotheker hat mich da eines Besseren belehrt! Er erklärte mir: Euer Ablaßzettel ist wie das Rezept eines Quacksalbers gegen Magenschmerzen. Statt daß Euch die verordnete Medizin heilt, macht sie Euch nur noch kränker, weil sie Euch dazu verleitet, weiterhin zu fressen und zu saufen!

Balthasar: Und was hat das nun mit dem Ablaß zu tun?

Wenzel: Vielleicht habt Ihr noch einen Augenblick Geduld und hört mir noch zu:
Ein guter Arzt erkennt sogleich, daß Eure Magenschmerzen nur vom vielen Fressen und Saufen kommen. Er wird Euch also keine Medizin verordnen, sondern Euch nur raten, Eure Lebensweise zu ändern.

Balthasar: Das seh ich ein. – Aber beim Ablaß geht es doch nicht um meinen Bauch!

Wenzel: Aber es geht um Euer Seelenheil!
Denkt an Luthers 95 Thesen, an sein Wort von der Buße!
Wenn Euch etwas an Euerm ewigen Heil liegt, dann seid Ihr schlecht beraten, wenn Ihr den Ablaß kauft und dabei denkt, daß Ihr tüchtig weitersündigen könnt.
Tetzel ist nichts weiter als ein Quacksalber für Euer Seelenheil!
Der richtige Arzt ist Jesus Christus und der sagt: „Bereut Eure Sünden! und ändert Euer Leben!“

Balthasar: Ihr redet ja beinahe wie ein Pfaff!
Ich muß Euch sagen, ich verstehe Euch nicht!
Hier ist mein Ablaßzettel – und der genügt mir!
Jetzt muß ich weiter! – Lebt wohl!

Der Bauernaufstand von 1525 U 11

Spielerfahrene Klasse

Einführung

Bis vor rund 200 Jahren zählten rund 90% aller Menschen zur Landbevölkerung, und viele Städte sahen ähnlich aus wie ein Dorf. Die Bewohner waren Bauern, Winzer oder Fischer, Landarbeiter, Knechte oder Taglöhner. Viele besaßen nur eine Zwerglandwirtschaft und waren auf Nebenerwerb angewiesen, z.B. als Holzmacher, Korbflechter, Nagelschmied oder Fuhrmann.

Alle, die sich durch Handarbeit ernähren mußten, auch die Handwerker, Krämersleute, Hafenarbeiter und Seeleute zählten zum niederen Stand, zu den „Gemeinen", zu den einfachen Leuten. In seinen Stand wurde man geboren und blieb in der Regel darin.

Höchstens ein Drittel der Dorfbewohner waren Bauern mit einem großen Hof, ein weiteres Drittel besaß nur eine Kleinlandwirtschaft, und der Rest hauste in kleinen Hütten, hielt sich ein paar Ziegen und Schafe, vielleicht auch eine Kuh. Diese Leute lebten arm und meist von der Hand in den Mund.

Abhängig waren die Dorfbewohner aber alle in irgendeiner Form vom Grundherren, dem das Feld gehörte, das die Bauern bewirtschafteten, gegen Abgaben und Dienste.

Oft unterstanden die Bauern aber auch verschiedenen Herren, allen hatten sie Abgaben zu leisten, im Durchschnitt betrugen sie etwa 30 bis 40% der Ernteerträge.

Es gab einen Abgabenkalender, der z.B. am 1. Mai den Lämmerzehnt, am 24. Juni den Fleischzehnt, am 13. Juli den Kornzehnt vorsah.

Darüber hinaus haben sie den Herren Frondienste zu leisten: das Feld zu ackern, zu besäen, zu ernten, Holz zu hauen, Häuser und Gräben zu bauen.

Es gibt nichts, wovon die Herren nicht behaupten, daß das geknechtete und arme Volk es ihnen nicht schulde. Die Leute können es nicht wagen, einen Befehl nicht auszuführen, da sie sonst schwer bestraft werden.

Im Jahr 1524 wehrten sich die Bauern gegen den Rechtsmißbrauch durch die Obrigkeit. Sie klagten beim Kaiser, sie müßten Abgaben bezahlen, ohne den Grund dafür zu kennen, vor Gericht benachteilige man sie und begünstige die adligen Herren, bei Treibjagden verwüsteten die Herren ihre Äcker und weigerten sich, für den Schaden aufzukommen. Auch beschwerten sie sich darüber, daß sie wie Leibeigene gehalten wurden und nicht wegziehen durften. Den Bauern ging es vor allem um ihr Recht. Sie sahen, daß sie im Dorf immer weniger zu sagen hatten und immer abhängiger wurden.

Die Obrigkeit dehnte auf vielerlei Arten ihre Macht aus: Sie schränkte z.B. die Rechte der Bauern auf der „Allmende" ein und setzten Amtleute ein, die sich nicht mehr an das seit Jahrhunderten geltende Gewohnheitsrecht hielten, sondern nach dem neu eingeführten römischen Recht urteilten, das die Bauern nicht kannten.

Die Bauern wehrten sich gegen die Beschneidung ihrer Rechte und die Armen und die kleinen Leute empörten sich aus Not und Verzweiflung.

Schon seit dem 14. Jahrh. hatte es Bauernaufstände gegeben. Am Oberrhein kam es zu Verschwörungen unter dem Zeichen des bäuerlichen Bundschuhs. In Württemberg erhoben sich die Bauern gegen die Willkür der Obrigkeit. Und als Martin Luthers Lehre in ganz Deutschland bekannt wurde, begeisterten sich viele Bauern dafür, weil Luther „von der Freiheit eines Christenmenschen“ sprach und die Fürsten ermahnte, die Bauern nicht länger wie „Wild zu jagen und zu treiben!“

Im Frühjahr 1525 wurden von den bei Memmingen versammelten Bauern deren Forderungen in „Zwölf Artikeln“ zusammengefaßt.

Die Artikel wurden schnell verbreitet, und die Bauern erhoben sich: im Schwarzwald, im Breisgau, im Elsaß, im Odenwald, in Hessen, Franken, Thüringen, Westfalen, im Allgäu und in Tirol.

Zunächst rotteten sich die Bauern nur zusammen, um ihren Forderungen Nachdruck zu verleihen. Als dies aber nichts nützte, da begann der Kampf. Die Bauern vereinigten sich zu sog. „Bauernhaufen“, oft bis zu 30 000 Mann und bewaffneten sich mit Äxten, Sensen und Keulen.

An vielen Orten konnten sie zunächst die Adligen besiegen und ihre Forderungen durchsetzen, aber als die adligen Herren und Fürsten gemeinsam ein Heer aufstellten, da hatten die Bauern keine Chance mehr.

Didaktische Überlegungen

Bei der Behandlung dieses Themas geht es darum, Zusammenhänge zu erkennen, die als Ursachen des Bauernaufstandes anzusehen sind.

Da sind die Erfindung des Buchdrucks, die Verbesserungen von Techniken im Bergbau, die Entdeckungen und Eroberungen, die zu einer Überschwemmung durch Edelmetalle aus Südamerika in Europa zur Inflation führten, genau so einzubeziehen wie die Lebensbedingungen der Bauern in ihrer Abhängigkeit von den Grundherren und die Mißstände der Kirche im ausgehenden 15. Jahrh. mit der sich daraus entwickelnden Reformation.

Zu überlegen ist, ob der Bauernaufstand von 1525 als eine frühbürgerliche Revolution, als defensive Bauernerhebung oder als Revolution des ‚gemeinen Mannes‘ zu interpretieren ist?

Oder ob die Ursachen mehr im politischen Bereich, nämlich in den erheblichen politischen Defiziten liegen, wie sie die Bauern durch einen immer mächtiger werdenden Obrigkeitsstaat zu ertragen hatten?

Festzustellen ist, daß sich die Lage der ländlichen Bevölkerung im zunehmenden Maße verschlechterte: durch Bevölkerungswachstum, steigende Preise, sinkende Löhne, zunehmende Belastungen der hörigen Bauern wie Frondienste, Zehnte und Erbteilung.

All das schränkte die bäuerlichen Rechte ein. Sprichwörter der Zeit kennzeichnen die untergeordnete Position der Bauern:

> „Der Bauer und sein Stier sind zwei grobe Tier“.
> „Der Bauer ist an Ochsen Statt, nur daß er keine Hörner hat“.
> „Der Bauer wird am meisten geschoren“.

Wie ist nun also die Entwicklungsgeschichte und das Bedingungsgefüge des bäuerlichen Freiheitskampfes den Schülern grundsätzlich nahezubringen, auch wenn der angestrebte Wandel nicht realisiert werden konnte?

Zunächst sei erwähnt, was der zu planenden Stunde bereits vorausgegangen war:

„Die Reformation“ war ausführlich behandelt worden, und im Rahmen der Unterrichtseinheit „Bauernaufstand“ hatten die Schüler bereits Informationen über die Lage der Bauern in ihrem Verhältnis zum Grundherren erhalten.

Die Begriffe: Grundherr – Lehen – Leibeigner – Höriger – Frondienst – Abgabenkalender waren ihnen vermittelt worden. Die Schüler hatten erfahren, worüber die Bauern klagten und worauf sie sich in ihren Forderungen beriefen. – Die letzte Geschichtsstunde hatte mit der Fragestellung geendet:

„Was werden die Bauern tun, wenn ihre berechtigten Forderungen nicht anerkannt werden, und wenn sie mit den 12 Artikeln keine Änderung ihrer Lage erreichen können?

Nun sollen die Schüler erfahren, wie die Empörung der Bauern wächst, wie sie sich zusammenrotten und in „Bauernhaufen“ mit der Waffe in der Hand gegen die Grundherren ziehen.

Wie könnte der Einstieg in diese Stunde erfolgen?

Fordert die Ermahnung Martin Luthers an die Fürsten: „Die Bauern nicht länger wie Wild zu jagen und zu treiben“ die Schüler genügend heraus? Ist es richtig, überhaupt einen Bezug zu Luther, zu seiner Schrift „Von der Freiheit eines Christenmenschen“ herzustellen?

Oder sollte zur Motivation das Bild „Bauern mit der Bundschuhfahne bedrohen einen Ritter“ eingesetzt werden?

Oder löst die Ballade „Bauernaufstand“ von Börries von Münchhausen, die in den Mittelpunkt der Stunde gestellt werden müßte, mehr Betroffenheit aus?

Die Entscheidung fiel für den Einsatz der Ballade, weil sie durch einen guten Lehrervortrag die Schüler atmosphärisch einzustimmen und darüber hinaus mit sprachlicher Ausdruckskraft Bilder, nachvollziehbare Bilder, zu vermitteln vermag.

Planung der Stunde

- Vor der Stunde werden die Verse 3 und 4 der Ballade an die Tafel geschrieben (verdeckt).
- Es wird auf die Fragestellung der letzten Stunde verwiesen und zur Ballade hingeführt.
- Dann folgt der Balladenvortrag.
- Schüler äußern danach zunächst Verständnisfragen. Erwartet werden: Was versteht man unter: „des Urhorns Blasen“ – „Tausendjähriger Bauernkraft“ – „Schild und Schärpe zu Schande“ – „auframmte der Schmied“ – „Fronend geschaffen“ – „die Flammen brachen Bande“?
- Die Tafel wird aufgeklappt, die Erarbeitungsphase beginnt. Im Mittelpunkt sollen die Verse 3 und 4 stehen.
- Es folgen Informationen: In welchen Gegenden erhoben sich die Bauern? – Berichte über die Anfangserfolge des Aufstandes – Mit welchen Problemen hatten die Bauern in ihren eigenen Reihen zu kämpfen? – Luther greift mit seiner Stellungnahme „Wider die räuberischen und mörderischen Rotten der Bauern!“ in die Auseinandersetzung ein – Der Zusammenschluß des Adels und der Fürsten besiegelt die Niederlage der Bauern.
- Zusammenfassung und Hausaufgabe: Schreibt die Ballade in euer Gedichtheft und lernt die drei ersten Verse zur nächsten Deutschstunde!

Auswertung der Stunde

Aufmerksam hatten die Schüler dem Lehrervortrag gelauscht. Spontan wurden die erwarteten Fragen gestellt. Eine weitere wesentliche kam in der Erarbeitungsphase hinzu: „Warum sollte Gott der Ritterschaft gnädig sein?" Bei der Erklärung konnte noch einmal auf all die Hintergründe des Aufstandes, nämlich die Häufung der Frondienste, die Zins- und Abgabenleistungen, auf die Verschlechterung der Lage der Bauern eingegangen werden.

Dann konzentrierte sich die Mitarbeit auf Vers 4:

„Auframmte der Schmied mit einem Schlag das Tor, das er fronend geschaffen".

Gänzlich änderte sich die Stundensituation, als gefragt wurde, warum Münchhausen wohl im 1. Vers von Glocken, Regen und Sturm spricht, obwohl das doch eigentlich nichts mit dem Aufstand zu tun hat.

Im Interpretationsversuch kamen wir auf *Einstimmung* zu sprechen, darauf, was die Glocken, der Regen, der Sturm, das Gellen des Urhorns bewirken sollen.

Wir gingen auf die Atmosphäre ein, die damit vermittelt wird.

Und als wir gerade wieder bei der Beschreibung der Lage der Bauern waren, sagte ein Schüler: „Das müßten wir mal spielen!"

Da er das aussprach, was auch seine Mitschüler empfanden, überlegten wir sofort, wie das denn zu bewerkstelligen sei. Schüler schlugen dann vor:

Die Bauern kommen zusammen – sie klagen sich ihr Leid – sie schimpfen, fluchen, drohen – sie überlegen, welche Maßnahmen sie gegen die Ritter ergreifen könnten.

Diese Beiträge motivierten die Schüler zusätzlich, und so gab es keine Schwierigkeiten, Mitwirkende und Mitgestaltende zu finden.

„Ja, denn los, dann proben wir gleich die erste Szene! Wer kann sich schon vorstellen, welche Rolle er übernimmt und was er dann sagen müßte. Wer macht Vorschläge?

„Es müßten mehrere Bauern sein, etwa drei oder vier – und dann brauchen wir noch einen Schmied und einen Adligen!"

„Warum nur einen? Es geht doch gegen die Adligen!"

„Weil doch in der Ballade nur von der Klingsburg und einem Ritter die Rede ist!"

„Das können wir ja noch überlegen. Zuerst sollten wir einmal mit 4 Bauern proben. Zuerst treten A und B auf, dann folgen C und D. – Dies hier ist unsere Spielfläche, der Dorfplatz, auf dem sich die Bauern versammeln, und an der anderen Seite des Klassenraumes ist dann die Burg!"

Ein Schüler ergänzt: „Da stellen wir Tische und Stühle übereinander, das ist dann die Burg!"

„Einverstanden! – Wißt ihr inzwischen, was ihr sagen wollt? – Können wir anfangen?"

„Ja, wir haben uns abgesprochen".

Die Schüler versetzen sich nun in die Lage der Bauern, sie simulieren das damalige Geschehen (Simulationsspiel).

Das Spiel beginnt:

Bauer A: Das geht nun wirklich zu weit! Jetzt darf ich nicht einmal mehr die Wildschweine aus meinem Kartoffelacker jagen.

Bauer B: Bei ihren Jagdfesten reiten die hohen Herrschaften einfach durch mein Roggenfeld, zertrampeln und verwüsten alles. Und wenn ich sie auffordere, mir das zu ersetzen, dann lachen sie mich aus!

Bauer C: Und was wir an Naturalien abgeben müssen, da bleibt einem doch die Spucke weg!

Bauer D: In der Erntezeit mußte ich nur auf deren Feldern schuften, und zur Ernte auf meinem Acker kam ich viel zu spät.
Bauer A: Und wenn wir an unseren schönen Abgabenkalender denken, dann
Bauer B: dann packt mich genau so die Wut.
Recht kriegen wir nicht mehr, immer werden die Adligen bevorzugt!
Bauer C: Den Wald haben sie uns auch genommen. Vor Jahren konnten wir noch das Holz sammeln, jetzt müssen wir es teuer bezahlen!
Bauer A: So geht das jedenfalls nicht mehr weiter, verdammt noch mal!

– Spielunterbrechung –

„Ja, so könnte es damals wohl gewesen sein. – Das habt ihr gut gemacht! – Hat jemand noch Verbesserungsvorschläge? – Das ist nicht der Fall, dann überlegen wir, wie das Spiel weitergehen soll".

„Jetzt muß der Schmied dazukommen, denn ohne ihn können die Bauern ja nicht viel machen!"

„Der muß doch sagen, daß sie zur Burg hinaufziehen sollen!"

„Da bin ich gespannt, was der Schmied sagen wird – Am besten ist es wohl, wenn Bauer A seinen Satz noch einmal wiederholt, dann kann der Schmied besser einsteigen!"

Fortsetzung des Spiels:

Bauer A: So geht das nicht mehr weiter, verdammt noch mal!
Schmied: Ich habe schon eine ganze Weile zugehört. Ja, du hast recht, so kann es nicht weitergehen, wir müssen endlich etwas tun! Wir ziehen einfach hinauf zur Burg, und dann gnade ihm Gott, dem Herrn Ritter!
Bauer A: So einfach ist das wohl nicht! – Wie willst du das denn machen? – Wir kommen doch höchstens bis vor das Burgtor!
Schmied: Das laß man meine Sorge sein. – Das Tor werde ich schon knacken! – Ich kenn mich doch aus, denn ich hab es selbst in harter Fronarbeit geschaffen!
Bauer C: Wenn wir nun endlich mal alle zusammenstehen, dann müßten wir es schaffen, so mit ganzer Kraft!
Bauer B: Wir müssen allen jetzt zurufen: Bauern, steht auf nun im Lande!
Schmied: Ich öffne dann das Tor mit einem gewaltigen Hammerschlag – und dann gnade dir Gott, du Ritterschaft!
Bauer D: Ich nehme meine Sense und geh mit dir hinauf!
Bauer B: Und ich hole meine Axt und stehe fest an deiner Seite!
Bauer C: Den Spaten, den nehm ich, den kann man immer gut gebrauchen!
Schmied: Los! – Auf gehts!
Bauer A: Wenn das nur gut geht!

– Spielunterbrechung –

„Mensch, das machen die ja ganz toll!"

„Und was meinen die anderen? – Habt ihr noch neue Vorschläge?"

„Nein, aber jetzt sollen sie auch zur Burg ziehen!"

„Das können wir aber nur noch andeuten, weil wir zeitlich sowieso schon überzogen haben! – Wie wollt ihr das nun machen?"

„Wir tun so, als hätten wir den Hammer, die Sense und den Spaten in der Hand!"

„Und dann gehen wir mit festem Schritt und wild entschlossen auf die Burg zu!"

„Unsere Wut drücken wir mimisch aus und unsere Kraft in der Haltung des Körpers!"

„Und wenn ihr hinaufzieht, dann können wir einen Sprecher sagen lassen: Und sie zogen hinauf zur Klingsburg! – Und was sollte er noch sagen?"

„Mit einem gewaltigen Schlag öffnet der Schmied das Tor, und dann stürmten sie hinein in den Hof!"

„Danach müßte kommen: Dem Ritter fuhr ein Schlag ins Gesicht und ein Spaten zwischen die Rippen! – Ja, der Bauer stand auf nun im Lande!"

„Gut, das würde voll genügen! – Wer macht den Sprecher? (zu den Spielern): Beim letzten Satz seid ihr dann an unserer aufgebauten Burg angelangt und damit beenden wir das Spiel „Bauernaufstand!"

Rückblick

Das Abweichen von der Planung der Stunde hatte Schüler und Lehrer zu einem gemeinsamen Nacherleben geführt. Das Pausenklingelzeichen wurde nicht beachtet und weitergearbeitet.

Auch wenn die vorgesehenen weiteren Informationen nicht mehr gegeben und auf die nächste Stunde verschoben werden mußten, so brachte das kreative Mitwirken bei der Nachgestaltung des Dichtertextes allen Schülern Gewinn, denn erst im Spiel ergänzten sich akustische und visuelle Eindrücke zu einem ganzheitlichen Erlebnis.

Von der Freiheit eines Christenmenschen U 12

Spielerfahrene Klasse

Einführung

Hierfür gelten die Überlegungen, die für das Unterrichtsbeispiel *Der Bauernaufstand* galten.

Didaktische Überlegungen

Im Grundsätzlichen hat sich für diese Stunde keine Veränderung ergeben, aber in den methodischen Überlegungen wurde nach einem neuen Ansatz der Vermittlung von Informationen gesucht.

War mit dem Einsatz der Ballade in der Unterrichtseinheit 11 mehr an eine Wiederholung von Fakten und an eine Vertiefung gedacht, so sollte dieses Mal – aus Zeitersparnis – der Versuch gewagt werden, Informationen mit Erzählern und Spielern zu vermitteln. Ich war davon überzeugt, daß es möglich sein müßte, mit vorbereiteten Texten und vorbereitetem Spiel alle Schüler nachhaltig anzusprechen und die Themenbehandlung von vier auf zwei Stunden zu reduzieren.

Planung der Stunde

Zu Hause nahm ich verschiedene Geschichtsbücher in die Hand und suchte nach Informationen für mein Vorhaben. Danach gliederte ich das herausgesuchte Material, indem ich einmal einen Text für Erzähler schrieb, die historische Fakten berichten sollten, und zum anderen Texte für eine Gesprächsrunde von Bauern vorsah, die sich gegenseitig ihr Leid klagten und nach Lösungen suchten, um aus ihrer Notlage herauszukommen.

Damit jedoch die Schüler nicht von zahlreichen Informationen erschlagen werden, wollte ich nach bestimmten Abschnitten eine Spielpause eintreten lassen, um den Schülern Zeit zum Fragen und zur eigenen Stellungnahme zu geben. Für die Textentwürfe wurden in der Vorbereitung zwei Stunden und für das Erarbeiten mit Schülern, die sich an einem Nachmittag freiwillig zur Verfügung gestellt hatten, noch einmal weitere zwei Stunden benötigt.

Es war ein Zeitaufwand, der sich in jeder Hinsicht gelohnt hatte: Die Schüler hatten interessiert mitgearbeitet und an Unterrichtszeit konnten tatsächlich zwei Stunden eingespart werden.

Die Darstellung der Stunde verknüpfe ich mit der Wiedergabe des Stundenablaufs. Außerdem hatten wir die 12 Artikel der schwäbischen Bauern auf ein großes Plakat gemalt.

Es sollte in der Stunde aufgehängt werden, um die Forderungen anschaulich vor Augen zu führen und sie in den Aussprachen der Spielpausen sofort zur Hand zu haben.

Verlauf

Am Stundenbeginn wurde an der Tafel ein Plakat mit den 12 Artikeln der schwäbischen Bauern aufgehängt – der Spielraum hergerichtet und die Schüler auf das Vorhaben eingestimmt.

Die Erzähler begannen:

(Erzähler 1 und 2 – die Bauern A – B – C – D – E – Fremder Bauer)

Erzähler 1: In Oberschwaben war es in der Fastnachtzeit alter Brauch, daß die Bauern von einem Dorf zum anderen zogen, dort mit den eingesessenen Bauern in geselliger Runde redeten, aßen und tranken und dann mit ihnen in den nächsten Ort weiterzogen.
Von Ort zu Ort steigerte sich die Anzahl der Besucher. Allmählich stieg die Gemeinschaft der Bauern auf über 400 Mann an.

Erzähler 2: In der Fastnachtzeit fiel es nicht sonderlich auf, daß so viele Bauern unterwegs waren. Niemand beachtete die besonderen Aktivitäten, die sich im Jahre 1525 abspielten: Dieses Mal saßen die Bauern nicht nur in geselliger Runde zusammen, sondern klagten einander ihre Sorgen und Nöte.

Erzähler 1: Was mögen sie sich gegenseitig erzählt haben?

– Spielpause –

Schüler stellen Vermutungen an – äußern sich zu den Problemen der Bauern.

Erzähler 1: Wir wollen uns jetzt einmal Klagen und Probleme der Bauern anhören; so wie sie damals geäußert wurden:

Bauer A: So darf das bei uns nicht mehr weitergehen! In der Erntezeit müssen wir jetzt acht Tage hintereinander fronen – wir können nichts, aber auch gar nichts mehr für uns selber tun!

Bauer B: Noch vor Jahren war der Wald dem Dorf zugehörig, allen stand genug Holz zur Verfügung.
Aber jetzt müssen wir unseren Holzbedarf sehr teuer bei unserer Herrschaft kaufen.
Das ist wider die Gerechtigkeit!

Bauer C: Wenn die Wiesen zum zweiten Mal geheut worden sind, dann verbietet unser Herr uns, daß wir nach der Heuernte unser Vieh auf die Weide kehren. – Sein Vieh läßt er jedoch darauf weiden – Aber wehe, wenn die Kuh eines armen Mannes auf der abgeernteten Wiese grast, dann läßt er sie einfangen und zum Schloß führen – und straft einen jeden nach seinem Willen! Und wir lassen uns alles gefallen!

Bauer D: Erhebt bei uns einer aus irgendeinem Grund Widerspruch und pocht gar auf unser altes Recht, so werden wir von unserem Herrn einfach in ein elendes Gefängnis geworfen. Damit hat er uns natürlich in Furcht und Schrekken gebracht! Aus diesem Grund haben wir alle Neuerungen zu unserem Schaden bis jetzt erduldet und ertragen.

Bauer E: Ich habe einmal zusammengestellt, wann wir was abliefern müssen:
Am 1. Mai den Lämmerzehnt
Am 25. Mai den Obst- und Weinzehnt
Am 24. Juni den Fleischzehnt: Rind, Kalb, Ziege, Hahn
Am 13. Juli den Kornzehnt
Am 15. Aug. den Gänsezehnt
Am 24. Aug. Zins und Abgaben: Eier – Getreide – Geld!
So schuften wir von einem Abgabetermin zum anderen – lange halten wir das nicht mehr aus!

– Spielpause –

Schüler vergleichen ihre Vermutungen mit den Klagen der Bauern, nehmen Stellung und sagen, was sie tun würden!

Erzähler 2: Ein unbekannter Bauer hat sich zu dieser Gruppe gesellt und aufmerksam zugehört! Plötzlich sagt er:

Fremder: Ihr klagt und klagt, daß einem die Tränen kommen können! Aber nicht einer von euch hat erklärt, daß ihr endlich etwas unternehmen wollt!

Bauer A: Du machst uns Vorwürfe?
Was sollen wir denn machen?
Wer sich auflehnt, landet im Kerker!

Bauer D: Oder ihm wird ein Auge ausgestochen oder eine Hand abgehackt!

Fremder: Habt ihr denn noch nichts von der Schrift Martin Luthers gehört: Von der Freiheit eines Christenmenschen?

Bauer C: Wir können doch nicht lesen – und wer kommt schon in unsere Einöde und erzählt uns etwas Neues?

Fremder: So hört denn her! Martin Luther sagt:
Ein Christenmensch ist ein freier Herr über alle Dinge und niemand untertan!

Bauer D: Das hört sich gut an!
Aber wir sind doch nicht frei!

Bauer E: Sagt er denn auch, wie wir Bauern frei werden können?

Fremder: Nein, das sagt er nicht!
Wir müssen selbst etwas für unsere Freiheit tun!
Zunächst einmal müssen wir uns alle zusammentun und ganz bestimmte Forderungen stellen!

– Spielpause –

Schülergespräche über Maßnahmen – Luthers Aussage – Bauern können nicht lesen!

Erzähler 1: Und die schwäbischen Bauern beriefen sich nun auf die Heilige Schrift und formulierten im März 1525 ihre Forderungen und Beschwerden in 12 Artikeln, die sich in Windeseile verbreiteten.

Erzähler 2: Im Artikel 3 heißt es:
Die Hörigkeit soll abgeschafft werden, weil Christus alle Menschen erlöst hat –
und in den anderen Artikeln:

Erzähler 1: Jeder Mann soll frei jagen und fischen dürfen –

Erzähler 2: Die Frondienste sollen verringert werden –

Erzähler 1: Die Kornzehnt soll bleiben, aber der Viehzehnt abgeschafft werden –

Erzähler 2: Kein Grundherr soll den Bauern in Zukunft mehr willkürliche Dienste aufzwingen können –

Erzähler 1: Und gestraft werden soll nur nach altem überlieferten Recht!

– Spielpause –

Schüler nehmen zu den Artikeln Stellung
Fortsetzung des Spiels

Bauer E: Diese Artikel sind eine gute Grundlage – ja, damit sollten wir überall verhandeln!

Bauer B: Die Forderungen sind nicht unverschämt – die können uns die Herren nicht abschlagen!

Bauer A: Wir werden mit unseren Herren reden, und dann werden wir endlich frei!

Erzähler 2: So hofften die Bauern im Jahre 1525!
Aber: die 12 Artikel wurden rundweg abgelehnt! Die Verhandlungen brachten nichts ein!

– Spielpause –

„Was nun?“ fragen sich die Schüler!

Erzähler 1: Und dann standen die Bauern auf im Lande!
Mit Dreschflegeln und Sensen zogen sie gegen ihre Grundherren!

Erzähler 2: Zunächst hatten die Bauern Erfolge zu verzeichnen – dann mordeten und plünderten sie!

Erzähler 1: Da nahm Martin Luther Stellung in seiner Schrift: „Wider die räuberischen und mörderischen Rotten der Bauern!“ Das geschah im Mai 1525!

Erzähler 2: Maßlosigkeit und Uneinigkeit stoppten die Anfangserfolge der Bauern.
Der Aufstand wurde blutig niedergeschlagen!

Erzähler 1: Danach ging es den Bauern noch schlechter als vorher!

Spielende!

Auswertung

Die Gespräche drehten sich im wesentlichen um die Fragestellung: Warum scheiterten die Bauern – welche Rolle spielte Martin Luther?

Hinweise des Lehrers auf das Jahr 1807 – auf die Entwicklung zur *Freiheit in Schleswig-Holstein*.

Der Bauernkrieg U 13

Spielunerfahrene Klasse

Beitrag von Holger Jahn

Einführung

Auch hier ist auf die Darlegungen zum Unterrichtsbeispiel *Der Bauernaufstand von 1525* zu verweisen.

Didaktische Überlegungen

Im Grundsätzlichen ist hier auch keine unterschiedliche Auffassung anzumerken, jedoch wird in den methodischen Überlegungen, die in die Planung der Stunde hineingenommen wurden, ein dritter Spielansatz zu einem Thema angeboten.

Planung der Stunde

Zu Beginn der Stunde werde ich zwei Folien mit falschen Beschriftungen zeigen: einen Bauern („Ich bin der Grundherr") und einen Fürsten („Ich bin ein höriger Bauer"). (Siehe Anlage 1.) Die falsche Beschriftung soll motivierend wirken und zum genauen Hinsehen zwingen. Die Personengruppen Fürst/Bauer und die Wiederholung der Begriffe ‚Hörigkeit' und ‚Grundherr' sollen den Rahmen der Stunde stecken und das notwendige Rüstzeug für die Erarbeitung der folgenden Unterrichtssequenzen liefern.

Der Einstieg ist bewußt einfach, anschaulich und erfolgsorientiert gewählt.

Als Überleitung werde ich sagen: „Zwischen diesen beiden Gruppen gibt es Schwierigkeiten. Darum wird es in dieser Stunde gehen. Ihr werdet in dieser Stunde die Rolle der Bauern übernehmen. Ihr habt einiges zu beklagen. Was – das steht auf dem Arbeitsbogen, den Ihr jetzt bekommt. Lest ihn Euch aufmerksam durch!" Die Ansprache enthält a) die Bekanntgabe des Stundenthemas, b) die Rollenzuweisung für die Schüler und c) die Überleitung zur Stillarbeitsphase.

In Stillarbeit wird nun ein von mir entwickelter Arbeitsbogen von den Schülern bearbeitet werden (siehe Anlage 2). Er enthält Informationen über die elende soziale und ungerechte politische Lage der Bauern. Die vorliegenden Informationen wurden von mir aus historischem Quellenmaterial herausgearbeitet (siehe Anlage 2). Da der Arbeitsbogen nicht nur Fakten vermitteln soll, sondern darüberhinaus zur Vertiefung der Rollenidentifikation und Vorbereitung des späteren Simulationsspiels dient, habe ich auf den Einsatz einer Originalquelle verzichtet. Reine Quellenarbeit, die über die Informationsentnahme zum Standpunkt und zur Absicht des Verfassers fortschreitet, müßte überdies im Klassenverband durchgeführt werden und hätte andere Lernziele und Absichten zu berücksichtigen.

Während die Schüler in Einzelarbeit den Text des Arbeitsbogens lesen und den Arbeitsauftrag ausführen, gehe ich herum und gebe – wenn erforderlich – Hilfen.

Nach dem Zusammentragen der Aspekte werde ich sagen: „Bauern und Bäuerinnen haben sich damals oft zu Versammlungen unter den Dorflinden getroffen. Genau das wollen wir auch. Wir treffen uns jetzt unter unserer Dorflinde hier vorne. Nehmt bitte Eure Stühle mit!" Wenn nun die Schüler im Sitzkreis versammelt sind, beginnt das Simulationsspiel. Die Schüler sind in die Rollen eingestimmt und die notwendigen Informationen sind bekannt. Das Spiel beginnt zunächst mit der Klärung der Situation. Danach werden die Schüler mit einem Problem konfrontiert. Sie müssen die veränderte/zugespitzte Situation diskutieren und nach Handlungsmöglichkeiten suchen. Dieses

Vorhaben geht eindeutig über ein bloßes Rollenspiel hinaus: deswegen der Begriff Simulationsspiel. Es ist als Vorstufe zum Planspiel zu verstehen, da es ein historisches Modell – die Lage der Bauern um 1520 – simuliert und auf eine Lösung – mögliche Reaktionen der Bauern – angelegt ist. Elemente eines Planspiels – Erarbeitung von Fakten, Simulation eines Modells, Zielgerichtetheit – sind also vorhanden, wenn auch für eine begrenzte Unterrichtssituation zugeschnitten. Den Schülern sind ähnliche Stundenverläufe – etwa wurden mehrfach Entscheidungsspiele durchgeführt – bekannt. Auch wenn diese Stunden einen hohen Vorbereitungsaufwand erfordern und viel Konzentration und Einfühlungsvermögen von seiten des Lehrers wie auch der Schüler verlangen, hat sich doch gezeigt, daß verschiedene Lernzielgruppen des historisch-politischen Unterrichts verfolgt werden können und von einer hohen Motivation der Schüler ausgegangen werden kann. Gerade die problemorientierten Züge der Stunde dürften dem Entwicklungsstand der Schüler entgegenkommen.

Das Spiel beginnt: „Ich als Euer Dorfschulze habe Euch eine sehr schlechte Nachricht zu überbringen. Als wenn es uns nicht schon schlimm genug ginge! Was haben wir nicht alles zu beklagen!" Durch diesen Impuls sollen die Schüler bewegt werden, die beklagenswerten Seiten ‚ihrer' Lage aufzuführen.

Wenn dies ausreichend geschehen ist, werde ich (als Dorfschulze) den Schülern (den Bauern) folgende Mitteilung machen: „Der Bote des Grundherrn war bei mir und hat mir aufgetragen, Euch folgenden Auftrag zu übermitteln: Obwohl Erntezeit ist und wir den ganzen Tag auf den Feldern sind, um die Ernte einzubringen, damit wir im Winter genug zu essen haben, sollen wir folgendes tun: Wir sollen die nächsten drei Tage im Wald Schneckenhäuser suchen und sammeln, da die Frau des Grundherrn solche braucht, um ihr Garn aufzuwickeln!"

Die sich aufgrund der Problemlage ergebende Diskussion und Suche nach Lösungsmöglichkeiten stellt hohe Anforderungen an Lehrer und Schüler. Um ein oberflächliches und der historischen Situation nicht angemessenes Gespräch zu vermeiden, ist es ratsam, daß der Lehrer selbst eine Rolle im Spiel übernimmt – wie hier geplant –, um ohne zu stören lenken zu können und um ‚Einlagen' geben zu können. ‚Einlagen' können Materialien oder Hinweise sein, die den Spielverlauf beeinflussen, zuspitzen und verändern. Vier solcher ‚Einlagen' habe ich für das Spiel vorbereitet (siehe Anlage 3–6). Diese ‚Einlagen' sind meiner Meinung nach wichtig, um aus Sackgassen heraushelfen zu können oder um allzu leichtfertige Meinungsbilder beeinflussen zu können. Auf folgende gedachte Situationen kann mit Hilfe der ‚Einlagen' eingegangen werden – natürlich ist der Einsatz der ‚Einlagen' von der Situation abhängig, möglicherweise sind sie durch bereits vorhandene Kenntnisse der Schüler überflüssig:

- Falls die Schüler darauf bestehen, der Aufforderung zum Schneckenhäusersammeln nicht nachkommen zu wollen, bringe ich ‚Einlage' 1 ins Spiel.
- Falls die Schüler schnell bereit sein sollten, der Forderung nachzukommen, bringe ich ‚Einlage' 2 ins Spiel.
- Falls die Schüler die Bereitschaft des Grundherrn überschätzen, verhandeln zu wollen, soll die ‚Einlage' 3 ins Spiel gebracht werden.
- Falls die Schüler die Chancen und Möglichkeiten eines Aufruhrs überschätzen, werde ich ‚Einlage' 4 ins Spiel einführen.

Gegen Ende des Spiels werde ich von den Schülern ein persönliches Meinungsbild erfragen, wie sie sich zu verhalten gedenken. Dann löse ich den Sitzkreis auf und entlasse die Schüler aus ihren Rollen. Um die Arbeitsergebnisse der Stunde zu sichern, soll nun von den Schülern ein von mir vorbereitetes unvollständiges Tafelbild erarbeitet werden.

Auf der jetzt aufgeklappten Tafel werden die Überschriften ‚Worüber beklagten sich die Bauern?' und ‚Welche Möglichkeiten hatten sie?' sichtbar. Begriffe auf Pappschildern kleben auf der rechten Tafelseite und müssen von den Schülern unter die entsprechende Überschrift gehängt werden. Dann erkläre ich, daß der Fall mit den Schneckenhäusern tatsächlich passiert sei. Ich bitte die Schüler eine Vermutung zu äußern, was wohl die Bauern in dieser Situation getan haben. Sicherlich wird der Begriff ‚Aufstand' fallen. Ich markiere ihn an der Tafel rot und erzähle in kurzen Worten von dem Aufstand der Bauern aus Stühlingen. Dann schließe ich: „Der Aufstand der Bauern von Stühlingen griff schnell auch auf andere Gegenden Süddeutschlands über. Dies war der Beginn des Bauernkrieges."

An dieser Stelle klebe ich ein Schild ‚Der Bauernkrieg' als Gesamtüberschrift über das erarbeitete Tafelbild.

Als Hausaufgabe bekommen die Schüler exakt das in der Stunde erarbeitete Tafelbild auf einem Arbeitsbogen, welches sie allerdings fertig ausfüllen müssen. Unter der Überschrift ‚Was beklagten die Bauern' wird aber eine Zeile frei bleiben. Denn ein wichtiger Grund, eine wichtige Antriebskraft des nun fortschreitenden Bauernkrieges fehlt. Sie ist in der Reformation zu suchen und in den Worten Luthers: „Ein Christenmensch ist ein freier Herr aller Dinge und niemandem untertan!"

Der Zusammenhang zwischen Reformation und Bauernkrieg, das Problemgefüge von Menschenrechten, Moral und Ethik müssen als selbständiges Thema eigens bearbeitet werden. Sie mit in meine Stunde hineinzunehmen ist nicht möglich: eine hoffnungslose Überforderung und Überfrachtung wäre die Folge. Somit wird am Ende der nächsten Stunde der Unterrichtseinheit der Arbeitsbogen der Schüler um den Problemkreis der Reformation erweitert werden.

Die dritte Stunde der Unterrichtseinheit wird sich mit dem Verlauf des Bauernkrieges beschäftigen, mit der kompromißlosen Haltung der Fürsten und der Radikalisierung der Bauern. Die vierte Stunde wird den Vergleich zwischen Texten von Luther und Müntzer zum Inhalt haben und das Scheitern des Bauernkrieges als Abschluß der Einheit bringen.

Gesprächsverlauf in der Stunde

(Kurzform, nachträglich aufgezeichnet)

Gespräch unter der Linde

Lehrerimpuls: Was jetzt?

Heino: Wir weigern uns, die Schnecken zu sammeln!
Inken: Klar, auf jeden Fall!
Ilonka: Das gibt aber nur Ärger!
Heino: Wenn wir Schnecken sammeln müssen, können wir die Ernte nicht einholen – und das ist noch viel schlimmer!
Ilonka: Das läßt sich der Grundherr aber nicht gefallen!
Roland: Heino hat recht, zuerst muß die Ernte rein!
Andi: Stimmt!

Lehrer liest den Brief vor (Einlage 1):

Einlage 1

Mein lieber Bruder!
Ach, schlimm ist es uns ergangen!
Vor einer Woche hat meine Frau drei Brote gebacken. Da kam ein Knecht des Grundherrn und forderte, die Brote herauszugeben, ohne Recht!
Und als er sie einfach an sich nehmen wollte, packte mich der Zorn. Ich schlug mit einem Prügel auf ihn ein, daß er heulend davonhinkte.
Aber kurze Zeit später kamen etliche Knechte des Herrn, peitschten mich aus und sperrten mich für fünf Tage in den Kerker!
Noch schlimmer hat es meinen Nachbarn getroffen. Der hat aus dem Bach zwei Forellen geangelt. Dafür hat der Herr ihm die linke Hand abhauen lassen!
Hoffentlich ergeht es Euch besser!
Dein Hans!

Der Brief wurde nach einer Lehrererzählung von Klaus-Jürgen Loehndorf zusammengestellt. Loehndorf, Klaus-Jürgen, Ursachen und Beginn des Bauernkrieges in: Hauptschulmagazin 7/81, S. 21f.

Ilonka: Da seht ihr! – Wir sollten mit dem Grundherrn reden!
Jörg: Genau, der wird uns schon verstehen!
Kai: So wie ich den kenne – nein, das glaube ich nicht!
Ilonka: Doch, wenn einer von uns vernünftig mit ihm redet?
Heino: Probieren können wir es ja!

Lehrer liest zweite Einlage vor – Grundherr verhandelt nicht mit den Bauern!

Einlage 2

Diebe und Räuber sind unsere Herrn und Fürsten!
Alles nehmen sie als ihr Eigentum: die Fische im Wasser, die Vögel in der Luft und alles was auf der Erde wächst.
Alles muß ihnen gehören!
Sie jagen, saufen, prassen und spielen! Und wir rackern uns ab und hungern dabei!

Die Textstellen wurden aus folgenden Quellen leicht verändert übernommen: Thomas Müntzer, Hochverursachte Schutzrede (1524). Sebastian Franck, Weltbuch. Darstellung der ständischen Ordnung zur Reformationszeit. Beide zitiert in: Ulrich, Volker, Der Bauernkrieg von 1525 in: Geschichtsdidaktik, 4 Jg., Heft 3, (1979) S. 254 u. 256.

Heino: Dann gehen wir eben weg! – Einfach dahin, wo es besser ist.
Jörg: Das finde ich auch – das machen wir!
Inken: Und wo wollt ihr denn hin?
Sascha: So viel ich weiß, gibt es überall Grundherren.
Und was dann?

Informationen vom Dorfältesten/Lehrer
Roland: Dann wehren wir uns eben alle! – Vielleicht machen alle Bauern mit.
Bianka: Das finde ich auch, wehren sollten wir uns alle!

Einlage: Bewaffnung der Fürsten!

Roland: Wir machen das trotzdem!

Heino: Ja, auf jeden Fall! – Ich will nicht mehr so weiterleben!
Ilonka: Ich würde raten, doch lieber mit dem Grundherrn zu verhandeln!

Der Dorfälteste läßt abstimmen:
Die Mehrheit entscheidet sich für den Aufstand!

Anlage 1

(Abbildung der Folien mit falscher Beschriftung)

„Ich bin ein höriger Bauer!"

„Ich bin der Grundherr!"

Anlage 2

Die Lage der Bauern

Du bist ein höriger Bauer/eine hörige Bäuerin und lebst um 1525 im Süden Deutschlands!

Du wohnst in einer elenden und armseligen Hütte.

Brot, Haferbrei und gekochtes Gemüse ist Deine Speise, Wasser und Molke Dein Getränk. Nicht einmal Fische darfst Du im Bach angeln, denn jagen und fischen darf allein der Grundherr.

Du bist verpflichtet, dem Grundherrn **Frondienste** zu leisten: Du mußt ihm seine Felder beackern und ernten, Holz fällen, beim Häuserbau helfen und Gräben ausheben. Es gibt kaum eine Arbeit, die er nicht von Dir verlangt.

Schlimm ist auch, daß der Grundherr den zehnten Teil Deiner Ernte und Deines Viehs verlangt. Nicht selten verlangt er sogar noch zusätzliche **Abgaben** von Dir!

Noch mehr bedrückt Dich aber, daß das Land, welches Du bestellst, nicht Dir, sondern dem Grundherrn gehört. Am meisten jedoch bedrückt Dich, daß der Grundherr über Dich herrscht, Dir fast jederzeit befehlen kann, was Du zu tun oder zu lassen hast. Du bist **rechtlos**.

ARBEITSAUFTRAG

Was hast Du zu beklagen? Notiere in Stichworten, was an Deiner Lage schlimm ist!

Anlage 3

(Einlage 3)

Wie heißt es doch in einem Sprichwort: Der Bauer ist an Ochsen Statt, nur das er keine Hörner hat!
Glaubt Ihr, der Herr wird mit uns verhandeln, wo er doch nie mit uns gesprochen hat?
Wißt Ihr nicht, wie sehr uns der Herr verachtet für unsere schmutzigen Hütten und unsere schwieligen Hände?
Meint Ihr, der Herr wird von seinem Reichtum lassen wollen, er, der nicht einmal mit seinen Geschwistern teilen will?

Die Textstellen wurden aus folgenden Quellen leicht verändert übernommen: Johannes Boemus, De Germania. Über den Bauernstand (1520). Der bayerische Kanzler Leonhard von Eck, Briefe an seine Herzöge (1525). Beide zitiert in: Ulrich, a.a.O., S. 252 und 259.

Anlage 4

(Einlage 4)
Uns Bauern geht's wie den Fröschen im Frühjahr. Wir kommen zusammen und schreien und quaken: Quak! Quak! Dann kommt der Storch und verschlingt uns! Wir schreien: Wo? Wo? Und schon kommen die Herrn und schlagen uns tot!
Ihr wißt doch, wie mächtig die Herrn und Fürsten sind! Ihr wißt doch, daß sie viele bewaffnete Knechte haben und starke Burgen! Und Ihr wißt, daß sie Kriege zu führen verstehen und wir nicht!

Die Textstellen wurden aus folgender Quelle leicht verändert übernommen: Johann Keßler von St. Gallen, Bericht über die Anfänge des Aufstands in Oberschwaben (1525). Zitiert in: Ulrich, a.a.O., S. 258.

Hugenottenverfolgung – „Die Füße im Feuer" U 14

Spielerfahrene Klasse

Einführung

Im Deutschen Reich, dem Ursprungsland der Reformation, übernahmen bis zur Mitte des 16. Jahrh. nahezu alle Länder und Städte im Norden und Westen das lutherische Bekenntnis. Nur südlich der Donau hielten sich rein katholische Gebiete wie Bayern und Österreich. Auch die skandinavischen Länder wurden bald protestantisch. Die Dänen führten 1536 die luth. Religion ein und zwangen auch Norwegen, sie anzunehmen. Und der schwedische König Wasa zwang 1527 Reichstag und Volk seines Staates zur Reformation, weil er den reichen Kirchenbesitz verstaatlichen wollte. Auch in Polen und Litauen sickerten protestantische Lehren ein, doch konnte sich hier der Katholizismus besser behaupten. Spanien, Portugal und Italien blieben katholisch. In Frankreich wandten sich zunächst viele Bürger, aber auch Adlige dem Calvinismus zu. Sie nannten sich Hugenotten und hatten großen politischen Einfluß. Die Mehrheit der Franzosen blieb jedoch mit dem Königshaus der kath. Lehre treu.

Die Reformation hatte die Christenheit gespalten. Zwei Blöcke standen sich nun gegenüber. Beide glaubten im Recht zu sein, beide suchten die Wahrheit, beide hofften, alle Christen zu überzeugen, so daß am Ende die Einheit im Glauben wieder hergestellt würde.

1545 berief der Papst eine Kirchenversammlung nach Trient ein. Die Protestanten weigerten sich, teilzunehmen, weil das Konzil nach ihrer Meinung nicht von Vertretern des Papstes geleitet werden durfte.

Ein Kardinal umriß die Aufgaben des Konzils mit folgenden Worten: „Aus drei Ursachen ist das Konzil versammelt: um die falschen Lehren auszurotten, um die Kirche zu reformieren und um den Frieden zu erlangen."

Eine friedliche Aussöhnung mit den Protestanten hatte das Konzil weder gewollt noch ermöglicht. Aber eine Erneuerung der kath. Kirche konnte beginnen. Neben dieser ‚inneren Reform' der Kirche wurde eine ‚Gegenreformation' eingeleitet mit dem Ziel, Protestanten wieder zum kath. Bekenntnis zurückzugewinnen.

Die Gegenreformation wurde von den ‚Jesuiten' unterstützt, einem Orden, der von dem ehemaligen spanischen Offizer, Ignatius von Loyola, im Jahre 1534 gegründet worden war. Die Jesuiten konzentrierten den Kampf gegen die ‚Ketzer' auf wichtige Punkte: Sie setzten ihre Leute an den kath. Fürstenhöfen als Prinzenerzieher und Beichtväter ein und schickten die besten Prediger auf ‚Volksmission', wo sie den kath. Glauben – besonders in großen Städten – auf volkstümliche Weise lehrten. Vor allem aber widmeten sich die Jesuiten der Erziehung. Um 1600 leiteten sie viele Schulen in den kath. Gebieten Europas.

Die Arbeit trug Früchte.

Am Königshof in Paris entschloß man sich, die Hugenotten mit Gewalt zu beseitigen. 2000 Hugenotten, die wegen der Hochzeit des hugenottischen Prinzen Heinrich von Navarra in Paris weilten, wurden in der Nacht zum 24. August 1572 auf Anstiften der Königinmutter ermordet. Im ganzen sollen 13 000 Menschen umgebracht worden sein, aber die überlebenden Hugenotten kämpften weiter.

Im Jahr 1589 kam Heinrich IV aus dem Hause Bourbon, selbst Hugenotte – auf den franz. Königsthron. Er war davon überzeugt, daß er die überwiegend kath. Franzosen nicht als Hugenotte regieren könnte und trat deshalb zum kath. Glauben zurück.

Erst durch das „Edikt von Nantes" (1598) erhielten die Hugenotten das Recht auf eigene Gotteshäuser, Schulen und Friedhöfe.

Keine Regierung verfolgte die ‚Ketzerei' der reformatorischen Lehren so unerbittlich wie der König von Spanien. Wer angeklagt war und seinen ‚Irrtum' nicht abschwor, wurde gefoltert, und wer dennoch auf seiner abweichenden Meinung beharrte, wurde öffentlich hingerichtet, meist auf dem Scheiterhaufen verbrannt.

Die Auseinandersetzungen zwischen Katholiken und Protestanten hielten an. So kam es dann 1618 zum Ausbruch des 30-jährigen Krieges.

Didaktische Überlegungen

Will man bei den Schülern nicht den Eindruck erwecken, daß sich Katholiken und Protestanten nur in Deutschland in Glaubenskämpfe verstrickten, dann muß man auch den Religionskrieg in Frankreich zur Behandlung heranziehen, der grausam und erbittert zwischen Katholiken und Hugenotten geführt wurde und seinen Höhepunkt in der Bartholomäusnacht hatte.

Konrad Ferdinand Meyer ist es mit seiner Ballade „Die Füße im Feuer" ausgezeichnet gelungen, einen Eindruck von den äußeren und inneren Kraftakten der Menschen jener Zeit zu vermitteln. Diese Ballade könnte, wenn man sie zentral in einer Stunde einsetzte, nicht nur motivierend auf die Schüler wirken, sondern auch den Anstoß dazu geben, nach weiteren Informationen zu fragen, über Rache und Vergeltung nachzudenken, im Transfer auf Nordirland einzugehen, eine Einstimmung auf den 30-jährigen Krieg zu geben.

Durch intensive Interpretationsarbeit müßten die Schüler zu dem Abschluß der Ballade hingeführt werden: „Mein ist die Rache, redet Gott".

Planung der Stunde

Ich sah folgenden Stundenaufbau vor:

- Vortrag der Ballade durch den Lehrer.
- Spontanäußerungen – Fragen – Stellungnahmen der Schüler zulassen.
- Erarbeitung der Ballade:
  in Teilbereichen in pantomimischer Nachgestaltung,
  in anderen in der Dialogführung.
- Zusammenfassung und Hausaufgabe: Sammelt Text- und Bildmaterial von Glaubenskämpfen in der heutigen Zeit!

Auswertung und Stundenbericht

Nach dem Lehrervortrag der Ballade herrschte zunächst nachdenkliche Stille in der Klasse – dann brummte ein Schüler: „Den hätte ich aber umgebracht!"

Es folgten Fragen zu verschiedenen Begriffen: Knecht des Königs – Königs Rock – Ahnensaal – Edelweib – Wappen?

Danach: „Was heißt es, daß ich dem König eigen bin?"

Stellungnahmen zu grundsätzlichen Problemen, wie Mord – Rache – Vergeltung kamen zunächst nicht!

Es folgte die Überleitung zur Erarbeitung, die bei dieser Themenbehandlung ausführlich wiedergegeben werden soll:

Zunächst stellten wir uns die Abendstimmung vor: Sturm – Blitz und Donner – im fahlen Licht das Schloß mit Turm und Gitterfenster – ein Reiter kämpft mit seinem scheuen Roß – steigt ab und lärmt am Tor – ein Edelmann öffnet!

Wer ist der Reiter? – Wer der Edelmann?

Was wissen wir über sie aus dem vorliegenden Text?

Wir tragen zusammen:

> Der *Reiter* ist ein Kurier des französischen Königs, der schon vor drei Jahren – z.Z. der Hugenottenverfolgung im Schloß gewesen ist – er suchte nach dem Edelmann – Im Auftrag des Königs? (Diese Frage blieb zunächst unbeantwortet) – Er will die Frau zwingen, ihren Mann zu verraten – er quält sie, hält ihre Füße ins Feuer – tötet sie!
> Ist der Reiter ein Mörder?
> Der *Edelmann* bittet ahnungslos den Fremden, einzutreten – er gibt ihm Speis und Trank und Unterkunft – vom Sohn erfährt er, daß der Gast der Mörder seiner Frau ist – er gerät in Gewissenskonflikte – er ergraut in einer Nacht – er klagt den Fremden an – verzichtet auf die Rache – läßt den Reiter ziehen – vertraut auf Gott!

Jeder Schüler, der die Rolle des Reiters oder des Edelmanns übernimmt, hat sich in der ersten Stufe mit den handelnden Personen vertraut gemacht, aber um mehr zu wissen, sich vorstellen zu können: Wer bin ich? ist eine zweite Stufe, nämlich die der Ergründung von Verhaltensweisen, erforderlich.

Wir setzen das „Kennenlernen" fort:

> *Dem Reiter* ist beim Erkennen des Herdes der Schreck in die Glieder gefahren – er hat Angst, erkannt zu werden – er fürchtet sich vor der Rache des Edelmanns – aber sein Bewußtsein, Diener des großen Königs zu sein, gibt ihm eine gewisse Sicherheit!
> *Der Edelmann* ist ein freundlicher Gastgeber – er bleibt auch dann besonnen, als er erfährt, daß der Gast der Mörder seiner Frau ist – in einer langen Nacht ringt er mit sich, ob Rache und Vergeltung angebracht sind – er ist offen, er sagt dem Reiter, wofür er ihn hält – Rache zu üben ist nicht sein Anliegen – er vertraut auf Gott!

Jetzt sind wichtige Voraussetzungen für die Spielgestaltung geschaffen worden.

Mehrere Schüler melden sich, die Rolle des Reiters oder des Edelmanns zu übernehmen.

Aber noch wissen wir nicht, was sich in der Nachgestaltung der Ballade überhaupt spielen läßt? Wo sind pantomimische Ansätze möglich, und wo ist der Dialog erforderlich?

Ich weise die Schüler darauf hin, daß wir uns nun schrittweise an den Szenenaufbau herantasten müssen.

Die Ideensammlung zur Gestaltung der ersten Szene beginnt:

- Die Stimmung erzeugen wir durch Geräusche und Lichteffekte: wir machen Wind und lassen es donnern – und blitzen lassen wir es, indem wir das Licht an- und sofort wieder ausschalten.
- Danach kommt der Reiter – er springt ab – zieht sein scheues Pferd hinter sich her – er kämpft gegen den Sturm an – dann klopft und poltert er ans Tor – er wartet – schüttelt sich – beruhigt sein Pferd.
- Es knarrt das Tor – der Edelmann erscheint!

Wer macht den Wind – wer donnert – wer bedient das Licht?

Wer vermag das Knarren des Tores nachzumachen;

Im Handumdrehen habe ich eine geräuschprobende Klasse!

Gleich der erste pantomimische Spielversuch klappt, wir können sofort weitermachen.

Es beginnt der zweite Teil, die Dialogübung:

Reiter: Entschuldigt diesen Lärm –
Ich bin ein Knecht des Königs, seit Tagen als Kurier unterwegs –
Ihr kennt doch des Königs Rock, nicht wahr?
Beherbergt mich für eine Nacht!

Edelmann: Es stürmt und blitzt und donnert!
In solcher Stunde ist es mir egal, wer hier am Tor um Einlaß bittet!
Ich nehme Dich auf – tritt nur herein!
Dein Pferd laß ich sogleich versorgen!
(Das Tor wird wieder geschlossen – es knarrt)
Rober! – Versorg das Pferd!

Nun, das klappte nicht schlecht!

Wir überlegen weiter – lesen noch einmal den Teil des Textes, der den Vorgang beschreibt, als der Reiter den Ahnensaal betritt.

Vorschläge:

Der Reiter legt seinen Regenumhang ab – tritt langsam in den Ahnensaal ein – betrachtet einige Bilder – vorm Herd läßt er sich in einem Sessel nieder – er starrt in das Feuer – guckt sich dann weiterhin um, sieht genauer hin, erkennt plötzlich den Herd, den Saal! – er springt entsetzt hoch – eilt zur Eingangstür zurück – sieht sich nach dem Herd um – geht zaghaft wieder auf ihn zu – bleibt grübelnd vor ihm stehen – läßt sich stöhnend in den Sessel fallen!

Der Reiter probiert nun den 3. Teil

Einige Schüler sind nicht so ganz mit seinem Auftritt zufrieden – Mitschüler bitten, sich auch als Reiter in dieser Szene versuchen zu dürfen.

Mehrere Auftritte zeigen, daß die Szene noch eindrucksvoller gestaltet werden kann.

Danach planen wir den 4. Auftritt:

Ein Schüler fragt: Wie machen wir das wohl, daß der Reiter seine Vorgeschichte erzählt?

Vorschläge: Man müßte ihn dazu auffordern! – Wie denn? – Wir können doch einen Sprecher einbauen, der ihn fragt!

Der Spielaufbau entwickelte sich dann so:

Sprecher: Diener des Königs – hörst Du mich?
Sag uns: was siehst Du – was beunruhigt Dich?
Reiter: (leise, wie abwesend)
Dasselbe Wappen – derselbe Herd – der gleiche Saal – Wann war das doch?
Drei Jahre sind es her – bei der Hugenottenjagd!
Halsstarrig war das Weib!
Wo steckt der Junker? – Sprich!
Sie schwieg!
Gib ihn heraus! – Sie schwieg!
Wütend zerrte ich sie dann an das Feuer – packte ihre nackten Füße – und streckte sie mitten in die Glut!
(schreiend) Gib ihn heraus!
Sie schwieg! (er krümmt sich, fällt in sich zusammen)
Sprecher: Nun schweigst auch Du! –
Reiß dich zusammen!
Sag uns, was Du gerade denkst!
Reiter: (Richtet sich ein wenig auf)
Wenn er mich nun erkennt?
Und wenn nur ein Tropfen Blut in seinen Adern rinnt, dann muß er mich erwürgen!
Sprecher: Der Edelmann ist leise hinter ihn getreten!
Edelmann: Du träumst?
Zu Tisch nun! – Du wirst hungrig sein!

Die Erarbeitung dieser Szene nahm längere Zeit in Anspruch: Schließlich sollte ja jeder Satz sitzen – wir halfen dabei mit einem Souffleur!

Nun kam das 5. Bild an die Reihe, das im wesentlichen pantomimisch gestaltet wurde:

(Andere Schüler kamen zum Spieleinsatz)

Der Edelmann – der Sohn – die Tochter und der Reiter setzen sich zu Tisch – *die Kinder* erkennen den Fremden – sie starren ihn an – sie essen nicht – Entsetzen zeigt sich in ihren Augen.

Der *Vater* beobachtet seine Kinder und den Fremden – er denkt:
Was ist los?

Der *Reiter* ist verunsichert – er sieht niemanden an – hastig greift er nach der Weinkanne, um seinen Becher zu füllen – er gießt zu viel hinein – stürzt den Inhalt hinunter und springt auf:

Reiter: Gebt mir jetzt eine Lagerstatt!
Ich bin müde wie ein Hund!
Edelmann: Rober – führ ihn zur Kammer hinauf!

Der Sohn flüstert dem Vater seine Entdeckung ins Ohr!

Es läutet! – Die Stunde ist um! – Aber niemand drängt zur Pause!

Wir machen weiter und nutzen die nächste Stunde – eine Deutsch-Stunde, um unser Vorhaben zu beenden.

Nachdem ich den restlichen Text gelesen habe, beschließen wir, die Nachgestaltung der Ballade mit folgendem Bild abzuschließen:

Da wir uns vorstellen können, wie unruhig wohl der Reiter die Nacht verbrachte, wollen wir uns lieber mit dem Edelmann beschäftigen.

Wir können doch spielen, nur pantomimisch, was in ihm vorgeht – wie er mit sich ringt – wie er auf und ab geht – wie er nach oben zur Kammer droht – sich hinsetzt – stöhnt – wieder aufsteht und unruhig umherirrt! – Und so geschah es!

Beim ersten Morgenstrahl geht er hinauf und weckt den Reiter – im Ahnensaal erwartet er ihn:

Reiter:	Herr, Ihr seid ein kluger Mann! Ihr wißt, daß ich dem größten König eigen bin! Lebt wohl! – Auf Nimmerwiedersehn!
Edelmann:	Es fiel mir schwer heut in der Nacht, des Königs Diener noch zu respektieren! (er sieht den Reiter fest an) Du hast mein Weib ermordet! Aber ich laß Dich leben – ich laß Dich gehen! Mein ist die Rache nicht – die leg ich nun in Gottes Hand! (Knarrend öffnet sich das Tor – und knarrend schließt es sich wieder!)

Es gab keinen Schüler, der nicht von dieser Art Arbeit am Text beeindruckt war.

Überrascht war ich jedoch, als die Klasse forderte, das Ganze nun im Zusammenhang zu spielen! – Sie kamen meiner Wunschvorstellung entgegen – aber ich hätte es nach der konzentrierten Arbeit nicht mehr gewagt, dazu aufzufordern.

Im Auswertungsgespräch kamen wir abschließend auf die Grausamkeiten der Glaubensauseinandersetzungen zu sprechen, auch auf das, was sich heute noch in Nordirland und im Libanon abspielt.

Plötzlich dreht sich das Gespräch um Rache – Vergeltung – Vergebung – Tolerierung anderer Religionen.

Bewunderung zollten die Schüler dem Edelmann, der zwischen Rache und Vergebung ringt und dann dem Herrgott die Entscheidung überläßt, wohl aus tiefer innerer Gläubigkeit. Auch der Frage gingen wir nach, ob der Reiter während der Hugenottenverfolgung im Auftrage des Königs handelte, und wenn er tötete, dann als ein Mörder angesehen werden müßte? Mit der Hausaufgabe: Sammelt Texte und Bildmaterial von den Glaubenskämpfen in der heutigen Zeit! – endete die zweite Stunde. Wir waren fächerübergreifend tätig gewesen, hatten Thematisches mit intensiver Textinterpretation verbinden können.

Der 30-jährige Krieg U 15

Spielerfahrene Klasse

Einführung

Im Deutschen Reich bewirkte der Augsburger Religionsfrieden von 1555, daß sich Katholiken und Lutheraner vorerst gegenseitig ertrugen. Die katholischen Stände unternahmen keine gewaltsame Gegenreformation, während die Protestanten noch weitere Anhänger gewannen. Erst um 1600 verschärften sich die konfessionellen Gegensätze erneut. Nun war keiner mehr zu weiteren Kompromissen bereit, weder im kleinen noch in der großen Politik.

Kurfürst Friedrich von der Pfalz, Anhänger des Calvinismus, lehnte sich dagegen auf, daß in verschiedenen Reichsbehörden, z. B. im Reichskammergericht und im Reichshofrat, die Katholiken die Oberhand hatten. Auf sein Betreiben schlossen die protestantischen Landesfürsten und Reichsstädte 1608 ein Bündnis, die protestantische Union, um jede Macht gemeinsam abzuwehren, die ihre Interessen hinderte.

Im folgenden Jahr schlossen die katholischen Fürsten, Bischöfe und Äbte unter Führung des Herzogs Maximilian von Bayern ein Gegenbündnis: die katholische Liga.

In Böhmen war die Lage besonders gespannt: Zum konfessionellen Gegensatz zwischen den vielen Protestanten im Land und dem katholischen Herrscherhaus, den Habsburgern, trat ein zweiter hinzu: Die böhmischen Landstände (die Vertretung von Adel, Kirche und Bürgertum) besaßen weitgehende Rechte der politischen Mitbestimmung und waren nicht gewillt, sie aufzugeben.

Genau dies verlangte Ferdinand II, der 1617 böhmischer König und bald darauf deutscher Kaiser (1619–1637) wurde. Er mißachtete die Verträge, die seine Vorgänger den Böhmen gewährt hatten, so den „Majestätsbrief" von 1609, der den Böhmen Gewissensfreiheit und freie Religionsausübung für Protestanten verbriefte.

Ferdinand zwang die tschechischen Bauern auf seinen Gütern, den kath. Glauben anzunehmen und ließ zu, daß protestantische Kirchen geschlossen und sogar abgerissen wurden. Da versammelten sich im Mai 1618 böhmische Adlige mit protestantischen Bürgern in Prag, drangen in das Schloß ein, wo die Statthalter des Königs residierten und warfen den Landhofrichter Slabata, Graf Schmersanßky und den Sekretär Frabicio aus dem Burgfenster. Dieser Fenstersturz zu Prag gab das Signal zum Religionskrieg, der sich zum europäischen Krieg ausweitete und 30 Jahre dauerte.

Wallenstein und Tilly waren die großen Heerführer der Liga, König Gustav Adolf von Schweden der bedeutendste der Union.

Verwüstungen in weiten Teilen des Reiches und unsägliches Kriegselend der Bevölkerung waren die Folgen. Grimmelshausen berichtet in seinem Roman „Simplizissimus" über die Kriegsereignisse mit all ihren Grausamkeiten.

Didaktische Überlegungen

Ohne Zweifel hatte man sich bei der Behandlung dieses Themas mit den ideologischen und machtpolitischen Motivationen für diesen Krieg zu befassen.

In seiner Stellungnahme zum Bauernkrieg brachte Martin Luther sehr klar zum Ausdruck, daß es nicht gestattet sei, die eigene Meinung mit Gewalt durchzusetzen. – Aber kurz nach seinem Tode kam es zum Schmalkaldischen Krieg, der 1555 durch den Augsburger Religionsfrieden beendet wurde und für die Protestanten immerhin den Erfolg brachte, daß die evangelische Lehre durch Reichsgesetz anerkannt wurde.

Der Papst hatte jedoch weder den „Religionsfrieden" abgelehnt noch anerkannt, und somit konnte höchstens von einem Waffenstillstand und nicht von einem friedlichen Nebeneinander der entstandenen zwei Religionen die Rede sein.

Durch das Konzil von Trient wurde die kath. Kirche neu geordnet und in sich gefestigt. Damit war sie im 17. Jahrhundert besser für eine Auseinandersetzung gerüstet als vorher! Diesen Grundkenntnissen müßten dann Informationen über den Kriegsausbruch (Prager Fenstersturz) – die Blockbildung von Liga und Union und ihren wechselnden Kriegserfolgen – den Leiden der Bevölkerung – und den politischen, sozialen und wirtschaftlichen Auswirkungen nach Kriegsende folgen! Das bedeutete also, daß mindestens vier bis fünf Unterrichtsstunden für diese Unterrichtseinheit erforderlich waren. So viel Zeit stand mir aber nicht zur Verfügung!

Es müßten möglichst in zwei Stunden die wichtigsten Grundlinien gezogen und nachhaltige Eindrücke vermittelt werden können, wenn der Versuch gelingen sollte, das Vorhaben im arbeitsteiligen Unterricht mit nachfolgender anschaulicher Übermittlung von Informationen und Erkenntnissen an alle Schüler zu vermitteln.

Planung der Stunden

- Um Schüler Gründe erfahren zu lassen, die zum 30-jährigen Krieg führten, – ihnen die Ausweitung des Krieges vor Augen zu führen und Eindrücke vom Leid und der Bedrohung der Bevölkerung gewinnen zu lassen, hielt ich die Bildung von drei Arbeitsgruppen für erforderlich.
- Bildung von Arbeitsgruppen mit Arbeitsanweisungen:
  a) Stellt die Gründe zusammen, die nach Eurer Meinung zum Ausbruch des Krieges führten –
  kennzeichnet auch, welches Ereignis den Krieg auslöste – überlegt, in welcher Form Ihr Informationen geben wollt, und Ereignisse nachgestaltet werden könnten –
  stellt Eure erarbeiteten Aussagen zu Handlungsabläufen zusammen und versucht, durch ein Stegreifspiel Eure anderen Mitschüler nachhaltig zu informieren!
  b) Befaßt Euch zunächst mit Vorschriften für Soldaten, arbeitet die, die Euch ganz wichtig erscheinen, heraus und überlegt, wie Ihr sie Euren Mitschülern kommentierend vermitteln könnt!
  c) Lest bitte, was Grimmelshausen über die Leiden der Bauern berichtet und überlegt, wir Ihr einen Überfall auf ein Dorf als Stegreifspiel gestalten könnt.

Auswertung

Stundenverlauf – 1. Stunde:
- Es werden Hinweise gegeben, dann folgte die Einstimmung auf das Vorhaben für zwei Stunden –
- Dann wurde die Gruppeneinteilung vorgenommen –
- Die Gruppen erhielten die vorbereiteten Arbeitsunterlagen mit den Arbeitsaufträgen –
- Gruppenarbeit:
  Schüler wählten sorgfältig aus und schrieben ihre Textbeiträge auf – baten um zusätzliche Informationen – einigten sich über den Ablauf ihrer Darstellung – nahmen die Rollenverteilung vor!

2. Stunde:
- Der Sprecher der Gruppe a) gab zuerst den Arbeitsauftrag seiner Gruppe bekannt und erklärte die Gesichtspunkte, die zum Spielaufbau führten – dann leitete er zum Spiel über.
- Die anderen Gruppen verfuhren in ähnlicher Weise, gaben auch ihren Auftrag bekannt und erläuterten die Wege, die zur Spielaussage führten.

Nachstehend die Aufzeichnungen der dargebotenen Spiele:

Nach der Gruppenarbeit berichtet zunächst Gruppe a):

Sprecher: Wir haben mehrere Gründe herausgefunden. Zuerst müssen wir wohl die Glaubensgegensätze von Katholiken und Protestanten nennen. Als wir darüber diskutierten, wie es dazu gekommen ist, da sagte Hans –

Hans: Eigentlich hat doch Martin Luther Schuld mit seiner Reformation – ohne ihn hätte es doch gar keine Protestanten gegeben!

Beate: Du hast wohl die Zustände in der kath. Kirche vergessen, die Luther 1517 veranlaßten, die 95 Thesen an die Schloßkirche zu Wittenberg zu schlagen!

Sprecher: Seht ihr, jetzt geht die Streiterei schon wieder los! Aber wir haben nicht nur von Luther, sondern auch von Calvin gesprochen.

Gerda: Seine Anhänger wurden in Frankreich die Hugenotten genannt. Sie wurden dort verfolgt, und es kam zu einem langanhaltenden Bürgerkrieg.

Holger: Und die Niederlande haben sich die religiöse Freiheit von den Spaniern erkämpft.

Sprecher: Ihr müßt aber auch sagen, wann das gewesen ist! Die Niederlande wurden 1581 frei – und der Bürgerkrieg in Frankreich dauerte von 1562–1598!

Hans: Aber das war doch alles längst vorbei – das sind doch keine Gründe, die zum 30-jährigen Krieg führten!

Beate: Ich meine, das gehört doch dazu, denn die Entwicklung führte dahin, daß einige Länder nur den katholischen und die anderen nur den protestantischen Glauben zuließen!

Holger: Es schlossen sich die evangelischen Fürstengruppen zur „Union" und die katholischen zur „Liga" zusammen.

Sprecher: Es ging aber nicht nur um Glaubensfragen, sondern auch um politische Anliegen: Die Fürsten wollten nach Möglichkeit selbständig werden und die Macht des Kaiserhauses Habsburg einschränken!

Hans: Als Kaiser Ferdinand II die Gewalt in Böhmen fest in den Händen hält, setzt er Graf Martinitz als Statthalter in Prag ein, und Jesuiten treiben die Gegenreformation voran!

Gerda: Das brachte die Protestanten Böhmens in Aufruhr! Sie sandten ein Protestschreiben an den Kaiser, und als dieser ungnädig antwortete, zogen sie zur Prager Burg.

Sprecher: Und was sich dann ereignete, das wollen wir nun spielen – den Prager Fenstersturz, der den 30-jährigen Krieg auslöste!
Mitwirkende sind:
Die Vertreter des Kaisers: Graf Martinitz – Ratsherr Slawata und Schreiber Fabricius
Die Protestanten: Graf Thurn – Graf Schlick und die Brüder Kinsky

Spielort: Prager Burg!

Slawata: Der Rädelsführer Graf Thurn hält die Jesuiten für die Urheber allen Unheils – er will sie aus dem Lande weisen – heute ist er mit seinen Anhängern in der Stadt Prag!

Martinitz: Wir werden ihn schon zur Vernunft bringen! Fabricius! Was seht und was hört ihr?

Fabricius: Ich höre Waffengeklirr und sehe, wie sich ein Trupp Reiter gegen unsere Wachen durchsetzt!

Thurn: (von weitem) Macht Platz! – Wir müssen zum Statthalter! – Verdammt noch mal – so geht das nicht mehr weiter!

Slawata: (tritt ihm entgegen) Graf Thurn, was ist euer Begehr?

Thurn: Begehr? – Ein Verlangen ists! – Schluß jetzt mit den Jesuiten! – Entweder nimmt der Kaiser sie aus dem Land, oder wir jagen sie selbst hinaus!

Martinitz: Darüber entscheiden noch immer – wir!

Thurn: Auf Entscheidungen von euch haben wir lange genug gewartet – wir lassen uns nicht mehr hinhalten und wollen nicht mehr abwarten, bis die Jesuiten alles unter ihre Macht und Gewalt gebracht haben!

Schlick: Ihr seid Schuld daran! – Und mit euch werden wir jetzt aufräumen!

Martinitz: (fällt wütend Graf Thurn an) Rebell! Verräter an dem Kaiser!

Thurn: Der Rebell wird nun richten in diesem Land! So ist es alter böhmischer Brauch! Öffnet die Fenster!

(Die Brüder Kinsky reißen Martinitz hoch und stürzen ihn durch das Fenster in die Tiefe – dann packen sie Slawata)

Slawata: Maria – hilf mir! (jetzt fliegt er zum Fenster hinaus)

Fabricius: (er hatte sich rechtzeitig verkrochen)

O-je – oje!

(er wird ebenfalls gepackt und zum Fenster hinausgeworfen)

Schlick: (beugt sich aus dem Fenster der Prager Burg) Donner! – Dem Slawata hat wirklich seine Maria geholfen! – Er lebt – er regt sich – er ist auf einem Misthaufen gelandet – auch die anderen sind wieder auf den Beinen!

Thurn: Die Arbeit ist getan! – Kommt! – Gehen wir!

Es folgt die Auswertung dieses ersten Berichts: Schüler erzählen, fragen, nehmen Stellung, erhalten weitere Informationen!

Der Lehrer führt zu den nächsten Berichten hin!

Nun folgt die Gruppe b)

Sprecher: Hört einige Vorschriften aus dem „Wallensteinschen Reiterrecht" aus dem Jahre 1617 – Erstlich: Auch soll ein jeder Landsknecht sich mit demjenigen Sold, der ihm in der Anmusterung ausgeworfen wurde, begnügen lassen und solange dienen, als ihn Herr von Wallenstein in dessen Zug belassen wird – ein jeder Herr und Junker soll von Haus aus seine Knechte dermaßen bekleiden, damit ihr Leib vor Kälte und Ungewitter bedeckt sein mögen! ... Warum räusperst du dich? Willst du etwas sagen?

Knecht 1: Daran haben wir uns zu Anfang auch gehalten! Aber später ...

Knecht 2: Als unsere Kleidung zerrissen war, da haben wir uns selbst neue besorgt, ganz billig!

Knecht 3: Und als uns nicht mehr unser uns zustehender Sold ausgezahlt wurde, da haben wir uns selber bedient und Geld und Schätze mitgenommen!

Sprecher: Ihr habt euch also nicht an diese Vorschrift gehalten!

Knecht 1: Doch nur, weil Wallenstein seine Versprechen nicht eingelöst hat!

Sprecher: Höret weiter: Es soll kein Knecht seinem Herrn und Junker mutwillig trotzen, noch sich ihm widersetzen, viel weniger seine Büchse gegen ihn zücken, bei Leibesstrafe! Dagegen sollen aber die Herren und Junker ihre Knechte mit Gebühr und aller Bescheidenheit behandeln ...

Es wollen Herren, Junker und Knechte alle Sonntag das Wort Gottes fleißig hören! Warum lachst du?

Knecht 4: Das Wort Gottes interessierte doch gar nicht mehr!

Knecht 2: Wir haben schließlich nur noch geraubt, gemordet und geplündert!

Knecht 1: Es genau so gemacht, wie die von der Union!

Knecht 3: Und die Herren und Junker! – Die haben uns vielleicht behandelt! – Einen hab ich glatt über den Haufen geknallt!

Knecht 4: Die Herrschaften haben meist nur an sich gedacht und alle Beute in ihre eigene Tasche gesteckt!

Knecht 1: In diesem Krieg konnte man nur überleben, wenn man sich wehrte, stets auf der Hut war – und immer etwas schneller als der andere war!

Knecht 2 : Die Vorschriften hatten wir längst vergessen! Ich gab mir immer selbst Anweisungen:
Hast du nichts zu essen, dann besorg dir was! Sind deine Sachen zerrissen, so sieh dich nach neuen um!
Wirst du bedroht, so fackel nicht lange! Damit habe ich überlebt!

Sprecher: Ihr habt das Land verwüstet – Millionen getötet! Ihr seid alle schuldig!

Nach diesem Spiel werden zunächst nur Fragen zur Begriffsklärung zugelassen!

Spielbericht der Gruppe c):

Im Dorf geht jeder einer Beschäftigung nach – alles ist friedlich – weit vor dem Dorf steht ein Beobachter – plötzlich rast er ins Dorf:

Beobachter: Zwei Reiter kommen – ich weiß nicht, ob es kaiserliche oder schwedische sind!

Bewohner: Von denen ist bestimmt einer so gefährlich wie der andere!

Dorfältester: Mit den beiden werden wir doch wohl fertig werden!

Eine Frau: Seid vorsichtig! Wenn die Hunger haben, dann ist mit ihnen nicht zu spaßen!

Bauer: Wir passen schon auf!

Dorfältester: Sie kommen! – Die Frauen verschwinden in den Häusern! – Ihr Männer bleibt! – Haltet Spaten, Axt, Forke und Sense griffbereit!

Reiter 1: Hier kommt Besuch! – Wir haben Hunger!

Reiter 2: Wir wollen Brot, Wurst und Schinken, Mehl, Eier, ein Huhn oder eine Gans!

Reiter 1: Was steht ihr da noch lange herum?

Reiter 2: Ich zähle bis 3 und dann sind die Sachen da, ober wir stecken euch das ganze Dorf an!

Bauer: Wir haben nichts mehr – wir hungern selber!

Reiter 1: So – ihr hungert – das sehen wir euch an! – Eins – zwei – und ...

Bauer: Verschwindet, sonst machen wir euch Beine! (die Bauern greifen nach ihren Geräten)

Reiter 2: Ich werde euch helfen!

Dorfältester: Schlagt zu! (die Reiter sind so überrascht, daß sie davongaloppieren!) (Die Frauen kommen aus den Häusern) Na, das ist noch einmal gut gegangen!

Jetzt folgt das Auswertungsgespräch der Berichte b) und c): Fragen – Stellungnahmen – Informationen – Hinweise auf den Ausgang des Krieges – der Lehrer empfiehlt auch, Grimmelshausen „Der abenteuerliche Simplicissimus" einmal ganz zu lesen (er verweist auf die Schülerbibliothek).

Hausaufgabe: „Was habt ihr erfahren, was war bedeutsam für euch? Schreibt die wichtigsten Erkenntnisse als Merksätze in euer Geschichtsheft!

Anmerkung:

Der Versuch gelang!

In der nachfolgenden Stunde wurde nur noch kurz über den Friedensvertrag von

Münster und Osnabrück und der beginnenden Aufbauarbeit gesprochen, und sodann das neue Thema angefangen.

Die Spielaufzeichnungen könnten auch als vorbereitetes Material in eine Klasse eingebracht werden.

Arbeitsbogen für die Gruppe A

Eure Aufgabe ist es, nach Gründen zu suchen, die Eurer Meinung nach zum Ausbruch des 30-jährigen Krieges führten.

Überlegt dazu, was Ihr noch über die Reformation und Gegenreformation – über Luther, Zwingli und Calvin wißt. Erinnert Euch auch an die Hugenottenverfolgung und an die Entwicklung der Gruppen nach dem Konzil von Trient. Was meint Ihr zu Reformern?

Lest jetzt: Seite 46–48 und danach die Seiten 50–52 „Geschichtliche Weltkunde Bd. 2".

Kennzeichnet besonders das Ereignis, das den 30-jährigen Krieg auslöste.

Überlegt dann bitte, welche Informationen und in welcher Form Ihr sie Euren Mitschülern geben wollt, und welche Ereignisse sich nachgestalten lassen.

Stellt Eure erarbeiteten Aussagen zu Handlungsabläufen zusammen und versucht, Eure Mitschüler durch ein Stegreifspiel zu informieren.

Zum „Fenstersturz zu Prag" findet Ihr hier noch eine Ergänzung:

„Die Adligen glaubten, das Antwortschreiben des Kaisers sei von den kaiserlichen Räten in Prag gefälscht worden. Waffenklirrend stürmten die Böhmen in die Prager Burg, in der die kaiserlichen Räte versammelt waren. Totenbleich rief ein Rat dem Anführer der Böhmen zu: ‚Rebell, (Aufrührer) Verräter an deinem Kaiser!'

Dieser antwortete ihm: „Der Rebell wird nun richten in diesem Land! Und so ist es alter böhmischer Brauch. Öffnet die Fenster!"

10 Fäuste packten den Rat und stürzten ihn aus dem Fenster. Ein zweiter Rat und ein Schreiber erlitten das gleiche Schicksal. Doch sie hatten Glück im Unglück. Sie fielen auf einen Dunghaufen und entkamen."

Seht Euch auch das Bild vom Fenstersturz genau an und versucht, Erkenntnisse in Eure Überlegungen der Nachgestaltung miteinzubauen!

Arbeitsbogen für die Gruppe B

Eure Gruppe soll sich vorwiegend mit der Frage befassen, wie es wohl dazu kam, daß die Söldner-Heere immer grausamer vorgingen, und wie wohl der ‚Krieg den Krieg' ernährte. Lest dazu zunächst: Seite 53–54 „Geschichtliche Weltk. Bd. 2" und setzt Euch dann mit den Vorschriften aus dem Wallensteinschen Reiterrecht aus dem Jahre 1617 auseinander. Was war von den Söldnern an vorbildlichen Verhalten gefordert worden und wie waren diese Empfehlungen im Kriege ins Gegenteil verkehrt worden? Lest dazu noch Seite 57! Es folgen nun Auszüge aus dem Reiterrecht Wallensteins: Erstlich: „Auch soll ein jeder sich mit demjenigen Sold, der ihm in der Musterung ausgeworfen, begnügen lassen und solange dienen, als ihn Herr von Wallenstein in dessen Zug belassen wird.

Es soll ein jeder Herr und Junker von Haus aus seine Knechte dermaßen bekleiden, damit ihr Leib vor Kälte und Ungewitter beschützt und Büchsen wohl bedeckt sein mögen. Es soll kein Knecht seinem Herrn und Junker mutwillig trotzen, noch sich ihm widersetzen, viel weniger seine Büchse gegen ihn zücken, bei Leibesstrafe. Dagegen sollen

Der Prager Fenstersturz am 23. 12. 1618

aber die Herren und Junker ihre Knechte mit Gebühr und aller Bescheidenheit behandeln ...

Es wollen Herren und Junker und Knechte alle Sonntag das Wort Gottes fleißig hören...

Es soll keiner einen Pflug stehlen, noch Mühlen, Backöfen, und was zu gemeinsamer Notdurft dient, beschädigen oder zerbrechen, weder Korn noch Mehl verderben oder Wein mutwillig auslaufen lassen, bei Leibesstrafe ...!"

Überlegt nun bitte, welche Informationen an Eure Mitschüler weiterzugeben sind, und in welcher Form das geschehen soll.

Versucht Aussagen nachzugestalten und zwar so, daß die Zuhörenden erfahren und nacherleben, wie die Entwicklung von den guten Absichten zu den Ausartungen im Krieg wohl vor sich gegangen sind.

Zu ergänzenden Informationen stehe ich Euch während der Gruppenarbeit zur Verfügung.

Arbeitsbogen für die Gruppe C

Wie groß war wohl damals die Not der Bevölkerung im 30-jährigen Krieg?

Ihr sollt Euch jetzt damit befassen, wie sich die Bewohner von Dörfern und kleinen Städten vor Überfällen zu schützen versuchten – wie sie ständig auf der Hut sein mußten, um nicht überrascht zu werden, und wie sie vor den ‚Kaiserlichen' genau so zitterten wie vor den ‚Schwedischen'. Lest dazu den Auszug aus Grimmelshausens Buch „Simplizissimus" Seite 57 Geschichtliche Weltkunde Bd. II.

Dazu erhaltet Ihr von mir noch weitere Informationen. Überlegt dann bitte, in welcher Form Ihr Euren Mitschülern Eindrücke von dem Verhalten der Bewohner eines Dorfes bei einem Soldatenüberfall geben könnt.

Besprecht das Gelesene und Gehörte und versucht, Euch in die Lage der Menschen von damals zu versetzen, und dann überlegt, wie Ihr das wohl nachgestalten könnt.

Nehmt die Rollenverteilung vor und legt den Szenenablauf fest.

5. Erfindungen und Entdeckungen

Die Erfindung des Buchdrucks U 16

Spielerfahrene Klasse

Einführung

Im Mittelalter blieb Bildung ein Vorrecht für wenige. Auf dem Land, wo mindestens 85 % der Bevölkerung lebten, gab es kaum Schulen. In den Städten jedoch wurde es üblich, daß Handwerksmeister, Geschäftsleute und fürstliche und städtische Beamte ihre Söhne zur Schule schickten oder durch einen Hauslehrer unterrichten ließen. Da Bücher von Hand geschrieben werden mußten, gab es verhältnismäßig wenige und außerdem waren sie sehr teuer. Darum versuchte man, Texte in Spiegelschrift auf Holztafeln zu schnitzen und sie abzudrucken. Das war sehr umständlich, und die Tafeln wurden auch bald rissig.

Die handgeschriebenen Bücher waren gewöhnlich im Besitz der Klöster, und dort wurden sie als Kostbarkeiten besonders geachtet, denn es dauerte Jahre, bis ein Mönch ein Buch abgeschrieben hatte. Diese handgeschriebenen Bücher waren so wertvoll, daß sie in den Lesesälen der Klöster an Ketten festgebunden wurden.

Über das Problem, Bücher schneller und preiswerter herzustellen, dachte Johann Gutenberg in Mainz nach. Eines Tages hatte er eine Idee, und die soll ihm gekommen sein, als er einer Huldigung für den Erzbischof von Mainz zusah. Hunderte von Kindern in weißen Kleidchen hatten sich auf dem Festplatz so aufgestellt, daß sie in ihrer Zusammenstellung bestimmte Buchstaben bildeten. Jeder konnte den ersten Vornamen des Bischofs erkennen. Dann gingen dieselben Kinder auseinander und stellten sich erneut zu einem anderen Wort auf. Jeder Zuschauer erkannte den zweiten Vornamen des Bischofs.

Johann Gutenberg soll es da wie ein Blitz durchzuckt haben: Ja, man müßte immer dieselben Buchstaben verwenden können, um damit neue Wörter zu bilden.

Gutenberg machte sich an die Arbeit und schuf zunächst eine Musterletter aus hartem Metall – dann schlug er sie in ein Kupferklötzchen ein. So entstand eine Matrize. Danach goß er in einer Form die Letter – und das war dann eine fertige Letter.

Es dauerte noch Jahre, bis er um 1455 den ersten Buchdruck erfand. Sein erster Druck war die Bibel, die 25 bis 30 Gulden gekostet haben soll. (Vorher 300–400 Gulden).

Ohne die finanzielle Unterstützung des Goldschmiedes Fust hätte Gutenberg seine Erfindung nie zu Ende bringen können. Jedoch hat er in der Zusammenarbeit manche bittere Enttäuschung erfahren.

Die Entwicklung schritt schnell voran. Um 1500 gab es z. B. 25 – in Köln 21 und in Venedig 151 Druckereien.

Didaktische Überlegungen

Gegen Ende des Mittelalters begannen die Menschen stärker als bisher, die Natur zu erforschen und Experimente durchzuführen. Ihre Erfindungen und großen Entdeckungen bilden eine der Grundlagen der neuen Zeit.

Zu den umwälzenden Erneuerungen gehört ohne Zweifel der Buchdruck, den Johann Gutenberg erfand.

Er leitete damit Veränderungen in verschiedenen Lebensbereichen ein, z. B. an den Schulen und Universitäten, in der Politik, Wirtschaft und im Informationswesen. Was ist davon nun für die Schüler von Bedeutung?

Auf jeden Fall sollten sie erfahren, wie sich die Entwicklung von den handgeschriebenen zu den gedruckten Büchern vollzog, auch sollten sie wissen, wie schwierig es war, Erfinderideen in die Tat umzusetzen, sie sollten sich mit der Bedeutung des Geldes vertraut machen und hören, wie der Geldverleiher Fust nicht davor zurückschreckt, nur seinen eigenen Vorteil wahrzunehmen. Bei der Erarbeitung des Themas soll dann auch auf die Bedeutung des Buchdrucks für die Schulen und auf die enorme geistige Entwicklung der Menschen eingegangen werden, die die Erfindung auslöste.

Wichtig scheint mir zu sein, das technische Verständnis der Schüler in einer Zusammenarbeit mit dem Fachlehrer für Kunsterziehung dadurch vorbereiten zu lassen, indem er gebeten wird, in der Klasse den Kartoffel- und Linoldruck einzuführen.

Auch müßte ein Besuch in einer Druckerei vorgenommen werden und sinnvoll wäre außerdem, Material zu sammeln: Handgedrucktes – Abbildungen aus dem ersten Bibeldruck – Druckerzeugnisse verschiedener Jahrhunderte.

Planung der Stunde

- Vorausgegangen ist die Handhabung des Kartoffel- und Linoldrucks, außerdem wurde der Besuch einer ortsansässigen Druckerei organisiert.
- Damit ist am Stundenbeginn der Bezug zum Stundenthema leicht herzustellen.
- Es werden Materialien von früher und heute vorgestellt und auf die technische Entwicklung von damals bis heute hingewiesen.
- Im Mittelpunkt soll die Würdigung der herausragenden Leistung des Erfinders Johann Gutenberg stehen und dabei auch menschliche Konfliktsituationen eingebracht werden, die bei rücksichtslosem Gewinnstreben zu verzeichnen sind.
- Nachhaltig beschäftigte mich die Frage, ob Anschauungsmaterial und Informationen verschiedener Art ausreichen werden, um Schüler betroffen zu machen.

Können gedruckte Texte wohl noch motivieren, wenn man täglich mit ihnen umgeht?

Meine Bedenken wurden jedoch in dem Augenblick zerstreut, als ich noch einmal über Gutenbergs Erlebnis auf dem Festplatz in Mainz nachdachte. Da kam mir auch eine Idee! Ich faßte den Entschluß, die Erfindung des Buchdrucks im wesentlichen durch ein Spiel in vier Bildern zu gestalten, um die Schüler nachhaltig zu motivieren und sie Schritt für Schritt an die Durchdringung der verschiedenen Fakten heranzuführen und ihnen dadurch ein Nacherleben zu ermöglichen.

Damit entfiel der Vorbereitungspunkt mit der Vorstellung der Materialien und der Hinweise auf die technische Entwicklung, denn die Anschauung und die Informationen konnten da geleistet werden, wo es in Spielpausen oder Gesprächsrunden angebracht erschien.

Ich schrieb also die Spielidee nieder und erarbeitete sie mit Schülern, die sich an einem Nachmittag freiwillig zur Verfügung gestellt hatten.

An Zeitaufwand waren etwa 4 Stunden erforderlich.

Auswertung

Es folgt nun die Durchführung des Spiels mit den einbezogenen „Pausen"-Berichten.

Gutenberg – der Erfinder der Buchdruckerkunst

1. Bild: In Gutenbergs Werkstatt:

(Gutenberg tritt ein – hantiert gedankenverloren mit seinem Werkzeug – dann setzt er sich auf einen Hocker und denkt nach – nach einer Weile:)

Gutenberg:	Das war wirklich ein großartiges Bild auf dem Festplatz, als die Kinder in ihren weißen Kleidern die Vornamen des Erzbischofs darstellten, um ihm zu huldigen. – Mit Buchstaben, mit dargestellten auswechselbaren Buchstaben! Hm – das muß ich auch mal probieren! (Er holt sich mehrere Schüler und stellt sie zu Buchstaben auf: zuerst das N – dann O – dann T) NOT (Er läßt die zuschauenden Schüler lesen)
Schüler:	NOT
Gutenberg:	(stellt die Schüler um und läßt abermals lesen)
Schüler:	TON (die „Buchstaben" dürfen sich setzen)
Gutenberg:	– (freudig) – Ja, das ist die Idee – der muß ich nachgehen! – Ich muß mir Lettern fertigen, die ich immer wieder verwenden, aus denen ich immer wieder neue Wörter zusammenstellen kann. Also ran an die Arbeit! (Er schnitzt an einer Kartoffel das T – die Buchstaben N und O waren schon vorbereitet – und druckt dann mit Tusche auf einen Bogen Papier: NOT und TON Er hebt das Blatt und läßt die Zuschauer abermals lesen – dann arbeitet er weiter!)
Sprecher:	Zuerst schnitzte Gutenberg seine Buchstaben in Holz – diese waren jedoch nicht haltbar genug. Dann versuchte er es mit Metall und schaffte es, eine Musterletter aus hartem Metall herzustellen – danach schlug er sie in ein Kupferklötzchen, damit eine Matrize entstand – und schließlich goß er in einer Form eine Letter aus Blei – eine – und noch eine – und noch eine!
Gutenberg:	(hält eine Letter in der Hand) Ich brauche das ganze Alphabet, 10 × – 100 × – Nein, 1000 × müßte ich jetzt jede Letter gießen lassen! (geht ab!)

– Spielpause –

Es folgen Informationen des Lehrers:

Gutenberg machte diese Erfindung im Sommer 1450.

Zur Entwicklung des Handwerks: In Frankfurt/M. gab es zu der Zeit 20 verschiedene Schmiedeberufe und in Nürnberg, dem damaligen Zentrum des deutschen Metallgewerbes, gab es rund 300 spezialisierte Meister für den Innen- und Außenhandel. – Schüler fragen. – Es folgt ein Gespräch über Technik und deren Entwicklung.

2. Bild: Beim Goldschmied Fust

(Auf einem Tisch liegen goldene Ringe und Edelsteine)

Fust:	(betrachtet einen Edelstein durch eine Lupe, als Gutenberg eintritt)
Gutenberg:	Gott zum Gruße!
Fust:	Ich grüß Euch, Gutenberg! Nun, was führt Euch zu mir?
Gutenberg:	Ich habe eine Erfindung gemacht, ich habe nämlich endlich die Lösung gefunden, wie man Druckbuchstaben aus Blei gießen kann.

Gutenberg denkt über den Einsatz der Buchstaben nach

Aber nun komme ich mit alledem nicht weiter!
Mir fehlt das Geld, um die Erfindung voranzutreiben.
Ich bin gekommen, um Euch um ein Darlehn zu bitten, Meister Fust.

Fust: Und wozu soll die Erfindung gut sein?

Gutenberg: Ich kann dann mit den Lettern Bücher drucken. Zuerst will ich die Bibel, danach Grammatiken, Wörterbücher, Berichte über andere Länder und Schriften von gelehrten Männern drucken.
Dafür muß ich Blei und Papier kaufen – ich muß eine Buchdruckerpresse bauen lassen – auch möchte ich zu meiner Unterstützung einen Gesellen einstellen. Ja, dafür benötige ich das Geld!

Fust: Alles schön und gut, mein lieber Gutenberg. Aber das interessiert mich nicht! –
Wißt Ihr, was denn bisher eine Bibel gekostet hat?

Gutenberg: Etwa 500 Gulden!

Fust: Und wieviel wird denn eine Bibel kosten, wenn Ihr sie druckt, Meister Gutenberg?

Gutenberg: Ich schätze – so an die 20 Gulden!

Fust: Donnerwetter! – Nicht zu fassen! – Eure Erfindung ist ja eine Goldgrube! –
Wieviel Bibeln wollt Ihr denn zunächst drucken?

Gutenberg: Ich dachte an 200 Stück!

Fust: (immer lebhafter)
Und wie teuer wollt Ihr sie verkaufen?
Soll sie 100 oder 150 Gulden kosten?

Gutenberg: Ich will mich nicht daran bereichern!
Mir geht es mehr darum, billige Bücher zu drucken!

Fust: (hört nun gar nicht mehr hin – er wendet sich ab und rechnet:)
Bei 100 Bibeln zu 100 Gulden, gäbe das einen vierfachen Gewinn – bei 150 Gulden, den $6^{1}/_{2}$-fachen und bei 200 Gulden, den ...
(freudig erregt) Ja, Ihr sollt das Darlehn haben, Meister Gutenberg.
Aber – natürlich brauche ich eine Sicherheit für mein Geld!
Eure Werkstatt, mit allem was darin ist, gehört mir, bis Ihr das Darlehn zurückgezahlt habt! Einverstanden?

Gutenberg: (ihm fällt ein Stein von der Seele – strahlend:) Einverstanden mit allem, was Ihr wollt! Die Hauptsache ist doch für mich, daß ich das Geld bekomme und dann mit der Arbeit beginnen kann. Habt vielen Dank, Meister Fust! (geht ab)

Fust: (sieht ihm nach und reibt sich die Hände!)

– Spielpause –

Wieder werden Informationen gegeben: zu den früher hergestellten handschriftlichen Bibeln – es wurden Abdrucke gezeigt, auch eine Seite aus Gutenbergs neuer Bibel – Vergleiche angestellt – Gespräche geführt – (Auf das Spiel bezogen) wurden die handelnden Personen Fust und Gutenberg beschrieben.

3. Bild: In Gutenbergs Werkstatt
(Gutenberg und drei Gesellen sind an der Arbeit – pantomimisches Spiel)

Gutenberg: (betrachtet einige gedruckte Seiten)
Das sieht wirklich gut aus! Noch einige Wochen, dann haben wir das ganze Werk geschafft!

Fust: (tritt ein)
Guten Tag, Meister Gutenberg!

Gutenberg: Schön, daß Ihr mich mal besucht. Da kann ich Euch ja gleich einmal ein paar Druckseiten zeigen!

Fust: Nicht nötig!
Es führt mich kein guter Anlaß zu Euch – ich komme wegen meines Geldes!

Gutenberg: (tief betroffen)
Das kann doch nicht Euer Ernst sein, Meister Fust! Ihr wißt doch, daß die Bibeln erst gebunden und dann verkauft werden müssen.
Ich bitte Euch – wartet noch – wartet noch zwei bis drei Monate – (Fust schweigt)
ein paar Wochen wenigstens!

Fust: (ganz kühl)
Spart Euch weitere Worte, Johann Gutenberg, zahlt lieber!

Gutenberg: Ich kann nicht zahlen, Meister Fust! – Noch kann ich es nicht!

Fust: (mit eisiger Miene)
Na, dann geh ich eben zum Stadtrichter! (geht ab)

Gutenberg: Los, Gesellen! – Schneller – schneller!

In der Spielpause reagieren die Schüler spontan und heftig: „So ein Gauner!"

Es folgt ein Gespräch über Geldverleih – Zinsen – Sicherheiten – über Habgier, Egoismus – Vertrauen – Gutgläubigkeit.

4. Bild: Beim Stadtrichter in Mainz
(Stadtrichter tritt auf – es folgen Fust und danach Gutenberg)

Richter: (prüft den Darlehnsvertrag)
Fust: (steht etwas abgewandt, um Gutenberg nicht in die Augen sehen zu müssen)
Richter: Johann Gutenberg! – Habt Ihr den Vertrag eigenhändig unterschrieben?
Gutenberg: Ja, das habe ich!
Richter: Wollt Ihr das Geld auf der Stelle an den ehrsamen Goldschmied Fust zurückzahlen?
Gutenberg: Wollen schon! – Aber ich kann nicht!
Richter: Dann muß ich (er räuspert sich) –
dann erkläre ich Eure Buchdruckerwerkstatt mit allem, was darin ist, für gepfändet!
Eure Werkstatt gehört von nun an dem Meister Fust!
Gutenberg: Das ist doch nicht möglich – das kann doch nicht wahr sein! – (verläßt, in sich zusammengesunken, den Raum)
Fust: (nimmt selbstgefällig und schadenfroh den Gerichtsbeschluß in die Hand und liest:)
„Ausgefertigt anno domini 1455“

Es folgte die Auswertung: Würdigung des Meisters Johann Gutenberg – Transfer: Gespräch über Medien aller Art.

Kolumbus entdeckt Amerika

U 17

Spielerfahrene Klasse

Beitrag von Holger Jahn

Einführung

„Aus allen europäischen Ländern stammten die Entdecker. Sie bildeten eine seltsame Mischung aus Geschäftsgeist, Abenteuerlust, wissenschaftlichem Interesse, Kreuzfahrergesinnung, Missionseifer, Sozialprestige und Machthunger. Neben reinem Idealismus fand sich Verschlagenheit, neben Charakterlosigkeit Größe.“

Zu Beginn der Renaissance in Europa wurden wichtige Erfindungen gemacht und wichtige Erkenntnisse gewonnen, ohne die die darauffolgenden Entdeckungen nicht denkbar gewesen wären. Dazu gehört die Wandlung des Weltbildes (Kopernikus), die Anfertigung von Weltkarten (soweit sie diesen Namen verdienten, etwa Toscanelli) und des ersten Globusses (Martin Behaim) ebenso wie die Erfindung des Buchdrucks: (Gutenberg), die Entwicklung nautischer Instrumente (Kompaß) und der Bau von hochseetüchtigen Schiffen (Verschmelzen nordischer und südländischer Schiffsbautraditionen).

Durch die Aufzeichnungen Marco Polos war den Europäern die Existenz verschiedener asiatischer Länder, Indien, China und Japan, bekannt. Man erzählte sich nicht nur wundersame Dinge über sie, sondern vermutete die allerreichsten Schätze im Besitz ihrer Einwohner. Und tatsächlich war das, was mit Hilfe der Araber aus diesen Ländern nach Europa über den asiatischen Landweg gehandelt wurde, für das Abendland von unschätzbarem Wert: Gewürze, Teppiche, Kleinodien usw.

Als der Landhandel unmöglich wurde bzw. sich finanziell nicht mehr lohnte, da das Osmanische Reich wie ein Riegel den Weg nach dem Osten versperrte, überlegte man, wie man die Türken umgehen könne, um nach Asien zu gelangen. Kolumbus war nicht der erste, der auf die Idee gekommen war, es müsse einen westlichen Seeweg nach Indien geben – dies war gleichbedeutend mit der Umrundung der Erde. Allerdings verfolgte er die Realisierung seiner Idee mit konsequenter Halsstarrigkeit. Er schreckte auch nicht davor zurück – so vermutet man heute –, dem König von Portugal vorsätzlich gefälschte oder doch stark geschönte Zahlen über die vermutliche Entfernung nach Indien auf dem westlichen Seewege vorzulegen. Er stützte sich dabei auf (ursprünglich wesentlich höhere) Zahlen des Italieners Toscanelli. Außerdem stellte er enorme Forderungen, die alles andere als bescheiden waren: ein Zehntel aller Gewinne aus den schließlich entdeckten Ländern, bei gleichzeitiger Inbesitznahme, Herrschaft im Gouverneurssinne über die Ländereien usw. Hinzu kam, daß Christoph Kolumbus den Ruf genoß, ein ausgesprochen unsympatischer Zeitgenosse zu sein. Kolumbus' feststehender Wille, alles auszubeuten und zu beherrschen, was entdeckt werden würde, spiegelt den überheblichen, arroganten und einseitigen Geist der Europäer wider und deren Meinung, der Mittelpunkt der Welt, nun doch zumindest im kulturellen Sinne, zu sein. Dies war es auch nicht, was den portugiesischen König bewog, Kolumbus' Antrag abzulehnen, sondern vielmehr die wesentlich exakteren Berechnungen seiner äußerst fähigen Gelehrten, die sogar Feldversuche und Berechnungen in Afrika anstellten. Die daraus gefolgerten enormen Schwierigkeiten und Risiken für Schiffe und Besatzungen, angesichts einer vermutlich wesentlich längeren Fahrtdauer, erschienen dem König Grund genug, den Antrag abzulehnen und sich besser darauf zu konzentrieren, einen Seeweg um Afrika nach Indien zu finden.

Kolumbus gab natürlich nicht auf und wurde in Spanien vorstellig. Es dauerte sehr lange und bedurfte der gehobenen Stimmung des spanischen Königspaares (Eroberung von Sevilla), bis er endlich die lang ersehnte Zusage bekam.

Schließlich fuhr Kolumbus 1492 mit drei Schiffen in Richtung Indien. Er selbst befand sich an Bord der ‚Santa Maria', einem 29 Meter langen und somit hochseetüchtigen Schiff.

Die Reise dauerte natürlich länger als erwartet. Kolumbus fälschte das Bordlogbuch, um die Matrosen über die zurückgelegte Entfernung zu täuschen. Als aber die Lebensmittel zur Neige gingen und etliche Wochen vergangen waren, kam es fast zur Meuterei. Drei Tage Frist wurden Kolumbus gegeben, und tatsächlich erreichte man am letzten Tage die dann auf den Namen ‚San Salvador' getaufte Insel, die Kolumbus als dem indischen Festlande vorgelagert vermutete.

Daher gab er bekannt, sie hätten Indien entdeckt, die angetroffenen Bewohner seien Indianer zu nennen.

Didaktische Überlegungen

In den drei ersten Stunden der Unterrichtseinheit ‚Erfindungen und Entdeckungen' sind den Schülern die in der Sachanalyse genannten Erfindungen und Erkenntnisse (Weltbild, Buchdruck usw.) bekannt geworden.

Die Entdeckungen des 16. Jh. und die vorausgegangenen Erfindungen gelten wiederum als Gelenkstelle: Übergang zwischen Mittelalter und Neuzeit. Tatsächlich kann erst durch die Entdeckungen – vor allem Amerikas – von einer Weltgeschichte gesprochen werden, in der alle auf der Erde lebenden Völker miteinander in Beziehung treten: Die Inselsituation hatte aufgehört zu bestehen. Im guten wie auch im schlechten Sinne sind die Völker nun aufeinander angewiesen.

Anhand der Entdeckungen und der darauffolgenden Eroberungen kann beispielhaft das Aufeinandertreffen verschiedener Kulturen und die hier von Seiten der Europäer transportierte Einstellung andersartigen Kulturen gegenüber erarbeitet werden. Daraus resultiert das bis heute von großer Aktualität bestimmte Verhältnis zwischen ‚Erster' und ‚Dritter Welt'. Ein Verständnis dieser Problematik setzt die Kenntnis des im 16. Jh. Geschehenen voraus.

Am Beispiel des Kolumbus und seinen Triumphen und Niederlagen kann den Schülern die situative Offenheit bestimmter geschichtlicher Situationen deutlich werden – ja die Zufälligkeit und der ambivalente Charakter historischer Entscheidungen, die für die Menschheit von allergrößter Bedeutung waren.

Planung der Stunde

Ein mündlicher Impuls dient als Einstieg: „Ein berühmter Abenteurer und Reisender war der erste Europäer, der nach Asien, genauer nach Indien und China, gekommen war und wundersame Dinge über diese Länder berichtete." – Die Schüler berichten über Marco Polo, seine Reise nach Asien, die wertvollen Gegenstände, die er nach Europa gebracht hat.

Konkretisierung
Der Lehrer zeigt Folie 1 (siehe Anhang 1) und sagt: „Die Europäer hatten durch Marco Polo von China, Indien und Japan gehört und vermuteten dort wertvolle Schätze. Sie wollten unbedingt diese Länder besuchen oder mit ihnen Handel treiben. Allerdings gab es einige Probleme." Die Schüler nennen Entfernungsprobleme, die Unwissenheit der Europäer über diese Länder und vor allem, daß das Osmanische Reich den Landweg nach Asien versperrte. Darauf gibt der Lehrer einen weiteren mündlichen Impuls: „Die Europäer wollten aber unbedingt nach Indien." Nachdem die Schüler die zwei möglichen Seewege genannt haben, zeigt der Lehrer Folie 2 mit dem Globus von Behaim (siehe Anhang 2) und sagt dazu: „Ihr seht, auf diesem Globus erscheint die Entfernung zwischen Portugal und Indien gar nicht so groß. Genau diesen Weg wollte ein Seefahrer, der in Portugal lebte, nehmen. Aber für seine Entdeckungsfahrt auf dem westlichen Seeweg brauchte der Seefahrer Schiffe, Ausrüstung und natürlich Matrosen. Dies alles beantragt er beim König von Portugal. Da vieles für den Antrag spricht, aber auch etliches dagegen, sollen die fachkundigsten Berater des Königs über den Antrag entscheiden. Genau diese Berater werdet Ihr jetzt sein, und auf dem Arbeitsbogen, den Ihr gleich bekommt, steht alles, was Ihr zunächst wissen müßt."

Erarbeitungsphase 1
Die Schüler bearbeiten in zwei Gruppen in Partnerarbeit ihre Arbeitsbögen (siehe Anhang 3 und 4). Der Lehrer gibt Hilfen.

Erarbeitungsphase 2
Der Lehrer führt die Schüler in ihre Rolle ein und bittet die ‚Berater', sich in einen Stuhlkreis zu setzen. Er gibt bekannt, daß er gleich als Seefahrer auftreten werde, der den Beratern seinen Antrag nochmals erklären und auf ihre Fragen antworten möchte. Der ‚See-

fahrer' schildert sein Anliegen möglichst so, daß die Schüler Gelegenheit bekommen, ihn zu bestärken bzw. ihn zu kritisieren. Dann gibt der Lehrer seine Rolle auf und teilt den Beratern mit, daß sie jetzt alleine das Gelesene und Gehörte gegeneinander abzuwägen hätten, um dann zu einer Entscheidung zu gelangen.

Nach der Diskussion, wo auf den Entscheidungsprozeß achtgegeben werden muß, folgen die Abstimmung und die Aussprache sowie die Entlassung aus den Rollen.

Transfer

Lehrer: „Jetzt werdet Ihr sicherlich gespannt sein, wie sich die Berater in Portugal damals wirklich entschieden haben." Er zeigt Folie 3 (siehe Anhang 5) und berichtet in einer Lehrererzählung von der Ausrüstung der Entdeckungsfahrt und ihrem Verlauf – bis er schließlich bei der vermeintlichen Entdeckung Indiens zum ersten Male den Namen des Seefahrers nennt: Kolumbus – Die Schüler erklären an dieser Stelle, daß nicht Indien sondern Amerika entdeckt wurde.

Ausblick

Als Hausaufgabe sollen im Geschichtsbuch Auszüge aus dem Bordbuch des Kolumbus gelesen werden.

Auswertung

Das Grundmuster zur Stunde „Die Ursachen der Völkerwanderung" (siehe Seite: 47) wurde auch hier zugrundegelegt. Allerdings gab es in dieser Stunde einen qualitativen Unterschied: Während die Rollen ‚Germane' und ‚Bauer' für die Schüler wahrscheinlich eher auszufüllen und zur Identifikation geeignet waren – so meine Überlegungen –, wollte ich gerne wissen, ob es den Schülern auch möglich wäre, sich in die Spielrollen von ‚Herrschenden', von eher ‚abstrakt' und in einem staatspolitischen Sinne handelnden Personen einfühlen zu können. Als Steigerung, eingedenk der von den Schülern gesammelten Erfahrungen, und möglicherweise auch als Grenzziehung des Prinzips erschien mir dieses Vorhaben sinnvoll.

Nach meinen Beobachtungen und Befragungen war es für die Schüler gar nicht so schwierig wie von mir vermutet, in die Rollen der königlichen Berater zu schlüpfen. Da war kein Zögern oder keine Hemmung zu verspüren. Vielleicht ist dies auch Auswuchs einer gesunden Naivität, die sich nicht von komplexen Entscheidungsgeflechten solcher Personenkreise gefangennehmen läßt. Im Gegenteil, die Schüler fühlten sich geschmeichelt, hohe Ämter zu bekleiden und mich in der Rolle des Antragstellers als untertänigen Bittsteller zu erleben. Auch qualitativ gelang die Ausfüllung der Rollen. Da wurden Garantien vom Seefahrer gefordert, Geiseln oder dessen Ländereien, falls er nicht zurückkäme. Damit wurden regelrecht die späteren Erfahrungen der Spanier bei der Eroberung Südamerikas vorweggenommen. Auch sollte der Seefahrer einen königlichen Aufpasser mit auf die Reise bekommen. Da wurde nicht willfährig abenteuerlichen Impulsen nachgegeben ‚Komm, wir finden einen Schatz' sondern versucht, das vorhandene Risiko des Geldverlustes einzuschätzen. Mit den Worten „Das Risiko ist uns zu groß und die Forderungen zu hoch" lehnte dann meine Klasse mit elf zu zwei Stimmen den Antrag ab, während die Realschulklasse mit dem äußerst knappen Ergebnis von zehn zu neun für den Antrag votierte, gleichwohl sechs Schüler nicht mehr ihrer Gruppenzugehörigkeit gemäß stimmten. Überhaupt ist in diesem Zusammenhang festzustellen, daß sich in jeder Stunde sehr viele Schüler von ihrer ursprünglichen Gruppenzugehörigkeit lösten und anders abstimmten – auch ein Indiz dafür, daß eine eigene Meinung gefunden werden konnte.

Ein besonderer Gefahrenpunkt schien mir in dieser Stunde vorhanden zu sein: Was wäre, wenn schon am Anfang der Stunde ein Schüler erriete, daß von Kolumbus und der Entdeckung Amerikas die Rede ist? Wäre dann die Motivation verloren, die Entscheidungssituation überflüssig? Tatsächlich wollte schon während der Vorbereitungsphase ein Schüler auf Kolumbus hinweisen. Ich schnitt ihm aber das Wort ab und bat ihn, erst am Ende der Stunde seinen Beitrag abzugeben. Nach der Stunde erzählten mir zwei weitere Schüler, sie hätten gewußt, daß es sich um Kolumbus gehandelt habe. Ich fragte sie, warum sie dann gegen den Antrag gestimmt hätten, obwohl sie ja den wirklichen Ausgang gewußt hätten. Sie antworteten mir, das sei ihnen egal gewesen, sie hätten ihm damals aufgrund ihrer Informationen kein Geld gegeben. Außerdem hätten sie ja auch Recht behalten, den Portugiesen sei das Risiko doch auch zu hoch erschienen.

Die Spielsituation mit ihren Vorgaben war also stärker in ihrer Gewichtung als das Vorwissen der Schüler. Das heißt, daß grundsätzlich auch das Durchspielen von Entscheidungssituation möglich ist, von denen Teile oder sogar das historische Resultat den Schülern bekannt sind.

Anhang 1

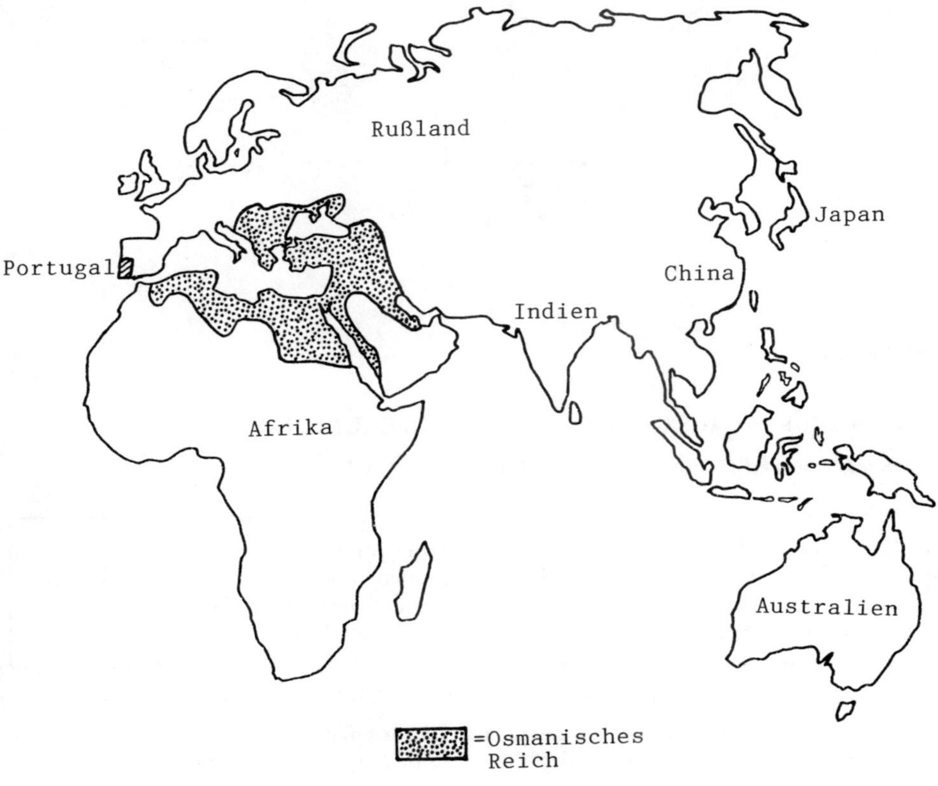

Anhang 2

Globus des Martin Behaim

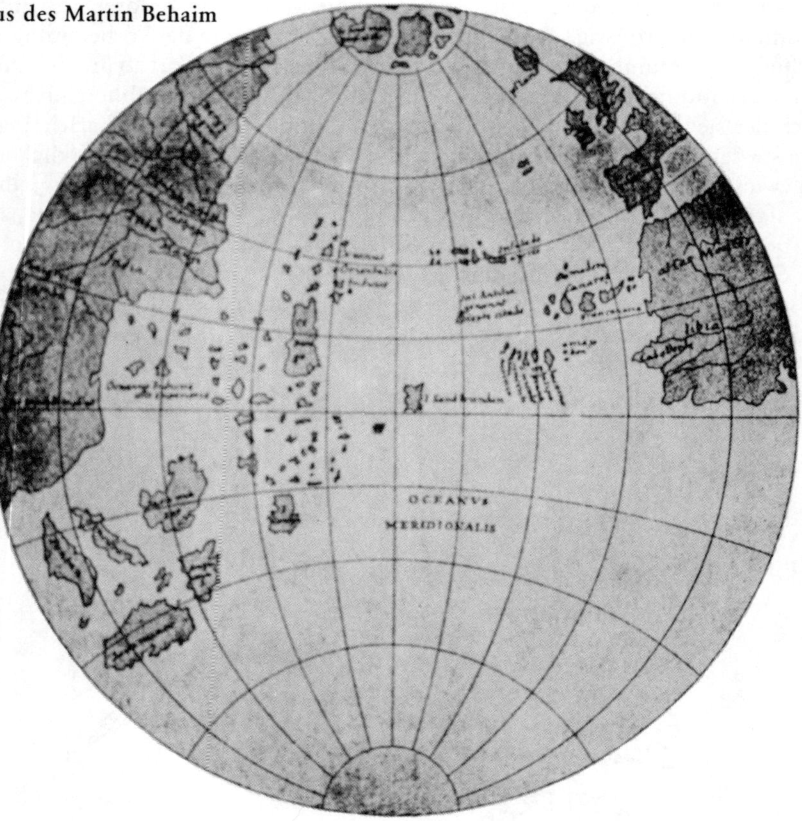

Anhang 3

Gruppe 1

ANTRAG FÜR DIE AUSRÜSTUNG EINER ENTDECKUNGSFAHRT

LIES DEN FOLGENDEN TEXT AUFMERKSAM DURCH!

> Du gehörst zu den wichtigsten Beratern des Königs von Portugal.
> Ein Segelschiffkapitän hat an Euch den Antrag gestellt, ihm sehr viel Geld zu geben, um drei Segelschiffe für eine Entdeckungsfahrt bauen und ausrüsten zu können.
> Er will einen westlichen Seeweg finden und Indien entdecken.

Du bist für diesen Antrag. Du willst dem Kapitän das geforderte Geld geben!

Denn: Der Kapitän, der den Antrag gestellt hat, ist ein erfahrener und mutiger Seefahrer. Es könnte ihm also durchaus gelingen, den Seeweg zu finden und Indien zu entdecken.

In Indien, so sagt man, sind unermeßliche Schätze zu finden: Gold, Silber und Edelsteine. Außerdem kann sicherlich mit kostbaren Gewürzen oder Teppichen und Schmuckstücken Handel getrieben und hohe Gewinne erzielt werden. Dann könnte Euer Land und auch Du selbst sehr reich werden!
Durch diesen Reichtum würde Dein Land noch viel mächtiger und ruhmreicher werden!
Und schließlich könnte das Christentum, an dem Euch sehr viel liegt, in den eroberten Ländern ausgebreitet werden.

Notiere stichwortartig, was für den Antrag des Seefahrers spricht!

Anhang 4

Gruppe 2

ANTRAG FÜR DIE AUSRÜSTUNG EINER ENTDECKUNGSFAHRT

LIES DEN FOLGENDEN TEXT AUFMERKSAM DURCH!

> Du gehörst zu den wichtigsten Beratern des Königs von Portugal.
> Ein Segelschiffkapitän hat an Euch den Antrag gestellt, ihm sehr viel Geld zu geben, um drei Segelschiffe für eine Entdeckungsfahrt bauen und ausrüsten zu können.
> Er will einen westlichen Seeweg finden und Indien entdecken.

Du bist gegen diesen Antrag. Du willst dem Kapitän das geforderte Geld nicht geben!

Denn: Dieser Seefahrer sagt, die Entfernung zwischen Portugal – Deinem Land – und Indien betrüge nur 6500 km. Er glaubt, nach spätestens vier–fünf Wochen in Indien angelangt zu sein. Die Gelehrten Deines Landes bezweifeln diese Entfernung; sie meinen, fast 15 000 km müßten nach Indien zurückgelegt werden. Dann würde die Reise aber viel länger dauern. Für so eine lange Reise können die Schiffe jedoch nicht genügend Frischobst und Trinkwasser mitnehmen. Die Matrosen würden an Mangelkrankheiten und Durst sterben.
Außerdem ist dieser Seefahrer, der den Antrag gestellt hat, bekanntermaßen als habgierig und starrköpfig bekannt. Er stellt sehr, sehr hohe Forderungen an Euch: Wenn er Land entdeckt, will er als Herrscher über diese Länder eingesetzt werden und den zehnten Teil aller Schätze und Gewinne aus diesen Ländern bekommen.

Notiere stichwortartig, was gegen den Antrag des Seefahrers spricht!

Siedler und Indianer in Nordamerika

Spielunerfahrene Klasse

U 18

Einführung

Nordamerika war seit der Steinzeit von Indianern besiedelt. Sie waren in zahlreichen Stämmen über den ganzen Kontinent verteilt. Im 16. Jahrhundert lebten die meisten Stämme noch als Jäger und Sammler, nur an der Ostküste wurde von ihnen schon Ackerbau betrieben. Um das Dorf herum erstreckten sich die Felder. Es wurden Mais, eine kleine Kürbissorte namens Squash, Tabak und Sonnenblumen angebaut.

Als die weißen Siedler kamen, brauchten sie Land zum Anbau von Getreide, Gemüse und Obstbäumen. Land gabe es eigentlich genug, aber es war schwierig und dauerte sehr lange, bis es gerodet war. Die Siedler nahmen daher den Indianern das schon bebaute Land ab, vertrieben und töteten sie in zahlreichen Kriegen. Friedensverträge, von denen es mehr als 370 gab, wurden von den weißen Siedlern immer wieder gebrochen, wenn neue Einwanderer weitere Gebiete in Anspruch nehmen wollten.

Die Indianer erkannten die Gefahr, die ihnen drohte, sehr schnell. In einer eindringlichen Rede rief im Jahre 1670 ein Häuptling alle Indianer zum Kampf gegen die Weißen auf, u. a. sagte er: ‚Unsere Brüder wurden vor unseren Augen ermordet, und ihre Geister rufen uns auf zur Vergeltung. Brüder, diese Menschen aus der unbekannten Welt werden unsere Wälder abholzen, unsere Jagdgründe und Felder zerstören, uns und unsere Kinder von den Gräbern unserer Väter und von unseren Versammlungsplätzen vertreiben; sie werden unsere Frauen und Kinder versklaven.'

Wie berechtigt die Warnung des Häuptlings war, zeigte sich noch knapp 200 Jahre später. 1855 gab der Häuptling Seattle dem amerikanischen Präsidenten Washington, der den Indianern Land abkaufen wollte, eine Antwort, die die Sorgen und Bedenken der Indianer zum Ausdruck brachte.

Ein Einwanderer verglich im Jahr 1782 Amerika mit Europa: ,Hier sind die Armen und Reichen nicht so weit voneinander entfernt wie in Europa. Von ein paar Städten abgesehen, bebauen wir den Boden ... Wer durch unsere ländlichen Gebiete reist, sieht kein feindseliges Schloß und kein stolzes Herrenhaus im Kontrast mit armseligen Lehmhütten, wo Vieh und Menschen einander wärmen müssen und in Dürftigkeit und Elend wohnen. Alle unsere Behausungen sind menschenwürdig und gleichen sich in erfreulicher Weise ... Die Armen Europas haben sich in diesem amerikanischen Zukunftsland ein Stelldichein gegeben ... Wozu sollen sie einander fragen, was für Landsleute sie sind? – Hier sind sie Bürger . . . Was ist eigentlich ein Amerikaner, diese neue Art Mensch? Er ist ein Amerikaner. Hier hält der Lohn des Fleißes Schritt mit der aufgewandten Mühe ... Frauen und Kinder, die den Vater früher vergeblich um ein Stück Brot anbettelten, helfen ihm jetzt wohlgenährt und fröhlich bei der Bestellung der Felder, deren üppige Ernten sie alle nähren und kleiden, und kein despotischer Fürst, kein reicher Abt, kein mächtiger Herr fordert seinen Anteil.'

Didaktische Überlegungen

Bevor ich diese Stunde plante, hatte ich schon einmal eine Unterrichtseinheit zur ,Die Entwicklung der USA' in einer Klasse behandelt und dabei mit den Schülern nach den Gründen gefragt, die die Auswanderer nach Amerika aufbrechen ließ. Wir hatten dann von den Schwierigkeiten der Ansiedlung gesprochen, uns mit dem Unabhängigkeitskampf der Kolonien, der Unabhängigkeitserklärung und dem neuen Staatsaufbau beschäftigt. Einige Probleme waren aufgrund des Zeitmaßes, das mir für die Einheit zur Verfügung stand, leider zu kurz gekommen bzw. gar nicht beachtet worden, nämlich ,Das Leben der schwarzen Sklaven in den Südstaaten' – ,Der Bürgerkrieg zwischen Nord- und Südstaaten' – ,Die Siedler verdrängen die Indianer'.

Nachträglich beschäftigte mich die Frage, was ich wohl von den behandelten Themen hätte weglassen können, um wenigstens eines der genannten drei Probleme einzuschieben. So schnell war da keine Lösung zu finden, weil ich doch alles für wesentlich und wichtig hielt, auch konnte ich mich damals noch nicht dazu durchringen, eine weitere Stunde anzuhängen. Schließlich überprüfte ich, ob ich meinem Anliegen nicht näherkäme, wenn ich eine Straffung der Themen ,Unabhängigkeitskampf' und ,Staatsaufbau' vornehmen und damit eine Stunde gewinnen würde, in der ich dann die Lage der Schwarzen oder das Problem der Verdrängung der Indianer aufgreifen konnte. Ich entschloß mich zur Straffung und entschied mich, die Indianerfrage anzugehen, weil ich zur Überzeugung gelangte, daß zwar immer die Sorgen und Nöte der Siedler vermittelt, aber weniger an die verzweifelte Lage der Indianer gedacht wird, die ja durch die gewaltsame Verdrängung ausgelöst wurde.

Während der Vorbereitung auf das Thema las ich noch einmal die Antwort des Häuptlings Seattle an den amerikanischen Präsidenten, die letztlich den Ausschlag gab, gerade das Indianerproblem den Schülern vor Augen zu führen. Ganz bewußt möchte ich den Ausführungen des Häuptlings die Einstellung der Siedler gegenüberstellen, die einerseits aus Armut und andererseits aus Gewissensnot in ein fremdes Land auswanderten, ohne sich dann aber in die Lage der Indianer zu versetzen, ohne sich zu bemühen, deren kulturelle Bräuche kennenzulernen und zu respektieren und nicht einmal vor Übergriffen in der Natur und Vernichtung von Lebewesen zurückschreckten.

Wer waren diese Menschen, die Siedler? – Und wozu waren sie fähig? – Wer waren die Indianer und welche geistig-seelische Vorstellung prägte ihre Verhaltensweisen? –

Und wer sind wir, wir in unserem Verhalten der Umwelt und den Mitmenschen gegenüber?

Diese Fragen werden sicherlich durch die Fragen, die Seattle anschneidet, bei den Schülern ausgelöst werden, denn ich werde Ausschnitte aus seiner Rede bringen und diese und den Brief eines Einwanderers in den Mittelpunkt der Stunde stellen.

Planung der Stunde

– Am Ende der Stunde, die sich im Rahmen der Unterrichtseinheit ‚USA – Land der unbegrenzten Möglichkeiten' mit den Auswanderern aus Europa, die zu Siedlern in Amerika geworden waren, beschäftigte, waren die Schüler von mir aufgefordert worden, Bildmaterial zu sammeln, das etwas über Umweltverschmutzung, Müllhalden, Tiersterben, Verwüstung aussagt, und in die nächste Geschichtsstunde mitzubringen.

– Ich nenne das Stundenthema und lasse die Schüler Wissenswertes aus der vorangegangenen Stunde zusammentragen. Die Wiederholung soll nicht nur der Vertiefung dienen, sondern auch die Indianer in unsere Überlegungen miteinbeziehen. Da ich davon ausgehe, daß viele Schüler Bücher über die Indianer gelesen haben, lasse ich die Schüler ihre Meinung über die Indianer sagen.

– Danach mache ich die Klasse mit einem Text eines Einwanderers aus dem Jahr 1782 vertraut, der Amerika mit Europa vergleicht und stelle dieser Information einen Aufruf eines Häuptlings aus dem Jahr 1670 gegenüber, der seine Brüder zum Kampf gegen die Weißen auffordert. Ich werde versuchen, das anschließende Gespräch mit der Frage zu beenden, ob denn der Häuptling mit seiner Warnung recht gehabt hätte.

– Für die neue Unterrichtsphase weise ich darauf hin, daß ich nun Ausschnitte aus einer Rede des Häuptlings Seattle vortragen, und zwei Schüler, die sich mit dem erwähnten Vergleich des Einwanderers vertraut gemacht haben, mit zwei weiteren Schülern, die die Rolle von Indianern übernommen hätten, nach bestimmten Abschnitten diskutieren werden, an die sich dann Gespräche mit allen Schülern anschließen sollen.

– Der Text von Seattle wird nach verschiedenen Aussagen gegliedert: Kultur der Indianer – Verbundenheit zur Natur – Tierliebe – Glauben. Nach jedem Abschnitt wird die eingeleitete Diskussion der ‚Siedler' und ‚Indianer' zum Gespräch mit allen Schülern erweitert.

– Zum Schluß der Stunde sammle ich stillschweigend das Bildmaterial ein, das die Schüler und ich mitgebracht haben. Wir hängen es auf und betrachten es – dann schließe ich die Stunde.

Texte für die Durchführung der Stunde

1782 – Ein Einwanderer vergleicht Amerika mit Europa

„Hier sind die Reichen und die Armen nicht so weit voneinander entfernt wie in Europa. Von ein paar Städten abgesehen, bebauen wir alle den Boden ... Wer durch unsere ländlichen Gebiete reist, sieht kein feindseliges Schloß und kein stolzes Herrenhaus im Kontrast mit armseligen Lehmhütten, wo Vieh und Menschen einander wärmen müssen und in Dürftigkeit und Elend wohnen. Alle unsere Behausungen sind menschenwürdig und gleichen sich in erfreulicher Weise ... Die Armen Europas haben sich in diesem großen amerikanischen Zukunftsland ein Stelldichein gegeben ... Wozu sollen sie einander fragen, was für Landsleute sie sind? ... Hier sind sie Bürger ... Was ist eigentlich ein Amerikaner, diese neue Art Mensch?

Er ist ein Amerikaner. Hier hält der Lohn des Fleißes Schritt mit der aufgewandten Mühe ... Frauen und Kinder, die den Vater früher vergeblich um ein Stück Brot anbettelten, helfen ihm jetzt wohlgenährt und fröhlich bei der Bestellung der Felder, deren üppige Ernten sie alle nähren und kleiden, und kein despotischer Fürst, kein reicher Abt, kein mächtiger Herr fordert seinen Anteil."

Ausschnitte aus der Rede des Häuptlings Seattle
an den amerikanischen Präsidenten und erarbeitete Diskussionsansätze der Gruppen aus der Vorbereitungsrunde:

Seattle: Der große Häuptling in Washington sendet Nachricht, daß er unser Land zu kaufen wünscht.
Wie kann man den Himmel kaufen oder verkaufen – oder die Wärme der Erde?
Diese Vorstellung ist uns fremd.
Wenn wir die Frische der Luft und das Glitzern des Wassers nicht besitzen – wie könnt Ihr sie von uns kaufen?
Jeder Teil dieser Erde ist meinem Volk heilig, jede glitzernde Tannennadel, jeder sandige Strand, jeder Nebel in den dunklen Wäldern, jede Lichtung, jedes summende Insekt ist heilig, in den Gedanken und Erfahrungen meines Volkes.
Die duftenden Blumen sind unsere Schwestern, die Rehe, das Pferd, der große Adler – sind unsere Brüder. Die felsigen Höhen, die saftigen Wiesen, die Körperwärme des Ponys – und des Menschen – sie alle gehören zur gleichen Familie.
Wir werden Euer Angebot, unser Land zu kaufen, bedenken. Das wird nicht leicht sein, denn dieses Land ist uns heilig.
Wir erfreuen uns an diesen Wäldern. Ich weiß nicht, unsere Art ist anders als die Eure. Das Murmeln des Wassers ist die Stimme meiner Vorväter. Die Flüsse sind unsere Brüder – sie stillen unseren Durst. Die Flüsse tragen unsere Kanus und nähren unsere Kinder.

Indianergruppe: Wir fühlen uns mit der Natur verbunden. Wir sehen alles, achten auf jede Kleinigkeit, auf alles was in der Natur vorgeht. Insekten bedeuten uns genau so viel wie der Wald und die Flüsse.

Gruppe der Siedler: Euch fehlt es an Realitätssinn! Wie kann man Tannennadeln, Strand, Nebel und Insekten als heilig bezeichnen?
Das ist doch alles Spinnerei: Pferde, Rehe, Adler sind nicht unsere Brüder. – Die Pferde sind unsere Helfer, das Reh unser Braten, und der Adler unser Gegner!

Indianergruppe: Ihr versteht uns nicht! – Wir hören immer wieder in die Natur hinein. Bäche und Flüsse erzählen uns mit ihren Wassern von unseren Vorfahren, und darum sind sie uns heilig.

Jetzt geht das Gespräch an alle Schüler der Klasse!

Seattle: (Forts.) Wir wissen, daß der weiße Mann unsere Art nicht versteht. Ein Teil des Landes ist ihm gleich jedem anderen, denn er ist ein

Fremder, der kommt in der Nacht und nimmt von der Erde, was immer er braucht. Die Erde ist sein Bruder nicht, sondern Feind, und wenn er sie erobert hat, schreitet er weiter. Er läßt die Gräber seiner Väter zurück – und kümmert sich nicht. Er stiehlt die Erde von seinen Kindern – und kümmert sich nicht. Seiner Väter Gräber und seiner Kinder Geburtsrecht sind vergessen. Er behandelt seine Mutter, die Erde, und seinen Bruder, den Himmel, wie Dinge zum Kaufen und Plündern, zum Verkaufen wie Schafe oder glänzende Perlen. Sein Hunger wird die Erde verschlingen und nichts zurücklassen als eine Wüste!
Der Indianer mag das sanfte Geräusch des Windes, der über eine Teichfläche streicht – und den Geruch des Windes, gereinigt vom Mittagsregen oder schwer vom Duft der Kiefern. Die Luft ist kostbar für den roten Mann – denn alle Dinge teilen denselben Atem. Der weiße Mann scheint die Luft, die er atmet, nicht zu bemerken; wie ein Mann, der seit vielen Tagen stirbt, ist er abgestumpft gegen den Gestank.

Gruppe der Siedler: Nein, das stimmt nicht, die Erde ist nicht unser Feind. Wir bearbeiten das Land und hoffen auf gute Ernte. Natürlich wollen wir den Überfluß verkaufen, weil wir besser leben wollen als früher in Europa.

Indianergruppe: Ihr seid also nur hierher gekommen, um zu kaufen und verkaufen.
Ihr beutet und plündert das Land aus, und eines Tages ist nur noch eine Wüste übrig, weil Ihr immer mehr haben wollt, als Ihr zum Leben nötig habt.

Wieder geht das Gespräch an alle Schüler der Klasse:

Seattle: Das Ansinnen, unser Land zu kaufen, werden wir bedenken, und wenn wir uns entschließen anzunehmen, so nur unter einer Bedingung. Der weiße Mann muß die Tiere des Landes behandeln wie seine Brüder. Ich bin ein Wilder und verstehe es nicht anders. Ich habe tausend verrottende Büffel gesehen, vom weißen Mann zurückgelassen – erschossen aus einem vorüberfahrenden Zug. Ich bin ein Wilder und kann nicht verstehen, wie das qualmende Eisenpferd wichtiger sein soll als der Büffel, den wir nur töten, um am Leben zu bleiben. Was ist der Mensch ohne die Tiere? Wären alle Tiere fort, so stürbe der Mensch an großer Einsamkeit des Geistes. Was immer den Tieren geschieht – geschieht bald auch den Menschen. Alle Dinge sind miteinander verbunden.
Lehrt Eure Kinder, was wir unsere Kinder lehren: Die Erde ist unsere Mutter. Was die Erde befällt, befällt auch die Söhne der Erde. Wenn Menschen auf die Erde spucken, bespeien sie sich selbst. Denn das wissen wir, die Erde gehört nicht den Menschen, der Mensch gehört zur Erde – das wissen wir.
Alles ist miteinander verbunden, wie das Blut, das eine Familie vereint. Alles ist verbunden. Alles was die Erde befällt, befällt auch die Söhne der Erde.

Gruppe der Siedler: Auch für uns sind die Tiere wichtig. Wir brauchen sie doch für unsere Ernährung. – Das waren keine Farmer, die die Büffel abgeknallt haben. – Niemals werden wir die Tiere ausrotten.
Jedoch, was soll das heißen: Was den Tieren geschieht, wird bald auch den Menschen geschehen?

Indianergruppe: Viele von Euch knallen die Büffel ab, nur weil sie Freude am Morden haben, und das geschieht aus Euerm Eisenpferd, das nur die Luft verpestet. – Ihr liebt die Tiere nicht, und eines Tages werdet Ihr Euch noch gegenseitig umbringen.

Gruppe der Siedler: Unsinn! – Manche Leute haben halt Spaß an der Jagd. – Und nur weil das Eisenpferd qualmt, habt Ihr etwas gegen den technischen Fortschritt. Die Züge sind für uns sehr wichtig, sie bringen uns schnell an einen anderen Ort, und der Gestank ist doch schnell verflogen.

Indianergruppe: Ihr achtet das Land nicht. Ihr tut ihm nur weh mit Euerm Fortschritt. Die Erde ist unsere Mutter und deshalb ist sie für uns heilig.

Gruppe der Siedler: Die Erde gehört uns, das meinen wir. Wir machen sie uns untertan, weil wir besser leben wollen.

Erneut geht das Gespräch an alle Schüler der Klasse:

Seattle: Mein Volk fragt, was denn will der weiße Mann? Wie kann man den Himmel oder die Wärme der Erde kaufen – oder die Schnelligkeit der Antilope? Wie können wir Euch diese Dinge verkaufen – und wie könnt Ihr sie kaufen? – Könnt Ihr denn mit der Erde tun was Ihr wollt – nur weil der rote Mann ein Papier unterzeichnet – und es dem weißen Manne gibt? Wenn wir nicht die Frische der Luft und das Glitzern des Wassers besitzen – wie könnt Ihr sie von uns kaufen? Könnt Ihr die Büffel zurückkaufen, wenn der letzte getötet ist?
Eines wissen wir, was der weiße Mann eines Tages erst entdeckt – unser Gott ist derselbe Gott. Ihr denkt vielleicht, daß Ihr ihn besitzt – so wie Ihr unser Land zu besitzen trachtet – aber das könnt Ihr nicht. Er ist der Gott der Menschen – gleichermaßen der Roten und der Weißen. Dieses Land ist ihm wertvoll – und die Erde verletzen heißt ihren Schöpfer verachten.

Gruppe der Siedler: Wir verstehen Euch nicht. Unser Präsident bietet Euch an, Euch das Land abkaufen zu dürfen. Und da überlegt Ihr noch? – Wir könnten es uns ja auch nehmen, die Macht dazu hätten wir.

Indianergruppe: Könnt Ihr oder wollt Ihr uns nicht begreifen? – Wir können Euch doch nicht etwas verkaufen, was wir gar nicht besitzen. Meint Ihr denn, daß Ihr nach dem Verkauf mit der Erde tun könnt, was Ihr wollt?
Und Gott gehört nicht nur Euch allein, er ist auch unser Gott.

Gruppe der Siedler: Darüber wollen wir uns nicht streiten. Gott hat uns die Erde überlassen, und nun versuchen wir, auf ihr zu leben, so gut wir können. Da kann doch niemand etwas dagegen haben.

Abermals geht das Gespräch an alle Schüler der Klasse:

Seattle:	Gott gab euch Herrschaft über die Tiere, die Wälder und den roten Mann, aus einem besonderen Grund – doch dieser Grund ist uns ein Rätsel. Vielleicht könnten wir es verstehen, wenn wir wüßten, wovon der weiße Mann träumt – welche Hoffnungen er seinen Kindern an langen Winterabenden schildert – und welche Visionen er in ihre Vorstellungen brennt, so daß sie sich nach einem Morgen sehnen. Wenn wir Euch unser Land verkaufen, liebt es, so wie wir es liebten, kümmert euch, so wie wir uns kümmerten, behaltet die Erinnerung an das Land, so wie es ist, wenn Ihr es nehmt. Denn eines wissen wir – unser Gott ist derselbe Gott. Diese Erde ist ihm heilig. Selbst der weiße Mann kann der gemeinsamen Bestimmung nicht entgehen. Vielleicht sind wir doch Brüder. Wir werden sehen."
Indianergruppe:	Wir können es wirklich nicht verstehen, warum Gott gerade Euch, die Weißen, begünstigt. Ihr, die Ihr doch Tiere, Wälder und uns rote Menschen so geringschätzig behandelt.
Gruppe der Siedler:	Gott scheint unsere Überlegenheit anzuerkennen.

Literaturhinweis: „Wir sind ein Teil der Erde". Die Rede des Häuptlings Seattle vor dem Präsidenten der Vereinigten Staaten von Amerika im Jahre 1855 – Walter-Verlag – Olten und Freiburg i. Brsg.

Die Diskussion wird an alle Schüler weitergegeben.

Auswertung der Stunden

Ja, es wurden zwei Unterrichtsstunden! Als ich in der Stundenvorbereitung mit der freiwilligen Schülergruppe die Textausschnitte in der Rolle der Siedler und Indianer diskutieren ließ, da baten die Schüler, doch einige Beiträge festzulegen, um nichts zu vergessen und damit dann einen besseren Anstoß für die Erweiterung der Gesprächsrunde geben zu können.

In den zwei intensiven Arbeitsstunden stellten wir bald fest, daß wir mit unserem Vorhaben den zeitlichen Rahmen von einer Stunde sprengen müßten. Da auch die Schüler die große Bedeutung der Rede erkannten, konnten sie sich nicht, genau so wenig wie ich, für eine Kürzung entscheiden. Und das war auch gut so, denn dieses Thema erlebte seinen ersten Höhepunkt schon in der Gegenüberstellung des Einwanderervergleichs mit dem Aufruf zum Kampf gegen die Weißen, als die Schüler in eine lebhafte Aussprache über die Gegensätze eintraten.

Immer tiefgreifender drehte sich die Diskussion um die Fragestellung, wie es wohl möglich gewesen ist, daß die Siedler so schnell die Gründe vergessen haben konnten, die sie doch zu Auswanderern hatte werden lassen.

Die „Weißen" wurden kritisiert in den geäußerten Schülerbeiträgen, die eindeutig Egoismus, Habgier und Rücksichtslosigkeit anprangerten.

In der zweiten Stunde stellte das Andiskutieren der Hauptprobleme im Rollengespräch besonders für die Schüler eine große Hilfe dar, die sonst, auf sich selbst gestellt, mit erheblichen Interpretationsschwierigkeiten zu kämpfen haben.

Bei den Aussprachen nach den einzelnen Unterrichtsphasen, die die Rede des Häuptlings Seattle gliederte, mußte ich stets darauf achten, auch meinen Zeitplan einzuhalten, so sehr fühlten sich die Schüler zu eigenen Stellungnahmen aufgefordert.

Kernpunkte der Diskussion waren: Das Unrecht, das den Indianern angetan worden war – Technischer Fortschritt und Umweltgefährdung – Die Liebe der Indianer zur Natur – Die bevorzugten Weißen – Die Menschen von heute.

Nachdem wir uns zum Schluß der Stunde noch unser mitgebrachtes Bildmaterial zu den Umweltschäden ansahen, gingen die Schüler schweigend in die Pause.

In der folgenden Stunde beschäftigten wir uns dann mit der Unabhängigkeitserklärung.

6. Absolutismus und aufgeklärter Absolutismus

Ludwig XIV. und Friedrich II. – ein Vergleich U 19

Spielerfahrene Klasse

Am Ende der beiden Unterrichts-Phasen über *Absolutismus* und *Aufgeklärter Absolutismus* bietet sich ein Vergleich der Aussprüche Ludwigs XIV. „Der Staat, das bin ich" und Friedrich II. „Ich bin der erste Diener meines Staates" an.

Zu dieser Planung sei eine kurze Einführung zum *Absolutismus* und *aufgeklärter Absolutismus* vorausgeschickt:

Absolutismus

Ganz anders als die deutschen Kaiser hatten es die franz. Könige vermocht, sich gegen ihre Fürsten und den übrigen Adel durchzusetzen.

Was seine Vorgänger eingeleitet hatten, vollendete Ludwig XIV. Als er 1661 die Amtsgeschäfte übernahm, verbot er seinen Ministern, irgendein Schriftstück ohne seinen Befehl zu unterschreiben. Er allein erließ die Gesetze. Er rief auch die „Generalstände" nicht mehr ein, die früher dem König neue Steuern bewilligen mußten. Er schaffte es, alle Macht im Staate an sich zu reißen. Er regierte fortan unumschränkt, also „absolut".

„Kleiner als Gott – aber größer als der Erdball!" so verkündete er seinen Anspruch – sein Wille ist es, daß ein jeder, der als Untertan geboren, dem König gehorche ohne Unterscheidung!

„Der Staat, das bin ich!" soll er einmal gesagt haben. Dieser Ausspruch drückte seine Regierungsweise aus: die Staatsform des Absolutismus.

Schon das Aufstehen des ‚Sonnenkönigs' am späten Morgen war ein feierlicher Staatsakt.

Als ständigen Aufenthaltsort ließ er sich in Versailles ein prunkvolles Schloß bauen.

Die Hofhaltung und die glanzvollen Feste verschlangen Unsummen. Das Geld dafür mußten die Untertanen aufbringen. Seine Macht begründete sich auf drei Säulen: Dem stehenden Heer, den Beamten und den Einnahmen.

Es gab die ‚direkte' Steuer, welche nach Besitz und Einkommen rücksichtslos eingezogen wurden, hiervon waren Adel und Geistlichkeit befreit! Hinzu trat noch die ‚indirekte' Steuer, die beim Kauf von einzelnen Waren und Verbrauchsgütern gezahlt werden mußte. Die Einnahmen des Staates steigerte die neu eingeführte Wirtschaftsform des „Merkantilismus".

Aufgeklärter Absolutismus

Friedrich II. von Preußen und Maria Theresia gelten als die herausragenden Vertreter dieser Regierungsform. Sie herrschten zwar auch absolut, aber bei ihnen waren Verantwortungsgefühl und Pflichtbewußtsein an die Stelle von Eigensucht und Vergnügungslust getreten. Sie sahen ihr Amt nicht mehr als von Gott verliehenes Vorrecht, sondern als Dienst für Volk und Staat.

Aus dieser Haltung heraus haben die aufgeklärten Herrscher für Verbesserungen zum Wohle ihrer Untertanen gesorgt:

Sie beseitigten die Folter, und die Hexenverbrennungen hörten auf. – Sie duldeten auch andere Bekenntnisse als ihre eigenen. – Sie schufen Kranken-, Waisen- und Armenhäuser sowie eine staatliche Gesundheitspflege zum Kampf gegen die Seuchen. – Sie führten die Schulpflicht ein. – Es wurde der Kartoffelanbau eingeführt, nun gab es in Deutschland weniger Hungersnöte.

Es wurden zwar bedeutende Fortschritte erzielt, aber vieles blieb unverändert:

Die Kinderarbeit galt als besonders vorteilhaft und ‚rentabel' – Die Masse der Bauern, noch immer die große Mehrheit des Volkes, blieb weiter in der Abhängigkeit von ihren Grundherren – Für Landgewinn war ein König schnell bereit, einen Krieg zu riskieren.

Was geschah, geschah auf Anordnung des Fürsten. Hineinreden in seine Regierung, mitbestimmen durfte da niemand! Maria Theresia äußerte: Wir sind auf der Welt, um anderen Gutes zu tun – wir sind nicht für uns selbst da und um uns zu amüsieren, sondern um den Himmel zu erwerben! – und Friedrich II. sagte: Die Gerechtigkeit muß die Hauptsorge eines Fürsten sein, das Wohl seines Volkes muß jedem anderen Interesse vorangehen! – Aber der Staat blieb eine Angelegenheit, zu der ein Untertan ohne Beziehung lebte. Er gewöhnte sich daran, mehr oder weniger murrend hinzunehmen, was ‚von oben' kam. Er blieb Befehlsempfänger ohne Interesse und eigene Verantwortung für das Ganze.

Didaktische Überlegungen

Am Ende der beiden Unterrichtseinheiten *Absolutismus* und *Aufgeklärter Absolutismus* – die ja thematisch eine Entwicklung anzeigen, bei der manche Schüler sich fragen, was sich denn nun verändert habe, in welchen Bereichen es Fortschritte gegeben, wo mehr Freiheit, mehr Menschlichkeit, mehr Gerechtigkeit, mehr Mitverantwortung, mehr Toleranz auftaucht, und was als unverändert angesehen werden muß – lassen sich in einer Wiederholung, mit einer übersichtlichen Zusammenfassung Linien ziehen, die sich fast über ein Jahrhundert erstrecken, und die dann den Schülern Einsichten vermitteln, die ihnen sonst verborgen blieben, wenn die „Einheiten" nur in sich abgehandelt und von Lehrkraft und Schüler innerlich abgehakt werden.

Um das zu vermeiden, müßten Motivationsbilder gewählt werden, die nicht nur eine Gegenüberstellung der Aussprüche und damit von zwei Personen, sondern auch die von zwei Ländern ermöglichen, an denen die Einstellungen der beiden Könige und die Lebensqualität der beiden Völker nachempfunden werden könnten.

Ludwigs Ausspruch: „Der Staat, das bin ich!" und Friedrichs „Ich bin der erste Diener meines Staates" drängen sich geradezu auf, noch einmal gemeinsam mit den Schülern zu untersuchen, wie wohl die eine und die andere Aussage nach dem Kennenlernen der Informationen beider Themenbereiche zu verstehen sind.

Da ist einerseits die Frage zu stellen: Wer ist der Mensch in seinem hohen Amt? und zum anderen die Antwort zu suchen: Wie wirkte sich Denk- und Handlungsweise auf das Leben der Untertanen aus.

Sinnvoll könnte eine Zusammenstellung von Fakten aus der einen und der anderen Zeit sein, die zunächst der Wiederholung und Vertiefung, und dann in der Gegenüberstellung zur Auseinandersetzung mit Mensch und Regierungssystem auffordern.

Jedoch dürfte dieser methodische Weg, aus Quellentexten nüchtern Besonderheiten herauszupicken, nicht gerade auf das besondere Interesse der Schüler stoßen, das wußte ich aus Erfahrung, denn zur Mitarbeit wären wohl nur die Jungen und Mädchen bereit, die sich sowieso für Geschichte begeistern und Zusammenhänge gern ergründen und Entwicklungen verfolgen möchten, die anderen würden sich nur langweilen!

Bei diesen Vorüberlegungen tauchte bei mir auch die Frage auf, ob solch ein Vergleich nicht einfach zu viel Zeit beansprucht, die Zeit, die bei neuen Themenbehandlungen dann fehlt?

Und sobald der Gedanke auftauchte: Was ist, wenn die ‚Nachbereitung' unterbliebe? dann rührte sich das schlechte Gewissen, es nämlich unterlassen zu haben, Schüler an die erforderlichen Einsichten, an das Denken in Zusammenhängen heranzuführen.

Das bedrückte mich mehr als das Zeitproblem.

Und so entschloß ich mich, doch mit der Planung dieses Vorhabens zu beginnen.

Noch etwas war zu bedenken:

Aus Erfahrung wußte ich, daß Schüler sogenannte Kernsätze als Schlagworte empfinden und wenig damit anzufangen wissen, wenn ihnen die ‚Füllung' – das sich hinter dem Ausspruch verbergende Leben – nicht eindrucksvoll vermittelt wird.

Welche methodischen Möglichkeiten sind da nun also zu wählen, um die Schüler anzusprechen – und mit welchen Beispielen könnten die ‚Aussprüche' für sie nachvollziehbar gemacht werden?

Gefordert war nunmehr, charakteristische ‚Lebensbilder' in Frankreich und Preußen herauszusuchen!

Planung der Stunde

Nach der Durchsicht des Materials entschloß ich mich, drei Behandlungsthemen auf zwei Ebenen anzubieten:

a) Seine Majestät erwacht: In Versailles – in Potsdam: Hier Ehrfurcht und Pomp! – dort menschliche Schlichtheit und Genügsamkeit!
b) Am Tage des Regierungsantritts in Paris und Berlin: „Ich werde die Zügel in die Hand nehmen und Sie (Mitarbeiter) rufen lassen, wenn ich Ihren Rat benötige!" „Ich möchte die Untertanen vergnügt und glücklich machen!"
c) Ein Tag in einem Dorf in Frankreich und in Preußen: – Bei rücksichtsloser Steuereintreibung!
   – Bauern im trockengelegten Oderbruch.

Doch kaum hat man sich entschieden, diese durch Spielszenen gestalten zu lassen, da wird einem in der Vorbereitung einer Geschichtsstunde auch schon wieder bewußt, in der Gefahr zu stehen, die Schüler zu manipulieren, und das gerade bei einer Gegenüberstellung:

War man zu einseitig – gar voreingenommen?
Wo wurde übertrieben, zum Vor- oder Nachteil des einen oder anderen Systems?
War die Auswahl des Arbeitsangebotes für die Schüler zu simpel?
Ein wesentliches Auswahlkriterium war stets für mich:
Denk an die Schüler – Versetz dich in ihre Vorstellungswelt –
Laß sie den Zugang zum Darzustellenden gewinnen!

Doch nun wieder zur Planung der Stunde:

- Zur Bewältigung des Stoffes – der Erarbeitungs- und Darstellungs-Phase sind 2 Unterrichtsstunden vorzusehen!
- Es müssen drei Arbeitsgruppen in unterschiedlicher personeller Zusammensetzung gebildet werden!
- Jede Gruppe hat 2 Bilder zu gestalten!
- Jede Gruppe ist mit vorbereiteten Arbeitsanweisungen zu versorgen!
- Bei der Darstellung eines Themenbereichs sind die Gruppen diagonal in den Ecken des Klassenraumes zu plazieren!
- Personelle Zusammensetzung der Gruppen:
  Gruppe I – 13 Schüler – bereiten „Versailles" und „Paris" vor.
  Gruppe II – 7 Schüler – befassen sich mit „Potsdam" – „Berlin" und „Preußen".
  Gruppe III – 7 Schüler – gestalten „Frankreich".
- Zur Erleichterung der einzelnen Szenen ist den Schülern reichlich Zeit zur Verfügung zu stellen, um die Fakten aus den Büchern zusammenzutragen und den Spielaufbau festzulegen!
- Fragen werden nach jeder Darstellung zugelassen, eine Aussprache jedoch erst nach jedem Thema!
- Die Gesamtauswertung erfolgt am Ende der beiden Unterrichtsstunden!
- Für die Gruppenarbeit wurden verschiedene Geschichtsbücher zur Verfügung gestellt.

Die Durchführung des Vorhabens gelang tatsächlich in 2 Stunden (es war die Geographie-Stunde hinzugenommen worden!)

Die Gruppenergebnisse wurden von den Gruppenangehörigen zu Hause aufgezeichnet und danach von einer kleinen Arbeitsgruppe in der Schule überarbeitet und zu den nachstehenden Texten zusammengestellt!

Die Auswertung des Vorhabens ist mit der Wiedergabe der Spielentwicklungen verbunden worden.

Spielentwicklung und Auswertung

„Seine Majestät erwacht":
(Pantomimische Darstellung mit Erzähler)
– Deutlich sichtbar auf einem Plakat: 1675 – Versailles – 8 Uhr –

Erzähler:

Acht Schläge ertönen von der Pendeluhr (hörbar!) Eine kleine Gruppe ausgewählter Diener setzt sich in Bewegung –

Der Leibarzt öffnet die Tür des Schlafgemachs! Er, die Amme und der Beichtvater treten ein (Schüler treten nun auf!)
Vorsichtig zieht der Doktor die seidenen Vorhänge des Himmelbettes zurück –

Er flüstert: Seine Majestät ist schon wach!

Ehrfürchtig verbeugen sich alle drei, und draußen vor dem Schlafgemach verbeugen sich in Richtung Himmelbett Prinzen, Adlige und Botschafter!

Der Doktor fühlt unter vielen Verbeugungen den Puls des Königs!

Die Amme reibt nun das Gesicht des Königs mit einer parfümierten Pudermischung ab (Wasser wird nur für Hände und Füße gebraucht!)

Der Beichtvater spricht ein Gebet!

Nach der sogenannten Waschung betreten Prinzen und hohe Adlige das Schlafgemach.

Jetzt werden dem König – in vorgeschriebener Reihenfolge das Hemd – die Unterhose – die Strümpfe – das Beinkleid – die Schuhe – die Weste – der Rock gereicht – dann wird ihm die Lockenperücke aufgesetzt – die Gürtelschärpe angelegt – der Degen übergeben – seine Majestät betrachtet sich im Spiegel!

Der König gibt ein Zeichen zum Aufbruch zur Messe!

Acht Schüler hatten die Rollen des Königs, des Leibarztes, der Amme, des Beichtvaters, der Prinzen und Adligen übernommen, vier weitere verneigten sich beim Erwachen des Königs und zogen beim Abgang mit zur Messe!

2. Bild – Gegenüberstellung:
„Seine Majestät erwacht"
Sichtbar auf einem Plakat:

1775
Potsdam – 5 Uhr

Spielbeginn:

Diener: (klopft – tritt in Friedrichs Schlafgemach) Guten Morgen, Majestät!
König: Danke! – Es ist gut! (zu seinem Lieblingshund!) Biche! Mach, daß du aus dem Bett kommst!
Führ Er doch gleich noch die Hunde vor die Tür!
Diener: Sehr wohl, Majestät!
König: Und beeil Er sich! – Gemeinsam wollen wir dann den frühen Morgen, die ersten Sonnenstrahlen auf den taunassen Wiesen erleben!
(Diener geht mit den Hunden hinaus – der König zieht seine Reitstiefel, den einfachen Uniformrock an)
Diener: (erscheint wieder)
Haben Majestät noch einen Wunsch?
König: Nein!
Diener: Wann und wo soll ich das Frühstück servieren?
König: Das hat Zeit!
Zuerst gehen wir mal nach draußen!
Komm Biche!

Die Darstellungen erfolgten räumlich entgegengesetzt im Klassenraum, um den Gegensatz auch in räumlicher Aussage miteinzubeziehen.

Kurze Aussprache: Fragen – Eindrücke – Stellungnahmen!

Das zweite Thema: Teil I

Zu b) „Der König regiert in Paris"
(Stegreifspiel! – Wieder wurde ein Plakat aufgestellt: „Paris im Jahre 1661 – Kanzler und Minister warten auf den König – etwa 6 Personen)

Kanzler: Nachdem Kardinal Mazarin nun tot ist, frage ich mich, was der König wohl ohne ihn anfangen wird?
Minister A: Ja, das ist schon von Bedeutung! Wir werden bestimmt an Einfluß gewinnen!

Minister B: Der König mit seinen 23 Jahren wird sicherlich auf unseren Rat und unsere Hilfe angewiesen sein!

König: (tritt auf – alle verneigen sich ehrfürchtig)
Herr Kanzler! Ich habe Sie mit meinen Ministern hierher kommen lassen, um Ihnen zu sagen, daß ich nunmehr meine Angelegenheiten selbst in die Hand nehmen werde. Sie werden mir mit ihrem Rat zur Seite stehen, wenn ich Sie darum bitte.

Erzbisch.: An wen soll sich in Zukunft die franz. Geistlichkeit wenden?

König: An mich, Herr Erzbischof!

Kanzler: Gedenken Eure Majestät die Generalstände einzuberufen?

König: Die werde ich einberufen, wenn es an der Zeit ist. Über Gesetze, Steuern, Ernennung von Ministern und Beamten und über Krieg und Frieden entscheide ich selbst!

Kanzler: Allein werden das Eure Majestät unmöglich schaffen!

König: Damit ich es schaffe, werden vor allem zwei Dinge notwendig sein: Eigene unablässige Arbeit und sorgfältige Auswahl der Männer, die mir zur Hand gehen! Ich habe es mir zum Gesetz gemacht, zweimal am Tag zwei bis drei Stunden mit verschiedenen Mitarbeitern zu arbeiten!

Minister B: Erlauben Majestät die Frage, ob ich weiterhin den Etat erstellen soll?

König: Ich regle selbst die Einnahmen und Ausgaben des Staates!

Minister B: Sehr wohl, Majestät!

König: Ich werde zwar kleiner sein als Gott, aber größer als der Erdball, denn der, welcher den Menschen Könige gab, hat gewollt, daß man sie als seine Stellvertreter achte!
Meine Herren, ich danken Ihnen! Ich werde Sie wieder rufen lassen, wenn ich Ihren Rat benötigen sollte!

Teil II „Der König regiert in Berlin"
(Wieder wird an der anderen Seite des Klassenraumes gespielt – auf einem Plakat steht: „Berlin – im Jahre 1740")

Herold: Der König ist tot! – Es lebe der König!

König: (tätig am Schreibtisch)

Diener: Majestät, das Kabinett hat sich vor Euerm Arbeitsraum versammelt!

König: Gut! – Ich bin so weit! – Laß Er sie eintreten!
(fünf Kabinettsmitglieder treten ein)
Meine Herren! Ich möchte Ihnen zuerst meinen ersten Erlaß an alle Mitarbeiter vortragen:
„Unsere größte Sorge wird darauf gerichtet sein, das Wohl des Landes zu fördern und einen jeden unserer Untertanen vergnügt und glücklich zu machen. Wir wollen nicht, daß Ihr Euch bemühen solltet, uns durch Kränkung der Untertanen zu bereichern. Des Landes Vorteil muß den Vorzug vor unseren eigenen besonders dann haben, wenn sich beide nicht miteinander vertragen!"

Minister A Darf ich Majestät darauf aufmerksam machen, daß dieser Erlaß große Schwierigkeiten bereiten wird, er bringt manch überlieferte Ordnung durcheinander!

König: Das mag sein – aber es geht um das Wohl der Untertanen!

Minister A:	Das muß mit neuen Gesetzen eingeleitet werden.
König:	Ordnung und Gesetz! – Ja, eine Reform der Justiz ist längst überfällig! Ich werde eine Kabinettsorder erlassen, daß die gerichtliche Folter abzuschaffen ist!
Minister B:	Majestät! Das geistliche Department trat an mich heran und wünscht einen Erlaß gegen die katholischen Schulen!
König:	Die Religionen müssen alle toleriert werden! Und der Fiskal muß ein Auge darauf haben, daß keine der anderen Abbruch tut, denn hier bei uns muß ein jeder nach seiner Façon selig werden!
Minister C:	Darf ich Eure Majestät fragen, ob ich in meinen Sachgebieten allein entscheiden darf?
König:	Wenn es in meinem Sinne ist, dann ja! – Beachten Sie, ich bin für alles allein verantwortlich und deshalb muß ich alles wissen, um die richtigen Entscheidungen treffen zu können! Ich werde mich also um alles kümmern!
Minister C:	Aber so viel Zeit haben Majestät doch gar nicht!
König:	Einem Herrscher ist nicht die höchste Macht anvertraut worden, damit er in Verweichlichung dahinlebe, sich vom Mark des Volkes mäste und glücklich sei, während alles Hunger leidet! Der Herrscher ist der erste Diener seines Staates! Er hat tatkräftig für das Wohl des Staates zu arbeiten und die Hauptgeschäfte sorgfältig zu erledigen! So – nun gehe jeder an seine Arbeit – und jeder erfülle seine Pflicht!

Spielende – Auswertung!

Zu C) „Ein Tag in einem Dorf"

(Plakatierung: „Frankreich im Jahre 1698" Steuereinnehmer, Amtsdiener, Polizisten, Bauern und Bettler treten auf)

Amtsdiener:	(ruft aus!) Heute ist Steuerabgabetag! – Steuerabgabetag! Alle Steuerpflichtigen begeben sich zum Dorfplatz, zum Dorfplatz! Wer in einer Stunde seiner Ablieferungspflicht nicht nachgekommen ist, wird von der Polizei vorgeführt! Heute ist Steuerabgabetag!
Bauer A:	(sucht Bauer B auf) Der Steuereinnehmer ist wieder da, der Blutsauger! – Du mußt mir helfen, mir 20 Franken leihen! – Ich konnte schon das letzte Mal nicht zahlen! Leih mir das Geld, sonst führen sie mich ab!
Bauer B:	Gern möchte ich dir in deiner Notlage helfen, aber ich kann nicht. Meine Steuersumme schaffe ich selbst nicht, ich werde meine letzte Gans opfern müssen!
Bauer C:	(kommt hinzu) Ich hab kein Viehzeug mehr und keine Kartoffeln und Geld schon lange nicht mehr. Sollen sie mich mitnehmen, mir ist alles egal!
Bauer A:	Wir gehen zu dritt hin und erklären einfach, daß wir nicht zahlen und nicht liefern können.
Bauer C:	Wenn die einsehen, daß wir nichts mehr haben, dann werden sie uns schon in Ruhe lassen!
Bauer B:	Na, dann kommt, wir versuchen es!
Handwerker:	(auf dem Dorfplatz) 3 Franken habe ich gerade eingenommen – mehr kann ich beim besten Willen nicht bezahlen!

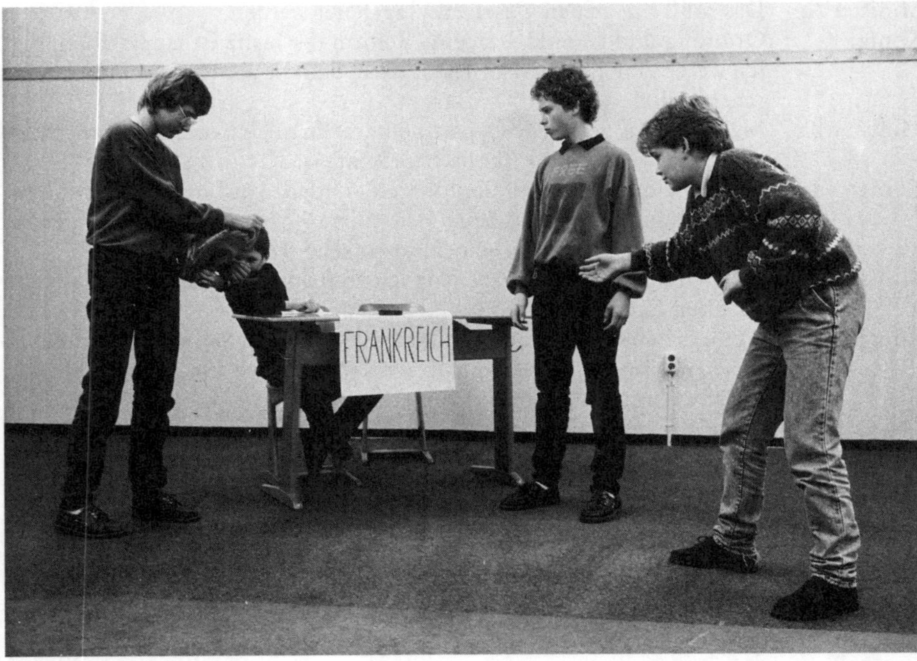

Steuereinn.: 3 Franken, daß ich nicht lache! Dein Abgabesoll habe ich auf 50 Franken festgesetzt!
Handwerker: Die Leute können keine Schuhe mehr kaufen! – Ich habe nichts, ich kann wirklich nicht mehr zahlen!
Steuereinn.: Das interessiert mich nicht! Wachtmeister! Geht mit dem Schuster nach Hause und beschlagnahmt alles, was er noch an Schuhen und Materialien hat!
Handwerker: Das dürft ihr nicht – dann bringt ihr mich doch um meine Existenz!
Steuereinn.: Abführen!
Bauer A, B und C erscheinen –
A: Auch wir können nicht mehr zahlen!
C: Und Naturalien haben wir auch nicht mehr – wir hungern uns gerade noch so durch!
Amtsdiener: Wer hungert hier? – Das ist ja die Höhe!
Steuereinn.: Die denken, das glauben wir ihnen! Ihr hinterhältigen Schurken! Wachtmeister! Schickt je einen Polizisten zu den 3 Bauern und holt bei jedem ein Schwein aus dem Stall!
Bauer B: Wir haben keine Schweine mehr, die habt ihr uns ja schon beim letzten Mal abgenommen! Ihr nehmt uns doch alles, ohne Rücksicht!
Bauer A: Führt uns ab – macht mit uns, was ihr wollt, ihr Blutsauger!
Steuereinn.: (schreit) Festnehmen! – Einsperren!
Bettler: Hohe Herren – ich bitte um ne kleine Gabe!

Amtsdiener: Du wagst es, uns auch noch anzubetteln? Verschwinde! Aber schnell!
Steuereinn.: Eines steht fest, wir müssen noch viel härter durchgreifen, sonst können wir bald gar nichts mehr beim König abliefern!
Zusammenpacken!

Spielende!

Teil II „Ein Tag in einem Dorf“
(Plakatierung: „Preußen im Jahre 1768“ – Spielfläche: wie vorher, entgegengesetzt zur franz. Darstellung! – Mitwirkende: Bauern, Händler)

Vier Bauern bei der Arbeit auf dem Feld:
Bauer A: Als ich bei Kunersdorf verwundet wurde, da habe ich mir nicht träumen lassen, daß ich einmal einen Hof mit so gutem Boden besitzen werde.
Bauer B: Ja, die Erträge sind nicht schlecht, sie lassen sich bestimmt noch steigern, wenn es uns gelingt, die Entwässerung unseres Oderbruches noch zu verbessern!
Bauer C: Vielleicht stellt uns ja der König noch etwas Geld zur Verfügung, man kann ja nicht wissen!
Bauer D: Wir können ihm doch durch unseren Landrat mitteilen lassen, daß wir noch erhebliche Schwierigkeiten haben!
Bauer A: Bleib bei der Wahrheit! – Von „erheblich“ können wir doch gar nicht reden! – Und wenn der König auf die Idee kommt, sich unser neues Siedlungsdorf anzusehen? – Dem kannst du nichts vormachen!
Bauer B: Da kannst du aber mit einem ganz schönen Gewitter rechnen!
Du stellst bloß immer Forderungen! – Und dabei haben wir allen Grund, dem König von Preußen dankbar zu sein!
Händler: Hallo! Ich seh euch hier bei der Arbeit – und da denk ich, du mußt doch gleich mal dein Pferdchen anhalten – vielleicht, denk ich, kannst du auch ein paar kleine Geschäfte machen!
Aber ich habe euch in euerm Gespräch unterbrochen, Entschuldigung!
Bauer B: Ich sagte gerade, daß wir das hier alles dem „Alten Fritz“ verdanken!
Händler: Diese Entschädigung war er euch nach den langen bitteren Kriegsjahren ja auch schuldig! Ihr könnt euch nicht vorstellen, was ich damals alles an Not und Elend gesehen habe!
Bauer A: Hör auf damit! – Das will ich ein für alle Mal vergessen!
Sprechen wir lieber von den Geschäften! Was hast du uns an Preisen zu bieten? – Es kann ja sein, daß wir dir auch dankbar sind!
Händler: Na, dann laßt eure Arbeit mal ein bißchen ruhen! Wir gehen ins Dorf, denk ich, dort sehe ich mir dann euer Getreide an!
Bauer C: Gehen wir! Du kannst ja inzwischen schon mal über ein günstiges Angebot nachdenken!

Spielende!

Es folgte nun die zusammenfassende Auswertung der drei Doppelszenen dieser Doppelstunde. Die abschließende Frage eines Schülers: „Wie verhielt sich das franz. Volk beim Tode Ludwigs und das preußische beim Tode Friedrichs?“ veranlaßte mich, zur vollständigen Abrundung vorzuschlagen, noch eine kurze Doppelszene anzuhängen: „Paris am 01.09.1715“ und „Berlin am 17.08.1786“.

7. Revolutionen

Die Französische Revolution U 20
Spielerfahrene Klasse

Einführung

Die Lebensbedingungen der Franzosen waren sehr verschieden. Jeder Franzose gehörte durch Geburt oder Beruf einem bestimmten Stand an, und davon hingen seine Rechte und seine Pflichten ab. Eine Gleichberechtigung bestand nicht; die Rechte und Pflichten waren von Stand zu Stand verschieden.

Um 1780 galt in Frankreich folgender Gesellschaftsaufbau: Es gab drei Stände: den 1. Stand, den Adel – den 2., die Geistlichkeit (ca. 2% der Bevölkerung) und den 3. Stand der reichen Händler und Bürger in den Städten, der Handwerker und Kleinhändler in den Städten, der Bauern und Tagelöhner auf dem Lande, zusammen rund 98% des französischen Volkes. Adel und Geistlichkeit waren mit zahlreichen Privilegien ausgestattet, der 3. Stand galt als ‚Nährvater des Staates'. Im 3. Stand klagten vor allem die Bauern über die Königssteuer und über die Abgaben, die sie an die Grundherren zu entrichten hatten. Das empfanden sie als erdrückend und ungerecht. – Händler klagten über Steuern und Straßenzölle, die den Handel erschwerten.

Da Kriege und Hofhaltung des Königs Unsummen verschlangen und den Staat in eine immer höher werdende Verschuldung stürzten, wollte die Regierung neue Steuern erheben.

Da auch der Adel mehr Steuern zahlen sollte, wehrte er sich genau so wie Stadtbürger und Gerichte gegen die Steuerpläne des Königs. Sie behaupteten, die ‚Generalstände' müßten den Steuerplänen der königlichen Regierung zustimmen.

Damit nun die geplanten Steuererhöhungen keine Unruhen im Land hervorrufen sollten, berief der König zum ersten Mal seit 1614 die Generalstände ein. Das geschah im Mai 1789.

Adel und Klerus sandten je 300 Abgeordnete nach Versailles, der 3. Stand durfte 600 Vertreter schicken.

Der 3. Stand forderte die Abstimmung nach Köpfen, aber König und Adel waren dagegen. Der König verfügte sogar, daß der 3. Stand seine Beratungen beende.

Die Vertreter des 3. Standes widersetzten sich und zogen um in den Ballhaussaal, wo sie schworen, nicht eher auseinanderzugehen, bis Frankreich eine Verfassung habe. Sie nannten nun ihre Versammlung ‚Nationalversammlung' und verstanden sich als Abgeordnete des ganzen Volkes. Der König gab nach und ließ den 1. und 2. Stand gemeinsam mit dem 3. beraten, aber er bestritt, daß diese Nationalversammlung eine Verfassung beschließen dürfe.

Truppen, die nun nach Versailles und Paris verlegt wurden, sollten die Nationalversammlung einschüchtern. Als der König am 11.7.1789 den bei der Bevölkerung beliebten Finanzminister Necker entließ, riefen Redner in Paris das Volk auf, sich zu bewaffnen.

Am 14. Juli 1789 erfolgte die Erstürmung der Bastille, nicht um dort die Gefangenen zu befreien, sondern um das Pulver zu finden, das in die Arsenale verbracht sein sollte.

Dieser Tag gilt als der Beginn der Französischen Revolution. Wenige Tage später, am 5. August, beschloß die Nationalversammlung:

– Die Leibeigenschaft der Bauern ist abgeschafft
– die Grundherren sind keine Richter mehr
– die Zehntabgabe kann aufgehoben werden
– die Handwerkszünfte werden aufgehoben.

Auch über eine Verfassung, die die Rechte der Regierung festlegen sollte, wurde beraten. ‚Freiheit' und ‚Gleichheit' aller Bürger sollten erreicht werden. Nach der neuen Verfassung hatte der König fast keine Macht mehr.

„Krieg den Schlössern, Friede den Hütten" – diese Parole begeisterte die Franzosen. Sie waren bereit, die Revolution in andere Länder zu tragen, d. h. Krieg zu führen. Auch Ludwig XVI. wünschte den Krieg, hoffte er doch, nach einer Niederlage der Revolutionäre wieder in seine alten Rechte eintreten zu können.

1792 erklärte Frankreich den Krieg an Österreich. Nach einem Fluchtversuch des Königs mit seiner Familie wurde er in Haft genommen und von der Nationalversammlung zum Tode verurteilt.

Am 21. Januar 1793 wurde Ludwig XVI. öffentlich hingerichtet. Die Monarchie endete, Frankreich wurde eine Republik.

Auch nach dem Tode des Königs fanden in Paris Volksaufstände wegen Brotknappheit und Teuerung statt. Die Kriegslage an den Grenzen Frankreichs wurde immer gefährlicher. Die Truppen der Feinde marschierten auf Paris zu.

Im Parlament hatte sich eine Gruppe von Abgeordneten durchgesetzt, die sich am entschiedensten für die Abschaffung der Königsherrschaft eingesetzt hatte. Sie nannten sich ‚Jakobiner'. Radikal verteidigten sie die Republik. Sie führten eine Schreckensherrschaft, die erst 1794 nach dem Sturz Robespierres enden sollte.

Didaktische Überlegungen

Zu diesem Thema können zwei verschiedene Ansätze der Nachgestaltung aus zwei Unterrichtsjahrgängen angeboten werden.

Der erste stellt ein vorbereitetes Konzept in zwei Teilen dar, das den Schülern Entwicklungsphasen der Revolution nahebringen soll.

Der zweite beschäftigt sich mit zwei Bildinterpretationen, mit einer Karikatur, die sich mit der Ausbeutung des 3. Standes befaßt, und einem Bild, das den Schwur im Ballhaussaal darstellt.

Zunächst möchte ich Überlegungen und Planung zum ersten Vorhaben skizzieren:

Meine grobe thematische Gliederung wies zunächst folgende Grundkonzepte aus:

1. Darlegungen von Entwicklungen, die zur Revolution führten (Absolutismus – Aufklärung – Gleichheitsideale).
2. Von der Einberufung der Generalstände bis zum Ausbruch der Revolution.
3. Die Schreckensherrschaft.
4. Der Aufstieg Napoleons!

Nach der erstgenannten Unterrichtseinheit hatte ich in der Praxis, bezugnehmend auf Ludwig XVI. und die Grundideen der Unabhängigkeitserklärung in den USA, immer das Interesse der Schüler gefunden. Schwierigkeiten hatte mir dagegen das zweite Thema bereitet.

Blieb ich in der chronologischen Entwicklung meiner Darlegungen und Informationen, gewöhnlich in 10–12 Schritten vorgetragen, dann spürte ich das nachlassende Interesse der Schüler. Die Informationen langweilten sie!

Versuchte ich es jedoch anders, nämlich einige Schwerpunkte zu setzen, so wurde ich unzufrieden, weil mir der Aufbau, die Zusammenhänge zum erforderlichen Verständnis fehlten. Ich mußte eine andere Lösung suchen, und die hoffte ich damit gefunden zu haben, indem ich Entwicklungsphasen in Spielszenen umsetzte.

In zwei Bildern, für zwei Unterrichtsstunden gedacht, sollten die Schüler die damalige Situation nachempfinden, führende Persönlichkeiten der Revolution kennenlernen und so ganz nebenbei zahlreiche Informationen aufnehmen. Von dem Plan erhoffte ich mir Zeitersparnis und darüber hinaus sollten sich die vermittelten Eindrücke im Langzeitgedächtnis der Schüler niederschlagen.

Planung der Stunden

- Nach Beendigung der Unterrichtseinheit „Entwicklungen, die zur Revolution“ führten, werden die Schüler auf mein Spielvorhaben eingestimmt, auch in der Absicht, bei einigen Schülern so starkes Interesse zu wecken, daß sie sich bereit erklären, mit mir die Szenen vorzubereiten.
- Vorbereitung der Stunde.
- Hinführung zum Thema (Einstieg).
- Schüler spielen Teil I.
- Fragen – Informationen – Stellungnahmen (Gliederung – Stand – Danton – Erhebung der Nation – Wie soll der Lohn der Revolution aussehen?).
- 2. Stunde: Der Teil II wird in drei Auftritte gegliedert, um Schülern Gelegenheit zum Fragen und Nachdenken zu geben.
  Aussprache nach jeder Szene!
- Überleitung auf die Schreckensherrschaft der Jacobiner

Die vorbereiteten Texte sahen dann so aus:

Entwicklungsphasen der Revolution

Sprecher: Im Jahre 1789 beabsichtigte Ludwig XVI., die Generalstände einzuberufen. Das ging nicht ohne langwierige Vorbereitungen: Es mußten die Abgeordneten der einzelnen Stände gewählt werden – Versammlungen waren durchzuführen, um das Volk zu informieren.
Wir wollen jetzt Nic und Pierre beobachten, die an einer Versammlung teilnehmen!

Nic: Pierre, wo willst du denn hin?
Lauf doch nicht so!

Pierre: Danton soll in einer Versammlung zur Bildung der Generalstände reden! – Den will ich hören! Es wird Zeit, daß einer wieder Ordnung in die verflixte Mißwirtschaft bringt!

Nic: Du, da gehe ich mit! Auch wenn ich heute kein Brot mehr bekommen sollte. – Mein letztes Geld habe ich zusammengekratzt, weil ich das Geschrei der Kinder nach Brot nicht mehr mitanhören konnte!

Pierre: Es ist ein Jammer! – Kein Geld – und nichts zu essen – aber immer schuften!
Sag mal, kennst Du dieses Flugblatt?

Nic: Nein! (liest laut)
„Was ist der 3. Stand bisher? – Nichts!
Was soll er künftig sein? – Alles!“

Pierre: Der Abbé Sieyès ist ein guter Mann! – Er ist einer von den Rufern, die die künftige Freiheit verkünden!

Nic: Endlich tut sich etwas! – Mensch, was sind da heute Leute unterwegs!

Pierre: Hör mal genau hin!
Stimme 1: Diese verdammte Mißwirtschaft muß aufhören!
Stimme 2: Auch beim Militär wird unverschämt gestohlen. Die Soldaten werden von ihren Kommandeuren um den Sold betrogen!
Stimme 3: Die Adligen sollen verrecken!
Stimme 4: Freiheit – Freiheit – Freiheit!
Nic: Mensch, die Stimmung ist gut! Da möchte man gleich mitbrüllen!
Pierre: Sieh, da kommt Danton!
Danton: Bürger, man hat mich gewählt!
Das Staatswohl verlangt große Mittel und vielleicht schreckliche Maßnahmen! Ich sehe ein neues Zeitalter, die Epoche des 3. Standes heraufziehen!
Zum ersten Mal erhebt eine Nation ihr Haupt, um mit ihren Herren zu rechten!
Ein edles und freies Volk tritt vor die Schranken der Geschichte und fordert Rechenschaft!
Seien wir furchtbar, Bürger, damit das Volk nicht grausam zu sein braucht!
Stimmen: Vivat Danton! – Vivat Danton!
Nic: Der Danton gefällt mir – der sagt, was er denkt!
Pierre: Der wird aufräumen, darauf kannst du dich verlassen!
Der Advokat weiß, worauf es ankommt!
Nic: Sag, was will der denn da auf dem Tisch?
Pierre: Das wirst du gleich hören!
Rufer: Bürger!
Niemals hat sich den Siegern eine reichere Beute dargeboten:
40000 Paläste – Hotels – Schlösser
und $^2/_5$ aller Güter Frankreichs werden der Lohn für unsere Tapferkeit sein!
Stimmen: Freiheit – Freiheit – Freiheit!

Fragen – Informationen – Gespräche
Ende der ersten Stunde.

Teil II

Sprecher Inzwischen hatte der König die Generalstände einberufen
600 Vertreter des 3. Standes
300 Vertreter des 2. Standes
300 Vertreter des 1. Standes
In seiner Eröffnungsansprache sagte König Ludwig XVI. u. a., daß er die Versammlung zu keinem anderen Zweck einberufen habe, als damit dem Staat aus der Geldverlegenheit zu helfen und Ordnung in die Finanzen zu bringen.
Er warnte vor Unruhen und wies auf seine schlagbereite Königsmacht hin, auf Polizei, Militär und Adelsaufgebot –
Und den Lieblingsideen der Zeit: der Auflehnung, den Freiheitsbestrebungen, dem Parlamentarismus und dem Gleichheitsideal erteilte er eine klare Absage!
Er löste die Versammlung auf mit dem Befehl, nach Ständen getrennt über jene Gegenstände zu beraten, die er ihnen zuweisen würde! –
Danach trafen sich Nick und Pierre abermals:

Nic: Pierre, die Rede des Königs ist schon eine arge Enttäuschung! – Paß auf, es bleibt alles beim alten!

Pierre: Viel Hoffnung auf Änderung habe ich auch nicht mehr, denn der 3. Stand könnte beschließen so viel er will! Er wird, wenn nach Ständen abgestimmt werden sollte, immer mit 2:1 unterliegen!

Nic: Adel und Klerus haben zwar nur genau so viel Stimmen wie der 3. Stand, aber da sie zusammenhalten, haben sie die Macht! Es müßte nach Köpfen abgestimmt werden!

Pierre: Die halten zusammen, damit sie weiter in Saus und Braus leben können! Der 3. Stand soll zwar versucht haben, den Adel und die Geistlichen in ihren Sitzungssaal einzuladen, um die Ständeblöcke aufzulösen und Mehrheitsbeschlüsse zu treffen.

Nic: Aber aus dem Schloß soll keine Antwort gekommen sein – und der König war für Bürgervertreter nicht zu sprechen!
– Gesprächspause –

Sprecher: Wochen vergingen – der 3. Stand kämpfte um seine Existenz. – Es wurde hin und her beraten. – Endlich schien sich eine Lösung anzubieten: Da der 3. Stand nicht allein die Reichsversammlung bilden konnte – wollten sich seine Abgeordneten in Zukunft „Nationalversammlung“ nennen.
Damit war jener neue Name gefunden worden, in dem Drohung und Programm der Zukunft enthalten waren. Beschlüsse wurden gefaßt, in Ausdrücken, wie sie bisher nur der König gebrauchte:
Die Versammlung erwägt und verordnet!

Pierre: Damit kommt Bewegung in die festgefahrene Situation. Jetzt muß der König reagieren!
Entweder verbietet er die Nationalversammlung und sperrt die Abgeordneten ein – oder die Entwicklung geht über ihn hinweg!

Nic: Wenn das nur gut geht!
Überall Militär und Polizei!
Und vor den Bäckerläden stehen Menschenschlangen und warten auf Brot!
An jeder Ecke werden aufrührerische Reden gehalten. Der Ruf nach Freiheit – Gleichheit – Brüderlichkeit wird immer lauter!
– Gesprächspause –

Sprecher: Der König hatte den Saal, in dem der 3. Stand tagte, schließen und davor Posten aufstellen lassen! Zornig wichen die Vertreter des 3. Standes in den nahegelegenen Ballhaussaal aus.
Ihnen hatten sich einige Priester und Adlige angeschlossen.
Ein Bürger – ein Priester – ein Adliger reichten sich die Hand und symbolisierten so die vereinte Nation! Die Versammlung beschloß, in Zukunft nur noch die „Nationalversammlung“ zu sein und alle Versammelten leisteten den Eid, sich niemals mehr zu trennen bis zur Vollendung und Befestigung einer Verfassung!

Pierre: Für mich war das der Beginn der Revolution!

Nic: Aber es waren ja noch schwere Tage durchzustehen!

Pierre: In der Nacht zum 13. Juli 1789 brannten plötzlich die Zollhäuser, die Symbole des herrschenden Systems!

Nic:	Und viele Menschen liefen zusammen, beschafften sich Waffen und stürmten Bäckerläden und Lebensmittelgeschäfte!
Pierre:	Überall waren diese Handlungen von den Rufen begleitet:
Stimmen:	Freiheit – Gleichheit – Brüderlichkeit!
Sprecher:	Jahrelang sollte dieser Ruf nicht verklingen! Am 14. Juli erfolgte dann die Erstürmung der Bastille! Alljährlich feiern die Franzosen diesen Tag als ihren Revolutionsbeginn! Die Revolution nahm ihren Lauf.

Auswertung – Fragen – Informationserweiterung: – Nachlesen in „Geschichtliche Weltkunde" Bd. II.
Stellungnahmen der Schüler!
Es folgte die Überleitung zur Schreckensherrschaft der Jacobiner.

Literaturhinweis:
Für die Entwicklung der Spielszenen wurde herangezogen: Zierer, Otto, „Die große Revolution", Verlag Sebastian Cux, Murnau – München – Imsbach, 1955.

Didaktische Überlegungen

Einsatz von Bildern!
Ganz andere Überlegungen bewegten mich zum gleichen Thema, als ich in einem anderen Jahrgang den Höhepunkt der Motivation auf den Anfang verlegte und Bildinterpretationen in den Mittelpunkt einer Stunde stellte.

Mit den Bildern „Karikatur der 3 Stände" und „Der Schwur im Ballhaussaal" (siehe Abb. auf S. 138) wollte ich ein Spannungsverhältnis aufbauen. Ich wollte die beiden Bilder nacheinander mit den Schülern nachgestalten und damit eine Brücke schlagen von dem Hinnehmen der Ausbeutung und Unterdrückung bis zu dem Tage, wo der 3. Stand sein Haupt erhob und sich als „Nationalversammlung" verstand.

Die „Brückenglieder" sollten erst in nachfolgenden Stunden auf der vorgezeichneten Linienführung mit Informationen angefüllt werden.

Planung der Stunde

- Schüler beschäftigen sich mit der „Karikatur der 3 Stände"
- Was wird gesehen? – Zusammentragen der Beobachtungen und herausarbeiten, daß jede Person einen „Stand" symbolisiert – dann untersuchen, wer ist wer?:
  Der Bauer, der alle ernähren muß, den Adel, die Geistlichkeit, Hasen und Vögel!
  Der Adel, der es sich auf dem Rücken des Arbeitenden gut sein läßt im sichtbaren Wohlergehen!
  Der Klerus, der auch in Anlehnung an den Adel auf Kosten des gebeugten Bauern in Zufriedenheit dahinlebt.
- Die Interpretationsergebnisse werden in einen Handlungsablauf umgesetzt.
  Der Bauer arbeitet, er gräbt, hackt, rupft Unkraut, verjagt die Vögel, die seine Saatkörner fressen wollen, mäht, bindet Garben, treibt die Hasen aus dem Kohl.
  Adlige reiten über seine bestellten Felder, lachen ihn aus, wenn er sich darüber aufregt, – lassen die Steuern von dem Bauern eintreiben!
  Geistliche sehen bei der Arbeit zu, rufen dem Bauern „Gottes Segen" zu –
- Der Bauer, gebeugt, stützt sich auf seine Hacke, es sitzt der Geistliche, dann der Adlige auf.
  Der Bauer stöhnt, bricht fast unter der Last zusammen, versucht aber nicht, die Aufsitzenden abzuschütteln.

Karikatur der 3 Stände

Der Schwur im Ballhaussaal

Bild 2 „Der Schwur im Ballhaussaal"

– Wieder tragen die Schüler zusammen, was sie auf dem Bild erkennen.
– Schüler werden angeleitet, das Bild räumlich zu gliedern, um damit die Voraussetzungen beim Nachgestalten im Klassenraum zu schaffen:
  Gruppierung um den Mittelpunkt: Der Sprecher auf dem Tisch – davor die 3 Gruppen (ein Geistlicher, ein Bürger, ein Adliger, die sich die Hand reichen) – rundherum jubelnde Abgeordnete –
– Deuten des anfallenden Lichts: Symbol für den Anbruch einer neuen Zeit!
– Klären: um was ging es in jenem Augenblick? Was wurde gesprochen, beim Schwur, beim Jubeln?
– Arbeit am Text! (Geschichtliche Weltkunde – Bd. II Seite: 125/126).
– Darstellung der Szenen ohne jede Probe!

Auswertung

Unterrichtsstunde 1. Teil:

Alles lief nach Plan: Die Schüler trugen zusammen, was sie sahen:
Den Bauern – den Adligen und Geistlichen – wiesen auf Hasen und Vögel hin.
– ließen sich die Symbolbedeutung erklären.

Danach stellten wir die Stände in ihren Tätigkeiten, in ihren Lebensgewohnheiten dar: pantomimisch!

Die Schüler schlugen vor, doch einen Sprecher einzusetzen, der in das Spiel einführte.

Der Ablauf:

Sprecher: Wir befinden uns in Frankreich, im 18. Jahrhundert. Hans hat die Rolle des 3. Standes übernommen. Ihr seht ihn jetzt bei der Arbeit:
(Es folgt die pantomimische Darstellung verschiedener Tätigkeiten – zum Schluß wischt sich der Bauer den Schweiß ab)

Sprecher: (fährt fort)
Doch was kommt nun für ein johlender, lärmender Haufen von Reitern daher?
(Schüler johlen, lärmen! – der Bauer tritt entsetzt zur Seite! – höhnisches Gelächter!

Sprecher: Gemächlich schreitet ein Geistlicher heran!

Geistlicher: (sieht dem Bauern einen Augenblick zu)
Grüß Gott! – und Gottes Segen!
(klettert auf den gebückt stehenden Bauern und sagt) Vergelts Gott!

Sprecher: Ein Adliger steigt aus seinem Wagen, tritt an den Bauern heran und schwingt sich, ohne ein Wort zu sagen, auch auf den Rücken des Bauern.

Sprecher: Der Bauer wird von der schweren Last tiefer, immer tiefer gedrückt. Er stöhnt:

Bauer: Es ist zu viel! – Ich kann nicht mehr!

Adliger: (höhnisch)
Das ist doch nicht zuviel, was wir Dir zumuten, der Geistliche und ich! Wir sind beide ganz sicher, Du kannst noch viel, viel mehr leisten!

– Spielende –

Eine Aussprache war nicht erforderlich, allen Schülern war klar geworden, daß der 3. Stand der Schaffende, der Ausgebeutete, der Unterdrückte war!

Sogleich begannen wir mit der Interpretation des 2. Bildes.

Zunächst erfolgte wieder die Arbeit am Bild:

1. Woher waren die Abgeordneten in den Ballhaussaal gekommen?
2. Wer ist der schwarzgekleidete Mann auf dem Tisch?
3. Wer stellt die 3 Gruppen dar?
4. Welche Aufgabe hat der kniende Schreiber?
5. Sollen die ausgestreckten Arme Jubeln bedeuten?
6. Was soll der Lichtkegel und die flatternden Vorhänge aussagen?
7. Warum umarmen sich einige Bürger?
8. Was haben sie wohl geschworen?

Informationen werden gegeben:

Die 3. Gruppe stellt das feierliche Versprechen dar, daß sich die Vertreter der drei Stände gaben.

Der Schwur lautete: „An welchem Ort immer diese Versammlung zusammenzutreten gezwungen sein wird, so soll dort die „Nationalversammlung", die nichts hindern kann, ihre Beratungen fortsetzen. – Diese Versammlung leistet den Eid, sich niemals zu trennen, bis zur Vollendung und Befestigung der Verfassung!"

Während drei Schüler im Geschichtsbuch, Geschichtliche Weltkunde Bd. II S. 125–129, am Text arbeiten, um Anhaltspunkte über Vorher und Woher und Ziele der Versammlung zu finden, wurde der Spielraum hergerichtet! Ein Tisch wurde in die Mitte der Spielfläche gerückt, eine Stuhlreihe im Hintergrund aufgestellt, das Fenster geöffnet, damit auch der Vorhang flattern konnte!

Es folgte die Gruppeneinteilung:

Wer übernimmt die Rolle des Präsidenten – der Dreiergruppe – den Schreiber?

Wer spielt die, die sich umarmen – die Hochrufer im Hintergrund – rechts – links?

Vorschläge der Arbeitsgruppe:

Ein Sprecher muß ansagen, daß der Tagungsraum des 3. Standes auf Anordnung des Königs geschlossen worden war, daß die Abgeordneten zunächst ratlos herumstanden, bis einer den Vorschlag machte, doch in den leerstehenden Ballhaussaal auszuweichen!

Die Schüler stimmten dem Vorschlag der Arbeitsgruppe zu.

Es folgte die Festlegung der Szenenfolge:

1. Alle Schüler sind Abgeordnete – sie stehen ratlos herum – einer schlägt vor: Ausweichen in den Ballhaussaal!
   Wer übernimmt die Rolle des Vorschlagenden?
2. Alle eilen auf die Spielfläche, in Gruppen geordnet, zuerst die Gruppe, die auf den Stühlen im Hintergrund stehen soll – dann die Gruppe rechts, dann links, dann der Schreiber, die 3-Gruppe!
3. Die Darstellung kann beginnen!

Nein, es kann noch nicht gestartet werden, denn wer ist der Sprecher? Und was sagt der genau?

Wer verliest den Schwur?: Der Präsident!

Ist der Text vorbereitet?

Sollen die Abgeordneten den verlesenen Text gleich nachsprechen oder zuhören und dann sagen: Wir schwören es?

Wann erfolgen die Hochrufe mit welchen Ausrufen?

Wir legen fest:

Die Abgeordneten sagen nur: Wir schwören es!

Hochrufe: Es lebe die Nationalversammlung!

Es lebe die Freiheit! – Freiheit – Gleichheit – Brüderlichkeit!

Endlich konnte begonnen werden!

Der Sprecher beginnt! – Schüler spielen die Ratlosigkeit – der Vorschlag kommt: Ausweichen in den Ballhaussaal! – Der Einzug! – Der Präsident: Ich bitte um Ruhe! – Verliest den Schwur – die drei Vertreter der 3 Stände geben sich die Hand – Der Schreiber hält die Ereignisse fest – Hochrufe!

Sprecher: (Während sich die „Abgeordneten" auf ihre Schülerplätze begeben!) Dieser Schwur: „Wir sind die Nationalversammlung!", war der Beginn der Revolution, am 14. Juli 1789 in Paris!

Nachtrag: Vor dem Spiel hatte ich noch einmal gefragt! Wann war dieses historische Ereignis? Weiß jeder, welche Rolle er spielt? Wo das geschah? Und um was es dort ging?

Wir schafften es!

Die Schüler waren begeistert! Mit dem Ruf: Freiheit – Gleichheit – Brüderlichkeit gingen sie in die Pause.

Die Schüler waren motiviert worden und interessierten sich in der nächsten Stunde bereitwillig für die nachzutragenden Fakten, die die Entwicklung der Revolution in kleinen Schritten kennzeichneten.

Ich wies auf die Erstürmung der Bastille hin und deutete die Schreckensherrschaft der Jacobiner an, die uns in der nächsten Zeit beschäftigen sollte.

1848 in Berlin — U 21

Spielerfahrene Klasse

Einführung

In der ersten Hälfte des 19. Jahrh. entstanden politische Gruppierungen, die versuchten, bestimmte Forderungen durchzusetzen: Die Liberalen, die Demokraten, die Sozialisten, die Konservativen. Daraus wurden später die Parteien. 1846/48 wurde Europa durch Hunger- und Wirtschaftskrisen bedroht. In Paris kam es abermals zur Revolution.

Wie kam es dazu?

Nach 1815 hatten die reichen Bürger Frankreichs eine weitgehende Mitbestimmung in der Politik erreicht. Etwa 200 000 Franzosen konnten Abgeordnete für das Parlament wählen. Gegen dieses Vorrecht wandten sich im Februar 1848 die Kleinbürger und Arbeiter von Paris. Sie forderten ein gleiches Wahlrecht für alle. Darüber hinaus strebten viele von ihnen die Enteignung der Reichen an. „Eigentum ist Diebstahl" lautete eine ihrer Parolen. Der Februar-Aufstand 1848 ließ den König fliehen. In Frankreich wurde zum zweiten Mal die Republik ausgerufen; 9 Millionen Franzosen erhielten das Wahlrecht.

Die Revolution von Paris griff im März 1848 auf den Deutschen Bund über, mit Versammlungen und Kundgebungen, auf denen die Bürger ihre Forderungen nach Mitbestimmung und freier Meinungsäußerung vertraten. In den meisten deutschen Kleinstaaten gaben die Fürsten sofort nach.

In Österreich hingegen führten erst heftige Kämpfe in den Straßen Wiens zu einem Einlenken des Kaisers. Er entließ Metternich und versprach eine Verfassung. Als die Wiener Vorgänge in Berlin bekannt wurden, machte auch der preußische König Friedrich Wilhelm IV. große Zugeständnisse. Am 18. März 1848 sicherte er der auf dem

Schloßplatz versammelten Menge eine gewählte Volksvertretung zu, auch Pressefreiheit sollte herrschen. Darüber hinaus wollte er sich für einen deutschen Nationalstaat mit einem frei gewählten gesamtdeutschen Parlament einsetzen.

Plötzlich fielen bei dieser Demonstration auf dem Schloßplatz Schüsse. Die Bürger fühlten sich betrogen, und in kürzester Zeit wurde ein bewaffneter Aufstand organisiert. In Eile wurden Barrikaden errichtet, auf denen schwarzrotgoldene Fahnen wehten. Mit den primitivsten Mitteln wurden zuerst gut ausgebildete und ausgerüstete Armeeeinheiten abgewehrt. Den Soldaten des Königs gelang es aber, den Widerstand der Barrikadenkämpfer zu brechen.

230 Barrikadenkämpfer mußten sterben. Die Leichen wurden von den Mitkämpfern vor das königliche Schloß getragen, der König gezwungen, sich vor den Toten zu verneigen und die Mütze abzunehmen.

Noch im Frühjahr 1848 wurden überall in Deutschland die alten ‚reaktionären' Regierungen zum Rückzug gezwungen. Bald erfolgte die Einberufung der Nationalversammlung nach Frankfurt.

Didaktische Überlegungen

Besorgt hatte ich mich nach der Behandlung der „Französischen Revolution" immer gefragt, ob sich die Schüler auch noch für Informationen über das Revolutionsjahr von 1848 in Deutschland interessieren würden.

Ein Schüler hatte mal zu mir gesagt: „Was soll denn da noch Interessantes zum Thema „Revolution" kommen? Das kann doch nur ähnlich wie in Frankreich abgelaufen sein: Das Freiheitsstreben, soziale Probleme, Unterdrückung und Ausbeutung, Empörung, Aufruhr, Kampf!

Nach solch einer Aussage könnte man versucht sein, die intensive Behandlung der „Französischen Revolution" als exemplarisch anzusehen.

Der Schüler hatte ja gar nicht so unrecht, denn die Aufklärung hätte in Deutschland doch die gleichen Wunschvorstellungen von Freiheit, Gleichheit und Brüderlichkeit wecken, zur Tat aufrütteln müssen.

Da es nicht so war, daß nur Unruhe herrschte und ein entscheidendes Aufbäumen zunächst nicht wahrnehmbar war, macht allein die deutschen Verhältnisse aus, und somit kann die Deutsche Revolution von 1848 nicht einfach ausgeklammert werden! Woran das lag, müßte den Schülern verdeutlich werden; in der Beschreibung der deutschen Kleinstaaterei und der unterschiedlichen Behandlung von Bürgern bzw. Untertanen.

Das spezifische Andere ist anzusprechen, damit die Schüler sich ganz besonders für die deutschen Verhältnisse interessieren. Aber steht genügend Zeit zur Verfügung, um auf die Februar-Revolution in Frankreich einzugehen, von der Entwicklung in Baden zu sprechen, vom Hambacher Fest, vom erzwungenen Rücktritt Metternichs in Wien?

Wohl kaum!

Die Behandlung der Revolution in Berlin ist nicht denkbar, ohne auf das revolutionäre Umfeld einzugehen!

Aber wie, wenn das Interesse der Schüler geweckt, die Zusammenhänge und Entwicklungen dargestellt und einsichtig gemacht werden sollen?

Mit meinen Überlegungen kam ich in der Planung darum zu folgendem Ergebnis:

Planung der Stunde

- Der Aufriß von der „Französischen Februar-Revolution" bis zum Aufruhr in Wien wird den Schülern übersichtlich durch einen vorbereiteten Wechselvortrag gegeben.

– Danach: Schüler fragen – weitere Informationen folgen!
– Überleitung zu den Ereignissen in Berlin
– Vom 18. März 1848 in Berlin berichten Karl Meier und Hans Schulze (vorbereiteter Text!)
– Auswertung: Was wurde erreicht? Was unterblieb? – Welche Entwicklung zeichnete sich ab? Die Bildung der Nationalversammlung in Frankfurt!

Auswertung

Aufmerksam verfolgten alle Schüler die Informationsübersicht, gern hörten sie den Vortragenden zu.

Lebhaft interessierten sie sich für die abermalige Revolution in Frankreich. Es reizte die Schüler, beide Revolutionen zu vergleichen.
1789: Absetzung des Königs – Ausrufen der Republik – am Ende der Revolution hat Frankreich den Kaiser Napoleon!
1848: Rücktritt des Königs – Verkündigung der Republik – am Ende wieder die Wahl eines Kaisers!

Nach der Darbietung des 2. Teils hörte ich folgende kritische Stellungnahmen: Zum Verhalten des Königs Friedrich Wilhelm – zum rücksichtslosen Durchgreifen der Truppen – zu den sinnlosen Opfern – zum Einstellen des Widerstandes – zum mühsam errungenen Ergebnis! Und schon waren Deutschland und Frankreich im Vergleich: „Deutsche geben sich mit Halbheiten zufrieden – sie lassen sich beschwichtigen – blikken zu ihrem König hinauf!“
„Wie ist es heute um unsere Freiheitsbestrebungen bestellt?“

Es folgen die vorbereiteten Texte:

1848 in Berlin

Sprecher A: Im Februar 1848 begann in Frankreich die 2. Revolution. Da nur die Reichen damals die Abgeordneten wählen durften, forderten Demonstranten eine Änderung des Wahlrechts.
Sprecher B: Doch die Regierung lehnte diese Forderung ab. Da errichtete das Volk Barrikaden in Paris – es kam zu Straßenkämpfen.
Sprecher C: Nun trat der König zurück!
Eine provisorische Regierung rief die Republik aus und verkündete das neue Wahlrecht!
Sprecher D: Man wollte den Arbeitslosen helfen und deren Forderung auf „Recht auf Arbeit!“ erfüllen, indem neue staatliche Betriebe, sogenannte „Nationalwerkstätten“, gegründet wurden. Da diese jedoch unrentabel arbeiteten, wurde das Geld knapp! Not und Elend waren die Folge!
Sprecher A: Wieder wurde demonstriert:
Arbeitslose, Männer und Frauen aus den Elendsvierteln von Paris gingen wieder auf die Straße und
Sprecher B: forderten:
„Enteignung der Reichen!“
Sprecher C: Verteilung des Eigentums an das Volk!
Sprecher D: Der Aufstand wurde in dreitägigen Kämpfen blutig niedergeschlagen.
Ein Neffe des ehemaligen Kaisers Napoleon wurde zum neuen Kaiser gewählt!
Pause: Fragen – Informationen

Sprecher A:	Die Februar-Revolution in Paris gab das Signal zu einer stürmischen Entwicklung in Deutschland.
Sprecher B:	Badische Liberale stellten im Landtag den Antrag, eine nationale Volksvertretung in ganz Deutschland einzuberufen.
Sprecher C:	Radikale Demokraten forderten die Bildung einer Republik, das Ende der Fürstenherrschaft!
Sprecher D:	Bauern – immer noch vom Grundherrn abhängig – stürmten adlige Herrensitze, verbrannten Besitzverzeichnisse!
Sprecher A:	Ein Sturm von Versammlungen und Straßenkundgebungen begann, getragen von Bürgern, Bauern, Handwerkern und Arbeitern.
Sprecher B:	In Baden, Württemberg, Bayern und Sachsen
Sprecher C:	in Darmstadt, Kassel, Hannover gingen die Menschen auf die Straße!
Sprecher D:	In Wien wagten Studenten den offenen Aufruhr und rissen das Volk mit! Es kam zu Straßenkämpfen!
Sprecher A:	Staatskanzler Metternich trat nach 40 Jahren konservativer Politik zurück, er floh ins Ausland.
Sprecher B:	Ein Bürgerausschuß übernahm die Regierung!
Sprecher C:	Der Kaiser versprach, dem Volk eine Verfassung zu geben.
Sprecher D:	In Berlin verlangte eine Volksversammlung den Abzug der Truppen aus der Stadt!
Sprecher A:	Es wurde Pressefreiheit –
Sprecher B:	die Bewaffnung der Bürger gefordert!
Sprecher C:	Man verlangte
Sprecher D:	die Umwandlung des Deutschen Bundes in einen Einheitsstaat!

– Pause –

Fragen – Erklärungen – Informationen – Gespräche

18. März in Berlin

Sprecher	Am Nachmittag des 18. März versammelten sich ungeheure Volksmassen auf dem freien Platz vor dem königlichen Schloß, um eine Erklärung des Königs zu hören. Das Volk erwartete von ihm die Erfüllung ihrer Forderungen!
	Karl Meier und Hans Schulze berichten, wie sie den Tag erlebten:
Meier:	Wir hatten uns von dem Strom der vielen Menschen mitreißen lassen – alle waren so froher Erwartung! Oft hörte ich: Bald wird alles besser!
Schulze:	Dicht an dicht standen wir auf dem Schloßplatz. Endlich erschien der König Friedrich Wilhelm IV. auf dem Balkon!
Meier:	Da war vielleicht was los!
	Begeistert wurde der König von den Wartenden begrüßt. Immer wieder Zurufe: Es lebe der König!
Schulze:	Der König wollte sprechen, konnte aber nicht gehört werden!
Meier:	Da schrie jemand: Fort mit den Truppen!
Schulze:	Und die Menge bahnte eine Gasse, damit sie sogleich abziehen konnten.
Meier:	Trommelwirbel setzte ein, der zuerst für ein Signal zum Abzug der Truppen gehalten wurde.
Schulze:	Doch welche Überraschung:
	Kavallerie und Infanterie dringen auf die Menschen ein, wohl um den Platz vor dem Schlosse zu säubern.

Meier:	Plötzlich knallten 2 Schüsse! Das Jubeln brach ab!
Schulze:	Und wilde Schreie wurden laut: Verrat! Verrat!
Meier:	Die Menge stob auseinander in die anliegenden Straßen!
Schulze:	Von allen Seiten erscholl der Ruf: Zu den Waffen – zu den Waffen!
Meier:	Und nun wurden Barrikaden errichtet – Steine zu Brustwehren aufgebaut – schwarz-rot-goldene Fahnen auf die Barrikaden gesetzt.
Schulze:	Studenten – Kaufleute – Künstler – Arbeiter – Doktoren und Advokaten bewaffneten sich!
Meier:	Mit Kugelbüchsen, Jagdflinten, Pistolen, Spießen, Säbeln, Äxten, Hämmern!
Schulze:	Es war ein Aufstand, ohne Plan, ohne System! Jeder schien nur seinem Instinkt zu folgen.
Meier:	Dann kam das Furchtbare: Den Truppen wurde der Angriff befohlen!
Schulze:	Jede Barrikade war heiß umkämpft! Nach und nach wurde eine nach der anderen von den Truppen niedergeschlagen.
Meier:	Frauen versorgten die Aufständischen hinter den Barrikaden mit Speise und Trank, auch kümmerten sie sich um die Verwundeten.
Schulze:	Knaben halfen, Kugeln zu gießen und Gewehre zu laden.
Meier:	In der ganzen schrecklichen Nacht donnerten die Kanonen, ratterten Gewehrschüsse durch die Straßen der Stadt.
Schulze:	Ständig soll der König informiert worden sein. Jeder Bericht soll ihn mehr erregt haben – schließlich gab er den Befehl, den Kampf abzubrechen. Um Mitternacht schrieb er mit eigener Hand eine Proklamation an seine Berliner!
Meier:	240 Männer, meist Arbeiter und Handwerker, waren in dieser Nacht gefallen.
Schulze:	Auf dem Schloßplatz mußte der König den aufgebahrten Toten die letzte Ehre erweisen!
Sprecher:	Der König kündigte an, den Landtag einzuberufen! Die Lage in Berlin beruhigte sich – Neue Hoffnungen setzten die Bürger auf die Nationalversammlung, die am 18. Mai 1848 erstmalig in Frankfurt in der Paulskirche zusammentrat.

– Spielende –

Auswertung – Überleitung zu den Vorstellungen der Nationalversammlung!

8. Industrialisierung

Industrialisierung – Landflucht U 22

Spielerfahrene Klasse

Einführung

Der große Bevölkerungszuwachs im 19. Jh. brachte vielen Menschen die Sorge: Wie das tägliche Brot erwerben? Woher eine Wohnung nehmen?

Viele waren deshalb froh, wenn sie Arbeit in einer Fabrik fanden. Massenweise zogen Menschen aus Dörfern in die Städte, in denen große Fabriken entstanden.

Um 1800 gab es in ganz Deutschland nur 85 010 ‚Industriearbeiter', also Arbeiter, die nicht in der Landwirtschaft beschäftigt waren; 1848 gab es bereits 900 000.

Am Beispiel der Stadt Essen und des Industriebetriebes Krupp läßt sich die Massenflucht der Landbevölkerung in die Fabrikstadt deutlich aufzeigen:

1800: 4 000 Einwohner; 1850: 9 000 Einwohner; 1880: 57 000 Einwohner; 1900: 119 000 Einwohner. Bei Krupp waren beschäftigt:

1812: 2 Arbeiter; 1830: 8 Arbeiter; 1850: 241 Arbeiter; 1870: 8 400 Arbeiter; 1890: 24 000 Arbeiter; 1910: 68 000 Arbeiter. Um 1800 gab es in Deutschland nur 2 Städte mit mehr als 100 000 Einwohner, 1910 waren es dagegen 48.

Wer in der Stadt keine Möglichkeit sah, überlegte, ob er nicht auswandern sollte. Von 1820 bis 1890 sind $4^1/_2$ Mill. Menschen ausgewandert, hauptsächlich in die USA, um bessere Lebensbedingungen zu erreichen

Da viele Menschen darauf angewiesen waren, in einem Industriebetrieb zu arbeiten, war kaum jemand unentbehrlich. Der Arbeitslohn richtete sich deshalb – wie auf dem Warenmarkt – nach Angebot und Nachfrage. Wenn ein großes Warenangebot besteht, kann der Preis sinken; besteht ein großes Arbeiterangebot, kann der Arbeitslohn gesenkt werden.

Oft waren Unternehmer nicht in der Lage, gute Löhne zu bezahlen, denn der Preis der Fertigwaren mußte gering gehalten werden, um konkurrenzfähig zu sein. Außerdem wollte jeder investieren, d. h. seinen Betrieb vergrößern. Hierzu brauchte er Geld, und je weniger Lohn ein Unternehmer bezahlte, desto leichter konnte er Geld für die Betriebserweiterung erwirtschaften.

Ein Arbeiter verdiente oft weniger, als er zum Lebensunterhalt seiner Familie benötigte. So mußten Frau und Kinder ebenfalls Geld verdienen.

Die Arbeiter litten außerdem unter langen Arbeitszeiten und schlechten Arbeitsbedingungen. Sie aßen meistens am Arbeitsplatz, um keine Arbeitszeit zu verlieren, und die Arbeitsplätze boten in der Regel keinen Schutz gegen Unfälle, das hatte zur Folge, daß sich viele Arbeiter verletzten und arbeitsunfähig wurden.

Als die Dampfmaschine mehr und mehr Spinn- und Webmaschinen antrieben, konnten die Weber ihre gefertigten Produkte nicht mehr absetzen. Die Not der Familien wuchs, und so kam es zum Weberaufstand in Schlesien.

Didaktische Überlegungen

Die Industrialisierung hatte ohne Zweifel die größten Umwandlungsprozesse eingeleitet:

die Landflucht – den Städteausbau – Kulturelles Leben – neue Formen der Geselligkeit!

Sie hatte zahlreiche soziale Probleme in ihrem Gefolge: Wohnungsmangel – Elendsviertel – Geldmangel – lange Arbeitszeiten bei Unterbezahlung – Krankheiten – Kinderarbeit!

Wollte ein Geschichtslehrer all die genannten Punkte in ihren Ursachen und Entwicklungen gründlich behandeln, so benötigte er dafür viele Stunden, und die stehen ihm leider, laut Lehrplan, nicht zur Verfügung!

Jedoch technische Entwicklungen, in Vernüpfung mit wirtschaftlichen Strömungen – mit all den strukturellen Veränderungen – wären im Transfer zur heutigen Zeit gerade jetzt den Schülern aufzuschließen und gemeinsam mit ihnen zu hinterfragen.

Wie also kann in kürzester Zeit Grundlegendes vermittelt, Betroffenheit ausgelöst und der Anstoß zur weiteren Selbstinformation des Schülers gegeben werden?

Thematisch müßten Schwerpunkte herausgefiltert und das Arbeitsmaterial so ausgewählt und für die Hand des Schülers so vorbereitet werden, daß es in seiner Problematisierung zur Diskussion herausfordert.

Ich versuchte es.

Planung der Stunde

– Die Schüler werden auf das Thema der Industrialisierung und der Landflucht durch den Lehrer eingestimmt.

– Danach erfolgt die Gruppeneinteilung, es sind zwei vorzusehen.

– Jede Gruppe erhält einen vorbereiteten Arbeitsbogen: In der Gruppe I sollen die Schüler die Lage der Bevölkerung auf dem Lande im 19. Jh. überdenken, sie diskutieren und sich dann vorstellen, selbst vor der Entscheidung zu stehen, das Dorf zu verlassen und einen Arbeitsplatz in der Stadt zu suchen.

Mit einem Rollenspiel, das die damalige Problematik vermittelt und zur ganz persönlichen Entscheidung: gehe oder bleibe ich? – hingeführt wird, soll der zweiten Gruppe das Arbeitsergebnis vorgestellt werden.

– In der Gruppe II sollen sich die Schüler in die Lage des Karl Schmidt versetzen und nach Auswegen für ihn suchen.

– Nach einer ausreichenden Vorbereitungszeit stellen die Gruppen nacheinander ihre Arbeitsergebnisse vor. Danach folgen: Aussprache – Informationen – Literaturhinweise!

In der 2. Stunde soll eine Bildbetrachtung *Weberaufstand* von Käthe Kollwitz (siehe Abb. auf S. 148) folgen. Es wird mit einer pantomimischen Einstimmung begonnen:

„Auf Arbeitssuche: Wir stehen an, hoffnungvoll – wir werden vorgelassen – wir werden abgewiesen, Enttäuschung! – wir sind sehr hungrig, wir betteln! – wir sind krank und schleppen uns nur noch dahin – wir raffen uns zusammen, wir, die wir verzweifelt sind – wir ballen die Fäuste und marschieren zur Fabrik!"

Bidbetrachtung:

Die Schüler werden aufgefordert, sich die verschiedenen Menschen genau anzusehen, sich Notizen zu machen, sich in die Lage eines bestimmten Menschen zu versetzen! Wer möchtest Du bei diesem Aufstand sein? Warum?

Schüler spielen pantomimisch ihre gewählte Person. Wählen mehrere Schüler die gleiche Person, so sollten sie nacheinander auftreten. Jeder begründet seine Wahl! Zusehende Schüler erzählen, was sie beobachten. So taste ich mich mit den Schülern in die Ausgangssituation des Bildes hinein – wir vereinigen uns danach zum gemeinsamen Marsch!

Aufstand der Weber. Zeichnung von Käthe Kollwitz (1867–1945)

Besprochen wird in der Auswertung: So war es damals! Sie traten aus Verzweiflung an, und was erreichten sie? Vergleich mit dem Bauernaufstand – Und wie ist es heute?

Hausaufgabe: Wer will, malt ein Bild – schreibt eine Szene – sammelt neue Informationen und berichtet in der nächsten Stunde!

Industrialisierung – Landflucht!
Arbeitsbogen: Gr. I

Mit der Erfindung der Dampfmaschine begann im 19. Jahrhundert die Industrialisierung, zunächst in England, dann auch in Deutschland! In den Städten gab es vorher nur verschiedene Handwerksbetriebe! Kaufleute und Handwerker prägten ganz wesentlich das Bild einer Stadt.

Dann wurden Fabriken gegründet:

Webereien – Gießereien!

In Essen begann z. B. Friedrich Krupp eine Fabrik aufzubauen! Wie lebten die Menschen aber zu der Zeit auf dem Lande? Die Bauern und ihre Söhne – die Landarbeiter und ihre Söhne?

Welche Arbeitsmöglichkeiten standen ihnen wohl zur Verfügung?

– Wieviel Lohn werden sie wohl erhalten haben? Konnte eine große Familie davon leben?

Gab es Arbeitslosigkeit? Armut und Elend? Abwechslung für die Jugend? Vielleicht Langeweile?

Da hörten die Menschen auf dem Lande von den Fabriken in der Stadt – von Arbeitsmöglichkeiten – von einem anderen Leben in der Stadt!

Was werden sie getan haben?

Sie kommen in einem Gasthaus zusammen und beraten!

Was würdet Ihr an ihrer Stelle wohl tun?

Was spricht dafür, auf dem Lande zu bleiben?
Welche Aussichten bietet die Stadt?
Überlegt Eure Argumente – formuliert sie und vertretet sie nachher vor Euren Mitschülern!
Die Entscheidung – zu bleiben oder fortzugehen – wird Euch nicht leicht fallen! Versucht, in Eurer übernommenen Rolle zu überzeugen! Mehr Information findet Ihr im Geschichtsbuch, Geschichtliche Weltkunde Bd 2 Seite 171–172.

Industrialisierung – Landflucht
Arbeitsbogen: Gr. II
Mit der Erfindung der Dampfmaschine begann im 19. Jahrhundert die Industrialisierung, zunächst in England, dann auch in Deutschland! Zu den Handwerksbetrieben kamen nun in den Städten verschiedene Fabriken hinzu; Webereien – Gießereien – in Essen baute Friedrich Krupp aus einer Schmiede eine Fabrik auf.
Vom Lande drängten junge Menschen in die Stadt, sie suchten Arbeit und Abwechslung!
Viele Arbeitssuchende warteten darauf, daß irgenwo jemand gebraucht werde!
Sie warteten, oft vergeblich – kein Geld – keine Wohnung! Was sollten sie tun?
Zurück aufs Land? – Betteln? – Stehlen?
Freunde suchen?
Karl Schmidt bekommt Arbeit, weil Plätze freigeworden waren!
Seine Vorgänger hatten gegen die geringe Entlohnung protestiert, da waren sie fristlos entlassen worden!
Zunächst freute sich Karl, endlich eine Arbeitsstelle zu haben. Er arbeitete 10–12 Stunden täglich! Der Lohn reichte gerade, um die Notunterkunft zu bezahlen und sich satt zu essen. Als er krank wurde, schleppte er sich zur Arbeit, um ja nicht seinen Platz zu verlieren, dann kam er eines Tages mit der linken Hand in eine Maschine, die nicht ausreichend gesichert war! Ohne Entschädigung für den Betriebsunfall wurde er sofort entlassen!
Schmerzen – Hunger – Not – Elend – Verbitterung!
Was sollte er tun? Wer konnte ihm helfen?
Es gab weder Kündigungsschutz, noch Krankengeld, noch Unfallhilfe, noch Arbeitslosengeld!
Was würdet ihr tun?
Versetzt Euch in die Lage der Arbeitssuchenden – der Entlassenen – aber auch der Fabrikbesitzer!
Übernehmt verschiedene Rollen, sucht nach Argumenten, die Ihr vor Euren Mitschülern in einer Diskussion vertreten sollt!
Mehr Informationen findet ihr im Geschichtsbuch, Geschichtliche Weltkunde Bd. 2 Seite: 174.

Auswertung der 1. Stunde

Alle Schüler der Gr. I lasen sofort den Arbeitsbogen durch, einige informierten sich zusätzlich im Geschichtsbuch, und andere wollten von mir verschiedene Fragen beantwortet haben, so z. B.:
Litten die Bauern im 19. Jh. immer noch unter dem Abhängigkeitsverhältnis vom Grundherren?
Gab es in einem Dorf Handwerksbetriebe und kleine Geschäfte?

Gab es in jedem Dorf schon eine Schule – Ich will das wissen, wegen der Bildung!

Wie groß war eine Familie denn damals? Waren es mehr als 4 bis 5 Personen?

Arbeiteten alle Bauernsöhne auf dem eigenen Hof? – Wer erbte, und was machten die anderen?

Danach diskutierten die Gruppenangehörigen über Löhne, Beschäftigungslosigkeit, über das Leben der Jugend auf dem Lande und darüber, was sie über die Stadtverhältnisse gehört hätten: über Arbeitsmöglichkeiten und über das Leben in der Stadt.

Am Ende der Vorbereitungszeit nahmen sie die Rollenverteilung vor und beschlossen, der anderen Gruppe zunächst das zu berichten, was sie diskutiert hatten.

Im Rollenspiel argumentierten diejenigen Schüler, die auf dem Lande bleiben wollten, u. a. so:

Die Sache ist viel zu unsicher, – man kennt dort niemand – hier hat man doch seine Familie – es ist zwar eng und das Essen nicht immer ausreichend, aber man ist doch zu Hause – Ich hab doch keinen Beruf erlernt – und wo soll ich in der Stadt bloß wohnen?

Dagegen führten die Befürworter an:

Mich reizt gerade das Neue, aber man müßte mit einer Gruppe hingehen, damit man sich gegenseitig unterstützen kann – Arbeit in einer Fabrik zu finden, daß ist bestimmt kein Problem – vielleicht kann man sogar ein Handwerk erlernen – auf jeden Fall dürfte das Geldverdienen dort leichter sein – und eine Unterkunft wird man auch schon finden – und abends ist es bestimmt nicht so langweilig wie hier – wir werden schon etwas unternehmen – ja, und wenn man fleißig ist, dann müßte man es doch schaffen, besser zu leben.

Bei der Abstimmung entschied sich die Mehrheit für einen Wechsel in die Stadt.

Die Gruppe II hatte Spielszenen vorbereitet:

Szene 1: Karl Schmidt auf Arbeitssuche. Er spricht bei mehreren Betrieben vor und fragt auch nach dem Lohn. – Dreimal wird er abgewiesen. – Endlich, in einer Weberei bekommt er eine Zusage, weil gerade ein Arbeiter ausgefallen ist. Es werden ihm 30 Pfennig Stundenlohn zugesichert.

Szene 2: Erfahrungsaustausch.
Karl hat im Betrieb einen Bekannten getroffen, nach Feierabend setzt er sich mit ihm zusammen. Sie unterhalten sich über den Arbeitsplatz:
über die Arbeitszeit (10 bis 12 Stunden)
über den Arbeitslohn (noch vor Monaten hätte der Betrieb mehr gezahlt)
über die Pausenordnung (das Essen kann man nur am Arbeitsplatz in sich hineinschlingen)
immer werden sie angehalten, noch schneller zu arbeiten –
und darüber, wie sehr sie aufpassen müßten, um nicht in eine Maschine zu geraten –
daß sie nicht krank sein dürften, sonst wären sie den Arbeitsplatz los –
und daß man mit dem Lohn keine großen Sprünge machen könne, das Geld reiche gerade, Essen und die Notunterkunft zu bezahlen.

Szene 3: Betriebsunfall.
Karl liegt in seinem Notquatier und unterhält sich mit drei Mitbewohnern:
Er wird gefragt, wie das denn passiert sei?
Karl erzählt, daß er aus Versehen mit der linken Hand in die ungeschützte Maschine geraten und ihm dabei die Hand abgerissen worden ist. Er fragt, was er nun machen kann, ob er irgendwo Unterstützung erhalten wird?
Er hört, daß er keine Entschädigung erhalten wird. Der Betrieb zahle nichts,

und Lohn zahlen die nur für die Stunden, die er gearbeitet habe – auch den Arzt müsse er selbst bezahlen!

Da er noch keine Freunde in der Stadt habe, die ihn unterstützen könnten, sieht er keine Möglichkeit mehr, noch länger in der Stadt zu bleiben. Sobald er wieder bei Kräften sei, werde er in sein Heimatdorf zurückkehren.

Die Ergebnisse beider Arbeitsgruppen werden diskutiert, und ein Schüler der Gruppe II macht dann den Vorschlag, doch die Gruppe I noch einmal abstimmen zu lassen.

Das Ergebnis ist nun nicht überraschend:

Nur noch wenige wollen in die Stadt gehen!

Abschließend über die Arbeitssituation von heute gesprochen: über die 35-Stunden-Woche – über Löhne – Essenspausen – Urlaub – Arbeitsplatzsicherung – Unfallversicherung – Krankengeld – Lohnfortzahlung – Arbeitslosenunterstützung.

Auswertung der 2. Stunde

Nach der pantomimischen Einstimmung lief die Stunde so ab, wie sie geplant worden war.

Der Vergleich mit dem Bauernaufstand war sehr nützlich, stellte er doch nicht nur eine Wiederholung, sondern auch noch eine wesentliche Vertiefung der Einsichten in soziale Probleme dar.

Im Transfer zur heutigen Zeit kamen wir auf Ausstand und Streiks zu sprechen (Bundesrepublik und England).

Bei der Bewältigung der Hausaufgabe entschieden sich die meisten Schüler dafür, eine Szene zur Bildsituation zu schreiben.

9. Weimarer Republik

Zum Vertrag von Versailles — U 23

Spielerfahrene Klasse

Einführung

Als die deutsche Heeresleitung im Frühjahr 1917 den uneingeschränkten U-Boot-Krieg befahl, erklärte der Präsident der USA vor beiden Häusern des Kongresses den Kriegszustand. Am 6. 4. 1917 stimmte der Kongreß für den Krieg. Im Oktober 1918 standen bereits 864 000 amerikanische Soldaten auf französischem Boden, die zusammen mit den gewaltigen Materiallieferungen der USA und der neuen Wunderwaffe der Alliierten, den gepanzerten Tanks, schließlich den Zusammenbruch der deutschen Front im Westen herbeiführten.

Im Frühjahr 1917 brach in Rußland die Revolution aus. Lenin und seine Mitkämpfer übernahmen im Oktober 1917 die Macht. Lenin drängte auf ein baldiges Endes des Krieges. Am 28. Dez. 1917 trat eine Waffenstillstandsvereinbarung in Kraft, und am 16. März 1918 unterzeichnete die sowjetische Regierung den von Deutschland aufgezwungenen Friedensvertrag in Brest-Litowsk.

Im Westen war Deutschland gezwungen, die Waffenstillstandsbedingungen anzunehmen und am 11. Nov. 1918 im Wald von Compiégne zu unterzeichnen.

Am 18. Jan. 1919 trat in Paris die Friedenskonferenz zusammen. Die ‚drei Großen', Clemenceau (Frankreich), Lloyd George (Großbritannien) und Wilson (USA) handelten den Frieden aus. Der Vertrag wurde am 28.06.1919 in Versailles von Deutschland unterschrieben.

Didaktische Überlegungen

Bei der Behandlung des 1. Weltkrieges hatte ich diese Schwerpunkte gesetzt:
- Gründe, die zum 1. Weltkrieg führten.
- Der Zwei-Fronten-Krieg.
- Der technische Fortschritt ermöglicht grausame Materialschlachten.
- Die Leiden der Bevölkerung.
- Das Jahr 1917.
- Der Zusammenbruch.
- Eine Bilanz des Krieges.

Mein Anliegen war es gewesen, Entwicklungen und Zusammenhänge darzustellen und vor allem die Schrecken des Krieges bewußt zu machen.

Mit der Fragestellung: „Was hatten wohl die kriegsteilnehmenden Länder aus den realen Tatsachen des 4jährigen Kampfes gelernt?" wollte ich am Schluß dieser großen Unterrichtseinheit den Vertrag von Versailles nicht nur streifen, sondern ihn einmal so in das Bewußtsein der Schüler rücken, daß sie gefordert sind, sich in die Rollen von ehemaligen Gegnern hineinzudenken. Ich wollte versuchen, den Blick der Schüler dafür zu schärfen, daß sich manche Probleme aus der Sicht eines anderen Landes plötzlich ganz anders ausnehmen. Verständnis füreinander sollte geweckt, möglicherweise übernommene Ressentiments überwunden und der Friedensgedanke verankert werden. Mit dieser Art Themenbehandlung sah ich auch die Möglichkeit, an gravierenden Fehlern aus dieser Vertragssituation anzuknüpfen und auf eine Linie der Entwicklung des Nationalsozialismus hinzuweisen.

Schüler sollten die Rolle der Franzosen, der Engländer, der Amerikaner, Russen und Deutschen übernehmen und dann in ihrer jeweiligen historischen Rolle miteinander über den Vertrag diskutieren und deutlich die Position ihres Landes vertreten.

Planung der Stunde

Es kristallisierte sich folgendes Gerüst für den Stundenaufbau heraus:
- Die Schüler beschäftigen sich in Gruppen mit dem Vertragstext und suchen sich darüber hinaus in den Geschichtsbüchern die Stellen aus den Berichten heraus, die sie als Argumente für den Vertreter ihres Landes benötigen.
- Die Gruppen wählen einen Sprecher, der sie bei der vorgesehenen Gesprächsrunde vertreten soll.
- Der Lehrer eröffnet das Treffen der Gegner und Verbündeten von ehedem, dankt den Vertretern für ihr Erscheinen und erteilt danach dem deutschen Vertreter das Wort. – Der Lehrer fungiert gleichzeitig als Diskussionsleiter.
- Wenn gründlich gearbeitet werden soll, benötigen die Gruppen ausreichend Zeit, ihr Material zu sichten und ihre Beiträge zusammenzutragen und niederzuschreiben. Für Erarbeitung, Darstellung und intensiver Nachbereitung der Inhalte des Rollengespräches sind zwei Unterrichtsstunden vorzusehen.

Stundenverlauf und Auswertung

Die Schüler des 9. Jahrgangs nahmen begeistert den Gedanken auf, sich jeweils in ihrer Gruppe in die Rolle des anderen Landes hineinversetzen zu dürfen.

Ich hatte 5 Briefumschläge mit Hinweisen für die Franzosen, Engländer, Amerikaner, Russen und Deutsche vorbereitet.

Der gewählte Sprecher einer Gruppe durfte einen Umschlag ziehen und sich dann mit seinen Mitschülern als Vertreter dieses Landes fühlen und mit der Argumentensammlung beginnen.

Lebhafte Gespräche in den einzelnen Gruppen kennzeichneten die Vorbereitungsphase. Ständig wurde ich bedrängt, doch noch zusätzlich Informationen zu geben.

Schnell – zu schnell war die erste Stunde herum, aber die Zeit hatte ausgereicht, sich sachkundig zu machen. Die Gruppen waren zufrieden mit dem, was sie sich erarbeitet hatten.

Zu Beginn der nächsten Geschichtsstunde stimmten wir uns zunächst noch einmal auf unsere Rollen ein, dafür durften sich die Gruppenteilnehmer 5 Minuten zusammensetzen.

Danach berief ich die Konferenz ein, bat den französischen, englischen, amerikanischen, russischen und deutschen Vertreter im Halbkreis Platz zu nehmen, begrüßte sie und dankte ihnen für die Teilnahme an dieser wichtigen Nachkriegsbegegnung. Außerdem stellte ich zwei Protokollführer vor, die bedeutende Aussagen der Gesprächsrunde festhalten würden.

Dem nachträglich zusammengestellten Gesprächsverlauf sind leider nur die Fakten zu entnehmen, für die Schüler war aber auch die Gesprächsatmosphäre von entscheidender Bedeutung. Erstmalig wurden Arbeitsergebnisse in eine problematische Gesprächsrunde eingebracht, um Informationen zu geben, Empfindungen nachspüren zu lassen und das Ringen um Verständigung zu vermitteln.

Hierbei sei auf zwei sehr verschiedene Ansätze einer Übermittlung von Gruppenarbeitsergebnissen hingewiesen:
auf die übliche Berichterstattung, wobei die anderen Schüler dem Vortragenden kaum folgen können, weil sie noch längst nicht in der Thematik zu Hause sind und deshalb oft nur desinteressiert zuhören, zeitweilig sogar ganz abschalten oder sich auf den eigenen Bericht konzentrieren, und auf die *Spielgruppe*, die der Aufmerksamkeit aller Schüler sicher sein kann, da durch Mimik und Gestik die sprachliche Konfrontation unterstrichen wird und oft erst dadurch manchem zuhörenden Schüler zum Nacherleben und somit zum Verstehen der Sachlage verholfen wird.

Im Auswertungsgespräch bekannten Schüler, daß sie bisher immer von der Schuld der anderen Völker überzeugt gewesen und nun froh wären, deutsches und anderer Länder Fehlverhalten erkannt zu haben.

Kontrovers blieb die Auseinandersetzung über die deutsche Alleinschuld am Kriege, und erregte Stellungnahmen erfolgten, als die deutsche Innenpolitik der Weimarer Republik besprochen wurde: „Für die national Gesinnten muß es doch geradezu ein gefundenes Fressen gewesen sein, lauthals auf den Vertrag zu verweisen – mit Parolen gegen die Westmächte mußte Hitler ja viele Wähler für sich gewinnen und sie gegen die anderen Nationen aufbringen."

Hinweise und Informationen in den Briefumschlägen für die Gruppenarbeit

Frankreich: Lest bitte die Auszüge zum Vertrag von Versailles und die anderen Informationen und überlegt danach, warum Frankreich wohl für so harte Bedingungen eintrat und welche Rolle *Clemenceau* als Vertreter Frankreichs bei der Friedenskonferenz spielte.

Wappnet Euch vor allen Dingen mit Argumenten, die verdeutlichen, wie sehr Frankreich auf seine Sicherheit in der Zukunft bedacht war.

Ihr müßt Eure harten Forderungen besonders Deutschland gegenüber verteidigen und um Verständnis für die damalige Situation bitten.

Wählt einen Vertreter, der Eure Gruppe bei der Konferenz vertreten soll und fertigt ein Plakat mit der Aufschrift „Frankreich" (groß und gut sichtbar).

Deutschland: Ihr habt die Ausschnitte aus dem Vertragswerk und weitere Informationen durchzuarbeiten, um Argumente zusammenzustellen, die dann die Position Deutschlands bei der Konferenz verdeutlichen sollen.

Achtet besonders auf die Festschreibung der „Alleinschuld" Deutschlands am Kriege. Weist auch darauf hin, daß der Vertrag Hitler viele Argumente lieferte, weil er damit die nationalen Gefühle der Deutschen aufzurütteln vermochte. Überlegt Euch Vorschläge, wie in Zukunft der Frieden gesichert werden könnte.

Wählt einen Sprecher, der Euch bei der Konferenz vertritt und fertigt ein Plakat mit der Aufschrift „Deutschland".

USA: Eure Aufgabe ist es, die Auszüge aus dem Vertragstext und die anderen Informationen durchzuarbeiten. Seht Euch besonders die „14 Punkte" Wilsons an. Sie dokumentieren die Einstellung der USA und sollten vor allem der Friedenssicherung dienen. – Und was wurde daraus? Wählt einen Sprecher für die Konferenz, der Eure damaligen Ansichten und Absichten gut vertreten kann.

Fertigt ein Plakat mit der Aufschrift „USA".

England: Ihr sollt versuchen, Euch beim Durcharbeiten der Vertragsausschnitte und der weiteren Informationen einen Überblick zu verschaffen und Euch Argumente der Einstellung Englands zu eigen zu machen. Eine Eurer größten Sorgen war es, daß das Gleichgewicht der Kräfte in Europa erhalten blieb: keine allzugroße Schwächung Deutschlands, aber auch keine wesentliche Stärkung der Machtposition Frankreichs zuzulassen.

Wählt einen Vertreter, der Euch bei der Konferenz vertritt und fertigt ein Plakat mit der Aufschrift „England".

Rußland/UdSSR: Ihr habt zwar wenig mit dem Vertragstext zu tun, weil Ihr bei den Friedensverhandlungen in Paris nicht zugelassen wart. Um aber Euren Beitrag bei der Konferenz leisten zu können, müßt Ihr Euch mit dem Vertragstext und weiteren Informationen vertraut machen.

Warum wart Ihr damals nicht vertreten?

Wählt einen Vertreter, der Euch bei der Konferenz vertritt und fertigt ein Plakat mit der Aufschrift „Rußland/UdSSR".

Informationen in den Briefumschlägen

Der Vertrag von Versailles

Die Bestimmungen des Vertrages umfaßten folgende Punkte:

Teil I:

§§ 1–26: Einrichtung eines Völkerbundes und Regelung seiner Satzungen. Die deutschen Kolonien wurden ihm unterstellt und als Mandate den führenden Siegermächten zugeteilt.

Teil II–III:
§§ 27–117: Festsetzung der neuen Grenzen der deutschen Republik und Regelung der europäischen Besitzverhältnisse. Im einzelnen wurde festgelegt: Wiederherstellung der Souveränität Belgiens und Abtretung der Grenzkreise Eupen und Malmedy an Belgien. Aufhebung der früheren Bestimmungen über Luxemburg, die den deutschen Einfluß in diesem Lande betrafen. Entmilitarisierung des gesamten linken Rheinufers. Besetzung und Ausnützung des Saargebietes durch Frankreich auf 15 Jahre; nach Ablauf dieser Frist Volksabstimmung über die politische Zugehörigkeit und gegebenenfalls Rückkauf der Saargruben durch Deutschland. Wiederabtretung Elsaß-Lothringens.

Unabhängigkeit Österreichs, Verbot seiner Vereinigung mit dem Deutschen Reich.

Unabhängigkeit der Tschechoslowakei, Abtretung des Hultschiner Ländchens an sie.

Unabhängigkeit Polens. Abtretung der Provinzen Posen und Westpreußen an Polen, aufgrund einer Abstimmung ggf. auch des industriellen Teiles von Oberschlesien.

Unterstellung des Memellandes unter alliierte Aufsicht (es wurde 1923 von Litauen besetzt). Errichtung eines Freistaates Danzig.

(Ostpreußen wurde somit völlig vom Reiche abgetrennt, es wurde eine „Insel“ im Ausland.)

Ggf. Abtretung Nordschleswigs aufgrund einer Volksabstimmung an Dänemark.

Anerkennung der neuen politischen Verhältnisse im Osten (Polen, Litauen, Lettland, Estland usw.).

Teil IV:
§§ 118–159: Aufhebung aller deutschen Rechte und Interessen im Ausland, Verzicht auf die Kolonien.

Teil V–VII:
§§ 160–230: Entwaffnung Deutschlands zum Zwecke der Einleitung allgemeiner Rüstungsbeschränkungen. Abschaffung der allgemeinen Wehrpflicht. Auflösung des Großen Generalstabes, Beschränkung der Heeresstärke auf 100 000 Mann, Verbot aller schweren Waffen und der Luftstreitkräfte, starke Beschränkung der Marine. Entmilitarisierung einer 50 km breiten Zone rechts des Rheins. Überwachung der Abrüstung durch alliierte Kontrollkommissionen.

(Die in Teil VII geforderte Auslieferung des Kaisers und weiterer rund 900 „Kriegsverbrecher“ unterblieb.)

Teil VIII–IX:
§§ 231–263: Wiedergutmachungen („Reparationen“) und finanzielle Bestimmungen.

(Der grundlegende Paragraph hierfür war § 231, der die Kriegsschuld einseitig auf Deutschland und die Mittelmächte legte; er war das „Herzstück“ des Vertrages.)

Teil X:
§§ 264–313: Übertragung des gesamten deutschen Privatbesitzes im bisher feindlichen Ausland an die Alliierten, Entschädigung der früheren Besitzer durch das Reich.

Teil XI–XII:
§§ 313–427: Regelung des internationalen Luft-, Land- und Wasserverkehrs in Deutschland. Internationalisierung der Ströme Rhein, Elbe, Oder, Memel, Donau und des Nord-Ostsee-Kanals.

Teil XIII–XV:
§§ 428–440: Bürgschaften für die Durchführung des Vertrages, u. a. Besetzung von Brückenköpfen um Köln (5 Jahre), Koblenz (10 Jahre) und Mainz (15 Jahre) (Hans Ebeling).

„Die Reise in die Vergangenheit“, Bd. 4 S. 102

Die „Vierzehn Punkte" Wilsons

Im Januar 1918 hatte der amerikanische Präsident Wilson in *„Vierzehn Punkten"* seine Grundsätze für den Frieden verkündet. Seine wichtigsten Forderungen waren:

- Räumung aller von den Mittelmächten besetzten Gebiete
- Abtretung von Elsaß-Lothringen an Frankreich
- Wiederherstellung eines selbständigen Polen
- für die in Österreich-Ungarn und in der Türkei lebenden Völker das Recht, ihre politische Zukunft selbst zu entscheiden
- eine allgemeine *Abrüstung*
- Gründung eines *Völkerbundes*, der die Aufgabe haben sollte, künftige Kriege zu verhindern
- Freiheit der Meere und internationale Regelung der Kolonialfrage
- *Selbstbestimmungsrecht* der Völker
- friedliche Beilegung aller Streitfragen.

Geschichte für Morgen Bd. 3 S. 34

Als Graf Brockdorff-Rantzau und Minister Landsberg mit den übrigen Herren der Abordnung eintreffen, empfängt sie eine eisige Atmosphäre. Offiziere geleiten sie zu dem großen Saal des Hotels.

Der Graf ist ein hochgewachsener Mann, der seine Umgebung um Haupteslänge überragt. Ohne Befangenheit, aber in tiefem Ernst schreitet er durch das Spalier der Offiziere aller Nationen, an den Sekretären und Ministerialbeamten vorüber und betritt den Saal, in dem trotz des hellen Tageslichts die elektrischen Lampen brennen. An den Wänden entlang sind Stühle aufgereiht, in der Mitte steht ein kurzer Tisch mit grüner Decke. Er ist wie eine Anklagebank vor den gewaltigen, hufeisenförmigen Konferenztisch gerückt, an dem die Vertreter von 27 Nationen sitzen.

Beim Erscheinen der Deutschen erheben sich zuerst die Herren des Präsidiums: in ihrer Mitte der kleine, geduckte, weißhaarige „Tiger", der wie stets wegen eines Ekzems an den Händen Seidenhandschuhe trägt; rechts neben ihm Wilson, dann Lloyd George, Orlando und all die anderen. Graf Brockdorff-Rantzau verneigt sich knapp und nimmt zugleich mit der Versammlung Platz. Nur Clemenceau bleibt stehen, er eröffnet die Zusammenkunft.

„Die Stunde der Regelung ist gekommen, der Regelung einer Abrechnung nämlich, die ein uns grausam aufgezwungener Krieg notwendig gemacht hat ..."

Die grauen Augen des deutschen Grafen sind fest auf den alten Mann gerichtet. Brockdorff-Rantzau ist totenbleich geworden, doch hält er sich eisern in der Gewalt und verrät durch nichts die ungeheure Anspannung, die ihm diese Stunde auferlegt.

Hier geht es nicht nur um Deutschlands Schicksal, es geht auch darum, ob die Welt endlich einer friedlichen Zukunft entgegensehen wird – oder ob in dieser Stunde der Samen eines neuen Krieges gelegt wird.

„Deutschland darf und kann nicht vernichtet werden", denkt der Graf. „Seine Weltmission für die Menschheit steht fest, und es wird sie erfüllen. Ich denke nicht an Revanche – aber unsere Gegner sollen auf der Hut sein: Sie haben den Krieg gewonnen, aber sie könnten den Frieden verlieren ...„

Lauter tönt Clemenceaus Stimme, sie vibriert wie singender Stahl.

„Sie verlangen den Frieden, wir sind bereit, ihn zu gewähren. Das Buch, das Ihnen überreicht wird, enthält seine Bedingungen. Wir werden Ihnen die nötige Zeit lassen, die die internationale Höflichkeit gebietet, um sie zu prüfen. Wir werden aber für die nötigen Vorkehrungen und Sicherungen sorgen, damit auf diesen zweiten Versailler Frieden, der einen so schrecklichen Krieg abschließt, kein weiterer folgen kann."

Geraune geht durch die Sitzreihen der allierten und assoziierten Vertreter. Der Generalsekretär des Kongresses tritt vor und legt vor Graf Brockdorff-Rantzau ein stattliches Buch nieder, während die Dolmetscher die Erklärung Clemenceaus in Englisch und Deutsch wiederholen. Pressephotographen machen ihre Aufnahmen, Wilson starrt auf das Tischtuch, seine Rechte trommelt nervös mit dem Bleistift.

Da erhebt sich Brockdorff-Rantzau.

„Meine Herren! Wir sind tief durchdrungen von der erhabenen Aufgabe, die uns mit Ihnen zusammengeführt hat: der Welt rasch einen dauerhaften Frieden zu geben. Wir täuschen uns nicht über den Umfang unserer Niederlage, den Grad unserer Ohnmacht. Wir wissen, daß die Gewalt der deutschen Waffen gebrochen ist, und wir kennen die Wucht des Hasses, der uns hier entgegentritt. Wir haben die leidenschaftliche Forderung gehört, daß die Sieger uns zugleich als Überwundene zahlen lassen und als Schuldige bestrafen wollen ...

Die Haltung der früheren deutschen Regierung auf der Haager Friedenskonferenz, ihre Handlungen und Unterlassungen in den tragischen zwölf Julitagen 1914 mögen zum Unheil beigetragen haben, aber wir bestreiten nachdrücklich, daß Deutschland, dessen Volk überzeugt war, einen Verteidigungskrieg zu führen, allein mit Schuld belastet ist ..."

Empörte Zurufe von den Plätzen der französischen Delegation werden von dem Deutschen nicht beachtet. Ruhig fährt er fort:

„Das Maß der Schuld aller Beteiligten kann nur eine unparteiische Untersuchung feststellen, eine neutrale Kommission, vor der alle Hauptpersonen der Tragödie zu Worte kommen, der alle Archive geöffnet werden. Wir haben eine solche Untersuchung gefordert, und wir wiederholen diese Forderung."

Mit leidenschaftlich mahnender Stimme spricht der Graf von dem unverlierbaren Recht der Völker. Er ruft – und seine Blicke sind auf Wilson gerichtet – die Erinnerung an Versprechungen wach, nach denen die 14 Punkte Grundlage des Friedens sein sollten.

„Das deutsche Volk", so schließt Graf Brockdorff-Rantzau, „ist innerlich bereit, sich mit seinem schweren Los abzufinden, wenn an den vereinbarten Grundlagen des Friedens nicht gerüttelt wird. Ein Friede, der nicht im Rahmen des Rechts vor der Welt verteidigen werden kann, würde immer neue Widerstände gegen sich aufrufen. Niemand wäre imstande, ihn guten Gewissens zu unterzeichnen, denn er wäre unerfüllbar. Niemand kann für seine Ausführung die Gewähr, die in der Unterschrift liegt, übernehmen ...

Ganz von ferne nur dringt die Stimme Clemenceaus, tönen die Worte Sühne, Gerechtigkeit, Freiheit an sein Ohr.

Er hat diesem Forum der Rache vorgeschlagen, eine wirtschaftliche Union der europäischen Staaten als Vorstufe eines Vereinten Europas im Rahmen des Völkerbundes zu begründen. Das hätte gleichzeitig das Ende aller gegenseitigen Bedrohung und den Anfang künftigen Zusammenlebens ohne Haß und Ressentiments bedeuten können. – Man hat ihm darauf gar nicht geantwortet.

Schwerfällig erhebt er sich, als Clemenceau schweigt; er bringt die Vorbehalte der deutschen Nationalversammlung – vor allem die Zurückweisung des Schuldbekenntnisses Deutschlands – noch einmal zum Ausdruck. Präsident Wilson klopft auf den Tisch, alle Augen wenden sich ihm zu.

Wilson spricht harte, hämmernde Worte. Er befiehlt der deutschen Nationalversammlung, den Friedensvertrag als Ganzes anzunehmen oder abzulehnen. Für den Fall einer Ablehnung sei der Vormarsch auf Berlin und die Verschärfung der Blockade vorbereitet.

Graf Brockdorff schaut blicklos auf das kranke, von fiebrigen Flecken gerötete Antlitz des Präsidenten.

Dann bestätigt er den Empfang des Aktenstückes. Den Federhalter wirft er verächtlich auf den Tisch.

Argumente, die Hitler nutzten

„Offiziere und einfache Frontsoldaten, die viereinhalb Jahre die Unüberwindlichkeit der deutschen Heere miterlebt haben, vermögen den jähen Zusammenbruch nicht zu begreifen. Niemals werden sie zugeben, militärisch überwunden zu sein. Andere, geheime Gründe, Verrat und Hinterlist müssen die Niederlage verschuldet haben – keineswegs war es die geballte Übermacht von fünf Kontinenten! Die Sage vom „Dolchstoß von hinten", den angeblich marxistische und klerikale Kreise, Freimaurer und Juden geführt haben, geht wie ein Mythus um und wird rasch zum politischen Schlagwort. Die demütigenden Umstände des Versailler Friedensschlusses, der ausweglose Haß ringsrum, die Rechtsbrüche der Alliierten und die Einfälle in Ost und West erhitzen die nationalistischen Leidenschaften aufs höchste. Taten wie die Selbstversenkung der Flotte vor Scapa Flow erscheinen diesen Männern als die erste Verheißung eines wiedererwachenden Deutschlands.

Hitler

Er ist ein Meister der Vereinfachung, er versteht sich darauf, schwierige Probleme auf allgemein verständliche Schlagworte zusammenzudrängen.

„Aufgabe der Propaganda ist die Zersetzung des bestehenden Zustandes und die Durchsetzung dieses Zustandes mit der neuen Lehre ..."

Von nun an werden die Regierenden nur noch „Systempolitiker" oder „Erfüllungspolitiker", die Republik aber das „schwarz-rote System" heißen; man spricht von der „Judenrepublik", vom „Dolchstoß", vom „Verrat am deutschen Feldheer", man verheißt den Massen „Freiheit und Brot", ein „Leben in Schönheit und Würde", ohne sich auf das Wie und Wann klar festzulegen.

Zu den Schlagworten treten die Symbole. Aus seiner Wiener Zeit sind Hitler zwei Erlebnisse in Erinnerung geblieben, die ihn tief ergriffen haben: eine Massendemonstration sozialdemokratischer Arbeiter und eine besonders glanzvolle Fronleichnamsprozession. Dort prägte sich ihm die mitreißende Kraft marschierender Kolonnen, hier die suggestive Anziehungskraft mystischer Symbole auf die Masse ein. In den nationalsozialistischen Kundgebungen wird Hitler beide Wirkungen kombinieren. Zuerst braucht die in Marsch zu setzende Bewegung eine Fahne. Er selbst entwirft sie. Das Kampflied des abenteuerlichsten und bekanntesten Freikorps jener Zeit liefert ihm das Muster:

„Hakenkreuz am Stahlhelm,
Schwarz-weiß-rotes Band –.
Die ‚Brigade Ehrhardt'
Werden wir genannt!"

Die Farben des Kaiserreiches betonen den konservativ-nationalen, das vorherrschende Rot den revolutionär-sozialistischen Gedanken und das Hakenkreuz – das Sonnenrad der Indogermanen, aber auch manchen asiatischen Volkes – das Idol der Rasse.

Zitiert nach: Zierer, Otto: Das Bild unserer Zeit, Bd. 43/44, München 1955 S. 113–127

Gesprächsergebnis (nachträglich rekonstruiert)

C) Zum Vertrag von Versailles

Eine Nachbesinnung

Von je einem Vertreter Deutschlands (D) – Frankreichs (Fr) – Englands (E) – der USA (U) – und Rußlands (R)

D: Der Vertrag von Versailles kann von uns nicht als Vertrag angesehen werden. Den Vertrag empfinden wir als Friedens-Diktat!
Einen Frieden kann man nicht diktieren, über einen zukünftigen Frieden muß man sprechen können – muß man ausgiebig verhandeln, muß man sich sehr viel Gedanken machen!
Es ist beinahe verständlich, daß Hitler stets vom Schandvertrag von Versailles spricht!

Fr: Kommen Sie mir doch nicht mit Hitler! – Versuchen Sie selbst doch einmal, objektiv zu sein!
Wir haben in dem Vertrag nur unsere rechtmäßigen Forderungen, hinsichtlich Wiedergutmachung und in Punkto Sicherheit durchgesetzt.

D: Sehr richtig, Sie haben ihre Forderungen durchgesetzt – Verhandelt haben Sie mit unseren Vertretern jedenfalls nicht! Die deutsche Abordnung hatte doch kaum 2 Tage Zeit, das Vertragswerk durchzulesen.
Und unter Ihrem Druck mußten wir dann unterschreiben, sonst wären Sie doch in Deutschland einmarschiert, und der Kampf und das Blutvergießen wären weitergegangen!

Fr: Wir haben die Bedingungen ja nicht ohne Unterstützung Englands und der USA festgelegt:

E: Unsere Vertreter haben wohl deshalb zugestimmt, weil sie Frankreich nicht im Stich lassen wollten, obwohl ja hinsichtlich der vorgesehenen Gebietsabtretungen große Bedenken unsererseits bestanden haben.

D: Und warum haben sie, die Amerikaner zugestimmt, obwohl Präsident Wilson in seinen 14 Punkten doch das Selbstbestimmungsrecht der Völker gefordert hatte? Oder galt das etwa nicht für die Gebiete, die wir abtreten mußten?

U: Unser Präsident hatte gefordert, den Völkern die Freiheit zu geben, das Selbstbestimmungsrecht der Menschen zu verankern, frei zu entscheiden, zu welchem Staat sie gehören wollten.
Seine Forderungen wurden jedoch erheblich verwässert. Die USA konnten sich jedenfalls nicht durchsetzen, zu stark waren die Rachegefühle Frankreichs und sein Haß auf Deutschland.

Fr: Da muß ich aber ganz energisch protestieren.
Unsere Leitgedanken wurden nicht von Haß und Rachegedanken bestimmt, es ging uns vielmehr um unsere Sicherheit, denn wir wollten nicht wieder von den Deutschen bedroht werden. Wie ist sonst der Ausspruch unseres Ministerpräsidenten Clemenceau zu verstehen, als er sich darauf berief, daß in den letzten 100 Jahren die Türme von Paris vier Mal den Geschützdonner preußischer Geschütze gehört hätten?
Ich frage Sie, sollten wir denn schon 1919 vergessen haben, was Deutschland uns im Kriege und danach angetan hatte?
Sollten wir den Deutschen vielleicht die Möglichkeit geben, wieder aufzurüsten, damit sie uns wieder angreifen können?

U: Ich verstehe die Sorgen Frankreichs! – Erklären muß ich hier jedoch, daß die USA den Vertrag von Versailles nicht unterschrieben, sondern 1921 einen Sonderfrieden mit Deutschland schlossen.

R: Wir Russen haben mit der Sache nichts zu tun, denn wir waren ja von den Verhandlungen in Versailles ausgeschlossen, weil man in unserem Land nach der erfolgreichen Revolution eine „neue Gefahr" für Europa sah.
Was die Härte des Vertrages anbetrifft, da fühlen wir uns in der Tat nicht zuständig.
Aber warum beklagen die Deutschen sich, das kann ich nicht verstehen!
Denken Sie doch einmal an die harten Bedingungen, die die Deutschen der UdSSR in dem Friedensvertrag von Brest-Litowsk auferlegten!

D: Das war sicherlich nicht in Ordnung – darüber kann man auch einmal sprechen – aber jetzt beschäftigen wir uns doch mit dem Vertrag von Versailles.
Am unerträglichsten ist es für Deutschland, die Alleinschuld am Kriege tragen zu müssen!

R: Erinnern Sie sich, daß die Deutschen den Russen den Krieg erklärten?

D: Das taten wir doch nur, weil sie vor uns „mobil" gemacht hatten!

Fr: Und auch uns haben sie den Krieg erklärt!

D: Ja, das ist richtig – aber das geschah doch deshalb, damit sie uns nicht in den Rükken fallen sollten!
Angriff ist die beste Verteidigung!
Wir sind ihnen doch nur zuvorgekommen!

E: Mit dem Vorrechnen, wer wem den Krieg erklärte, kommen wir in unserem Gespräch nicht weiter, wenn wir nicht berücksichtigen, welche Auswirkungen der Vertrag hatte.
Aber erklären möchte ich doch noch, warum die Engländer den Deutschen den Krieg erklärten:
Deutschland hatte die Neutralität Belgiens gebrochen – deshalb!
Für mich ist es erschütternd, daß Deutschland das Neutralitätsabkommen genau so wenig eingehalten hatte wie das mit uns abgeschlossene Flottenabkommen.
Muß man sich da nicht die Frage stellen, ob man Deutschland überhaupt Vertrauen schenken kann?
Sicher haben diese Fragen und Erkenntnisse dazu beigetragen, uns von Frankreich überzeugen zu lassen, auch die harten Bedingungen mitzutragen und zu unterschreiben.

D: Es tut mir leid, Sie haben meine Frage nicht beantwortet! Sind sie alle nach wie vor der Meinung, daß Deutschland die Alleinschuld am Kriege zu tragen hat?

Fr: Ich meine, daß das nun wirklich geklärt ist! – Sie haben Rußland und uns den Krieg erklärt. – Das ist doch eindeutig genug!

E: Ich weiß nicht, ob man das so eindeutig sagen kann. Einige Jahre nach Kriegsende äußerte Ministerpräsident Lloyd Georg die Meinung, daß von den damals führenden Männern in Europa keiner den Krieg ernsthaft gewollt hätte, alle wären sozusagen hineingetaumelt, aus Torheit!

D: Das wage ich zu bezweifeln.
Frankreich hat nie die Schlacht bei Sedan verwinden können und erneuerte ständig die Forderung, Elsaß-Lothringen zurückzuerhalten.
Mir scheint, der Krieg kam Frankreich damals sehr gelegen – ja, es konnte gar nicht besser für das Land kommen, da Deutschland ja in einem Zweifronten-Krieg verwickelt werden konnte.

E: Diese Motive sind bestimmt nicht von der Hand zu weisen – aber genau so gut könnte man behaupten, auch D. hat den Krieg gewollt! Erinnern Sie sich doch an die großen Sprüche ihres Kaisers Wilhelm II.: Viel Feind – viel Ehr! – und „Wir Deutschen fürchten Gott, sonst nichts auf der Welt!"

D: Das waren Sprüche eines Kaisers, der sich in seiner Großmannssucht überschätzte.

U: Ob gewollt oder hineingetaumelt, die Zeit war damals wohl reif für eine große Auseinandersetzung.
Wie hätten sonst die Sozialisten Frankreichs und die Sozialisten Deutschlands vergessen können, daß sie Sozialisten waren?
Bei Kriegsausbruch waren sie jedenfalls nur noch Franzosen – nur noch Deutsche!
Hätten sie nicht mit aller Macht verhindern müssen, daß auf ihre sozialistischen Brüder geschossen wurde?

R: So tief ging damals die sozialistische Überzeugung noch nicht! Wenn wir jedoch an die politschen Auswirkungen des Vertrages denken wollen, dann hätte man – meiner Meinung nach – nicht so großzügig mit Polen verfahren dürfen, als man ihnen den Zugang zur Ostsee gab, auf Kosten Deutschlands und Ostpreußen vom Reich lostrennte.

U: Es ist schon möglich, daß man damit geradezu den nächsten Weltkrieg programmierte, denn Deutschland konnte sich auf Dauer nicht mit dieser Entscheidung abfinden.

Fr: Auf jeden Fall mußten die Interessen Polens berücksichtigt werden: Dieser Staat konnte nur lebensfähig sein, wenn er den Zugang zur Ostsee erhielt!
Damit Deutschland nicht erneut vertragsbrüchig werden konnte, dafür schufen wir ja den Völkerbund, der sich für den Frieden verantwortlich fühlte.
Und mit seinem 100 000-Mann-Heer konnte D. nie mehr zu einer Gefahr für Europa werden!
Genau das hatten wir festgelegt!

D: Ja, so wurde der Vertrag von Versailles zu einem Kampfobjekt in der deutschen Innenpolitik und ermöglichte letztlich einen Hitler!

Fr: Das müssen Sie schon näher erklären!
Was kann denn der Friedensvertrag mit Hitler zu tun haben?

D: Das will ich gern tun:
Als man uns bei der Konferenz in Paris so würdelos behandelt hatte und uns unter Androhung gezwungen hatte, den Vertrag zu unterschreiben, da fühlten sich

die deutschen Menschen sehr getroffen, und da sie noch jahrelang unter den harten Bedingungen litten, kam ihnen Hitler gerade recht, weil der aussprach, was bisher kein Politiker gewagt hatte: Er sprach vom Friedensdiktat und dem Schandvertrag von Versailles und gewann damit diejenigen, die sich in ihrem Nationalgefühl angesprochen fühlten.

Fr: Das konnten wir damals doch nicht ahnen, daß der Vertrag solche Auswirkungen in Deutschland haben würde.
Vielleicht wäre tatsächlich alles ganz anders gelaufen, wenn wir maßvoller gewesen und nicht so sehr auf Rache ausgewesen wären.

E: Bestimmt hätten sich die Menschen in Deutschland anders verhalten – sie wären nicht auch wieder auf Rache ausgewesen!

R: Und damit war tatsächlich der 2. Weltkrieg bereits vorgezeichnet, denn Hitler redete ja nicht nur, sondern er handelte!

U: Vielleicht haben wir Siegerstaaten zu sehr auf die Macht und Kraft des Völkerbundes vertaut.

D: Nun sind wir schon auf den 2. Weltkrieg zu sprechen gekommen, jetzt könnten wir auch noch untersuchen, wer denn die Schuld am diesem Kriege trage.

E: Dabei würden wir uns wohl wesentlich schneller einigen!

Lehrer: Ich danke allen Beteiligten für die offene Aussprache. Vielleicht ist es uns ja gelungen, ein bißchen zur Erhaltung des Friedens beizutragen.

Weltwirtschaftskrise und Arbeitslosigkeit U 24

Spielunerfahrene Klasse

Einführung

Als 1929 in den USA eine schwere Wirtschaftskrise begann, forderten die ausländischen Gläubiger kurzfristig ihr Geld samt Zinsen zurück. Mit einem Male mußten Deutschland – zusätzlich zu den Reparationsleistungen – Milliarden Reichsmark an die Gläubiger im Ausland zurückzahlen. Dadurch wurde das Geld sehr knapp im Lande.

Die Unternehmer und Handwerker erhielten von den Banken keine Betriebsdarlehen mehr, um Maschinen und Rohstoffe zu kaufen. Sie mußten ihre Produktion verringern und zum Teil ganz einstellen, zumal nun auch der Absatz der Waren überall im Ausland stockte. Sie mußten ihre Arbeiter kündigen. Die Krise weitete sich zu einer Weltwirtschaftskrise.

So setzte 1930 in Deutschland, wie auch in den USA und anderen Ländern, eine große Arbeitslosigkeit ein. Immer mehr Erwerbslose mußten bei den Arbeitsämtern und Fürsorgestellen ‚stempeln gehen'.

In Deutschland stiegen die Arbeitslosenzahlen von 1930 – 3 004 275 auf 6 034 100 im März 1932.

Die Sätze der Unterstützung waren bis Juni 1932 so bemessen, daß die meisten Arbeitslosen an der Grenze des Existenzminimums lebten. Nach Ablauf von sechseinhalb Monaten mußten die Arbeitslosen, um weiter Unterstützung zu beziehen, immer wieder ihre Bedürftigkeit nachweisen. Diese ‚Krisenfürsorge' dauerte höchstens bis zu einem Jahr. Wer keine Krisenunterstützung mehr bekam, fiel – wie alle Armen und Alten, die nicht Mitglieder der Sozialversicherung waren – der örtlichen Wohlfahrt zur Last. Die Beträge, die gezahlt wurden, richteten sich nach der Höhe des Gemeindeeinkommens. So konnte es vorkommen, daß wenn die Kassen leer waren, vielleicht drei Mark in der Woche für eine Familie gezahlt wurden.

Die Empfänger von Wohlfahrtsunterstützung vegetierten meist dahin. Oft aus der Wohnung ausgewiesen, im Freien oder in Wartesälen nächtigend, sich von Gratisspeisungen und z.T. auch von Abfall nährend und in Lumpen gehüllt, hofften sie nur auf ein Wunder. Es gab damals aber auch Menschen, die nicht von der örtlichen Wohlfahrt unterstützt wurden, weil entweder die Gemeinde zu arm oder weil sie sich aus Schamgefühl nicht an die Wohlfahrt wenden wollten. Wenn sich ihrer niemand annahm, bettelten oder stahlen sie oder nahmen sich das Leben.

Reichskanzler Brüning versuchte, die Arbeitslosigkeit zu bekämpfen, jedoch ohne spürbare Erfolge.

Ein Teil der Arbeitslosen setzte seine Hoffnungen auf die KPD, der größere Teil jedoch auf die NSDAP.

Didaktische Überlegungen

In den vorangegangenen Stunden hatten die Schüler in groben Umrissen vom Beginn der Weltwirtschaftskrise, von deren Verlauf und ihren Auswirkungen gehört. Sie hatten u. a. Arbeitslosenzahlen erfahren, die 1926 schon 2 000 000 auswiesen und sich bis 1932 auf rund 6 000 000 steigerten. Den Verlauf der Krise und die Zahlenangaben hatten die Schüler, stets ohne große Betroffenheit zu zeigen, zur Kenntnis genommen.

Das hatte ich genau so wie bei der Behandlung der Judenverfolgung erfahren, daß Zahlendarstellungen kaum beeindrucken, weil sich weder mit kleinen noch mit großen Zahlen Einzelschicksale in der Vorstellungskraft der Schüler verknüpfen.

In Zukunft wollte ich nicht mehr nur der Informationspflicht genügen, sondern herausstellen, was sich hinter den Zahlenangaben an sozialen Problemen verbirgt.

So entschloß ich mich, dem Thema „Arbeitslosigkeit" eine besondere Stunde zu widmen und Einzelschicksale vorzustellen, um die damalige verheerende Situation nachempfinden zu lassen.

Bei der Materialsammlung entdeckte ich Übersichten, die etwas über wöchentliche Unterstützungssätze aussagten, fand einen Speisezettel einer Arbeitslosenfamilie, Bilder und Skizzierungen prägnannter Einzelschicksale. Außerdem las ich noch einmal Falladas „Kleiner Mann, was nun" und Erich Kästners „Fabian", dessen ursprünglicher Buchtitel „Der Gang vor die Hunde" lautete.

Obwohl die Klasse nicht an das Spiel gewöhnt worden war, hoffte ich doch, durch die Gruppenarbeit die Schüler zur Nachgestaltung typischer Situationen anregen und mich dann mit ihnen an die Nachgestaltung wagen zu können.

Planung der Stunde

- Zunächst wollte ich auf mein besonderes Anliegen der Stunde hinweisen: Was verbirgt sich an sozialen Problemen hinter den Zahlenangaben?
- Zur Motivation zeige ich ein Bild von Arbeitslosen und lasse die Schüler Einzelheiten beschreiben.
- Danach erfolgt eine Gruppeneinteilung. 4 Gruppen je 6 Schüler. Jede Gruppe erhält einen Arbeitsbogen (Anlage 1) mit Arbeitsmaterial und Arbeitsanweisungen.
- Es folgt die Gruppenarbeit.
- Die Gruppen stellen ihre Arbeitsergebnisse vor, auch die erbetene Spielvorschläge.
- Gemeinsame Erarbeitung einer Rollenspielsituation soll abschließend folgen.
- In der Hausaufgabe fordere ich: Schreibt einen Stundenbericht oder eine Spielszene.

Anlage 1

Arbeitsbogen

Zunächst sollt Ihr erfahren, was Euch an Arbeitsmaterial zur Verfügung steht: Auf einem Extrablatt die Tabellenübersichten 2 – 3 und 6, und auf diesem Bogen findet Ihr Texte von Einzelschicksalen – darüber hinaus müßt Ihr in das Geschichtsbuch einsehen.

Folgende Anweisungen sind zu beachten:

– Lest zunächst die Tabelle 2 und vergleicht die Punkte A mit O und X (Was fällt Euch auf?)
– Jetzt nehmt Ihr die „Geschichtliche Weltkunde" Bd. 3 in die Hand und lest auf Seite 84 den Text „Hunger und Elend".
– Schreibt nun Eure Erkenntnisse auf! Danach befaßt Ihr Euch mit der Tabelle 3, um Euch über die Unterstützungssätze zu informieren.
– Und nun müßt Ihr Euch mit der Tabelle 6 anfreunden, die Euch etwas über den Wochenspeisezettel einer Arbeitslosenfamilie sagt.
– Der Schriftsteller Knickerbocker besuchte eine Arbeiterfamilie, die Arbeitslosenunterstützung bezog: „Die Frau bemühte sich zu erklären, wie sie es zuwege brachte, ihren Mann, 5 Kinder und sich selbst von der Arbeitslosenunterstützung ihres Mannes, 15 RM 85 Pf in der Woche, zu erhalten. Sie sagte: ‚Zuallererst muß ich 85 Pf vorne wegnehmen, die Max in der Woche für Tabak kriegt. Für die Miete müssen wir 3 Mark wöchentlich zahlen, Gas 70 Pfennig, 50 Pf. Ratenzahlung für den Pullover von Max und 30 Pf in der Woche für Handtuchmiete, 1 Mark für Zeitungen und 1 Mark Parteibeitrag. Als gute Kommunisten müssen wir ja die Parteiorgane lesen'.
  „Und wie kaufen Sie für 8 Mark 20 in der Woche Essen für 7 Personen?"
  ‚Brot und Kartoffeln' antwortete sie, und an dem Tag, an dem wir das Geld kriegen, kaufen wir uns Wurst. Einmal in der Woche will der Mensch doch ein bißchen Fleisch haben!"
– Vergleicht das einmal mit Eurem Haushaltsplan!
– Zum Schluß lest noch die Aussagen, die Hermann Glaser aufgezeichnet hat:
  „Ich war früher Betriebsleiter mit etwa 400 RM Gehalt. Mußte Möbel und Pelz verkaufen und ein Zimmer vermieten. Ich bin 40 Jahre alt und verheiratet – Vater von 2 Kindern (Junge $3^1/_2$, Mädchen $^1/_2$). Stellenlos seit 1.4.25".
  „Bin 39 Jahre alt, verheiratet, drei Kinder (14, 12, 9 Jahre). Drei Jahre nichts verdient. Zukunft? Arbeit, Irrenanstalt oder Gashahn!"
  „Meine Kündigung erfolgte, weil Militäranwärter eingestellt wurden. Ich verkaufte meine Möbel. Vor dem Kriege mehrere eigene Geschäfte, die ich infolge des Krieges und meiner Einberufung aufgeben mußte. Als ich zurückkam, starb meine Frau. Meine ganzen Ersparnisse sind mir durch den großen Volksbetrug (Inflation) geraubt. Jetzt bin ich 51 Jahre alt und muß deshalb überall hören: ‚So alte Leute stellen wir nicht ein'. Der letzte Schritt ist für mich Selbstmord. Der deutsche Staat ist unser Mörder!"
  „Ich bin seelisch gebrochen und beschäftige mich ab und zu mit Selbstmordgedanken. Außerdem habe ich das Vertrauen zu sämtlichen Menschen verloren. Ich bin 38 Jahre alt, geschieden, 4 Kinder."
– Könnt Ihr das nachempfinden? Oder sollten wir einmal gemeinsam versuchen, das Problem der Arbeitslosigkeit in einem Rollenspiel nachzugestalten? – Was meint Ihr? Überlegt Euch, was sich wohl spielen läßt.
– So – nun an die Arbeit und fragt, wenn Ihr nicht allein zurechtkommt!

Tabelle 2: Die Arbeitslosen in Deutschland nach Unterstützungseinrichtungen

		Arbeitslose Ende des Monats							
		davon sind							
	A	O		Hauptunterstützungsempfänger in der				X	
	Insgesamt	Arbeitslosen-Vers.	v.H.	Krisenfürsorge	v.H.	Wohlfahrts-unterstützte[1)]	v.H.	Nicht-unterstützte	v.H.
1930 September	3004275	1492766	49,7	472582	15,7	541342	18,0	497585	16,6
1931 März	4743931	2316971	48,8	923552	19,5	940071	19,8	563337	11,9
September	4354983	1344772	30,9	1139592	26,2	1207729	27,7	662890	15,2
1932 März	6034100	1578788	26,2	1744321	28,9	1944417	32,3	766574	12,6
September	5102750	618340	12,1	1231428	24,1	2046537	40,1	1206445	23,7
1933 März	5598855	685445	12,3	1479446	26,4	2400953	42,9	1032011	18,4

1) Einschließlich der Fürsorge- und gemeindlichen Notstandsarbeiter.

Quelle: GZ Nr. 4, 23.1.1932; für März 1933: RABl., Teil I, N.F. 13, Statistische Beilage 5.

Tabelle 3: Wöchentliche Unterstützungssätze in der versicherungsmäßigen Arbeitslosenunterstützung [ALU] (Stand von Oktober 1927 bis Juni 1931) und in der Krisenunterstützung [KRU] (Stand von September 1927 bis Oktober 1930)

Lohnklassen mit einem wöchentlichen Arbeitsentgeld		Mindestunterstützung für Alleinstehende ALU	Mindestunterstützung für Alleinstehende KRU	Höchstunterstützung einschl. der Familienzuschläge ALU	Höchstunterstützung einschl. der Familienzuschläge KRU
I	bis 10 RM	6,–	6,–	6,40	6,40
II	über 10 – 14 RM	7,80	7,80	9,60	9,60
III	über 14 – 18 RM	8,80	8,80	12,–	12,–
IV	über 18 – 24 RM	9,87	9,87	15,12	15,12
V	über 24 – 30 RM	10,80	10,80	17,55	17,55
VI	über 30 – 36 RM	13,20	13,20	21,45	21,45
VII	über 36 – 42 RM	14,63	13,20	24,38	21,45
VIII	über 42 – 48 RM	15,75	14,63	27,–	24,38
IX	über 48 – 54 RM	17,85	14,63	30,60	24,38
X	über 54 – 60 RM	19,95	15,75	34,20	27,–
XI	über 60 RM	22,05	15,75	37,80	27,–

Quelle: Homburg, Vom Arbeitslosen (Anm. 3), S. 261.

„Eine verschleierte Hungersnot"
Tabelle 6: Speisezettel der Familie des Arbeitslosen V.R. (Sommer 1931)

	Morgens	Mittags	Nachmittags	Abends
Sonntag	Kaffee, Brot, Marmelade	Wirsingkraut, Kuhfleisch, Kartoffeln	1 Tasse Kaffee, Marmelade, Brot	Kartoffeln, Salat, Wurst
Montag	Dasselbe	Grießsuppe, Pellkartoffeln, Bohnensalat,	Dasselbe	Bratkartoffeln, Salat
Dienstag	Dasselbe	Kartoffeln, rote Rüben	Dasselbe	Kartoffeln, Salat
Mittwoch	Dasselbe	1/2 Pfd. Kuhfleisch für Suppe, Kartoffeln, Gurkensalat	Dasselbe	Kaffee, Brot
Donnerstag	Dasselbe	Bohnengemüse, Kartoffeln	Dasselbe	Kaffee, Brot
Freitag	Dasselbe	Pfannkuchen mit Salat	Dasselbe	Kartoffeln, Salat
Samstag	Dasselbe	Bratkartoffeln, Salat, jeder ein Ei	Dasselbe	Kaffee, Brot

Anm.: Mit Kaffee ist Malzkaffee gemeint. **Quelle:** Lehmann, Ernährung (Anm. 17), S. 330.

Auswertung der Stunde

Zuerst stöhnten die Schüler, als sie so viel Arbeitsmaterial in die Hand bekamen, doch dann war es sehr schnell still in der Gruppenarbeit (ich hatte für jeden Schüler einen Abzug gemacht, damit jeder in Ruhe für sich arbeiten konnte). Ja, und dann begann das Gespräch.

Mich überraschte die Tatsache, daß die Schüler so schnell zu Erkenntnissen gekommen waren und erregt in ihren Gruppen Stellung bezogen.

Zu meiner Aufforderung, doch Vorschläge zu einer Rollenspielnachgestaltung zu machen, hörte ich in einer Gruppe zunächst ablehnende Stimmen: Was soll das? Wir wissen doch alles! – Als jedoch ein Schüler sagte: „Wir können doch den Besuch bei der Arbeitslosenfamilie nachspielen. Da könnte ich mir vorstellen, daß man nach der Stimmung in der Familie fragt und vielleicht auch erfahren, warum sie gerade Kommunisten geworden sind?“ da wandelte sich die Einstellung der Mitschüler. Nun reihte sich Vorschlag an Vorschlag:

„Laßt uns doch mit den Einzelschicksalen befassen. Man müßte das mit einem Reporter machen. Dann kriegen wir auch noch mehr zu hören.“

„Wir lassen verschiedene Arbeitslose vor dem Arbeitsamt eine Schlange bilden, und die unterhalten sich dann über ihre Probleme.“

„Wir müßten ein ganzes Straßenbild entwickeln mit Arbeitslosen, die Arbeit suchen, die betteln und womöglich stehlen. „Dazu brauchen wir Leute, die angebettelt werden können, Leute, die die Nase rümpfen und hochnäsig vorübergehen!“ Es kamen jedenfalls mehr Vorschläge, als ich erwartet hatte. Wahrscheinlich war die aktive Beteiligung deshalb so groß, weil man sich in die Lage dieser Menschen versetzen wollte und so womöglich mehr über die Situation der Arbeitslosen erfahren dürfte.

Wir einigten uns auf folgenden weiteren Stundenverlauf: Während die Gruppe 2 die Szene „Besuch bei einer Arbeitslosenfamilie“ erarbeitet, und die Gruppe 1 einen Reporter zu dem 51jährigen Mann schickt und einen Dialog vorbereitet, beginnen die zwei anderen Gruppen gemeinsam mit dem Lehrer ein Straßenbild der damaligen Zeit zu entwickeln.

Jedoch dazu kam es zunächst nicht, weil es zur Pause klingelte. Verschoben werden sollte das Vorhaben aber nicht, und so beschlossen wir, sogleich in der nächsten Stunde fortzufahren.

Ich „strich“ meine folgende Deutschstunde und arbeitete sprachlich am Arbeitslosenproblem!

Und das kam dabei heraus:

Ich bat um Vorschläge für die Gestaltung:

„Wir bilden eine Schlange vor dem Arbeitsamt, um zu stempeln“

„Wir machen ein Plakat: Ich suche Arbeit!“

„Nein, wir machen zwei Plakate. Auf dem anderen könnte doch stehen: Von 15 Mark kann ich nicht leben!“

„Mindestens zwei Arbeitslose müßten betteln!“

„Und dazu brauchen wir Leute, die angebettelt werden können!“

„Vielleicht lassen wir vornehme Damen und Herren vorübergehen?“

„Ich stelle mir vor, ich gehe mit meinem Vater spazieren und frage ihn nun dieses und jenes“.

„Du willst also andeuten, daß die beiden über die Probleme der Arbeitslosigkeit reden müßten. Was sollte der Sohn denn den Vater fragen? – Was sagen z. B. die Bettler? Und worüber unterhalten sich die Leute in der Schlange? fragte ich nun. „Worin sehen wir den Kern unseres zu gestaltenden Bildes? Was ist wohl wichtiger, die anstehenden Arbeitslosen oder die Begegnung der Bettler mit den vornehmen Damen und Herren?"

„Das Problem kann doch nur in dem Gespräch von Vater und Sohn deutlich werden. Den Jungen müssen wir fragen lassen!"

„Sind wir uns darüber einig? – Da kein Widerspruch zu hören ist, legen wir erst einmal den Ort der Handlung mit dem ungefähren Ablauf fest. Ich gehe an die Tafel und halte Eure Vorschläge fest.

Also – das ist unser Spielraum, die Straße. Wer soll nun zuerst auftreten?"

„Zuerst müßten ja wohl die Leute vor dem Arbeitsamt auftreten, einer nach dem anderen, und dann beginnen sie mit ihrer Unterhaltung."

„Und dann kommt ein Bettler, der sich auf die gegenüberliegende Seite setzt."

„Und danach könnten einige Vornehme vorübergehen".

„Nein – das geht nicht, jetzt müßten erst die Plakatträger kommen, damit deutlich wird, um was es geht. Die beiden stellen sich an verschiedenen Punkten auf". „Das reicht doch nun, oder sollen noch mehr auftreten?" „Wir haben doch Vater und Sohn vergessen!"

„So, nun haben wir wohl alles. Sehen wir uns noch einmal das Tafelbild an: Da haben wir die Schlange der Arbeitslosen – den Bettler – die Plakatträger – vorübergehende Damen und Herren – Vater und Sohn.

Sagt mal, wieviel Personen sollen stempeln gehen?"

„Fünf, höchstens sechs!"

„Gut – wir brauchen also: 6 Arbeitslose, 1 Bettler, 2 Plakatträger, 2 vornehme Damen und Vater und Sohn – insgesamt 13 Mitspieler. – Und jetzt geht es an die Rollenverteilung.

„Wer übernimmt wen?"

Die Rollen waren schnell vergeben, nur die Übernahme von Vater und Sohn bereitet einige Schwierigkeiten. Diejenigen, die sich für diese Rollen interessierten, hielten sich zurück, weil ihnen nicht klar war, was denn gesprochen werden sollte.

Ich ließ den Schülern Zeit und probte zunächst den Aufzug der Spieler, um die Raumaufteilung festzulegen.

Danach bat ich die 6er-Gruppe, sich zu überlegen, worüber sie reden wollten – sie durfte sich in eine Ecke zurückziehen, und mit den anderen besprach ich, was Vater und Sohn sagen sollten.

Da eine Gesamtwiedergabe der Vorschläge zu weit führen würde, fasse ich die Beiträge zusammen, die die Grundlage des Gespräches bildeten:

Sohn: Worauf warten die da, Vater?
Vater: Das sind Arbeitslose, die wollen sicherlich ihr Stempelgeld abholen.
Sohn: Was ist das, Stempelgeld?
Vater: Wer arbeitslos ist, bekommt Unterstützung. Und wenn er sein Geld holt, wird seine Anwesenheit durch einen Stempel vermerkt. Deshalb also: Stempelgeld – das sagt man so!
Sohn: Der Bettler ist doch auch arbeitslos. Warum bekommt der kein Stempelgeld?
Vater: Das Arbeitslosengeld gibt es nur für eine bestimmte Zeit, danach dann Fürsorgeunterstützung, und das ist dann so wenig, daß eine Familie kaum davon leben kann.
Sohn: Vater, gib ihm doch was, du hast doch Geld genug!
Vater: Wenn ich jedem etwas geben würde, dann hätte ich bald selbst nichts mehr!

Sohn: Vorhin bist du auch schon an einem vorübergegangen und hast nichts gegeben. – Guck doch Vater, er sieht so verhungert aus!
Bettler: (der zugehört hat) Viel lieber möchte ich einen Arbeitsplatz. Vielleicht haben sie eine Stelle für mich?
Vater: Lassen Sie mich in Ruhe, ich habe keine Arbeitsplätze zu vergeben!
Sohn: Aber Vater, vielleicht kannst Du ihn im Betrieb gebrauchen?
Vater: Nichts da! – Und Du halt jetzt die Klappe, sonst bekommst Du heute kein Eis!
Sohn: Du, er könnte doch bei uns im Garten arbeiten, dann hätte es doch unsere alte Betty leichter.
Vater: Du sollst den Mund halten!
Sohn: Vater, bitte, gib mir das Geld für das Eis.
Vater: Gut, hier hast du 50 Pfennig, kauf dir Dein Eis selber, ich habe sowieso schon zu viel Zeit vertrödelt. (Vater geht)
Sohn: (guckt dem Vater nach und gibt dann dem Bettler seine 50 Pfennig) Du, ich krieg den Vater doch noch rum. Stehst Du hier immer?
Bettler: Ich danke Dir, mein Junge – ich warte hier auf Dich!

Ich breche hier ab. Der Junge blieb noch auf dem Platz und unterhielt sich dann mit der Sechsergruppe.

Von diesen Mitspielern ist zu berichten, daß sie sich bei ihrem Auftritt über die verschiedenen Unterstützungsformen unterhielten, sich Tips gaben, wo sie kostenlos essen konnten und über Zugehörigkeit zu verschiedenen Parteien in Streit gerieten.

Auch die beiden anderen Gruppen bemühten sich, mehr die Familiensituationen zu erhellen. In jeder Szene tauchte die Frage nach den Selbstmordabsichten auf.

Mir schien, als wollten die Schüler besonders diesen Punkt für sich klären.

In der Gesamtaussprache, die nach den Aufführungen einsetzte, wurde gerade die Aussichtslosigkeit diskutiert. Auch interessierte lebhaft, was die Parteien denn verändern könnten, die KPD und die NSDAP z. B.

Zusammenfassend ist zu sagen, daß die Spielsituationen zur Vertiefung führten.

Als Lektüre empfahl ich den Schülern:

„Kleiner Mann, was nun?" von Fallada und „Fabian" von Erich Kästner.

Der Kampf um die Macht – Wahlkampf 1932 U 25

Spielerfahrene Klasse

Einführung

In den Jahren 1918 und 1919 betrat das deutsche Volk zum ersten Male den Weg einer demokratischen Ordnung. Dieser Weg war außerordentlich schwer. Auf ihm lagen die Belastungen, die ein Erbe des Kaiserreiches waren: Hunger und Elend als Folge der vorausgegangenen Kriegsjahre, Einbußen und Verpflichtungen aufgrund eines harten Friedensvertrages. Auf ihm lagen aber auch die Gefährdungen, denen diese junge demokratische Ordnung durch ihre inneren Feinde immer wieder ausgesetzt war. In den Jahren schwerer Not wandten sich immer mehr Menschen enttäuscht von ihr ab. Wie war es dazu gekommen?

Rechtsgerichtete Politiker vertraten immer häufiger den Standpunkt, daß die Armee im Felde unbesiegt geblieben sei, daß ihr aber die politischen Kräfte in der Heimat in den Rücken gefallen seien. General Ludendorff erklärte, die deutsche Armee sei ‚von hinten erdolcht' worden. Diese Äußerung wurde von der rechten Presse aufgegriffen und von den Rechtsparteien schamlos hochgespielt. Es entstand die sogenannte ‚Dolchstoßlegende'.

Als 1920 durch die Bestimmungen des Versailler Vertrages die Truppenstärke auf 100 000 Mann begrenzt werden mußte, bedeutete das für viele Einheiten die Auflösung. Bei Einheiten, die um Berlin stationiert waren, machte sich eine regierungsfeindliche Stimmung breit. Es bildete sich die ‚Brigade Erhard', die nach Berlin marschierte und das Regierungsviertel besetzte. Die Putschisten riefen den ostpreußischen Landschaftsdirektor Kapp zum Kanzler aus. Durch den Eingriff der Gewerkschaften, die den Generalstreik ausriefen, brach der Putsch zusammen.

Im Nov. 1923 putschte Hitler mit Ludendorff in München: ‚Proklamation an das deutsche Volk! – Die Regierung der Novemberverbrecher in Berlin ist heute für abgesetzt erklärt worden. Eine provisorische deutsche Nationalregierung ist gebildet worden, diese besteht aus: Gen. Ludendorff, Ad. Hitler, Gen. von Lossow, Obst. v. Seisser'.

Auch dieser Putsch scheiterte.

Die Inflation, die im Dez. 1923 ihren Höhepunkt erreichte, machte der Bevölkerung schwer zu schaffen. Armut und Elend waren die Folge. Die Unzufriedenheit mit der Regierung wuchs.

Jahre wirtschaftlicher Scheinblüte folgten, die aber durchaus nicht vom sozialen Frieden erfüllt waren, das zeigt die große Zahl von Arbeitskämpfen in den Jahren von 1924–1929.

Höhepunkt der Krise war dann die Weltwirtschaftskrise von 1929, die einen gewaltigen Anstieg der Arbeitslosigkeit zur Folge hatte.

Antidemokratisches Denken trat immer offener zutage. So sah die politische Hetze aus: In der Hamburger „Reichsflagge" konnte man lesen: ‚Gott erhalte Ebert, Wirth und Scheidemann, Erzberger hat er schon erhalten'.

Die folgende deutsch-völkische Stammtischlyrik erfreute sich erheblicher Verbreitung: ‚Haut immer feste auf den Wirth/haut seinen Schädel, daß es klirrt/Auch Rathenau, der Walther/Erreicht kein hohes Alter/Knallt ab den Walther Rathenau/die gottverfluchte Judensau!' Und in einem studentischen Liederbuch von 1929 konnte man folgende Zeilen finden: ‚Wir heben unsre Hände aus tiefster, bittrer Not. Herr Gott, den Führer sende, der unseren Kummer wende mit mächtigem Gebot, mit mächtigem Gebot. Erwecke uns den Helden, der stark in aller Not, sein Deutschland mächtig rühret, dein Deutschland gläubig führet ins junge Morgenrot'.

Auch in der Jugendbewegung wurde eine ablehnende Haltung sichtbar:

1930: ‚Die kritische Einstellung gegen den entarteten Parlamentarismus der letzten Jahre, gegen das herrschende Regierungssystem, gegen diesen Staatsbetrieb, gegen den Klüngel der Parteien und Fraktionen, gegen die Mechanik der Wahlen zu den Volksvertretungen ist allgemein. Die Jugend setzt auf dieses System keine Hoffnung mehr'.

Hinter Hugenberg, dem Vorsitzenden der Deutschnationalen stand ein ganzes ‚Presseimperium', mit welcher Tendenz, das zeigt folgendes Beispiel:

‚Wir hassen mit ganzer Seele den augenblicklichen Staatsaufbau, seine Form und seinen Inhalt, sein Werden und sein Wesen. Wir hassen diesen Staatsaufbau, weil in ihm nicht die besten Deutschen führen, sondern weil in ihm ein Parlamentarismus herrscht, dessen System jede verantwortungsvolle Führung unmöglich macht ...'

Und die NSDAP fordert in einem Aufruf zur Reichspräsidentenwahl 1932:

‚Hitler ist die letzte Hoffnung derer, denen man alles nahm, Haus und Hof, Ersparnisse, Existenz, Arbeitskraft, und denen nur eines blieb, der Glaube an ein gerechtes Deutschland, das seinen Volksgenossen wieder Ehre, Freiheit und Brot geben wird. Hitler ist für Millionen das erlösende Wort, weil sie heute verzweifeln und nun in diesem Namen einen Weg sehen zu neuem Leben und neuem Schaffen.'

Die Kommunisten leisteten ebenfalls ihren Beitrag zur Zerstörung der Republik. Getreu der Weisung aus Moskau sahen sie ihren Hauptgegner in den Sozialdemokraten, die sie ‚Sozialfaschisten' nannten. Sie scheuten nicht davor zurück, Sozialdemokraten und Nazis auf eine Stufe zu stellen.

Höhepunkt der Auseinandersetzungen um die Macht in Deutschland war das Wahljahr 1932:

„Das sind die Feinde der Demokratie! Hinweg damit! Deshalb wählt Liste 1 – Sozialdemokraten".

„KPD Liste 3 – Schluß mit diesem System!"

„Unsere letzte Hoffnung: Hitler"

Didaktische Überlegungen

Bei der Behandlung der Unterrichtseinheit „Weinmarer Republik" war auf den Vertrag von Versailles, auf die Inflation, die Putschversuche, die wirtschaftliche Scheinblüte, die Arbeitskämpfe und auf die Weltwirtschaftskrise eingegangen worden.

Es konnten also gewisse Kenntnisse bei den Schülern vorausgesetzt werden, die eine erfolgversprechende Auseinandersetzung mit dem Phänomen Nationalsozialismus ermöglichten. Von den verschiedenen Jahrgängen, die ich über das Thema Nationalsozialismus unterrichtete, war mir bewußt geworden, welche zentrale Bedeutung die Beantwortung der Frage: „Wie war es den Nationalsozialisten gelungen, Menschenmassen zu begeistern und 1932 die stärkste Fraktion im Reichstag zu bilden?" für die Schüler bekommen hatte. Sie wollten ganz genau wissen, warum sich vielleicht gerade ihre Eltern bzw. Großeltern zum Nationalsozialismus bekannt hatten. Sie wollten ihre Eltern verstehen, ein bißchen von dem begreifen, was sie damals bewegt hatte.

Wollte man nur die Linie der Radikalisierung in der Auseinandersetzung der Parteien ziehen, die sich als wirtschaftliche Not und Arbeitslosigkeit offenbarte, so würde zu eingleisig verfahren und die Vielfalt der Probleme nicht erkannt. Auf jeden Fall mußte dann nicht nur auf den Aspekt des antidemokratischen Denkens, sondern auch darauf eingegangen werden, welche Rolle die Tradition autoritärobrigkeitsstaatlichen Verhaltens bei großen Teilen der Bevölkerung spielte.

An Fakten fehlt es da wahrlich nicht, die den Schülern aufgezeigt werden müßten, aber wenn sie nur kognitiv vermittelt werden, ist die Gefahr gegeben, daß die Zuhörenden sich überfordert fühlen und das Interesse am Thema verlieren. Wie kann wohl bei der Komplexität gestrafft werden, ohne Wesentliches auszuklammern und wie anschaulich gearbeitet werden, damit das historische Geschehen nachvollzogen werden kann?

Zunächst müßte ein Dialog in Bezug auf ‚antidemokratisches' Denken und zum Obrigkeitsempfinden gewisser Kreise aufgezeichnet und mit Schülern erarbeitet werden, dann die Radikalisierung in spielerischer Form sichtbar gemacht und zum Schluß ein Bild von einer Kundgebung des NSDAP vermittelt werden.

Hilfe für das Vorhaben erhoffte ich mir von historisch besonders interessierten Schülern, die sich auch für das Rollenspiel begeisterten.

Planung der Stunden

Erste Stunde:

- Klaus und Helga unterhalten sich über die Dolchstoßlegende, zitieren Ausschnitte aus der Pressehetze, erwähnen Hoffnungen und Erwartungen von Studenten und Jugendlichen aus der Jugendbewegung.
  Das Gespräch ist so aufzubauen, daß es jederzeit unterbrochen werden kann, um Fragen zu beantworten und auf Probleme einzugehen.
- Vorbereitete Wahlplakate werden vorgestellt und Wahlparolen ausgerufen!
- Fragen – Informationen – Aussprache.

Zweite Stunde:

- Rückblick auf die erste Stunde: Schüler tragen zusammen!
- Hein und Christa vermitteln einen Eindruck von einer miterlebten Wahlversammlung der NSDAP.
- Auswertung und Hinführung zum nächsten Thema: ‚Hitler wird Reichskanzler'.

Durchführung

Es folgen die aufgezeichneten handlungsorientierten Beispiele:

Antidemokratisches Verhalten!

Klaus und Christa im Gespräch:

Klaus: Seit Jahren sind wir alle Demokraten!

Christa: Wir bilden es uns jedenfalls ein!

Klaus: Nein, ich bin ein Demokrat, und meine Eltern und Großeltern sind es auch!

Christa: Na, bei meinem Opa weiß ich das nicht so genau. Der redet oft noch vom alten Kaiser, und wie der regiert und für Ordnung gesorgt hätte und von den schlechten Zeiten in der Weimarer Republik – und über das Parteiengezänk ereifert er sich mit seinen 88 Jahren immer noch!

Klaus: Mein Opa erzählt manchmal auch noch voller Stolz, daß die deutschen Soldaten draußen in Frankreich nie besiegt worden wären.

Christa: Den Spruch kenne ich auch: Der General *Ludendorff* soll gesagt haben, daß die deutsche Armee von hinten erdolcht worden sei.
Und Opa meint dazu, daß die Politiker, die sich vorm Kriegseinsatz gedrückt hätten, den Soldaten in den Rücken gefallen seien.

Klaus: Jetzt begreife ich, warum mein Großvater von der *Dolchstoßlegende* redet!

Christa: Die Zeitungen von *Alfred Hugenberg,* das soll der Vorsitzende von den *Deutschnationalen* gewesen sein, hätten Ludendorff zitiert und bös auf die *Novemberverbrecher* geschimpft!

Klaus: Und meiner redet manchmal noch vom *Kapp-Putsch* – da sollen Soldaten, die aufgrund der Bestimmungen des Versailler Vertrages aus dem Heer entlassen wurden, wütend geworden und nach Berlin gezogen sein. Dort hätten sie den Kapp, einen Ostpreußen, zum Kanzler ausgerufen.

Christa: Aber die Gewerkschaften mit ihren Arbeitern, die haben zusammengehalten und den *Generalstreik* ausgerufen und damit den Putsch zum Platzen gebracht!

Klaus: Gott sei Dank! – Denn wer weiß, was nach dem gelungenen Putsch geschehen wäre. Vielleicht wären sogar die Franzosen dann in Deutschland einmarschiert.

Lehrer unterbricht: Ja, das hätte durchaus passieren können, dann wäre der Krieg womöglich fortgesetzt worden. Auch Hitler hatte mit seinem Marsch zur Feldherrnhalle in München geputscht, auch darüber hatten wir gesprochen. Aber jetzt wollen wir etwas darüber hören, wie die Bevölkerung die Regierung in Berlin sah und was sie von ihr erwartete:

Christa: Die Presse hat damals übel gehetzt, z. B. in der Hamburger, ‚Reichsflagge' soll gestanden haben: „Gott erhalte Ebert, *Wirth* und Scheidemann. *Erzberger* hatte er schon erhalten!"

Klaus: Das verstehe ich nicht! – Wann hatte er den Erzberger schon erhalten? (Unterbrechung vorsehen – klären)

Christa: Es war noch ganz etwas Anderes zu lesen: ‚Haut immer feste auf den Wirth/haut seinen Schädel, daß er klirrt/auch Rathenau, der Walther/erreicht kein hohes Alter/Knallt ab den Walther Rathenau/die gottverfluchte Judensau!'
(Unterbrechung)

Klaus: Aus einem studentischen Liederbuch des Jahres 1929 konnte man folgende Verse singen:
‚Wir heben unsre Hände aus tiefster, bittrer Not. Herr Gott, den Führer sende, der unsren Kummer wende mit mächtigem Gebot!'

Christa: Ja, auf einen Führer, der mal so richtig durchgreift, haben sie lange warten müssen, sagt mein Opa.

Klaus: Und was die Jugendbewegung von der Regierung hielt, das hört ihr jetzt: Jugendführer sprachen vom entarteten Parlamentarismus, vom Klüngel der Parteien und Fraktionen, von der Mechanik der Wahlen zu den Volksvertretungen. Sie sagten ganz deutlich, daß sie keine Hoffnung mehr auf das Weimarer Regierungssystem setzten.
(Unterbrechung – Aussprache)

Christa: Vielleicht sollten wir aber noch erfahren, was Hugenbergs Zeitungen damals noch so schrieben: ‚Wir hassen mit ganzer Seele den augenblicklichen Staatsaufbau, seine Form und seinen Inhalt, sein Werden und sein Wesen. Wir hassen ihn, weil in ihm ein Parlamentarismus herrscht, dessen System jede verantwortungsvolle Führung unmöglich macht!'
(Unterbrechung)

Klaus: Und diese Einstellung haben die deutschen Bürger dann so langsam übernommen –

Christa: Aber vielleicht ist zum richtigen Verständnis der damaligen Entwicklung ein Aufruf der NSDAP aus dem Jahre 1932 wichtig. Es ging da um die Reichspräsidentenwahl:
‚Hitler ist die letzte Hoffnung derer, denen man alles nahm, Haus und Hof, Ersparnisse, Existenz, Arbeitskraft, und denen nur eines bleibt, der Glaube an ein gerechtes Deutschland, das seinen Volksgenossen wieder Ehre, Freiheit und Brot geben wird.'
(Aussprache)

Lehrer: Und damit sind wir nun bei den Wahlen angekommen. Dazu hat uns die zweite Gruppe etwas vorbereitet:

Wahlkampf 1932

Sprecher: Wahlkampf, da kennt Ihr Euch aus. Ganz besonders fallen Euch vor jeder Wahl die Wahlplakate in den Straßen auf, Plakate der CDU – SPD – FDP – der Grünen, alle hängen oder stehen sie ganz friedlich nebeneinander. So ist es in unserer Zeit! – Und wie war es 1932? Auch da machten sich die Parteien mit Plakaten und Parolen bemerkbar.
Seht, dort kommen drei braun uniformierte, jeder mit einem Plakat:
„Unsere letzte Hoffnung: Hitler!"
Na, Ihr wißt schon, welche Partei sich da vorstellt!
Die Drei stellen sich nebeneinander auf, Breitbeinig stehen sie da und entschlossen!
Und da kommen auch schon ihre Gegner, sie stellen sich genau gegenüber auf:
„KPD Liste 3 – Schluß mit dem System!"
Ruhig und entschlossen tritt jetzt die letzte Gruppe auf. Sie stellt sich in die Mitte des Raumes. Einer wendet sich mit seinem Plakat nach rechts und einer nach links:
„Das sind die Feinde der Demokratie! – Hinweg damit! – Deshalb wählt Liste 1 – Sozialdemokraten!"
Fast unbemerkt haben Ausrufer hinter den Plakatträgern Aufstellung genommen.
Zwei Kommunisten schieben ihre Plakatträger vor sich her und ....

KPD: Schlagt die Faschisten, wo Ihr sie trefft!

Sprecher: Ihnen treten nun die Nazis mit ihren Sprechern entgegen, sie machen nur einen Schritt vorwärts, so als wollten sie die anderen abwehren und ...

NSDAP: „Deutschland erwache! Juda verrecke!"

Sprecher: Das wiederholen sie mehrfach. Und schon hören wir wieder die Kommunisten:

KPD: Aus unserem Programm:
Mit eisernem proletarischen Besen wird die KPD die Schmarotzer, Großindustriellen, Bankiers, Junker, Großkaufleute, Generäle, bürgerliche Politiker, Arbeiterverräter, Spekulanten und Schieber aller Art hinwegfegen!

Sprecher: Da können die Nazis natürlich nicht schweigen, sie verkünden einen Aufruf Hitlers:

NSDAP: Die anderen Parteien mögen sich mit der Inflationsschieberei abgefunden haben, mögen den Revolutionsbetrug anerkennen: Der Nationalsozialismus wird die Diebe und Landesverräter zur Verantwortung ziehen!

(Unterbrechung – Fragen – Informationen – Stellungnahmen).

Nach dem Gespräch bilden Plakatträger und Ausrufer einen Halbkreis (siehe Abb. auf S. 175). Die Fortsetzung leiten zwei Sprecher ein, die sich dem Halbkreis gegenüber aufstellen.

Sprecher 1: So heiß ging es im Jahre 1932 her!
Sprecher 2: Eine Wahl jagte die andere!

Sprecher 1: April 1932: Reichspräsidentenwahl!
Es kandidierten u. a.: Hindenburg – Hitler – Thälmann. Der über 80 Jahre alte Hindenburg wurde wiedergewählt!

Sprecher 2: Juli 1932: Reichstagswahlen:
Mit 230 Sitzen wurde die NSDAP stärkste Fraktion!
Hermann Göring wurde Reichstagspräsident!

Sprecher 1: Nov. 1932: Erneut Reichstagswahlen
Die NSDAP verlor 34 Sitze
Die KPD steigerte sich von 89 auf 100 Sitze!

Sprecher 2: Die Radikalen haben zusammen die Mehrheit im Reichstag!

Sprecher 1: Wie konnte es dazu kommen?

Sprecher 2: Sicherlich sind mehrere Gründe zu nennen:

Sprecher 1: Der Vertrag von Versailles

Sprecher 2: Die Inflation von 1924/25

Sprecher 1: Die hohe Auslandsverschuldung: 1928 waren es rund 15 Milliarden RM

Sprecher 2: Der New Yorker Börsenkrach von 1929, der eine Weltwirtschaftskrise einleitete.

Sprecher 1: Großbanken brachen in Deutschland zusammen. Das Vertrauen der Bürger in die Banken wurde erschüttert!

Sprecher 2: Es wurde nicht mehr gespart – Die Kaufkraft ließ nach!

Sprecher 1: Wirtschaftsbetriebe gingen pleite!

Sprecher 2: Reichskanzler Brüning verordnete eiserne Sparsamkeit!

Sprecher 1: Die Löhne wurden gekürzt!

Sprecher 2: Die Kaufkraft ließ weiterhin nach!

Sprecher 1: Die Arbeitslosenzahl stieg ab 1929 von 1,6 Mill. auf 6 Mill. im Jahre 1932
Sprecher 2: Wie ging es wohl weiter?

— Pause — Fragen — Meinungen — Aussprache

Und das geschah:
Sprecher 1: Die Reichsregierung unter Reichskanzler Brüning versuchte es, mit Notverordnungen zu regieren.
Sprecher 2: Die Unzufriedenheit der Bürger wuchs von Tag zu Tag!
Sprecher 1: Die Parteien gingen auf die Straße: SA marschierte!
Sprecher 2: Rot-Front marschierte!
Sprecher 1: Terror von links und rechts!
Sprecher 2: Saal- und Straßenschlachten waren an der Tagesordnung!
Sprecher 1: Allein im Juli 1932 gab es 99 Tote und 125 Verletzte!
Sprecher 2: Die NSDAP versuchte, das Volk zu mobilisieren.
Sprecher 1: Hitler flog in den Wochen des Wahlkampfes mit dem Flugzeug von einer Stadt zur anderen.
Sprecher 2: Sein Propaganda-Chef verstand es, Radio — Schallplatte und Film im Wahlkampf einzusetzen.
Er wußte, wie man Massenkundgebungen organisierte!

— Pause — Fragen — Informationen — Stellungnahmen

Abschluß der ersten Stunde.

Zweite Stunde:
Erzähler: Hein Kröger und Helga Meier haben in einer Großstadt eine Wahlversammlung der NSDAP besucht. Sie schildern ihre Eindrücke:
Hein: Schon stundenlang vor Beginn ist die Riesenhalle bis zum letzten Stehplatz zum Bersten gefüllt. Tausende drängen sich an den Eingängen, um über Lautsprecher etwas von den Vorgängen im Innern mitzuerleben.
Helga: Die Menschen sind mit der Eisenbahn, mit Omnibussen, mit dem Fahrrad und zu Fuß gekommen, nur um Adolf Hitler zu hören.
Hein: Marschrythmen unterhalten die wartende Menge — Galerien und Seitenwände der Halle sind mit Spruchbändern behängt — Lorbeerbäume rahmen die Bühne ein, dort wo das Rednerpult steht.
Neben einem riesengroßen Hitlerbild hängen lange Hakenkreuzfahnen.
Helga: Den Mittelgang, der zur Bühne führt, säumen SA-Männer in braunen Hemden, mit Schulterriemen und Hakenkreuzbinden. Sie haben eine Absperrkette gebildet. Nun schweigen die Lautsprecher!
Jeden Augenblick mußte der Führer kommen.
Hein: In den Vorhallen wird es unruhig — die Tausende sind aufgesprungen.
Im Hintergrund erscheinen Fahnen und Standarten mit vergoldetem Adler, mit Eichenkränzen geschmückt. Musik setzt ein — Trommeln rasseln dumpf und im Gleichschritt stampft die Fahnenkompanie durch den Mittelgang.
Der rechte Arm wird zum Gruß hochgerissen und Heil-Rufe donnern durch den Saal!
Helga: Urplötzlich verstummt die Musik — Es wird nur noch leise geflüstert — Die Spannung wächst — die Nerven sind zum Zerreißen gespannt!

	Mit schmetternden Fanfaren setzt der „Badenweiler Marsch" ein – Das ist das Signal, daß der Führer kommt!
Hein:	Heil Hitler – Heil Hitler! brüllt die Masse! Die Männer erheben die Hand zum Gruß!
Helga:	Frauen schluchzen, weinen, kreischen, springen auf die Stühle, winken, schreien – schreien Heil Hitler! Alles ist entfesselt!
Schüler:	Hört auf! Das kann man ja nicht mehr mit anhören! Das ist doch unmöglich, daß sich erwachsene Menschen auf einer Parteiversammlung so gebärden: kreischen – weinen – schreien, nur weil der Hitler da erscheint!
Helga:	Ja, es ist fast nicht zu glauben, aber diese Szenen haben sich tatsächlich abgespielt. Durch eine geschickte Massenbeeinflussung mit Marschmusik, Fahneneinmarsch und dem „Badenweiler Marsch" wurden die Menschen so aufgeputscht, daß sie sich dann so aufführten!
Schüler:	Das ist wirklich schwer zu verstehen. Heute würde so etwas auf einer Wahlversammlung bestimmt nicht vorkommen! – Denkbar wäre so ein Verhalten höchstens bei einem Rock-Konzert – da geraten Jugendliche auch außer Rand und Band.
Helga:	Bei diesem Bericht aus der damaligen Zeit müssen wir berücksichtigen, daß die Menschen eine Verbesserung ihrer Lage erhofften. Aber hört erst einmal weiter:
Hein:	Umwogt von den Tausenden betritt Hitler das Podium. Seine erhobene Rechte bändigt den Sturm der Begeisterung. Und mit rauher – tiefer Stimme beginnt er zu sprechen: Parteigenossen und Parteigenossinnen! Volksgenossen und Volksgenossinnen!
Helga:	Er schreckt die Zuhörer mit den Kommunisten, er verspricht, wieder Ordnung zu schaffen! Den Soldaten verspricht er Ehre und militärischen Glanz – den Beamten die Aufhebung der Notverordnung – den Geschäftsleuten Senkung der Steuern – den Bauern das Erbhofgesetz – den Arbeitslosen Arbeit und Brot!
Hein:	Hitler kennt die Wege der Volksverführung. Er ruft zum Idealismus auf, zur Hingabe an das Volk – Er preist das Heroische und spricht weniger den Verstand als die Leidenschaft an! Immer und immer wieder spricht er vom Schandvertrag von Versailles – von den Novemberverbrechen – vom jüdischen Weltkapitalismus!
Helga:	Und die Zuhörer erwarten viel von ihm: Arbeit und Brot!
Hein:	Ordnung und Gerechtigkeit!
Helga:	Sie hoffen auf ein neues Leben mit ihm!
Hein:	In ihm sehen sie den Messias, den Erretter aus Deutschlands tiefster Schmach und Erniedrigung!
Erzähler:	Auf seinem Deutschlandflug sprach Hitler in 21 Großstädten – und überall das gleiche Bild: Fahnen – Standarten – Musik und begeisterte Zuhörer! Nun, was sagt Ihr zu diesem Bericht?

Fragen – Zusatzinformationen – Stellungnahmen!

Auswertung (Zusammenfassung von beiden Stunden)

Wieder hatten sich Schüler – wie erwartet – zur Erarbeitung der Spielszenen und zur Fertigung der Plakate zur Verfügung gestellt. Es machte ihnen Spaß, zwei Stunden das Thema in der Art vorzubereiten.

Mit dem Rollenspiel „Antidemokratisches Verhalten" fühlten sich die Schüler nachhaltig angesprochen, manch einer hatte ja zu Hause Ähnliches in den Gesprächen der Erwachsenen erlebt.

Es erwies sich als besonders lehrreich, das Spiel gerade immer dann zu unterbrechen, wenn den Zuhörern die auftauchenden Fragen auf den Nägeln brannten. So blieb die Darstellung für die zuschauenden Schüler stets übersichtlich und nachvollziehbar.

Da auch mit der Plakatwerbung ein Bezug zur heutigen Zeit hergestellt werden konnte, blieb das geweckte Interesse erhalten. Die Abschlußbesprechung der ersten Stunde bewies es.

Zu Beginn der zweiten Stunde ließ ich nur die Schüler den Extrakt der vorangegangenen Stunde zusammentragen, die lediglich passiv beteiligt waren, um mir so ein Bild von der Aufnahmefähigkeit der Zuhörer aus einer handlungsorientierten Stunde zu machen.

Die notwendige Distanz der Schüler zu der Erlebnisschilderung konnte dadurch erreicht werden, indem ein Schüler sein Unwohlsein zum Ausdruck brachte.

Der Schwerpunkt der Stunde lag in der Betrachtung der Verhaltensweisen der Menschen von damals und heute. Die Schüler hatten durch die Darstellung begriffen, daß menschliches Verhalten von 1932 nur aus der Zeit heraus verstanden werden kann, unter Berücksichtigung der Notlage und der hoffnungsvollen Erwartungen.

10. Nationalsozialismus

Nationalsozialistische Jugenderziehung — U 26

Spielerfahrene Klasse

Einführung

Die Erziehung der Jugend war straff organisiert. Seit 1936 war mit dem 10. Lebensjahr die Mitgliedschaft in der „Hitlerjugend" (HJ) gesetzliche Pflicht. Mit ihren Unterabteilungen für Jungen von 10 bis 14 Jahren (Jungvolk) und entsprechenden Abteilungen für Mädchen („Bund Deutscher Mädel" BDM und „Jungmädelbund" JM) sorgte die staatliche Jugendorganisation für die „weltanschauliche" und die vormilitärische Ausbildung aller Jugendlichen. Von der „Jugendbewegung" der Schüler und der Arbeiterjugend übernahm die HJ die Zeltlager- und Lagerfeuerromantik. Der „Dienst", zweimal wöchentlich nachmittags oder abends, hatte z. B. „Das Leben des Führers", Kleinkaliberschießen oder Exerzierübungen zum Inhalt. Der Grundsatz: „Jugend wird durch Jugend geführt", bei dem 14jährige die „Jungvolkmitglieder" einer ganzen Schule kommandieren konnten, diente der rechtzeitigen „Auslese" von „Führernaturen".

Hitler hatte zur Jugenderziehung gesagt:

„Der völkische Staat wird dafür sorgen müssen, durch eine passende Erziehung der Jugend dereinst das für die letzten und größten Entscheidungen auf diesem Erdball reife Geschlecht zu erhalten ..."

„Die gesamte Erziehung und Ausbildung muß darauf angelegt werden, den jungen deutschen Volksgenossen die Überzeugung zu geben, anderen unbedingt überlegen zu sein ..."

„Eine gewalttätige, herrische, unerschrockene, grausame Jugend will ich ... Es darf nichts Schwaches und Zärtliches an ihr sein. Das freie, herrliche Raubtier muß erst wieder aus ihren Augen blitzen ... Mit Wissen verderbe ich mir die Jugend. Aber Beherrschung müssen sie lernen. Sie sollen in den schwierigsten Proben die Todesfurcht besiegen lernen."

Wie es damals in der ‚Pimpfenzeit' zuging, daran erinnert sich K. H. Janßen:

„Wir waren Hitler-Jungen, Kindersoldaten, längst ehe wir mit 10 Jahren für wert befunden wurden, das Braunhemd zu tragen. Schon vorher waren wir dauernd im „Einsatz". Wir sammelten Altpapier und Altmetalle, suchten Heilkräuter, schwangen fürs Winterhilfswerk die Sammelbüchse ..., waren auf „Dienen" vorbereitet, ehe wir als Pimpfe, zwei- oder dreimal die Woche und oft noch am Sonntag zum „Dienst" befohlen wurden. „Du bist nichts, dein Volk ist alles!

Wenn andere von der Pimpfenzeit schwärmen ..., so kann ich diese Begeisterung nicht teilen. In unserem Fähnlein bestanden die Jungvolk-Stunden fast nur aus „Ordnungsdienst". Auch wenn Sport oder Schießen auf dem Plan stand, gab es immer erst „Ordnungsdienst", endloses Exerzieren mit „Stillgestanden", „Rührt euch", „Links um", „Rechts um". – Es ging zu wie auf dem Kasernenhof: Zwölfjährige Hordenführer brüllten 10jährige Pimpfe zusammen und jagten sie kreuz und quer über Schulhöfe, Wiesen und Sturzäcker ..."

Didaktische Überlegungen

Grundsätzliche Erwägungen seien hier von Stunden, die ich in verschiedenen Jahrgängen gab, zusammenfassend vorangestellt, ehe ich zu den Vorüberlegungen zu den einzelnen Stunden übergehe.

Von einigen Schülern hatte ich gehört, daß sie über Vaters oder Großvaters Vorstellungen von ihren Jungvolk- oder Hitlerjugendzeiten nur lächeln könnten, wenn von Begeisterung für den Dienst geredet wird – vom freiwilligen Helfen im Ernteeinsatz – von Zeltlagern und Aufmärschen – von treuer Hingabe für Führer, Volk und Vaterland!

Sie meinten, sie könnten nicht verstehen, daß man freiwillig in so einen Haufen eingetreten sei, um zu marschieren, zu exerzieren und sich hin- und herjagen zu lassen! „Das hätte ich nie mitgemacht! – So dämlich wäre ich bestimmt nicht gewesen! – Das hätte der Vater doch glatt ablehnen müssen!" – Als ich daraufhin sagte, daß ich auch so dämlich gewesen sei, mitgemacht und auch geführt hätte, da sahen mich meine Schüler ganz ungläubig an.

So nahm ich mir vor, mir bei der Behandlung des Themas besonders viel Mühe zu geben, um in diese Zeit einzuführen und sie verständlich zu vermitteln.

U. a. erzählte ich in einem Jahrgang von Idealen, von Tugenden und wie geschickt in den Organisationen von Jungvolk und Jungmädeln, von Hitlerjugend (HJ) und Bund deutscher Mädel (BDM) zum Idealismus angestachelt und die Parole „Du bist nichts, dein Volk ist alles!" immer wieder eingeimpft wurde.

Besonders lag mir daran, herauszustellen, wie dann im Krieg der hochgepäppelte Idealismus erbarmungslos mißbraucht wurde, und wie es für viele schließlich am Ende ein furchtbares Erwachen gab.

Die Schüler hörten mir zwar zu, auch wirklich interessiert, aber ich spürte, daß sie meine in größere Zusammenhänge gestellten Informationen nicht nachvollziehen konnten. Sie blieben skeptisch, denn sie urteilten und verurteilten, maßen und werteten die jüngste Vergangenheit aus ihrem Zeitverständnis, aus ihrem derzeitigen Demokratieerleben, aus ihrem Verständnis für Freiheit und Unfreiheit!

Gespräche mit den Eltern der Schüler ergaben, daß sich Vater und Mutter nicht erklären konnten, warum ihr Sohn ihnen Vorwürfe machte, damals dabeigewesen zu sein, von Auswüchsen gewußt und nichts dagegen unternommen zu haben!

Ein Generationskonflikt zeichnete sich ab!

Ich fragte mich, ob die Schule zum gegenseitigen Verstehen beitragen, ob sie überhaupt einen Beitrag zu differenzierender Betrachtung der Jahre 33 bis 45 leisten könnte!

Mit vordergründigen Erklärungen und auch mit Hintergrundinformationen war dem Problem nicht so ohne weiteres beizukommen, das hatte ich ja selbst im Unterricht erfahren, denn unterschwellig blieb bei den kritischen Schülern die Einstellung erhalten: „Ihr wollt euch ja nur reinwaschen!"

Schüler regten mich dann eines Tages dazu an, über einen von ihnen geäußerten Satz: „Ich kann mir dieses einfach so nicht vorstellen!" nachzudenken: Man müßte die Schüler in die damalige Situation hineinschlüpfen lassen, damit sie an Beispielen – in Szenen, als handelnde Personen – lernen nachzudenken und mitzufühlen und dann begreifen, daß historische Ereignisse aus ihrer Zeit heraus verstanden werden wollen!

Über all die Unzulänglichkeiten der Auswahl, der Nachgestaltung, der Simplifizierung, der Manipulierung war ich mir durchaus im klaren, denn was ich anbieten konnte, war ja immer nur ein Teilaspekt, der noch dazu persönlich gefärbt war. Aber es bot sich die Gelegenheit an, Geschichte aus ihrer Zeit verstehen zu lassen und zur Versachlichung der Gespräche von Eltern und Kindern beizutragen.

In einem Jahrgang versuchte ich es, einen Stundenschwerpunkt unter dem Thema: „Gelobt sei – was hart macht!" zu setzen.

Ich wollte die Schüler in eine Situation von damals hineinstellen und sie in einer Szene nachvollziehen lassen, wie ernst zwei Jungenschaftsführer ihre übernommene Aufgabe sahen: pünktlich zu sein – sich abzuhärten, ganz im Sinne des Führers – vorbildliches Verhalten an den Tag zu legen – und dieser Darstellung eine weitere gegenüberzustellen, daß Jungvolkjungen keineswegs immer vom „Dienst" begeistert waren. Mit der Nachgestaltung der Erinnerungen an die Pimpfenzeit von K. H. Janßen konnte wohl eine einseitige Information vermieden werden.

Planung dieser Stunde

- In der Einführung in das Thema werden die Schüler über die straffe Organisation der Jugenderziehung, über Jugendgesetzgebung, über Gliederungen, Aufgaben und Ziele informiert.
- Es werden danach Bilder besprochen, die in der „Geschichtlichen Weltkunde" Bd. 3 – Seite 110 – abgebildet sind.
- Es wird eine Kurzszene gespielt, die ich mit drei Schülern vorbereitet habe. (Arbeitsaufwand: eine Stunde)
- Schüler werden fragen, weitere Informationen erbitten, vielleicht auch wissen wollen, ob der Dienst auch allen Jungen Spaß gemacht hat. Zur Beantwortung ist eine weitere Szene vorgesehen.
- Abschließend: Gegenüberstellung – Auswertung.

I) Gelobt sei – was hart macht! oder **Hart wie Kruppstahl!**

Mutter:	Bügelt Wäsche
Karl:	13 Jahre – Jungenschaftsführer
Otto:	12 Jahre – Jungenschaftsführer – beide wollen zum Jungvolkdienst gehen

Karl: Mutter, Otto und ich wollen uns abmelden – wir gehen jetzt zum Dienst!
Mutter: Ist gut! – Wann seid ihr wieder zurück?
Karl: In etwa drei Stunden sind wir wieder zu Hause!
Mutter: Was? – So lange dauert euer Dienst?
Das geht nicht! – Vater ist nicht da – ist auch zum Dienst! – ihr beide müßt das Vieh versorgen!
Otto: Das schaffen wir auch noch nach dem Dienst!
Karl: Ja, Mutter, wir werden uns beeilen!
Mutter: (schaut auf) Ich verlaß mich auf euch!
Otto: Das kannst du auch!
Aufwiedersehen und Heil Hitler!
Mutter: Sagt mal, wollt ihr beide so zum Dienst gehen? – Mit freien Knien?
Ihr seid wohl nicht gescheit, was?
Bei dem naßkalten Wetter holt sich ja jeder von euch ein Rheumaleiden!
Otto: Wir toben doch rum! – Da wird uns warm!
Und Rheuma – was ist das schon!
Mutter: Red nicht so dumm!
Ihr zieht lange Unterhosen und meine gestrickten Wollstrümpfe an!
Karl: Mutter, das geht wirklich nicht!
Sollen wir uns beide als Jungenschaftsführer von unseren Pimpfen auslachen lassen?
Otto: Wir wollen uns doch nicht verweichlichen!
Der Führer hat gesagt: Hart wie Kruppstahl sollen wir werden und flink wie die Windhunde!
Mutter: Schön und gut – aber nicht auf Kosten eurer Gesundheit!
Karl: Wenn wir einen zackigen Dienst machen, dann erkälten wir uns bestimmt nicht! – Und wenn, die Rheumaschmerzen werden wir schon ertragen!
Wir wollen uns ja nur abhärten!
Otto: Mutter, du sollst sehen, wie warm wir wieder zu Hause ankommen!
Mutter: Womöglich kriecht ihr noch mit den freien Knien auf dem gefrorenen Erdboden herum!
Nein – ihr zieht euch um – oder ihr bleibt zu Hause!
Karl: Wir haben Dienst, Mutter! – Du weißt, was das bedeutet!
Otto: Wenn wir uns jetzt noch umziehen, dann kommen wir zu spät zum Dienst!
Karl: Ein Pimpf kann schon mal zu spät kommen – aber wir Jungenschaftsführer müssen in jedem Fall pünktlich sein!
Mutter: Es ist mir egal, ob ihr zu spät kommt – mir geht eure Gesundheit vor!
Und jetzt kein Wort mehr!
Ab!
(Karl und Otto ziehen sich um!)
Otto: Ist es so recht, Mutter?
Mutter: Ja, so lasse ich euch gehen!
Denkt daran, das Vieh muß noch versorgt werden!

Karl: Das geht in Ordnung! (beide ab)

Otto: (nach einer Weile) So, jetzt kann Mutter uns nicht mehr sehen! Runter mit den Strümpfen!

Karl: Und hoch mit den Unterhosen!

Otto: Mit dem Gerede von dem Rheuma verdirbt Mutter uns noch die Freude an unserem Dienst!

II) Erinnerungen an die Pimpfenzeit

Hans: Karl, ich habe eine Frage an Dich, die Du mir auch ehrlich beantworten mußt. Sie betrifft unsere gemeinsame Jungvolkzeit!

Karl: An die Jungvolkzeit kann ich mich noch ganz deutlich erinnern. Was willst du denn wissen?

Hans: Ich will schlicht und einfach von Dir erfahren, ob Dir der Dienst damals eigentlich Spaß gemacht hat?

Karl: Denkst Du jetzt an die Zeit, wo wir noch nicht 10 Jahre alt waren oder an den Dienst in der Jungenschaft und im Fähnlein?

Hans: An beides, an die Zeit, in der wir Altpapier und Altmetalle gesammelt haben und mit der Sammelbüchse für das Winterhilfswerk durch die Gegend klapperten – und an den Dienst!

Karl: Das Sammeln empfand ich gar nicht so schlimm. Manchmal bin ich auch wohl ein bißchen stolz gewesen, wenn wir viel zusammenbekommen hatten. Aber für den Dienst konnte ich mich wirklich nicht begeistern!

Hans: Warum eigentlich nicht?

Karl: Mir war es einfach zu viel, zwei- bis dreimal in der Woche hingehen zu müssen.

Hans: Mir machte das eigentlich nicht so viel aus, dann war ich wenigstens von zu Hause weg und brauchte nicht so viel zu arbeiten.

Karl: Weißt Du, und wenn dann noch sonntags ein Dienst angesetzt worden war, und wieder nur Ordnungsdienst gemacht wurde, dann langte mir das!

Hans: So richtig gefallen hat mir das auch nicht, das blöde Exerzieren!

Karl: Es war scheußlich, wenn immer und immer wieder „Stillgestanden" – „Links um" – und „Rechts um" kommandiert wurde.

Hans: Manchmal ging es tatsächlich zu wie auf dem Kasernenhof!

Karl: Ja, wenn der 12jährige Hordenführer uns anbrüllte und uns quer über den Schulhof jagte und uns über Wiesen und Äcker robben ließ!

Hans: Und wir haben uns das alles gefallen lassen!

Auswertung

Die Schüler nahmen die Informationen zur Kenntnis, beteiligten sich recht aktiv an der Besprechung der Bilder und sahen mit großem Interesse dem Rollenspiel zu.

Danach begann ein lebhaftes Nachfragen. Die Schüler wollten wissen: In welcher Organisation denn der Vater Dienst tat – wie oft die Jungen zum Dienst mußten – ob Jungenschaftsführer der niedrigste Dienstgrad war – ob es eine Sommer- und Winteruniform gab – wieviel Jungen in einer Jungenschaft waren – ob die Mutter wohl nicht für den Jungvolkdienst war, und warum die Jungen ihre Aufgabe so ernst nahmen?

Das Gespräch drehte sich um Pflichterfüllung damals und heute, um das Verhältnis von Mutter und Söhnen hinsichtlich der Gesundheitsvorsorge. Kritik am Verhalten der beiden Jungen wurde nicht laut, daß sie sich nicht an die Anweisungen der Mutter hielten, ging wohl in Ordnung! Als dann tatsächlich die Frage kam, ob damals wohl alle Jungen Spaß am Jungvolkdienst gehabt haben, konnte ich die zweite Szene einsetzen, die wesentlich dazu beitrug, bereits gemachte Vorstellungen zu korrigieren. Das bewies die Aussprache, an der sich fast alle Schüler der Klasse beteiligten.

Nachdem die aufgetauchten Begriffe wie „Winterhilfswerk“ und „Ordnungsdienst“ erklärt worden waren, ging die Auseinandersetzung über Dienstpflicht, über Befehlen und Gehorchen, über Verweigerung und Auflehnung erst richtig los. Viele meinten, daß sie sich jetzt sehr gut vorstellen könnten, wie manche Jungen damals unter dem Dienst gelitten haben, aber immer noch nicht verstehen könnten, warum man sich das habe gefallen lassen.

Am Schluß der Stunde stellte ich in Aussicht, daß die nächsten Stunden in der Auseinandersetzung mit dem System mehr Klarheit bringen würden.

Mit dieser vorbereiteten Szene begann die erste Stunde:

Auch Du gehörst dem Führer!
Vater – Mutter – Susanne – Holger im Gespräch

Holger: Der amerikanische Präsident Reagen besuchte den Soldatenfriedhof in Bitburg, um auch den gefallenen deutschen Soldaten – 40 Jahre nach Kriegsende – die ihnen gebührende Ehre zu erweisen.
Warum regen sich die Amerikaner so darüber auf?
– das verstehe ich nicht!

Susanne: Gegen die Gefallenenehrung haben die Amerikaner wohl nichts – aber sie sind darüber empört, daß auch die 40 gefallenen jungen SS-Leute in diese Ehrung miteinbezogen werden.
Das wollten sie verhindern!

Holger: Was haben denn die Amerikaner gegen die gefallenen SS-Leute?

Mutter: Die Organisation der SS wurde im „Nürnberger Prozeß“ als verbrecherische Organisation angeklagt und verurteilt. Die SS wurde für die Vernichtung von Millionen Juden verantwortlich gemacht!

Susanne: Vater, war das richtig? – Du warst doch auch in einer NS-Organisation? – Gehörtest du auch zur SS?

Vater: Nein – ich war 2 Jahre im Jungvolk und 4 Jahre in der HJ. Aber 1940 habe ich mich freiwillig zur Waffen-SS gemeldet!
Sie haben mich aber nicht genommen, weil ich nicht die Mindestgröße von 1,72 m erreichte!

Holger: Warum wolltest du denn gerade zur SS?

Vater: Als Gefolgschaftsführer in der HJ unterstanden mir damals 125 Hitlerjungen, und denen wollte ich doch imponieren! Da ich als 18jähriger noch keine Einberufung zur Wehrmacht erhalten hatte, da meldete ich mich freiwillig.
Ich hatte 1940 Angst, nichts zum Sieg beisteuern zu können.

Susanne: Heute wünschen wir uns nichts sehnlicher als den Frieden – und du wolltest damals unbedingt in den Krieg!
Was wolltest du denn: kämpfen – töten – sterben?
Das wolltest du freiwillig? – Du, der doch keiner Fliege etwas zuleide tun kann!

Mutter: Ja, das ist auch für mich nachträglich lange Zeit unverständlich gewesen!

Man muß schon ein bißchen von der damaligen Situation wissen. Das Ganze kann man nur aus der Zeit heraus verstehen!

Euer Vater ist ja jahrelang durch das Jungvolk und durch die HJ geprägt worden.

Eine unerschrockene – herrische – gewalttätige Jugend wollte Hitler heranwachsen sehen. Und diese Jugend sollte im Krieg zeigen, daß sie es gelernt hatte, die Todesfurcht zu besiegen und bereit war, für Führer – Volk und Vaterland zu sterben.

Vater: Sterben wollte ich nicht gerade – aber feige wollte ich auch nicht sein und im Ort schon gar nicht als Drückeberger gelten!

Susanne: Ich kann mir nicht gut vorstellen, wie man auf diese Todesbereitschaft vorbereitet – wie man dazu erzogen werden kann.

Das muß ja eine sehr harte Zeit für jeden Jungen gewesen sein!

Holger: Ich wäre gar nicht in die HJ eingetreten!

Vater: Damals wärst Du auch eingetreten! – Warum? – Ich will es ein wenig näher zu erklären versuchen.

Mutter hat ja schon ein paar Erziehungsziele Hitlers für die Hitlerjugend angedeutet.

Manche Jungvolk- und HJ-Führer haben Hitlers Vorstellungen sehr genau befolgt, andere aber haben sich gar nicht darum gekümmert!

Holger: Und wie hast du die Erziehung in der HJ erlebt?

Susanne: Sag auch, ob du freiwillig eingetreten bist!

Vater: Es war im Mai 1933 – ich war $11^1/_2$ Jahre alt – in jenen Tagen bekam die einklassige ev. und die einklassige kath. Volksschule einen Brief des Jungbannführers aus Dt. Krone. Die Kreisstadt liegt in der Nähe von Schneidemühl, der Hauptstadt der ehemaligen Provinz Grenzmark-Posen – Westpreußen.

Das Einladungsschreiben

Lehrer: Kinder, hört noch einmal kurz her!

Ich habe euch ein Schreiben des Jungbannführers aus Dt. Krone vorzulesen:

Liebe Gr. Wittenberger Jungen!

Seit dem 30. Jan. ist Adolf Hitler nun Reichskanzler! Mit der Übernahme der Regierung hat er eine neue Zeit eingeleitet.

Das habt Ihr natürlich schon von Euren Eltern gehört – aber Ihr wißt noch nicht, daß Ihr diese neue Zeit aktiv in einer Jugendgruppe miterleben könnt.

Kommt zu uns in das Jungvolk oder in die Hitlerjugend!

Am Freitag, dem 12. Mai besuche ich Euch in Gr. Wittenberg und erzähle Euch von den Zielen und Aufgaben des Jungvolks.

Wir treffen uns um 15.00 Uhr auf dem Schulhof!

Keiner darf fehlen!

Heil Hitler!

G. W.

Jungbannführer

Heinz: Herr Lehrer! Müssen wir da hingehen?

Lehrer: Das mußt du selbst entscheiden! – Ich hatte euch nur das Schreiben vorzulesen.

	Noch ne Frage? – Nein? – Dann schließe ich den Unterricht! Wir wollen beten!
Arno:	(vor der Schule) Mich interessiert das! – Was meinst du, Karl, wollen wir hingehen?
Karl:	Klar, da gehen wir hin! – Wir hören uns das an. Wir müssen ja nicht gleich in das Jungvolk eintreten!
Arno:	Nö – das hat ja Zeit!
Erich:	Wenn ihr hingeht, dann gehen wir auch hin!
Karl:	Dann bis heute nachmittag!

Fortsetzung in der 2. Stunde:

Vater:	Alle 24 Jungen der beiden Schulen, die zehn Jahre und älter waren, versammelten sich lange Zeit vor 15.00 Uhr auf dem Schulhof – endlich passierte mal etwas! – wir lärmten und tobten herum. Kurz vor 3.00 Uhr kam ein junger Mann in Uniform auf einer 250er NSU recht forsch auf den Schulhof gefahren. Er stellte den Motor ab – stieg von der Maschine und bockte sie mit Schwung auf. Wir standen da und staunten! „Heil Hitler – Jungens!" Einer von uns, zaghaft: „Heil Hitler!" – die anderen: „Guten Tag!" „Na, kommt ruhig heran – oder habt ihr Angst vor mir?" Langsam gingen wir auf ihn zu und sahen uns den Jungbannführer sehr genau an: Schwarze Halbschuhe – graue Kniestrümpfe – kurze schwarze Hose – (langsam glitt der Blick weiter nach oben) Braunhemd, schwarzes Dreieckstuch mit braunem Knoten – Koppel und Schulterriemen – von der linken Schulter, von einem braunen Knopf hing bis zur linken Brusttasche des Braunhemdes eine weiße geflochtene Schnur! Gut sah er aus mit seinem schmalen Gesicht, den blauen Augen und den dunkelblonden kurzen Haaren! Er forderte uns auf, uns doch im Halbkreis zu ihm zu setzen. Er *erzählte* von Jungenschaften, Jungzügen und Fähnlein, vom Formaldienst – Heimabenden – Geländespielen – sportlichen Wettkämpfen – Zeltlagern und Fahrten – und wir *fragten:* nach der Bedeutung der Rune auf dem Koppelschloß – nach der Bedeutung der weißen Schnur und nach dem Mitgliedsbeitrag? Nach zwei Stunden traten 24 Jungen in das Jungvolk ein. Das waren zwei Jungenschaften zu je 12 Jungen. Der Jungbannführer fragte nach den Schulbesten. So erhielt Karl, mein älterer Bruder, die Jungenschaft 1 – und ich die Jungenschaft 2. So begann es! Karl und ich nahmen an einem Lehrgang teil und kamen als bestätigte Jungenschaftsführer, nun Träger der rotweißen Schnur, zu unseren Jungenschaften zurück.
Holger:	Da warst du sicherlich recht stolz?
Vater:	Natürlich! – Wir führten nun jeder unsere Jungenschaft: kommandierten – marschierten – leiteten Geländespiele und Heimabende. Ganz im Sinne des Führers: Jugend soll von Jugend geführt werden!
Susanne:	Was hast du denn an den Heimabenden mit deinen Jungen gemacht?
Vater:	Jeder Heimabend stand unter einem besonderen Thema: z. B. „Der Reichskanzler Adolf Hitler"; „Die Gliederung des Jungvolks und der HJ"; „Die

Partei und ihre Gliederungen"; „Das Gesetz über die HJ"; „Das Fahnenlied der Hitlerjugend"; „Vorbereitung auf die Pimpfenprobe"; „Weltfeind Nr. 1 – der Kommunismus".
Ein Heimabend ist mir noch in besonderer Erinnerung geblieben!

„Der Stürmer"

Jungen-schaftsf.:	Wer hat das Blatt mitgebracht?
Heinz:	Ich, Jungenschaftsführer
Jungen-schaftsf.:	Habt ihr alle das Blatt in der Hand gehabt? – Gut! Was meint ihr denn dazu?
Hans:	Solche Menschen, wie die, die hier im Stürmer abgebildet sind, habe ich in unserem Ort noch nicht gesehen, mit so krummen Beinen, dickem Bauch, welligem Haar und einer dicken Hakennase!
Otto:	Das sollen also Juden sein!
Heinz:	Na klar, wenn sie nicht so aussehen, würden sie auch so nicht abgebildet sein!
Otto:	Ich weiß nicht so recht!
Erich:	Habt ihr auch alle die dicke Schlagzeile gelesen: „Die Juden sind unser Unglück!" Wieso sind denn die Juden unser Unglück?
Bruno:	Ich habe gehört, die Juden verleihen Geld, fordern Wucherzinsen – und wenn derjenige, der von ihnen Geld geliehen hat, es nicht rechtzeitig zurückzahlen kann, dann lassen sie bei ihm durch das Gericht pfänden, manchmal sogar einen Bauernhof versteigern – ohne Rücksicht auf den Besitzer!
Otto:	Andere Leute verleihen auch Geld zu einem hohen Zinssatz, doch darüber redet man nicht!
Hermann:	Ihr kennt doch alle den Herrn Meier, den Pferdehändler! Von dem sagt meine Mutter, daß er ein „weißer" Jude sei – und die sollen noch viel schlimmer als die richtigen sein!
Erich:	Die Bezeichnung „weißer" Jude habe ich schon gehört, aber ich konnte mir nichts darunter vorstellen.
Heinz:	Du hättest ja mal nachfragen können! Mein Vater hat mir das mit den „weißen Juden" so erklärt: Die Juden handeln gern, machen gern Geschäfte und wollen viel Geld verdienen. Und wenn einer bei seinen Geschäften mit den Juden nicht aufpaßt, dann hauen sie ihn übers Ohr! Der Pferdehändler Meier ist aber kein Jude. Er macht auch gern Geschäfte! Manchmal soll es sogar vorkommen, daß er einen alten Ackergaul als dreijähriges Rennpferd verkauft, nicht für 100 sondern für 500 Mark! Mein Vater meint, wer andere so anschmiert, ist schlimmer als ein Jude, eben ein „weißer" Jude!
Erich:	Dann ist „weißer" Jude wohl als Schimpfwort zu verstehen.
Heinz:	Man nimmt wohl an, daß alle Juden schlechte Menschen sind und andere betrügen wollen. Das sagt ja auch der Stürmer!
Hans:	Alle Juden sollen Betrüger sein? – Das können wir doch gar nicht beurteilen, wir kennen ja gar keine Juden!

Bruno:	Aber in Schneidemühl am Marktplatz, da gibt es verschiedene jüdische Geschäfte.
Otto:	Mein Vater ist SA-Mann, dem haben sie im Dienst gesagt, daß niemand mehr bei Juden kaufen soll!
Hans:	Kauft ihr denn noch?
Otto:	Das weiß ich nicht! – Mich nehmen die Eltern ja nicht mit zum Einkaufen.
Erich:	Meine Mutter kauft nach wie vor in jüdischen Geschäften. Vor ein paar Tagen hat sie zur Nachbarin gesagt: „Ich laß mir gar nichts verbieten! – Ich gebe mein Geld da aus, wo ich am günstigsten kaufen kann!"
Hans:	Wenn man in jüdischen Geschäften günstig kaufen kann, dann sind das doch keine Betrüger!
Heinz:	Jungendschaftsführer! Du hast bisher gar nichts dazu gesagt. Ist es richtig, daß Erichs Mutter noch bei Juden kauft?
Jungenschaftsf.:	Ich weiß es nicht! – bei unseren Lehrgängen habe ich noch keine Hinweise bekommen – und allein habe ich noch nicht darüber nachgedacht! Ich werde mich erst einmal informieren! Kannst du mir den Stürmer einige Tage leihen?
Heinz:	Natürlich, da wird mein Vater sich freuen!

Fortsetzung in der 3. Stunde:

Vater: Dem Problem, die Jungenschaft gegen die Juden zu beeinflussen, ging ich zunächst einmal aus dem Wege! Jahre später, am 9./10. November 1938, fuhr ich am Morgen nach der „Reichskristallnacht" über den Marktplatz in Schneidemühl zur Schule. Ich hielt an, weil so viele Glasscherben auf der Straße lagen – ich sah zertrümmerte Schaufenster.

Nanu – dachte ich, ist womöglich einem Bauern wieder ein Pferdegespann durchgegangen?

Nein, das kann nicht sein, denn die Pferde werden ja wohl nicht von einem Fenster zum anderen gerast sein! Ich sah genauer hin und traute meinen Augen nicht! In jedem Laden standen einige SA-Männer, warfen Porzellan auf den Fußboden, knallten Gläser an die Wand – zerrten Kleidungsstücke aus den Regalen und trampelten darauf herum!

Ich sprach einen Posten von der SA an: „Was macht ihr denn da?" „Das geht dich nichts an! – Mach, daß du weiterkommst!" „Man wird doch mal fragen dürfen!" In einiger Entfernung standen mehrere ältere Männer und Frauen. Ich steuerte auf sie zu:

„Wissen Sie wohl was hier los ist?"

„In Paris soll ein Jude einen deutschen Botschaftsangehörigen erschossen haben, und dafür sollen die Juden nun büßen!" „Aber warum zerstören die SA-Männer denn alles?"

Die Leute zuckten die Achseln – „die Synagoge haben sie auch angezündet – da fahr man gar nicht vorbei!"

Unser Heimabend fiel mir wieder ein: Die Juden sind unser Unglück!

Aber was haben die Juden in Schneidemühl mit der Sache in Paris zu tun?

In meiner Klasse herrschte große Unruhe:

„Hast du die zerstörten Geschäfte gesehen?"

„Die Synagoge brennt! Ich wollte mir das ansehen, da haben sie mich fortgejagt!"

„Dich auch?"
„Was hat das denn zu bedeuten?"
„Das geschieht den Juden ganz recht, den verdammten Blutsaugern!"
„Das ist doch eine verdammte Sauerei, alles kaputtzuschlagen!"
„Was haben die Schneidemühler Juden denn getan?"
„Du bist vielleicht naiv! Liest du denn nicht den Stürmer?"
Jeder der Klassenkameraden hatte wohl so seine eigene Meinung:
– einer las den Stürmer!
– einer war an einem Heimabend beeinflußt worden.
– andere konnten das Unrecht nicht begreifen und
– bildeten sich ihre eigene Meinung!
– und manche hatten gar keine Meinung!
Am nächsten Tag las ich die Rundfunkansprache von Reichspropaganda-Min. Josef Goebbels in der Tageszeitung:
Was Goebbels da zu den spontanen Reaktionen der SA-Männer sagte, das hörte sich gut an, das überzeugte, mich jedenfalls!
Gegendarstellungen hörte ich nicht – dann wird das wohl so in Ordnung sein – und der Goebbels, der muß es ja wissen, dachte ich!
Die Reichskristallnacht hinterließ keine tiefen Spuren bei mir. Das Erlebte und das auch recht stark empfundene Unrecht wurde sehr schnell verdrängt, denn es passierte ja fast jeden Tag etwas Neues, etwas Außergewöhnliches!

Holger: Du hattest nichts gegen die Juden – und hast es dennoch so hingenommen!

Vater: Ja – ich nahm an, daß das alles so sein müßte – denn schließlich werden Hitler und Goebbels schon wissen, warum sie das den Juden antaten.

Holger: Das begreife ich nicht!

Susanne: Ich auch nicht! – Aber mich interessiert noch, ob du auch befördert worden bist, im Jungvolk oder in der HJ?

Vater: 1934 wurde ich Jungzugführer. Zum Zug gehörten 37 Jungen aus Gr. und Kl. Wittenberg – und als Jungzugführer durfte ich eine grüne Schnur tragen, von der linken Schulter bis zur linken Brusttasche des Braunhemdes.

Holger: Du hast erzählt, daß du auch noch Gefolgschaftsführer warst!

Vater: Das stimmt! – Als ich 1936 aus dem Jungvolk ausschied, trat ich nur widerwillig in die HJ ein. Ich hatte plötzlich keine Lust mehr – ich schwänzte den Dienst und drückte mich davor, eine Führungsposition zu übernehmen. Das änderte sich aber 1939, als der Krieg ausbrach. Da habe ich eine kurze Zeit eine *Kameradschaft* geführt, 15 Jungen im Alter von 14–18 Jahren, dann eine *Schar* (34 Jungen) und Anfang 1940 mußte ich die Führung einer *Gefolgschaft* übernehmen, 125 Jungen aus 7 Ortschaften.

Holger: Und was habt ihr in der HJ gemacht?

Vater: In der HJ haben wir sehr viel Geländedienst gemacht: Robben – Anschleichen und Tarnen geübt.
Wir haben Orientierungsmärsche mit dem Kompaß durchgeführt – das Kartenlesen gelernt –
Jedes Mal Ordnungsübungen gemacht – in Sportwettkämpfen Keulenweitwurf trainiert – alles zum Zwecke der vormilitärischen Ausbildung!
Ein Jahr war ich zusätzlich *Streifendienstführer*. Zusammen mit unserem

	Dorfpolizisten kontrollierte ich die Kneipen, ob sich dort Jungen unter 15 Jahren aufhielten. Besonders achtete ich darauf, daß nicht geraucht wurde!
Susanne:	Wenn man dich so erzählen hört, dann gewinnt man den Eindruck, daß du deine Aufgabe sehr ernst genommen hast.
Vater:	Ich hatte eine Aufgabe übernommen und dann nur meine Pflicht getan.
Holger:	Du hast Deine Pflicht getan! Das Wort kann ich schon nicht mehr hören! Du hast Deine Pflicht getan, bis zum bitteren Ende, ohne nachzudenken, ohne jemals aufzumucken!
Vater:	Als Soldat dann bis zum bitteren Ende!

Auch Du gehörst dem Führer!

Spezielle didaktische Überlegungen: Für eine 9. Klasse in einem anderen Jahr überlegte ich mir, wie ich wohl am besten mit einem Rollenspiel den Gegenwartsbezug zum Thema und anschließend in verschiedenen Szenen Sachinformationen vermitteln könnte.

Mir schwebte vor, die Unterrichtung der spielerfahrenen Klasse etwas komplexer und vertiefender anzulegen: informativ – anschaulich – handlungs- und problemorientiert –, um Schwerpunkte, wie die Jugenderziehungsziele – die Gliederung der NS-Organisationen – den Jungvolkdienst – Einstellung zu den Juden – und Reaktionen zur Reichskristallnacht an die Schüler heranzutragen.

Dazu mußten dann Szenen geschrieben und mit einigen Schülern vor den Unterrichtsstunden erarbeitet werden. Bei der Durchsicht des erarbeiteten Materials ergab sich, daß das Vorhaben nur in drei Unterrichtsstunden zu bewältigen war. (Die Vorbereitung mit den Schülern nahm drei Stunden in Anspruch).

Planung der Stunden

1. Stunde:

Kern aller drei Stunden ist ein Familiengespräch. Begonnen wird mit dem Gegenwartsbezug (Bitburg: Besuch des USA-Präsidenten) – Es folgen Informationen über SS – HJ – Jungvolk. Dann werden die Fragen angesprochen, ob die Mitgliedschaft in einer Jugendorganisation freiwillig oder verpflichtend war, ob man sich zum Heer freiwillig melden konnte oder gezogen wurde. Danach werden die Jugenderziehungsziele erörtert.

- Erste Auswertung!
- Wie wurden z. B. Jungen angesprochen und für das Jungvolk geworben?
- Abschließendes Gespräch der ersten Stunde mit der Fragestellung: Werden viele Jungen erscheinen und dann in das Jungvolk eintreten?

2. Stunde:

Fortsetzung des Familiengespräches über folgende Inhalte: Jungenschaften werden gebildet – Uniformierung – Jungvolkdienstangebote – Führungsaufgaben: Jugend soll von Jugend geführt werden!

- Erste Auswertung mit zusätzlichen Informationen. – Einblendung des Rollenspiels: „Der Stürmer" – ein Heimatabend mit Schwerpunkten: Die Juden sind unser Unglück – „Weißer Jude" – Deutsche kaufen nicht bei Juden!
- Zweite Auswertung mit Hinweisen auf die nächste Stunde.

3. Stunde:
Fortsetzung des Familiengespräches mit Reaktionen zur Reichskristallnacht – damalige Schüler mit unterschiedlichen Meinungen – Dazu nimmt Goebbels Stellung – Die Eindrücke werden verdrängt – Pflichterfüllung über allem!
– Auswertung – Zusammenfassung – Literaturhinweise.

Auswertung der Stunden

Vorweg: Die Spannung konnte von der ersten bis zur letzten Minute gehalten werden. Einer der Höhepunkte war ohne Zweifel der vermittelte Eindruck von einem Heimabend zur Judenfrage, der das besondere Interesse für den Bericht über die Reichskristallnacht geweckt hatte und zu lebhaften Gesprächen über die Ziele der Nationalsozialisten zur Judenverfolgung führte.

Bindeglied aller drei Stunden war das Familiengespräch, das die Schüler zu der Äußerung veranlaßte: Das ist ja beinahe wie zu Hause – und so könnte das immer sein, dann versteht man das Ganze doch erst richtig!

In der ersten Auswertung der ersten Stunde wurde sehr intensiv über Freiwilligkeit, über Befehl und Gehorsam diskutiert und zu den Jugenderziehungszielen Stellung genommen. Immer wieder wurde die Einstellung der Jugend von damals und heute verglichen, und als wir in der zweiten Stunde speziell auf das Thema: „Jugend soll von Jugend geführt werden!" zu sprechen kamen, berichtete ich von K. H. Janßen, wie der damals seinen Jungvolkdienst empfunden habe.
Die zahlreichen Informationen wurden dankbar abgenommen, sie stellten keine Überforderung der Schüler dar.

Die Spielszenen forderten zu Verständnisfragen, zu Gesprächen heraus, die wesentlich zur eigenen Meinungsbildung beitrugen. Das Nachempfinden der verschiedenen Rollen hatte dazu geführt, daß einige Schüler sagten: „Nun würden sie Eltern und Großeltern viel besser verstehen!"
Wesentliche Punkte, die von den Schülern angesprochen wurden, waren die Propaganda – die Vertrauenshaltung vieler Bürger – die ablaufenden Verdrängungsprozesse – die Pflichterfüllung bis zum bitteren Ende.
Die Stunden, die relativ viel Vorbereitungszeit gekostet hatten, näherten sich in ihren Ergebnissen meinen Zielvorstellungen.

Da in den Gesprächen auch die Frage auftauchte, ob es denn auch Widerstand gegen das System gegeben habe, da konnte ich auf die Geschwister Scholl verweisen und damit die Schüler auf die nächste Unterrichtseinheit „Widerstand gegen Hitler" vorbereiten.

Antisemitismus in einer Schulklasse im Jahre 1934 — U 27

Spielunerfahrene Klasse

Einführung

Im 19. Jahrhundert war die Lehre aufgekommen, es gäbe höherwertige und minderwertige Rassen. Bestimmte Kreise behaupteten, die arische oder nordische Rasse, zu der man vorwiegend die Germanen zählte, sei viel edler und tüchtiger als alle anderen.

Diese Irrlehre machte sich Hitler zu eigen. Sie wurde zu einem Kernstück der nationalsozialistischen Weltanschauung. Zusätzlich knüpfte er an Vorurteile an, die bei einem Teil der Bevölkerung vorhanden waren.

Fälschlicherweise bezeichneten Wissenschaftler im 19. Jh. alle indogermanisch sprechenden Völker als ‚Arier'. Da man annahm, die Arier hätten ursprünglich alle der ‚nordischen' Rasse angehört, wurden die Begriffe ‚arisch' und ‚nordisch' miteinander vermengt.

Das deutsche Volk galt rassenmäßig als von den Germanen abstammend. Damit wurde die Forderung begründet, daß die Deutschen eine ‚Herrenrasse' seien, der minderwertige Rassen zu dienen hätten. Schlimmste Folge der Rassenlehre war der Antisemitismus. Nach ihrer Abstammung von einer Völkergruppe im Vorderen Orient wurden die Juden auch als Semiten bezeichnet.

Schon im Mittelalter wurden die Juden von den Christen aus religiösen Gründen verfolgt. Unter dem Nationalsozialismus nahm der Antisemitismus die grausamsten und radikalsten Formen an. Die Juden wurden als ‚minderwertige' Rasse eingestuft und verfolgt. Der Judenhaß entlud sich in Reden und Schriften der nationalsozialistischen Propaganda. In den Jahren 1938/39 wurde von vielen Schulämtern eine Verordnung zum Umgang mit Juden im Unterricht erlassen.

Didaktische Überlegungen

Wie kam es zur Behandlung des genannten Themas?
In einer Abschlußklasse wurde ich einmal von den Schülern gefragt, wie die Unterrichtsverhältnisse in der Zeit des Nationalsozialismus gewesen und wie denn jüdische Schüler behandelt worden seien?

Ein Bild im Geschichtsbuch, auf dem ein vom Lehrer entwickeltes Tafelbild mit dem Text „Der Jude ist unser größer Feind! Hütet euch vor den Juden!" dargestellt war und

nun dazu anregte, doch mehr darüber in Erfahrung zu bringen. Dieser Wunsch kam meinem Anliegen, Schüler über Antisemitismus zu informieren, sehr entgegen. Da es mir aber nicht genügte, bei einer kurzen Bildbetrachtung ein paar Erklärungen zu geben, vertröstete ich die Klasse, doch auf die Antwort bis zur nächsten Stunde zu warten, denn ich dachte daran, gemeinsam mit den Schülern das Bild zu interpretieren und ablesbare Aussagen in einen Handlungsablauf umzusetzen.

Planung der Stunde

- Schüler betrachten das Bild, achten auf die Tafel mit dem handgeschriebenen Text (die deutsche Schrift dürfte Leseschwierigkeiten bereiten!), auf die jüdischen Kinder – auf das Verhalten der Klasse.
- In drei Arbeitsgruppen sollen die Schüler über das Verhältnis Lehrer – jüdische Schüler und jüdische Schüler – Mitschüler nachdenken, sich die Stundensituation vorstellen und nach ihren Interpretationsversuchen ein Stegreifspiel entwickeln.
- Zu erklären sind: Die damalige Stellung des Lehrers in einer Klasse – die Schulverhältnisse allgemein – Jungen- und Mädchenschulen – die Bedeutung des Davidsterns – Judendiskriminierung und Judenverfolgung!
- „Macht und Ohnmacht" als Begriffspaar lassen sich in der zu erarbeitenden Darstellung hervorragend demonstrieren!
- Gruppenarbeit!
- Alle 3 Gruppen spielen das gleiche Thema.
- Auswertung und Diskussion!
- Nach der Auswertung der Gruppenarbeit lese ich den Schülern folgende Quelle des Stadtschulamtes Mainz vor und beziehe sie dann in die Aussprache mit ein:

Eine besonders wichtige Rolle nahm die Indoktrination der Jugend ein. Zur „Weltanschaulichen Schulung" verfaßte das Stadtschulamt Mainz ein Sprachstück mit dem Titel „Kampfansage den Juden", das allen Schulen zugeleitet wurde. Darin hieß es:
„In dem Kampfe gegen die Juden müssen auch wir Schüler(innen) mithelfen, denn der Jude ist immer und überall der größte Feind unseres Volkse [...] So müssen wir Kinder, das Deutschland von morgen, heute schon gegen die Juden kämpfen! Wir Kinder müssen uns einsetzen in unserem Kreise, bei unseren Kameraden, in unseren Familien [...], daß niemand beim Juden kauft... Das Schild „Deutsches Geschäft" muß dasein. Sonst bleiben wir draußen. Wer ein jüdisches Geschäft betritt, ist ein Volksverräter [...]" [Hervorheb. im Original].

Dieses an antisemitischer Hetze kaum noch zu überbietende Machwerk sollte „in fleißig wiederholender und vertiefender Gemeinschaftsarbeit ... vorgelesen und auch im Unterricht ausgewertet" werden, die Schüler wurden so zu Boykott, Diskriminierung und Denunziation förmlich aufgefordert.

Quelle: Volks- und Berufsschule der Stadt Mainz. Jahresbericht 1938/39. Hrsg. von Stadtschulamt Mainz; StadtB Mainz

Aus drei Spielversuchen kristallisierte sich folgende Szene heraus, die nachträglich aufgezeichnet wurde:

Spielaufbau

Schüler treten auf, nehmen in ihren Bänken Platz, unterhalten sich über Sport und Jungvolkdienst. – Der Lehrer erscheint, die Schüler springen auf, nehmen Haltung an:

Lehrer: (erhebt die Hand zum „deutschen Gruß") Heil Hitler! Kinder!
Schüler: Heil Hitler, Herr Lehrer!
Lehrer: Wir wollen zuerst einmal wiederholen!
Worüber haben wir in den letzten Stunden gesprochen?
Karl: Über die Juden!
Lehrer: Gerson! Was kannst du darüber erzählen?
Gerson: (schweigt - antwortet auch nach der zweiten Aufforderung nicht)
Lehrer: Dann muß ich wohl den Salomon fragen!
Salomon: (antwortet ebenfalls nicht!)
Lehrer: Ihr Burschen wollt nicht! – Gut! – Ich werde euch schon kleinkriegen!
Hans, sag du den beiden, was wir herausgearbeitet hatten!
Hans: Die Juden sind unser Unglück; sie sind an allem schuld!
Lehrer: Sehr richtig! – und wer weiß noch mehr?
Siegfried: Die Juden sind unser größter Feind!
Otto: Und dann haben Sie noch gesagt: Hütet euch vor den Juden!
Lehrer: Otto, ich muß dich loben, du hast sehr gut aufgepaßt!
Ach, Gerson und Salomon, kommt doch beide mal nach vorn! – Stellt euch mit dem Gesicht zur Klasse neben der Tafel auf!
Na! Wirds bald! – Ich werde euch gleich Beine machen!
Max, du kommst auch nach vorn und schreibst die Sätze an, die dir diktiert werden!
Siegfried fängt an und dann Otto!
Siegfried: Der Jude ist unser größter Feind!
(Max schreibt)
Otto: Hütet euch vor den Juden!
(Max schreibt)
Lehrer: Und damit das keiner – keiner von uns jemals wieder vergißt, lesen wir die beiden Sätze jetzt gemeinsam laut und deutlich vor!
Bitte!
Klasse: Der Jude ist unser größter Feind!
Hütet euch vor den Juden!
(Gerson und Salomon sprechen nicht mit, zucken aber bei jedem Satz zusammen!)
Lehrer: Gerson und Salomon! – Macht, daß ihr auf eure Plätze kommt!
Und jetzt lese ich euch noch einige Sätze aus Hitlers „Mein Kampf" zur Rassenfrage vor!
(Schüler falten die Hände!)

Auswertung der Stunde

Es bereitete keine Schwierigkeiten, die Schüler für die Nachgestaltung zu gewinnen. Schon während der Gruppenarbeit wurde nach der Machtstellung des Lehrers in der Klasse gefragt und mit der heutigen Unterrichtssituation verglichen.

Und nach den dargebotenen Spielen wurde über die Art gesprochen, wie er die beiden Jungen schikanierte, indem er sie vor die Klasse stellte und damit zu Hohn und Spott herausforderte. Einer sprach von seelischer Grausamkeit.

Die Schüler fragten auch nach dem Verhältnis der Judenkinder zu den anderen Mitschülern: Wurden sie in die Klassengemeinschaft integriert oder als Mitglieder der minderwertigen Rasse abgelehnt?

Wir suchten nach einer Antwort und sahen uns daraufhin das Bild noch einmal an. Ein Schüler meinte, daß nach solch einer Stunde doch die ganze Klasse gegen die beiden Jungen aufgebracht worden war und sie wohl kaum noch von den Mitschülern akzeptiert wurden, es sei denn, daß der eine oder andere sich von seinem Mitgefühl leiten ließ.

‚Macht' und ‚Ohnmacht' haben wir noch besonders herausgestellt: Der Lehrer, der den judenfeindlichen Text vorlesen läßt – und die Jungen, bloßgestellt vor den Mitschülern der Klasse.

Plötzlich sagte ein Schüler: „Das kann man kaum glauben, daß solche Hetze gegen die Juden während des Unterrichts betrieben wurde!"

Darauf reagierte ich sofort und las die Quelle des Stadtschulamtes Mainz vor.

Danach herrschte zunächst einmal Stille. Alle Schüler zeigten sich betroffen und alle atmeten irgendwie befreit auf, als jemand zum Ausdruck brachte: „Das ist ja noch schlimmer, als das, was wir uns nach der Erarbeitung des Bildes vorgestellt hatten!"

Der Quellentext, gerade an dieser Stelle, nach der Szenenerarbeitung und mitten im Gespräch eingesetzt, erwies sich gewissermaßen als das I-Tüpfelchen in dieser Stunde.

Dann wollten die Schüler wissen, ob Jungen und Mädchen damals den Antisemitismus der Nazis auch so angenommen und ihn zu ihrem eigenen Anliegen gemacht hätten und auch nach Hitlers Buch ‚Mein Kampf' wurde gefragt, nach dem Besonderen, das Hitler da angekündigt habe.

Österreich soll „heim ins Reich" U 28

Spielunerfahrene Klasse

Einführung

Der ‚großdeutsche Gedanke', der Wunsch, alle Deutschen in einem Reich zu vereinigen, hatte seit 1848 in Österreich viele Anhänger. Schon einmal, unmittelbar nach dem ersten Weltkrieg, war die Vereinigung mit Deutschland im Parlament beschlossen worden. Im Friedensvertrag von 1919 hatten die Siegermächte jedoch den Anschluß ausdrücklich verboten. Hitler hatte 1924 in seinem Buch ‚Mein Kampf' diesen Gedanken wieder aufgegriffen. Er schrieb:

„Deutsch-Österreich muß wieder zurück zum großen deutschen Mutterlande, und zwar nicht aus Gründen irgendwelcher wirtschaftlicher Erwägungen heraus ... Gleiches Blut gehört in ein gemeinsames Reich. Das deutsche Volk besitzt so lange kein moralisches Recht zu kolonialpolitischer Tätigkeit, solange es nicht einmal seine eigenen Söhne in einem gemeinsamen Staat zu fassen vermag. Erst wenn des Reiches Grenze auch den letzten Deutschen umschließt, ohne mehr die Sicherheit seiner Ernährung bieten zu können, ersteht aus der Not des eigenen Volkes das moralische Recht zur Erwerbung fremden Grund und Bodens. Der Pflug ist dann das Schwert, und aus den Tränen des Krieges erwächst für die Nachwelt das tägliche Brot."

Im Februar 1938 hatte Hitler Bundeskanzler Schuschnigg aus Österreich auf den Obersalzberg bestellt und ihn unter Druck gesetzt:

„Entweder wir kommen zu einer Lösung, oder die Dinge sollen laufen; wir werden dann ja sehen, wie das werden wird. Am nächsten Sonntag trete ich vor die deutsche Nation; bei meiner Rede vor dem Reichstag muß das deutsche Volk wissen, wie es daran ist. ... Ich gebe Ihnen nunmehr Zeit bis heute nachmittag. Wenn ich Ihnen das sage, dann tun Sie gut daran, mich wörtlich zu nehmen. Ich bluffe nicht. Meine ganze Vergangenheit beweist das zur Genüge. Ich habe noch alles erreicht, was ich wollte, und bin vielleicht dadurch zum größten Deutschen der Geschichte geworden."

Das Vorgehen Hitlers bei der Einleitung des ‚Anschlusses' ist charakteristisch und läßt Vergleiche zu der Methode zu, wie er später dem tschechoslowakischen Staatspräsidenten gegenübertrat.

Am 11. 3. 1938 ließ Göring dem österreichischen Bundespräsidenten mitteilen, daß der Bundeskanzler Schuschnigg wegen seiner deutschfeindlichen Politik sofort zurücktreten müsse. Es müsse eine nationalsozialistische Regierung in Österreich gebildet werden – andernfalls würden umgehend 200 000 deutsche Soldaten in Österreich einmarschieren. Um seinem Land ein zweckloses Blutvergießen zu ersparen, trat Schuschnigg zurück. Der bisherige Innenminister, Hitlers Parteigenosse Seyß-Inquart, übernahm die Regierung.

Am 12. März 1938 marschierten die deutschen Truppen in Österreich ein.

Didaktische Überlegungen

Für die Unterrichteinheit *Die Entwicklung zum zweiten Weltkrieg* war diese Stunde geplant worden, die nach folgenden Vorüberlegungen durchgeführt wurde:

Es ist im Unterricht nicht ganz einfach, eine Entwicklungslinie vom Einmarsch deutscher Truppen in das entmilitarisierte Rheinland am 7. März 1936 bis zum Überfall auf Polen am 1. September 1939 zu ziehen, um dabei den Schülern die Erkenntnisse zu vermitteln, wie Hitler außenpolitisch vorging, Übergriffe riskierte, die vorübergehende Schwäche der demokratischen Weltmächte Frankreich und England ausnutzte und sich dabei Österreich und das Sudetengebiet aneignete.

Aber der Versuch, die Schüler kognitiv ins Bild zu setzen, greift einfach nicht, um das skrupellose Vorgehen Hitlers und seiner Helfer in Betroffenheit einmünden zu lassen. Das hatte ich einige Male erfahren!

So überprüfte ich nun, welche damaligen Ereignisse so aufgezeichnet sind, daß sie in einer Kurzszene nachgestaltet werden könnten.

Ich stieß auf die Berichterstattung über die Entwicklung der letzten Stunden vor dem Einmarsch der deutschen Truppen in Österreich. (Quelle: Telefongespräch Görings am 11. 3. 1938 mit Wien.)

Die Idee verwarf ich jedoch bald wieder, weil Schüler ja die Rollen Görings und seiner Berater hätten übernehmen müssen.

Aber dann entschloß ich mich, die Rolle Görings selbst zu sprechen. Da die Namen der Berater Görings für die Schüler doch nur Schall und Rauch gewesen wären, wollte ich die Berater nur mit A – B – und C bezeichnen.

Mit drei spielinteressierten Schülern bereitete ich zu Hause den nachstehenden Text zu einem Rollengespräch vor, aus dem die Schüler entnehmen sollten, in welcher Art und Weise die österreichische Regierung unter Druck gesetzt wurde, welche Rolle Hermann Göring bei der Durchführung der Einmarschvorbereitung spielte und wie skrupellos vorgegangen wurde, um die Welt über die wahren Hintergründe dieses Vorhabens zu täuschen.

Planung der Stunde

Es wird das Thema der Unterrichtseinheit genannt und auf das Stundenvorhaben hingewiesen.

– Es folgt ein Rückblick bis zu Bismarck, der 1871 die kleindeutsche Lösung – ohne

Österreich – anstrebte und verwirklichte. Außerdem werden die Schüler darüber informiert, daß Österreich sich 1919 parlamentarisch für einen Anschluß an Deutschland entschieden hatte.
– Danach setzt Kartenarbeit ein: Die Grenze zu Frankreich ist zu markieren und die entmilitarisierte Zone einzuzeichnen, um dann auf den Einmarsch der deutschen Truppen eingehen zu können.
– Erneut Kartenarbeit: Wo liegt Österreich, seine Grenzen, seine Größe – um auf den Einmarsch deutscher Truppen in Österreich vorzubereiten.
– Nun werden Schüler mit folgenden Namen vertraut gemacht: Schuschnigg – Seyß-Inquart – Göring.
– Danach folgt eine Lehrererzählung über das Gespräch, das Hitler mit Schuschnigg auf dem Obersalzberg führte. Die Erzählung ist auch als Einstimmung für die Kurzszene gedacht.
– Die vorbereitete Szene „Konferenz bei Göring" wird gespielt.
– Zum Abschluß werden Fragen geklärt, weitere Informationen gegeben und Schüler aufgefordert, Stellung zu nehmen – außerdem erfolgt eine Hinführung zur nächsten Stunde: Lösung der sudetendeutschen Frage – Konferenz von München.

Spielszene:
Konferenz bei Göring – am 11. 3. 1938:

Göring: Wenn wir Österreich ohne großes Blutvergießen heim ins Reich holen wollen, dann müssen wir uns überlegen, wie wir den deutschfeindlichen Bundeskanzler Schuschnigg ausschalten können.

Berater A: Er müßte zum Rücktritt aufgefordert werden!

Berater B: Die Aufgabe kann doch Seyß-Inquart übernehmen!

Berater C: Wir müßten Verbindung zum österreichischen Bundespräsidenten aufnehmen und ihn wegen der deutschfeindlichen Politik zur Rede stellen!

Göring: Diese Überlegungen zeigen die richtige Denkrichtung an!
Wir teilen dem österreichischen Bundespräsidenten mit, daß Bundeskanzler Schuschnigg wegen seiner deutschfeindlichen Politik zurücktreten müsse und daß an seine Stelle eine nationalsozialistische Regierung zu setzen sei!

Berater A: Auch das wird wenig Erfolg haben, wenn wir nicht ein wenig Druck ausüben!

Berater B: Ja, wir sollten ihm drohen!

Göring: Richtig!
Wir sagen ihm: Wenn nicht in kürzester Zeit eine nationalsozialistische Regierung gebildet wird, dann werden wir mit 200 000 Soldaten in Österreich einmarschieren!
Ja, so machen wirs!
Schreiben Sie! – Halt! – Nein! – Stellen Sie lieber eine Telefonverbindung zu Seyß-Inquart her!
Wie spät haben wir es denn?

Berater B: 17.26 – Herr Ministerpräsident!

Berater C: Seyß-Inquart ist am Apparat!

Göring: Hier Göring!
Seyß-Inquart – es geht jetzt um Folgendes:
Begeben Sie sich bitte sogleich mit Generalleutnant Muff zum Bundesprä-

sidenten und erklären Sie ihm, wenn er nicht unverzüglich die Forderung – Sie kennen sie! – annimmt, dann erfolgt heute nacht der Einmarsch der bereits an der Grenze aufmarschierten und anrollenden Truppen auf der ganzen Linie, dann ist es vorbei mit der Existenz Österreichs!
Sagen Sie es ihm! – Es gibt keinen Spaß jetzt!

Berater C: Warten wir ab, ob alles wunschgemäß abläuft!

Berater B: Nun wird es äußerst spannend!

Berater A: Die neueste Meldung!
Um zweckloses Blutvergießen zu vermeiden, ist Bundeskanzler Schuschnigg zurückgetreten! Seyß-Inquart übernahm die Regierungsbildung!

Berater C: Aber damit kehrt Österreich ja noch nicht heim ins Reich!

Göring: Da muß noch etwas geschehen!
Verbinden Sie mich doch mit Staatssekretär Keppler.
Göring! Keppler passen Sie auf!
Seyß-Inquart soll uns folgendes Telegramm hersenden – schreiben Sie auf:
Die provisorische österreichische Regierung richtet an die deutsche Regierung die dringende Bitte, sie in ihrer Aufgabe zu unterstützen und ihr zu helfen, Blutvergießen zu verhindern.
Zu diesem Zweck bittet sie die deutsche Regierung um baldmöglichste Entsendung deutscher Truppen!
Das Telegramm möchte er möglichst bald schicken!
Es ist jetzt 20.48 Uhr! Halt! – Sagen Sie ihm, daß er das Telegramm gar nicht zu schicken braucht, er soll nur sagen: Einverstanden!

Berater C: Nun haben wir die Lösung!

Berater A: Österreich bittet uns offiziell um Hilfe!

Berater B: Und Deutschland kann vor der Weltöffentlichkeit bestehen!

Berater C: Das Telefon! – Es ist jetzt genau 21.00 Uhr!

Göring: (nimmt selbst ab)
Göring! – Ja, Keppler?
Seyß-Inquart ist einverstanden!
Das ist ja großartig!
Meine Herren! – Ich danke Ihnen!

Auswertung der Stunde

Wie üblich waren die Informationen zum Einmarsch in das Rheinland mit Interesse aufgenommen worden, und obwohl wir über den Vertragsbruch sprachen und Überlegungen darüber anstellten, warum Frankreich denn nicht reagiert habe, blieb jede kritische Stellungnahme zu Hitlers Verhalten aus.
Hellhörig wurden die Schüler jedoch, als ich von der Begegnung Hitlers mit Schuschnigg auf dem Obersalzberg erzählte, und sie dann von den Drohungen Hitlers und seiner Selbsteinschätzung hörten, da wurden erste Reaktionen laut, die sich nach der Spielszene zu spontanen kritischen Stellungnahmen steigerten und die dann in eine Analyse der gewalttätigen Außenpolitik Hitlers einflossen.

Widerstand gegen Hitler U 29

Spielerfahrene Klasse

Einführung

Auch Deutsche haben Hitler und das NS-Regime verabscheut. Aber es war schwer, etwas dagegen zu unternehmen. Der totalitäre Polizeistaat und die NS-Organisationen überwachten alle. Anders als im besetzten Ausland konnte ein Gegener des Regimes kaum auf die Hilfe seiner Mitbürger oder auf ausländische Hilfe hoffen.

Wer waren die Männer und Frauen, die trotzdem Widerstand leisteten?

Sie kamen aus allen Schichten des Volkes und gehörten unterschiedlichen politischen Richtungen an. Sie kämpften auf verschiedene Weise und mit unterschiedlichen Zielvorstellungen.

Es gab kommunistische Gruppen im Untergrund, aber ebenso auch Christen, wie z. B. den katholischen Pater Delp oder den evangelischen Theologen Bonhoeffer und andere Mitglieder der „Bekennenden Kirche", die zum Widerstand bereit waren. Während des Krieges wuchs die Zahl derer, die der Gewaltherrschaft der Nationalsozialisten den Kampf ansagten. Die Rufe „Führer befiehl – wir folgen!" wurden immer seltener, jedoch die meisten Menschen versuchten, nicht nachzudenken und weiterzumachen.

Offiziere der Wehrmacht entschlossen sich nun auch zum Widerstand. Als Waffenträger konnten sie einen Putsch versuchen. Den Kern dieser national-konservativen Gruppe bildeten hohe Offiziere um den 1938 zurückgetretenen Generalstabschef Beck, der sich mit dem ehemaligen Oberbürgermeistser Carl Goerdeler verband.

Seit dem Sommer 1940 trafen sich oppositionelle Männer aller politischen Richtungen, die durch eine gemeinsame christliche und soziale Anschauung verbunden waren, auf dem Gut des Grafen James von Moltke in Kreisau in Schlesien. Der „Kreisauer Kreis" entwickelte Reformpläne, vor allem für eine künftige übernationale und föderalistische Zusammenarbeit in Europa. An den Gesprächen nahmen entschiedene Sozialisten, wie der Pädagoge Reichwein, und Sozialdemokraten, wie der ehemalige Reichstagsabgeordnete Julius Leber, teil.

Eine Gruppe von Studenten und Hochschullehrern um die Geschwister Scholl, die 1942/43 in München Flugblätter gegen die Regierung und Krieg verteilte, folgte wie andere dem Gewissen und opferte sich auf, ohne daß sie auf größere Erfolge gegen das Regime hoffen durften. Hier opponierten Jugendliche, die bereits durch die HJ-Erziehung gegangen waren. Manche Jugendliche hatten den HJ-Dienst satt, sie sahen ein Leben in Uniform vor sich. Sie stiegen aus und machten nicht mehr mit. Im ‚Jugendbewährungslager' Moringen, das eher als Jugend-KZ zu bezeichnen ist, befanden sich ab 1942 etwa 1600 Jungen von 16 bis 20 Jahren, darunter 200 als ‚politisch' eingestufte.

Am 20. 7. 1944 versuchte Oberst Graf Stauffenberg, Hitler in seinem Hauptquartier ‚Wolfsschanze' zu töten. Das Attentat schlug fehl. Hitler überlebte. Die Verschwörer wurden in Plötzensee hingerichtet.

Didaktische Überlegungen

Ich wiederhole mich, wenn ich sage, daß Schüler sich langweilen, wenn sie nur mit Texten und Fakten gefüttert werden. Und das dürfte auch jetzt der Fall sein, wenn ich in üblicher Form über den Widerstand gegen Hitler informieren möchte.

Dieses Thema ist überhaupt schwer und nur mit Fingerspitzengefühl in der Kürze der vorgesehenen Zeit des Lehrplans zu bewältigen.

Was soll denn an Beiträgen für ein bis zwei Unterrichtsstunden ausgewählt werden?

Welche der Widerstandsgruppen, der Einzelpersönlichkeiten ist mehr zu würdigen?

Muß der Widerstand der Kirchen oder der Parteien besonders herausgestellt werden oder die Untergrundarbeit der Gewerkschaften oder das Aufbegehren der Studenten? Oder müßte der tatkräftige Widerstand der Offiziere, die den Putsch am 20. Juli einleiteten, im Mittelpunkt des Unterrichts erscheinen?

Und weitere Fragen sind von Bedeutung:

Soll nur von den Tatsachen oder mehr von den Beweggründen der Widerstandskämpfer und deren Zukunftsplänen oder von Bespitzelungen, Verfolgungen und Leiden der in Gestapohaft und KZ's Befindlichen gesprochen werden?

Angeregt durch die Berichte über die Zusammenkünfte des ‚Kreisauer Kreises' wollte ich über die Beweggründe und Zielvorstellungen der verschiedenen Gruppen informieren. Aber auch die Leiden der Widerstandskämpfer und das Attentat mit seinem grausamen Nachspiel nachempfinden lassen.

Bei der Sichtung des Materials zum Thema stellte ich fest, daß ich auch bei einer sinnvollen Auswahl des Stoffes und klarer Gliederung mindestens 6 Stunden benötigen würde, wenn ich mich auf die Vielfalt der Widerstandsbestrebungen in der Vermittlung einließe. Das war unmöglich! – In zwei Stunden konnte nur eine komprimierte Zusammenfassung in Form eines Rollengespräches gegeben werden. Dafür mußte ich die Texte zusammenstellen und sie dann mit einigen Schülern erarbeiten und für die Stunden vorbereiten.

Planung der Stunden des ersten Unterrichtsversuches

1. Stunde:

- Es erfolgt eine Einführung in die Unterrichtseinheit „Widerstand gegen Hitler". Die Schülergruppe beginnt mit dem Rollengespräch, sie trägt zunächst Teil I vor. Das Spiel wird unterbrochen, um Gelegenheit zum Fragen zu geben und dann über Widerstandsmöglichkeiten – Begeisterte Anhänger – Uniformierte – Angepaßte und Fanatiker – zu sprechen und über Bürger, die damals aus religiös/sittlicher und sozialer Verantwortung gegen das Regime zu handeln versuchten.
- Dann folgt der Vortrag des 2. Teiles, der verschiedenen Sprechern von Widerstandsgruppen in einer Befragung Gelegenheit gibt, ihre Zielvorstellungen vorzustellen. In der Unterbrechungspause soll dann über Gewissensnot, Eid und Gehorsam und über das Streitgespräch diskutiert werden.

2. Stunde:

- Zunächst tragen die Schüler all die Punkte zusammen, die in der letzten Stunde diskutiert worden waren.
- Danach wird das Rollengespräch mit Teil III forgesetzt. In der Unterbrechungspause werden die Schüler um Stellungnahme zu den verschiedenen Zielvorstellungen, zur geistigen Vorbereitung des Volkes und zur Erkenntnis, warum Hitler als Schlüsselfigur in diesem Kampf gesehen werden muß, gebeten.
- Als Schlußpunkt bringt die Spielgruppe den Teil IV, der danach die Möglichkeit bietet, über Verwirklichung von Zielvorstellungen nachzudenken und über die zwingende Notwendigkeit zum Handeln zu diskutieren.

Durchführung des Rollenspiels

Nun folgt der festgelegte Rollengesprächstext:

Widerstand gegen Hitler (Erster Versuch)
Als Rollengespräch

(Teil I)

Sprecher I: Ein Reich – ein Volk – ein Führer!
Deutschland! – Ist das wirklich so?
Wo seid ihr, ihr Namenlosen, die ihr Kritik übt an Hitler, an der Partei – die ihr Widerstand leistet gegen Terror-Willkür–Judenverfolgung – die ihr bereit seid, euer Leben für die Befreiung von der Tyrannei einzusetzen?
Deutschland, wo finde ich dich in den tiefsten Stunden der Schmach, der Entrechtung, der Würdelosigkeit?

Sprecher II: So wird manch einer damals „draußen" gedacht haben, der Deutschland liebte und auf ein Zeichen wartete. Doch war es überhaupt möglich, ein Zeichen zu setzen, Widerstand zu leisten – ohne jegliche Hoffnung auf Erfolg?

Sprecher I: Gab es von 1933–1945 denn nur Begeisterte – Angepaßte – Ja-Sager – Uniformierte – Fanatisierte – nur Nazis?

Sprecher II: Bestimmt nicht, es gab auch jene, die sich Gedanken machten aus religiöser/sittlicher und sozialer Verantwortung – die sich auch verpflichtet fühlten, eines Tages zu handeln.

Sprecher I: Wer waren diese Leute?

Sprecher II: Es waren Einzelpersönlichkeiten – ehemalige Mitglieder der SPD, der Kommunisten, der Liberalen – es waren Christen, Gewerkschaftler, Studenten, Soldaten!

Sprecher I: Welche Ziele verfolgten die Gruppen, die einzelnen Menschen im Widerstand gegen Hitler?

Sprecher II: Es ist wohl am besten, sie selbst zu befragen.

Sprecher I: Also – fragen wir: Was wollen Sie erreichen?
Welche Ziele haben Sie?

Alle: Hitler muß weg! – So kann und darf es nicht weitergehen!
– Pause: Gespräch –

(Teil II)

Sprecher II: Aber – wie wollen Sie das nur machen? Können Sie das überhaupt wagen?

Kommunist: Verwirklicht werden kann das nur durch *eine Revolution*! Der Faschismus muß mit Stumpf und Stiel ausgerottet werden!

SPD: Auch wir sehen nur diesen einen Weg – wir sind *zur Revolution verpflichtet*.
Gegen *Despotismus* kann es keine *parlamentarische* und *verfassungsmäßige Opposition* geben!

Liberaler: Es geht um die Wiederherstellung der *vollkommenen Majestät des Rechts* – um die Wiederherstellung der *Grundlage der Sittlichkeit*!

Sprecher I: Der Ruf nach Recht und Sittlichkeit wird wohl ungehört verhallen, so lange der Führer lebt!

Soldat: Sicherlich! Wir – wir Soldaten sind zu der Überzeugung gelangt, daß keine Veränderung zu erreichen ist, bevor Hitler nicht beseitigt ist!
Nur unsere *Gewissensnot* ist groß:
Wir sind an unseren *Soldaten-Eid* gebunden! Wir schworen, Hitler unbedingten *Gehorsam* zu leisten und bereit zu sein, für diesen *Eid das Leben einzusetzen*.

Sprecher II: Deute ich Ihre Absicht richtig:
Hitler ist zu töten, um die Diktatur durch eine neue Form zu ersetzen?
Durch eine Demokratie?

Kommunist: *Nie* wieder *Weimarer Demokratie*!
Nur breiteste Demokratisierung auf der Grundlage der Volksausschüsse!
Dem *Proletariat* als *aufsteigende herrschende Klasse* gehört die Zukunft!

Sprecher I: Sie wollen also die Diktatur der NSDAP durch die Diktatur des Proletariats ersetzen?

Kommunist: Mit der NSDAP lassen wir uns nicht vergleichen!

SPD: Es geht uns nicht um die *Diktatur des Proletariats*, sondern um die Verwirklichung von *Recht* und *Freiheit* – um die Befreiung der Wirtschaft vom Druck der *Ausbeuterklasse*, nämlich von der *Schwerindustrie* und dem *Großgrundbesitz*!

Liberaler: Das hieße Sozialisierung – nein – niemals! die Wirtschaft darf *nicht* durch *staatliche Eingriffe* gestört und die *Schaffensfreude* und die *Schöpferkraft* erstickt werden! Das *Eigentum* ist und bleibt *die Grundlage* jeden *wirtschaftlichen* und *kulturellen Fortschritts*!

Einzelperson: So sehe ich das auch!
Zunächst ist das *zertretene Recht* wieder *aufzurichten* und zur *Herrschaft* über alle *Ordnung* des *menschlichen Lebens* zu setzen.
Mir geht es weiterhin um die *Anerkennung* der *unverletzlichen Würde* der *menschlichen Person* – und die ist bei euch Kommunisten genau so wenig garantiert wie bei den Nazis!
Glaubens- und Gewissensfreiheit müssen wieder gewährleistet werden.
Es muß *Schluß* gemacht werden mit der *Ausrottung der Juden*!

– Gesprächspause –

(Teil III)

Sprecher II: In Gewissensnot befinden sich die Soldaten!

Soldat: Ja – es geht um die Frage: Mord und Eidbruch!

Sprecher I: Sehen Sie nicht noch eine höhere Anforderung, als ihr Wort – ihren Eid zu halten und nicht einmal vor dem Töten zurückzuschrecken?

Soldat: In diesem Denkprozeß befinden wir uns:
Um der *höheren Verantwortung* willen werden wir uns über Mord und Eidbruch hinwegsetzen müssen.
Hitler ist und bleibt die *Schlüsselfigur*!

SPD: Ehe Hitler gestürzt – ehe er beseitigt wird, müssen doch erst die *Voraussetzungen* dafür geschaffen werden, was denn nach seinen Tod kommen soll.
Wenn das deutsche Volk nicht vorher unbarmherzig über das *Regime* und seine Taten *aufgeklärt* ist, kann nicht ausgeschlossen werden, daß breite Schichten des Volkes sich gegen uns stellen.

Soldat: Das ist durchaus denkbar. Gelingt der Umsturz, und der Sieg wird verspielt, dann haben wir den Krieg verloren, dann wird man uns vorwerfen, nur *eigennützig gehandelt* zu haben.

SPD: Das sagen wir ja: wichtig sind die Vorbereitungen vor der Revolution – die *Massen* unseres Volkes sind *geistig* auf den Sturz des *Regimes vorzubereiten*.
Die *Kräfte* müssen *gesammelt* und *gegliedert* werden, die bereit sind, *aktiv* am *Sturz Hitlers* mitzuwirken.

– Gesprächspause –

(Teil IV)

Sprecher II: Wie soll die geistige Erschütterung des Volkes vor sich gehen – wie wollen sie die aktiven Kräfte sammeln? Wie soll das bei ständiger Überwachung und dem harten Zugriff der Gestapo verwirklicht werden?

SPD: Das geschieht täglich durch zahlreiche namenlose überzeugte Gesinnungsfreunde!

Student: Das dauert zu lange, da vergehen noch Jahre! Jetzt ist der Zeitpunkt der *Abrechnung* gekommen – wir sagen der *Partei* entschlossen den *Kampf* an. Zehn Jahre haben Hitler und seine Genossen die beiden herrlichen deutschen Worte „*Freiheit*" und „*Ehre*" bis zum Ekel ausgequetscht und verdreht. Von uns Studenten erwarter das deutsche Volk – wie 1813 bei der Brechung der napoleonischen Besatzungsmacht – die *Brechung* des *nationalsozialistischen Terrors*.
Wir müssen *handeln* – die *Toten* von *Stalingrad beschwören* uns!

Soldat: Ja – und wir werden handeln! Wir haben den Entschluß gefaßt: einer von uns wird Hitler töten, um den Weg frei zu machen für eine bessere Zukunft.

Sprecher I: Gehandelt wurde am 20. Juli 1944 durch Oberst Graf von Stauffenberg. Er zündete die Bombe im Führerhauptquartier – aber Hitler blieb, wie durch ein Wunder, am Leben.

Sprecher II: Hitlers Rache war furchtbar. Aus seinem Munde erfuhr das deutsche Volk über den Rundfunk: „Eine ganz *kleine Clique* ehrgeiziger, gewissenloser und verbrecherischer dummer Offiziere hat ein *Komplott* geschmiedet, *mich* zu *beseitigen*. Dieser kleine Klüngel *verbrecherischer Elemente* wird nun *unbarmherzig ausgerottet* werden!"

Sprecher I: Alle Verhafteten wurden vom Volksgerichtshof zum Tode verurteilt. In Berlin-Plötzensee wurden sie an Fleischerhaken aufgehängt.

Auswertung der Stunden

Mit dem Einbau der Sprecher in das Rollengespräch wurde die Verbindung der Mitwirkenden zu den zuhörenden Schülern hergestellt. Dadurch wurde das Interesse geweckt und gesteigert. Die Einschnitte mit den Spielunterbrechungen kamen stets zur rechten Zeit, denn die Schüler konnten ihre Fragen loswerden, Zusatzinformationen erbitten und ihre eigene Meinung kundtun. Zu jeder Zeit blieb die umfassende Darstellung für die Schüler übersichtlich und durchschaubar. Die damalige Situation konnte gut nachvollzogen werden.

Alle Schüler der Klasse fühlten sich angesprochen und zeigten ihre Bereitschaft, sich mit dem Problem des Widerstandes auseinanderzusetzen, durch eine aktive Beteiligung am Unterricht.

Planung des zweiten Versuches zu diesem Thema

Dazu ist vorauszuschicken, daß mich meine eigenen heranwachsenden Kinder veranlaßten, noch einmal über meinen ersten Versuch handlungsorientierten Unterrichts zum Thema Widerstand gegen Hitler nachzudenken.

Beide hatten mich heftig mit Argumenten und Vorwürfen zum passiven Verhalten des deutschen Volkes und zu meinem eigenen widerspruchlosen Hinnehmen kritisiert. Diese häusliche Auseinandersetzung mit dem Nationalsozialismus veranlaßte mich, in einem anderen Jahrgang das Rollengespräch zu einem überzeugenden Rollenspiel auszubauen. Gestehen muß ich, daß diese Vorbereitung mit interessierten und spielfreudigen Schülern wesentlich mehr Zeit in Anspruch nahm als beim ersten Mal.

Die Schüler und ich mochten jedoch nicht die gemeinsamen Vorbereitungsstunden missen, weil so viele fruchtbare Gespräche geführt werden konnten, deren Ergebnisse dann in den Unterricht miteingebracht werden konnten.

Kern der Planung – abermals für zwei Stunden – war ein ‚Familiengespräch', in das zusätzliche Informationen eingespielt wurden.

1. Stunde:

- Wieder wird eine Einführung zum Thema gegeben und erklärt, worüber und in welcher Form informiert wird.
- Danach beginnt das Familiengespräch, es wird an der Stelle „Ich muß Klarheit haben ..." unterbrochen, um Gelegenheit zur Diskussion zu geben.
- Danach setzt die Familie das Gespräch fort und wird da unterbrochen, wo gesagt wird, daß sich Pastoren nicht so schnell einschüchtern ließen, um die Szene ‚Soll ich schweigen' einzuspielen, die von einer anderen Gruppe eingebracht wird.
  Die zusehenden Schüler werden gebeten, sich dem Schauplatz auf der gegenüberliegenden Seite des Klassenraumes zuzuwenden.
- Nach dem Spiel wird wieder für eine Gesprächsrunde unterbrochen – das dürfte die Abschlußdiskussion der ersten Stunde sein.

2. Stunde:

- Schüler berichten zunächst über ihre Eindrücke und gewonnenen Erkenntnisse aus der ersten Stunde.
- Die ‚Familie' setzt ihr Gespräch fort und Schüler diskutieren danach über Eid – Eidbruch – 5. Gebot – über Revolutionsvorhaben von Kommunisten und Sozialdemokraten. Dazu werden weitere Informationen gegeben.
- Nun wird Teil III des Familiengespräches gespielt, und an einer bestimmten Stelle die Szene „Abschied" eingebracht. Sie erfolgt ebenfalls auf der gegenüberliegenden Klassenseite.
- Wieder wird zu einem Kurzgespräch unterbrochen.
- Und anschließend verabschiedet sich die Familie mit letzten Informationen.
- Danach folgt die Abschlußdiskussion mit weiteren Informationen.

Durchführung

Es folgt das Rollenspiel (zweiter Versuch)

Widerstand gegen Hitler (Zweiter Versuch)
Als Rollenspiel:

(Teil I)
(Ein Blick in eine deutsche Familie)

Vater: Bleib doch mal sachlich!
„Warum hat denn das deutsche Volk keinen Widerstand gegen Hitler geleistet?"–Das sagst du so anklagend! Hast du schon mal darüber nachgedacht, welche Möglichkeiten es gab, Widerstand zu leisten?

Hans: Möglich ist alles – man muß nur wollen!
Ihr habt damals nicht gewollt!

Christa: Ihr hättet doch Protestmärsche machen können, so wie wir jetzt in Brockdorf oder bei den Instandbesetzungen in Berlin oder Göttingen!

Hans: Ihr hättet z.B. gegen die KZ-Einrichtungen, gegen die Judenvernichtung, gegen die Aufrüstung, gegen den Krieg protestieren können!

Vater: Natürlich hätte man!
Man hätte gegen die Judenvernichtung – gegen Auschwitz protestieren können.
Nur wie?
Gehen wir mal davon aus, ich hätte dazu aufrufen wollen. Hätte ich da eine Anzeige in der Zeitung aufgeben können? Meint Ihr, der Rundfunk hätte meiner Bitte entsprochen?

Mutter: Nichts, gar nichts war damals möglich!

Hans: Aber Handzettel hätte man doch drucken und verteilen können!

Christa: Ja, so wie es die Geschwister Scholl getan haben!

Mutter: Wenn du schon die Geschwister Scholl erwähnst, dann weißt du ja auch, daß sie dafür mit dem Tode bezahlten. Das riskierten nur wenige!

Vater: Protestieren kann man auch nur, wenn man die politischen Hintergründe kennt.
Meinem Aufruf, z.B. gegen die Judenvernichtung zu protestieren, dem wäre doch kaum einer gefolgt.

Christa: Willst du damit sagen, daß die Masse des Volkes nichts von den Greueltaten der Nazis gewußt haben?

Hans: Vater, hast du auch nichts davon gewußt? – Oder hast du aus Angst geschwiegen?
Bitte, beantworte meine Frage!
Ich muß darüber Klarheit haben – ich muß das wissen!
(Abbrechen – diskutieren: welche Tatsachen waren bekannt? War Widerstand möglich?)

(Teil II)

Hans: Vater, langsam begreife ich, wie schwierig es damals war, Widerstand zu leisten, ja, daß es nicht möglich war, öffentlich Kritik zu üben, ohne dafür zu büßen. An einen Protestmarsch war schon gar nicht zu denken.

Mutter: Wer redete, wer wirklich den Mund auftat, der verschwand im KZ!

Christa: Um so mehr wundert es mich, daß es dennoch Leute gegeben hat, die es wagten, gegen die Nazis zu sein. Vater, du weißt doch mehr darüber!

Vater: Wagen konnten sie es nur im Untergrund. Sie trafen sich an geheim gehaltenen Orten – und nur die, die einander wirklich vertrauen konnten.

Hans: Mich würde es interessieren, wer diese Leute waren?

Mutter: In beiden Kirchen waren es zahlreiche Pastoren und Bischöfe, die sich nicht so schnell einschüchtern ließen.
Hört euch einmal an, wie ein mutiger Pastor Rat einholt bei seinem Bischof:

Soll ich schweigen?

Pastor: Herr Bischof, meine Gemeindemitglieder berichten mir, daß wir jeden Sonntag während der Messe von zwei Gestapobeamten überwacht werden.
Die Herren verunsichern mich!
Was soll und was darf ich tun?

Bischof: Sie sollen – nach wie vor und ohne Scheu – das Wort Gottes verkünden.
Das Wort ist die Wahrheit! – Ihnen kann gar nichts passieren!

Pastor: Sicherlich nicht. – Aber da sind doch einige Dinge, die ich in meinem Gottesdienst ansprechen muß –
z. B. „Du sollst Gott, deinem Herrn, nur allein dienen!" und die Nazis wollen den jüdischen Gott durch einen deutschen Gott ersetzen – da kann ich nicht anders, da muß ich die reine Wahrheit verkünden!
oder „Du sollst nicht töten!"
und was machen sie? – Sie lassen in ihren Euthanasie-Projekten die armen Kranken töten. Dieser Massenmord schreit doch einfach zum Himmel!
oder soll ich ja sagen zu ihrer Irrlehre von der Rassenideologie? Soll ich schweigen? Soll ich das unwidersprochen hinnehmen?

Bischof: Nein, verehrter Bruder – wir dürfen nicht schweigen – wir dürfen uns auch nicht mit der antichristlichen Weltanschauung des Regimes abfinden!
Nur vom Leder ziehen dürfen wir nicht!
Dann steht bald kein Pastor mehr auf der Kanzel!

Pastor: Die sollen es nur wagen, mich mitten aus meiner Gemeinde herauszuholen.
Das werden die Gläubigen zu verhindern wissen!

Bischof: Die Gläubigen werden sie ziehen lassen – denn sie können ja gar nichts tun, es sei denn, daß sie sich selbst in Gefahr bringen wollen.

Pastor: Ich kann und will da nicht schweigen, wo sinnlos getötet – wo Menschen grundlos eingesperrt werden!

Bischof: Niemand von der Kirchenleitung wird es ihnen verbieten. Doch politische Kampfansagen nützen derzeit der Kirche wenig – im Gegenteil, sie schaden nur!
Es muß gepredigt werden!
Und wer von den Gemeindemitgliedern Ohren hat zu hören, der wird schon hören!
Verstehen sie mich?

Pastor: Aber natürlich, Herr Bischof!
Ich werde mich in Zukunft in Zucht nehmen – aber stets die Wahrheit verkünden!

Bischof: So ist es recht – Gott sei mit ihnen, mit ihnen und ihrer Gemeinde!

– Gesprächspause –

Vater: Nicht alle wurden so gut beraten.
Aber ihr wolltet ja wohl noch von anderen Gruppen etwas hören. Ich las, daß sich ehemalige Kommunisten, ehemalige Sozialdemokraten, Liberale, Gewerkschaftler, einzelne Widerstandskämpfer, Soldaten und Studenten trafen.

Christa: Hatten alle gleiche Zielvorstellungen?

Vater: In einem Punkt waren sich alle einig:
„Hitler muß weg!"
Hitler war für alle Widerstandskämpfer die Schlüsselfigur.

Hans: Warum sollte nur Hitler beseitigt werden?
Das ganze System war doch nicht in Ordnung!

Vater: Alle hofften, leichteres Spiel zu haben, um die Revolution zum Erfolg zu führen, wenn Hitlers Wille ausgeschaltet wäre, wenn die Vorsehung ihn nun nicht mehr erhalten würde.

Christa: Wer von den Widerstandsgruppen wollte denn die Revolution?

Vater: Dazu kann ich was sagen:
Die Kommunisten und die Sozialdemokraten hatten in ihrem Programm die Revolution festgelegt. Sie waren zu der Überzeugung gelangt, daß mit einer parlamentarischen Opposition kein Umsturz zu erreichen gewesen wäre.

Mutter: Die Liberalen forderten die Wiederherstellung des Rechts, die Wiederherstellung der Grundlage der Sittlichkeit. Das wollten auch einige Persönlichkeiten, die sich in Kreisau trafen. Es war der sogenannte „Kreisauer Kreis", dem auch Goerdeler angehörte!

Hans: Und was taten die Soldaten?

Vater: Die taten sich zunächst sehr schwer!
Viele konnten sich nicht von ihrem Soldateneid entbinden, andere schreckten vor dem Mord an Hitler zurück!

Hans: Die hatten Hemmungen, einen Tyrannen zu beseitigen?
(Diskussion: Eid – Eidbruch – 5. Gebot!)

(Teil III)

Hans: Jetzt kann ich die Soldaten besser verstehen, denn zu den Problemen, Eid und Mord, kamen ja noch die Überlegungen, ob man nicht mit dem geplanten Attentat, den eigenen Kameraden, die im Osten in schwere Abwehrkämpfe verwickelt waren, in den Rücken fiele –
und ob das Volk überhaupt ihre Handlungsweise verstehen würde.

Vater: Und dennoch entschlossen sich die Soldaten, um einer höheren Verantwortung willen, sich über Eidbruch und Mord hinwegzusetzen. Es waren Soldaten, die einmal begeisterte Nationalsozialisten gewesen waren. So auch Graf Stauffenberg! – Hören wir jetzt einmal ein Abschiedsgespräch eines Widerstandskämpfers mit seiner Frau:

Abschied

Christian: Helga, weißt du noch, wie begeistert wir in die Hitlerjugend eintraten, du in die Jungmädelgruppe und ich in das Jungvolk: Die Staatsjugendtage – draußen in der Natur – diese Kameradschaft – im Zeltlager, am Lagerfeuer!

Helga:	Für mich werden es unvergeßliche Erlebnisse bleiben!
Christian:	Auch als junger Offizier habe ich meine Begeisterung für die Partei, für den Führer, für das neue Deutschland nicht aufgegeben. Wieder war es der Glaube an die Gemeinschaft, an das Vaterland, der mich erfüllte.
Helga:	Frau und Mutter wollte ich sein – und viele – viele Kinder haben – alles für Deutschland!
Christian:	An das Zurückliegende darf ich nicht mehr denken! Mir erschien damals alles so rein und sauber – so klar und ehrenhaft – und jetzt!? In Polen dachte ich noch, daß können im Eifer des Gefechts nur Ausrutscher sein, daß Juden zusammengetrieben und erschossen wurden. Im Krieg wird sich das nicht immer vermeiden lassen. Aber was z. Z. in Rußland geschieht, das ist systematische Ausrottung, das ist Mord! – Und die Deportationen aus Frankreich – Holland – Belgien – Ungarn – Rumänien nach Auschwitz! Das kann man nicht mehr sehenden Auges hinnehmen – ich kann das nicht mehr ertragen! Niemals in der Geschichte ist die Würde des Menschen so mit Füßen getreten worden! Wenn ich jetzt nicht mithelfe, Hitler zu beseitigen, dann muß ich mich schämen, ein Deutscher zu sein!
Helga:	Ich fühle wie du – ich verstehe dich so sehr – und doch habe ich Angst, Angst um dich, um eure großartige Gruppe! Christian bleib hier, bleib bei uns! Ich kann nicht leben ohne dich!
Christian:	Mein Liebes, sei vernünftig! Wie wollt ihr mir später noch offen in die Augen schauen, du und die Kinder? Sei guten Mutes – wir schaffen es schon!
Helga:	Leb wohl – Christian!
	–Gesprächspause–
Hans:	Erkennen und handeln, um nicht die Achtung vor sich selbst zu verlieren! Das imponiert mir! So stark möchte ich in der Not auch einmal sein!
Christa:	Ich bewundere die Frau, die Helga! Zu fühlen, daß das Vorhaben ja wohl kaum gelingen kann – und den Mann, den Vater dennoch ziehen zu lassen, das ist Größe!
Vater:	Mit dem 20. Juli 1944 – als Oberst Graf v. Stauffenberg die Bombe im Führerhauptquartier zündete, da endeten die Hoffnungen aller Widerstandskämpfer!
Mutter:	Hitlers Rache war furchtbar!
Vater:	Und nun konnte das Volk gar nicht anders: Nun erst recht! – Kanonen statt Butter! – Räder müssen rollen für den Sieg! Denn – die Vorsehung hatte den „lieben“ Führer sicher nicht umsonst erhalten!

(Abschlußdiskussion)

Auswertung der Stunden

Mit dem ‚Familiengespräch' gelang es, die Schüler ganz persönlich anzusprechen, denn manch einer konnte sich in seiner eigenen Rolle wiederfinden, die er gelegentlich zu Hause schon in den Gesprächen über den Nationalsozialismus mit Eltern und Großeltern gespielt hatte.

Die Schüler waren nun sofort motiviert, Informationen aufzunehmen, eigenen Gedanken nachzugehen, Ansichten zu überprüfen. Spiel und intensive Gesprächssituationen führten dazu, Für und Wider vertiefend abzuwägen und zur eigenen Meinungsbildung vorzustoßen.

Das Einspielen von ‚Soll ich schweigen' und ‚Abschied' lenkte zusätzlich den Blick der Schüler auf andere Erlebnisebenen, die ja leicht nachzuvollziehen waren.

Zusammenfassend kann gesagt werden, daß den Schülern ein nachhaltiger Zugang zur Geschichte und speziell zum Problem des Widerstandes vermittelt worden war.

11. Die Zeit nach 1945

Deutschland in den Jahren 1945/46 U 30

Spielunerfahrene Klasse

Einführung

Über Deutschlands Schicksal nach dem Ende des Zweiten Weltkriegs wurde in den Konferenzen von Jalta (Februar 1945) und Potsdam (Juli/August 1945) entschieden. Amerikanische, britische und sowjetische Staatsmänner einigten sich in wichtigen Punkten:

- Deutschland scheidet – zumindest vorerst – als selbständiger (souveräner) Staat aus. Es wird in vier Besatzungszonen aufgeteilt, die jeweils einer der vier Siegermächte (einschließlich Frankreich) unterstehen.
- Die deutsche Hauptstadt Berlin wird ebenfalls in vier ‚Sektoren' aufgeteilt und gemeinsam verwaltet.
- Die Grenzen Deutschlands werden nach dem Stand von 1937 bestimmt. Ausnahmen sind:
  a) Die Gebiete östlich der Flüsse Oder und Lausitzer Neiße sowie das südliche Ostpreußen. Sie werden unter polnische Verwaltung gestellt. Ein Friedensvertrag soll endgültige Regelungen treffen.
  b) Das nördliche Ostpreußen. Es wird mit der alten ostpreußischen Hauptstadt Königsberg der Sowjetunion überlassen.
  c) Das Saargebiet. Es fällt zur wirtschaftlichen Nutzung an Frankreich. Über seine eventuelle Rückkehr zu Deutschland soll später eine Volksabstimmung entscheiden.

Die Vertreibung der Deutschen aus Ostpreußen, Pommern und Schlesien war schon während der Potsdamer Konferenz im Gange. Viele waren schon vor ‚den Russen' geflohen, die sich für die Verwüstung ihres Landes rächen wollten. Die Umsiedlung war oft von schrecklichen Ereignissen begleitet: Es gab Morde, Vergewaltigungen und andere Verbrechen. Hunderttausende wurden von den Sowjets in die UdSSR verschleppt.

Insgesamt sind über 14 Millionen Menschen aus deutschen Provinzen oder deutschen Siedlungsgebieten in Ost- und Südostpreußen geflohen oder vertrieben worden, über zwei Millionen sind dabei umgekommen.

Flüchtlinge überfüllten die Dörfer und Kleinstädte. Nahrungsmittel und Kleidung gab es nur mit Lebensmittelkarten und Bezugsscheinen. Tauschhandel und Schwarzmarkt blühten. Besonders in den großen zerstörten Städten hungerte die Bevölkerung. Im Hungerwinter 1946/47 sank die Tagesration an Nahrungsmitteln in vielen Städten unter 1000 Kalorien pro Person.

Es fehlten Wohnungen, Möbel und Brennmaterial.

Didaktische Überlegungen

Da waren zunächst die Besatzungszonen: die englische und amerikanische, aus denen sich die Bi-Zone entwickelte, der sich dann die französische anschloß und das Ganze zur Tri-Zone erweiterte. „Wir sind die Eingeborenen von Trizonesien!" sang damals die Bevölkerung voll Sarkasmus. Und schließlich waren da noch die russische Zone und die Vier-Sektoren-Stadt Berlin. Kein Fleckchen Deutschlands war unbesetzt geblieben.

Wie lebten nun die Menschen im ersten Jahr nach der bedingungslosen Kapitulation, die Einheimischen und die zahlreichen Flüchtlinge?

Sie waren oft mit drei Familien in einer Wohnung untergebracht, zum Leidwesen aller. Mitmenschliche Beziehungen wurden da täglich auf eine harte Probe gestellt!

Wovon lebten die Familien und wie gestaltete sich das Leben unter den Besatzungsmächten?

In den Städten blühte der Schwarzhandel, und auf dem Lande wurden bei den Bauern von Hungernden für Schmuck und andere Kostbarkeiten Butter und Kartoffeln eingetauscht.

Viele Männer und Frauen suchten Arbeit bei den Besatzungsmächten, nicht nur um ein wenig Geld zu verdienen, sondern um zusätzlich an Lebensmittel zu gelangen.

Vor den Lebensmittelgeschäften standen Frauen und Männer Schlange, um ihre Rationen auf Lebensmittelkarten kaufen zu können.

Rastlos waren damals die Menschen damit beschäftigt, nach Lebensmitteln, Bekleidungsstücken und Heizmaterialien Ausschau zu halten, jeden Tag neu, nur um mit ihren Familien zu überleben.

Von dieser schlimmen Zeit nach dem totalen Zusammenbruch sollten die Schüler erfahren, sich ein Bild machen, um vielleicht Eltern und Großeltern in ihrem damaligen Kampf ums Dasein, in ihrem Durchhaltewillen, aber auch in ihrem Egoismus besser zu verstehen.

Zuerst wollte ich von dieser Zeit, die ich ja selbst miterlebt habe, den Schülern erzählen, aber dann dachte ich mir, sie werden Informationen viel besser aufnehmen, wenn sie selbst gewisse Situationen nachgestalten dürfen, sie nacherleben können.

Es boten sich so viele Themen an, sie in Szenen nachzugestalten, wie das ‚Zusammenleben auf engstem Raum' – ‚das Tauschen und Organisieren' – ‚das Schlangestehen' und ‚das Organisieren von Lebensmitteln bei der Besatzungsmacht'. Natürlich fielen mir auch noch andere Themen ein, die Nachhaltiges von dieser Zeit vermitteln könnten. Da wäre von ‚Denunzieren und Entnazifizieren' – vom ‚Nürnberger Prozeß' – von ‚heimatlosen Jugendlichen' – und der ‚Währungsreform' zu berichten. Jedoch das große Angebot würde den Rahmen einer Stunde sprengen, und so ist es besser, sich auf ein paar Themen zu konzentrieren.

Wieder gewann ich spielfreudige Schüler für die Erarbeitung von vier Szenen. Dann begann ich mit der Planung der Stunde.

Planung der Stunde

- Begonnen wird mit einer Spieleinstimmung: „Wir gehen im Kreis, ganz normal – wir werden schneller – wir fühlen uns gehetzt – wir haben schwer zu tragen – spürt jeder die Last auf seinem Rücken, das Gewicht in Armen und Händen? – wir schleppen uns weiter – wir gehen alle durcheinander und halten Ausschau nach unseren Angehörigen – wir stehen ängstlich auf der Straße und wissen nicht, wo wir unterkommen werden – endlich finden wir ein Quartier für die Nacht!"
- Danach wird sofort die Frage kommen: Was sollte denn das?
- Ich stelle das Thema der Stunde vor, berichte von der bedingungslosen Kapitulation – von den Ausgewiesenen und deren Schwierigkeiten.
- Nun spielt Gruppe I „Drei Familien in einer Drei-Zimmer-Wohnung."
- Nach einer kurzen Aussprache folgt die Szene: „Tauschen und Organisieren" der Gruppe II.
- Wieder nehmen die Schüler zu dem Gesehenen Stellung, und nach einer Überleitung zum Leben unter der Besatzungsmacht spielt Gruppe III „Als Arbeiter bei der Besatzungsmacht".
- Auch danach gibt es ein Gespräch, und dann spielt zum Abschluß Gruppe IV „Einkauf auf Lebensmittelkarten".
- Das Abschlußgespräch sollte in die Fragestellung einmünden: ‚Was tat sich in den ersten Jahren in der Umerziehung der Bürger zur Demokratie und welche Parteien wurden von den Besatzungsmächten zugelassen.

Es folgen nun die vier Szenen:

Durchführung

Gruppe I:
„Drei Familien in einer Drei-Zimmer-Wohnung"
Auf der Spielfläche werden drei Zimmer und das Bad angedeutet! Mitwirkende:
Herr und Frau Michaelsen – Einheimische – Besitzer der Wohnung.
Herr und Frau Possegga – Flüchtlinge aus Ostpreußen im Rentenalter.
Frau Kempf mit Sonja (12 Jahre) und Helmut (9 Jahre) aus Pommern.

Herr Mich.:	(geht zum Bad, findet die Tür verschlossen) Verdammt noch mal, wie lange soll ich hier noch warten? (rüttelt an der Tür!)
Helmut:	(öffnet nach einer Weile) Entschuldigen Sie, Herr Michaelsen, daß es so lange gedauert hat. Ich habe Durchfall!
Herr Mich.:	Auch das noch! – Hast Du wenigstens sauber gemacht und gut gespült?
Helmut:	Doch – doch! – Es ist alles in Ordnung! (Geht auf sein Zimmer)
Frau Ke.:	Konntest Du dich denn nicht ein bißchen beeilen? Herr Michaelsen war ja wieder recht böse!

Helmut: Nö, ich wollte nicht! – Irgendwo muß man doch mal ungestört sitzen dürfen. – Hier im Zimmer kann ich doch nur immer auf dem Fußboden hokken!

Sonja: Und immer schön leise sein! (fängt an zu singen) Kein schöner Land in dieser Zeit ...
(Helmut singt mit)

Herr Pos.: (klopft an die Wand)
Aufhören! – Das ist ja zum Verrücktwerden, entweder wird auf dem Fußboden herumgeschurrt oder lauthals gesungen!

Frau Ke.: Hört auf, Kinder! – Ich will nicht noch mehr Ärger bekommen!

Sonja: Wir denken nicht daran! Jetzt werden wir wirklich mal lauthals singen!
(fangen wieder von vorn an)

Herr Pos.: Na, das werden wir gleich haben! (geht zum Wohnungsinhaber – klopft)

Frau Mich.: Herein! Ach, der Herr Possegga!

Herr Pos.: Ich halte das nicht mehr aus mit den Kindern von nebenan. Herr Michaelsen, Sie müssen da ein Machtwort reden!

Herr Mich.: Ich habe gerade eine Hausordnung zusammengestellt.

Frau Mich.: Ja, so geht es wirklich nicht mehr! Wir sind ja nicht einmal mehr Herr in unserer eigenen Wohnung! – Will ich in die Küche, dann steht ein anderer an unserem Herd

Herr Mich.: und will ich aufs Klo, dann sitzt schon einer drauf! Hier ist jetzt die Hausordnung, die ich Ihnen gleich in die Hand drücke.

Herr Pos.: Soll ich auch gleich ein Exemplar bei Frau Kempf abgeben!

Frau Mich.: Das will ich selber rüberbringen, ich habe noch ein Wörtchen mit Frau Kempf zu reden, muß ihr mal sagen, wie man Kinder erzieht!

Herr Pos.: Das ist gut! – Auf Wiedersehen! (geht in sein Zimmer) – Hm – da war wieder ein Duft, daß einem das Wasser im Munde zusammenlaufen konnte. Ich habe Dir zwar nichts Eßbares mitgebracht, aber eine schöne Hausordnung!

Frau Pos.: Was haben sie denn gesagt? – Du bist doch nicht ausfallend geworden?

Herr Pos.: Gott bewahre! – Aber nun hör mal gut zu:
Für die Küche ist folgende Regelung vorgesehen:
morgens: von 6^{45} – 7^{15} Uhr Frau Kempf
von 8^{00} – 8^{30} Uhr Familie Possegga
mittags: von 11^{30} – 12^{15} Uhr Familie Possegga
von 13^{15} – 14^{00} Uhr Frau Kempf
abends: von 18^{00} – 18^{30} Uhr Frau Kempf
von 18^{30} – 19^{00} Familie Possegga

Frau Pos.: Das kann nicht wahr sein! – Da haben die Michaelsens doch glatt die Frau Kempf bevorzugt! – Da kann ich doch bloß immer den Dreck wegmachen!
Nein, Johannes, geh hin und sag, daß sie gefälligst Rücksicht auf das Alter nehmen sollen!

Herr Pos.: Ich bin ja mit dem Vorlesen noch gar nicht fertig. Es kommen ja noch ein paar Kapitel:
Bad und Klo – Das Saubermachen von Flur und Treppe – Die Küchenreinigung – Ein Wort zum Stromverbrauch – Ruhe und Ordnung!

Frau Pos.: Das will ich gar nicht mehr hören – das erste reichte mir schon!

Gruppe II:

„Tauschen und Organisieren"

Ort der Handlung: ein völlig zerstörtes Straßenviertel

Mitwirkende: 6 bis 8 Männer und Frauen, ein Polizist.

	A und B stehen herum – C geht langsam auf die beiden zu
C:	Biete Schuhe – suche Butter! (knöpft den Mantel auf, zeigt die Schuhe)
A:	Butter? – Ne! – Aber Zigaretten! Eine Stange für die Schuhe!
C:	Ich rauche nicht! – (entfernt sich, ihm kommt D und E entgegen)
D:	(leise) Tausche Schmuck für Fleisch und Brot!
C:	(zeigt ihm die Schuhe)
E:	Was wollen Sie dafür haben?
C:	Mindestens 1 Pfd. Butter!
D:	Schade, wir suchen selbst was zu essen!
F und G:	kommen hinzu – (beide im Gespräch)
F:	Ich habe noch einen guten Anzug von meinem gefallenen Mann.
G:	Gib ihn bloß nicht so billig her! – Bleib hart! Es müssen Brot – Butter und Eier dabei rausspringen!
H:	(geht an allen vorbei – wiederholt:) Kaufe alles zu Höchstpreisen! – Kaufe alles zu Höchstpreisen!
F:	(zeigt ihren Anzug) Brot – Butter – Eier will ich dafür haben!
H:	Ich zahle Ihnen 2000,– RM
F:	(schüttelt den Kopf) Das ist noch Vorkriegsware!
H:	3000! – 3500 – das ist mein letztes Wort!
G:	Sie hören doch, die Dame braucht etwas zu essen, zu essen, für ihre Kinder!
H:	Warten Sie hier! – Ich bin gleich wieder zurück! – Ich besorge Brot und Butter!
G:	Vielleicht hast Du heute doch mal Glück!

Alle Teilnehmer bewegen sich – bieten an: Zigaretten – Schuhe – Schmuck – suchen: Kartoffeln – Fleisch – Butter – Eier! Ein Polizist taucht auf!
Alle verschwinden!

Gruppe III:

„Als Arbeiter bei der Besatzungsmacht"

Am Kasernentor: 2 englische Soldaten kontrollieren ein- und ausgehende Zivilisten. Mitwirkende: 2 Soldaten – 3 Zivilisten.

Soldat A:	(hält Ziv. 1 an) Your Ticket please!
Ziv. 1:	Ich arbeite hier! (zeigt seinen Ausweis)
Soldat A:	Okay! – Go on!
Soldat A:	George!
Soldat B:	(kommt näher) Please?
Ziv. 2:	Ich möchte den Kommandanten sprechen.
Soldat B:	Was wollen Sie denn vom Kommandanten?
Ziv. 2:	Ich suche Arbeit!

Soldat B:	Okay! – Go on!
	(Zivilist 3 mit einem Mantel bekleidet kommt aus der Kaserne)
Soldat A:	(winkt ihn heran und zeigt auf seine Aktentasche) Open!
Ziv. 3:	(öffnet die Tasche, läßt den Soldaten hineinsehen, der fordert ihn auf, auch seine Brotbüchse aufzumachen)
Soldat A:	Okay! (tastet den Ziv. ab, langt in seine Manteltaschen) Okay!
Ziv. 3:	(geht ein Stück – öffnet dann seinen Mantel und zieht unter der Jacke Butter und Fleisch hervor und steckt alles in seine Aktentasche)
	(guckt sich noch einmal um)
	So, das hat geklappt – und morgen lasse ich mir etwas anderes einfallen!

Gruppe IV:

„Einkauf auf Lebensmittelkarten"

Vor einem Kolonialwarenladen stehen 4 Frauen und ein Mann Schlange – die Gruppe tritt unentwegt von einem Fuß auf den anderen!

Mann:	Langsam reicht mir das!
	Wollen die heute überhaupt nicht aufmachen?
Frau A:	Die werden wohl erst noch die Massen der vielen Waren einsortieren müssen!
Frau B:	Hoffentlich haben sie heute wenigstens Haferflocken. Ich habe noch 250 gr. auf meinen Marken.
Frau C:	Bei Nährmittel nehme ich lieber Mehl, wenn sie haben, da kann ich mehr mit anfangen!
Frau B:	Sie wollen wohl noch einen Kuchen backen! Das kann ich mir nicht mehr leisten, denn ich habe meine 125 gr. Fett schon weg!
Mann:	Wenn die kein Mehl mehr haben, dann nehme ich auch Gries. Meine Frau sagt, daß sie damit viel anfangen kann, sie macht z.B. noch Griessuppe davon oder gibt den Gries zum Mehl hinzu und versucht damit, einen Kuchen zu backen, und den füllt sie dann mit Johannisbeermarmelade.
Frau D:	Haben Sie die Marmelade allein eingekocht?
Mann:	Na klar! – Meine Frau und ich waren auf dem Dorf und haben bei einem Bauern beim Pflücken geholfen!
Frau D:	Ich muß immer alles schwarz besorgen, weil mir meine drei Kinder einfach keine Zeit für Ausflüge aufs Land lassen.
Frau C:	Da müssen Sie ja noch ganz schöne Geldreserven haben!
Frau D:	Das Geld ist längst aufgebraucht – jetzt gebe ich eben meinen Schmuck her – so lang der Vorrat reicht!
Frau C:	Und wenn sie schönen Sachen alle weg sind?
Frau D:	Ich weiß nicht! – Aber kommt Zeit, kommt Rat!
Mann:	Na endlich!

Geschäftsfrau tritt vor: Es tut mir leid, die Waren kommen heute erst gegen 13 Uhr!

Auswertung der Stunde

Wieder einmal hatte sich die ‚Spieleinstimmung' bewährt: Die Schüler waren sofort bei der Sache, und die Spielgruppen fühlten sich durch die pantomimischen Übungen gelöst und motiviert, nun an ihre eigene Aufgabe heranzugehen. Auch die erwartete Frage kam: Was soll denn heute Besonderes geboten werden?

Und bei meiner Hinführung zum Thema kam dann das „Aha", das die Klasse in eine zielgerichtete Erwartungshaltung brachte, die durch die Spiele und Gespräche voll befriedigt wurde.

Der Ablauf der Stunde stand keineswegs unter Zeitdruck, weil sich Schüler heute einmal nicht ablenkten und den Unterricht störten.

Ermutigt durch das Akzeptieren dieser Art der Stundengestaltung und der Aktivität der Schüler, entschloß ich mich, in der gleichen Klasse eine Stunde unter dem Thema: „Alltag und Politik" anzubieten.

Alltag und Politik U 31

Einführung

Nach der bedingungslosen Kapitulation am 8. Mai 1945 übernahm der Alliierte Kontrollrat die Herrschaft in Deutschland. Die Regierungen Englands, der USA, der UdSSR und die provisorische Regierung der französischen Republik bildeten ihn und übernahmen die Befugnisse der deutschen Regierung, des Oberkommandos der Wehrmacht, der Regierungen, Verwaltungen oder Behörden der Länder, Städte und Gemeinden. Der Kontrollrat setzte sich aus den Oberkommandierenden der Streitkräfte zusammen, die gleichzeitig Oberbefehlshaber in ihren Besatzungszonen waren.

Der Kontrollrat sollte die Grundsätze und Ziele, die in Potsdam beschlossen worden waren, durchführen, nämlich die Entmilitarisierung Deutschlands, die Entnazifizierung, die Demokratisierung sowie die Beschaffung und Verteilung der Reparationen.

In einem Aufruf des britischen Militärgouverneurs Montgomery an die deutsche Bevölkerung vom 10. 6. 1945 hieß es: ‚Ihr habt Euch oft gewundert, warum unsere Soldaten Euch gar nicht beachten, wenn Ihr ihnen zuwinkt oder auf der Straße guten Morgen wünscht und warum sie nicht mit Euren Kindern spielen. Unsere Soldaten handeln gemäß ihren Befehlen. Ihr habt dieses Verhalten nicht gerne. Auch unsere Soldaten nicht, da wir von Natur aus ein freundliches und entgegenkommendes Volk sind. Aber der Befehl war notwendig, und ich will Euch erklären, warum.

... Unsere Soldaten haben schreckliche Dinge in vielen Ländern gesehen, wo Eure Beherrscher Krieg führten. Ihr denkt, daß nicht Ihr, sondern Eure Führer für diese Dinge verantwortlich sind. Aber diese Führer sind aus dem deutschen Volk gewachsen. Die Nation ist verantwortlich für ihre Führer. Solange sie erfolgreich waren, habt Ihr frohlockt, gefeiert und gelacht. Das ist der Grund, weshalb unsere Soldaten sich nicht freundlich gegenüber Euch verhalten. Wir haben dies befohlen, um euch, eure Kinder und die ganze Welt vor einem neuen Krieg zu bewahren ...‘

In den Potsdamer Beschlüssen war auch festgelegt worden, daß die nationalsozialistische Partei mit ihren angeschlossenen Gliederungen und Unterorganisationen zu vernichten sei. Jeder nazistischen Propaganda sei vorzubeugen, und eine Umgestaltung des deutschen politischen Lebens auf demokratischer Grundlage und eine eventuelle friedliche Mitarbeit Deutschlands am internationalen Leben waren vorzubereiten. Alle nazistischen Gesetze, welche grundlegend für das Hitlerregime gewesen waren oder eine Diskriminierung auf Grund der Rasse, Religion oder politischer Überzeugung errichteten, sind abzuschaffen. Von nun an untersuchten Kommissionen die Zugehörigkeit der Deutschen zu ehemaligen nationalsozialistischen Organisationen. Im Rahmen der Entnazifizierung wurde mit Fragebogen das politische Verhalten jedes Deutschen erforscht.

Ehemalige Mitglieder der Organisationen wurden in fünf Klassen eingestuft, von ‚unbelastet' und ‚Mitläufer' bis ‚hauptschuldig'. Viele Menschen wurden zu Haftstrafen in Umerziehungslagern oder zu Geldstrafen verurteilt.

Neben der politischen Säuberung wollte man erreichen, daß das deutsche Volk in Zukunft demokratisch dachte und handelte. Dazu mußte vor allen Dingen das Erziehungswesen, z. B. Schulbücher und Lehrpläne, von allen nationalsozialistischen und militaristischen Gedanken befreit werden.

Reichsminister, Führer der NSDAP und einige Befehlshaber der Wehrmacht wurden vor einen internationalen Militärgerichtshof in Nürnberg gestellt. Ihnen warf die Anklage Verbrechen gegen den Frieden und gegen die Menschlichkeit vor. Das Tribunal verhängte 10 Todesstrafen, verurteilte 7 Angeklagte zu Gefängnisstrafen und sprach 3 frei.

Der gemeinsame Industrieplan des Kontrollrats vom März 1946 sah eine Reduzierung der deutschen Industrie auf 50 oder 55 % des Standes von 1938 vor. Es wurden rigorose Demontagen von Industriewerken in allen Teilen Deutschlands durchgeführt, ohne Rücksicht auf die Bedürfnisse des deutschen Wiederaufbaus und die Verbitterung der Arbeiter, die ihre Arbeitsstätten verloren.

Gleich nach dem Einmarsch der Alliierten bildeten vielerorts Sozialdemokraten, Kommunisten und Gewerkschaftler, z. T. mit anderen Gruppen zusammen ‚Antifaschistische Ausschüsse'. Sie besetzten Verwaltungsposten, aus denen man Nazis entfernt hatte, und versuchten, die Versorgung sicherzustellen sowie die Arbeit in den Betrieben wieder in Gang zu bringen. Nach wenigen Monaten wurden auch politische Parteien wieder zugelassen, zuerst von der Sowjetischen Militäradministration, dann von den Amerikanern und Briten und schließlich auch von den Franzosen.

Die Besatzungsmächte setzten Regierungen ein. Sie genehmigten auch die Gründung von Zeitungen und Rundfunkanstalten. Eine zentrale Regierung für ganz Deutschland war jedoch abgelehnt worden. Erst im Laufe der Jahre 1946/47 fanden Landtagswahlen in den einzelnen Ländern statt, deren gewählte Parlamente sich demokratische Verfassungen gaben.

Didaktische Überlegungen

In dem Spannungsfeld von miterlebtem Machtgebaren der Nationalsozialisten einerseits und dem nun fühlbaren absoluten Regieren der Militärregierungen andererseits, zwischen dem Bekennertum und Mitmachen vieler deutscher Bürger und dem passiven und aktiven Widerstand einer Minderheit, zwischen tiefer Depression und Enttäuschung der Aktivisten und Mitläufer und dem Aufatmen und Sich-befreit-fühlen der ehemaligen Gegner des Nationalsozialismus begann die Stunde Null am 8. Mai 1945.

Während die einen sagten: Nie wieder! Nie wieder werde ich mich politisch betätigen! und sich in den Schmollwinkel zurückzogen und zum Teil die Schuld der Niederlage und der Verbrechen den ehemaligen Machthabern zuschoben, erwachten andere zu neuem Leben. Sie sahen in dieser Stunde der historischen Wende eine einmalige Chance eines völligen Neubeginns, einer grundlegenden gesellschaftlichen und wirtschaftlichen Neuordnung.

Wie überall in Deutschland bildeten sich auch in Mainz unmittelbar nach der Kapitulation Arbeiterausschüsse als soziale und wirtschaftliche Selbsthilfeorganisationen.

Die Anregungen dazu kamen z. T. spontan von den Arbeitern und Angestellten aus den Betrieben, gingen aber auch von ehemaligen Gewerkschaftsfunktionären aus, die nun zu einer Neugründung von Einheitsgewerkschaften drängten.

Aus all den Nachteilen, die ihnen aus ihrer Gegnerschaft zum nationalsozialistischen Regime erwachsen waren, leiteten ehemalige Sozialisten, Gewerkschaftler und Kommunisten den moralischen Anspruch ab, beim Wiederaufbau eine führende Rolle einzunehmen.

Der Neue Mainzer Anzeiger berichtete bereits im Januar 1946 über eine Vielzahl von Gewerkschaftsgründungen, zu denen häufig alte Gewerkschaftler einberufen hatten, die schon vor 1933 seine führende Position in ihren örtlichen Organisationen eingenommen hatten.

Im Vordergrund des gewerkschaftlichen Alltags stand zunächst die Sorge ums tägliche Brot im Mittelpunkt ihrer Bemühungen. In den Betrieben führten häufig die Betriebsräte praktische Selbsthilfeaktionen durch. Sie organisierten Kompensationsgeschäfte, bei denen sie Produkte ihres Betriebes gegen Lebensmittel und andere Waren für die Belegschaft eintauschten. Häufig wurden Versorgungsmaßnahmen mit der Werbung von neuen Mitgliedern verbunden. Interessierte Leser fanden Zeitungsanzeigen wie diese:

‚Die Gewerkschaften sind bereit, soweit als möglich, die Winterkartoffeln für ihre Mitglieder in den Betrieben zu beschaffen. Anmeldung bei den zuständigen Gewerkschaften.‘ Daneben kümmerten sich die Gewerkschaften um die Versorgung der Kollegen mit Arbeitskleidung und Schuhen. Und als im November 1946 die Brotrationen in verschiedenen Städten der französischen Zone gekürzt wurden, waren die Arbeiter die ersten, die dagegen demonstrierten.

Aus den Worten des Gewerkschaftsführers Karl Meier wird der spontane Charakter der Proteste deutlich: ‚Wir sind einfach alle aus den Betrieben hinausgegangen und haben in Mainz demonstriert. Das war eine spontane Sache. Und mit Begeisterung sind die Leute mitgegangen. Sie hatten ja alle miteinander Hunger.‘

Der Winter 45/46 war sehr kalt. Die Menschen hungerten und froren. Ihr Hauptaugenmerk richtete sich auf das bloße Überleben, und das versuchte mancher dadurch zu erreichen, indem er sich an die Militärregierung wandte, in der Hoffnung auf materielle Vorteile und auch aus Mißgunst und Rachegefühlen, und dort ehemalige politische Leiter der Partei oder Mitglieder anderer Parteiorganisationen denunzierte.

Der Kriegsverbrecherprozeß in Nürnberg interessierte die Bürger weniger, da man andere Sorgen hatte, obwohl doch u. a. mit Göring, Heß, Streicher, Keitel, Dönitz ehemalige Größen des Reiches vor dem Militärtribunal standen.

Wer für ein Amt vorgeschlagen wurde oder sich darum bewarb, wer in einer Partei eine führende Rolle übernehmen wollte, und wer eine Jugendgruppe zu gründen beabsichtigte, mußte sich vor einer von der Militärregierung gebildeten Kommission zur Überprüfung seiner politischen Vergangenheit stellen, man nannte das ‚Entnazifizierung‘.

Von der englischen Besatzungsmacht war bereits im Sommer 1946 in Vlotho an der Weser eine Jugendbegegnungsstätte eingerichtet worden, die unter dem Namen ‚Jugendhof Vlotho‘ zu einem Begriff für viele Jugendgruppenleiter wurde.

Von so einer Begegnung berichtet ein Zeitzeuge:

‚Als ich im Oktober 1946 als Leiter einer freien Jugendgruppe in Celle an einem zehntägigen Treffen teilnahm, begann schon beim ersten gemeinsamen Abendessen das Beschnuppern der anderen Teilnehmer, die der kath. oder ev. Jugend, der Sportjugend oder den Falken angehörten. Auf die Frage: ‚Zu welcher Gruppe gehörst Du und welche Schwerpunkte habt Ihr in Eurer Arbeit?‘ wurde nur zögernd geantwortet. Auch ich hielt mich zurück, denn mir schien, sogleich wollte sich niemand in die Karten gucken lassen, vielleicht aber auch aus Angst, ob man mit der gerade gewonnenen Anschauung richtig lag. Vorsicht war auch geboten, da sich schnell herumgesprochen hatte, daß auch ein englischer Jugendoffizier – in Zivil auftretend – zur Leitungsmannschaft des Jugendhofes gehörte. In der Vorstellungsrunde der über 40 Teilnehmer hörte ich einem Vertreter der sozialistischen Jugend besonders aufmerksam zu, als er aus seiner politischen Vergangenheit erzählte und über die Jahre berichtete, die er im KZ verbracht hatte. Davon hörte ich zum ersten Mal und war ziemlich erschüttert. – Erschüttert war ich aber auch von etwa 25 Teilnehmern, die vor mir zu Wort gekommen waren, und fast übereinstimmend im Tenor, erklärten: ‚Auch ich habe leider im Jungvolk, in der HJ, im BDM mitgemacht.'

Warum entschuldigen die sich so penetrant? – Ist das wirklich ehrlich gemeint? fragte ich mich wieder und wieder, und dann erklärte ich, wohl akzentuierter als gewollt, daß ich einmal begeistert im Jungvolk Dienst getan hätte, in der HJ schon weniger bei der Sache war, und dann als Soldat erkannt hatte, wozu man meinen Idealismus mißbraucht hätte, und ich mich deshalb entschlossen hatte, nach dem Kriege eine freie und unabhängige Jugendarbeit zu beginnen.'

Auf der Burg Ludwigstein kamen 1947 ehemalige führende Persönlichkeiten der Akademischen Freischaren, des Wandervogels und der Pfadfinder zusammen, um in aufrichtigen Bekenntnissen ihre politische Vergangenheit aufzuarbeiten und daraus Konsequenzen für die Zukunft zu ziehen.

Sie nannten sich ‚Freideutscher Kreis' und versuchten gerade, sich auch regional zu organisieren, um an der gesellschaftlichen Neugestaltung nach besten Kräften mitzuwirken. Ich durfte damals an einem solchen Treffen teilnehmen und diese Abrechnung mit dem eigenen Verhalten in den 12 Jahren miterleben.

Für mich war das ein gelungener Versuch der Vergangenheitsbewältigung, ein Ansatz, wie wir ihn uns noch heute gern für manche Bürgergruppierung wünschten.

Diese Erfahrung als Zeitzeuge möchte ich gern mit in die vorgesehene Unterrichtsstunde hineinnehmen, um somit den Schülern die konträren Verhaltensweisen der deutschen Bürger gleich nach 1945 vor Augen zu führen.

Es sind Situationsbilder, die an verschiedenen Orten der Bundesrepublik spielen und deshalb den Lehrer vor eine reizvolle Aufgabe stellen, diese konträren Bilder in Handlungen umzusetzen.

Einfacher wäre es sicherlich, die verschiedenen Quellen zu erzählen oder in Gruppen bearbeiten zu lassen.

Gegen die Lehrererzählung spricht in diesem Falle jedoch, daß zu viele Fakten in einer Stunde berichtet werden müssen und dadurch zahlreiche Schüler aufgrund ihrer Konzentrationsschwächen nicht zu folgen vermögen – und bei der Gruppenarbeit würden nur Teilgebiete mühselig erarbeitet, ohne damit in das Spannungsfeld vorzustoßen.

Aber wie soll der Handlungsablauf aussehen?

Sollen Szenen gegenübergestellt und darüber hinaus auch räumlich erfahren werden?

Noch weiß ich es nicht. Vielleicht sehe ich bei der Stundenplanung klarer.

Planung der Stunde

– Schüler erzählen, was sie in der letzten Stunde zum Thema ‚Deutschland in den Jahren 1945/46' erfahren haben und äußern noch einmal ihre Meinungen zum Inhalt der Stunde.
  (Zeitplanung: ca. 5 Minuten)
  – Abermals fordere ich zur Spieleinstimmung auf:

'Stellt Euch bitte im Kreis auf! – Wir versetzen uns heute in die Zeit vor dem 2. Weltkrieg und stellen uns vor, am HJ-Dienst teilzunehmen – Also: Geht wieder im Kreis herum, geht schneller, damit Ihr auch pünktlich zum Dienst kommt – jetzt stellt Euch zu zweit nebeneinander auf und marschiert im gleichen Schritt in aufrechter Haltung – nun singt Ihr ein Lied – Halt! – Jetzt bilden wir 2 Gruppen – wir stellen uns gegenüber auf zum Geländespiel – Ihr bewegt Euch langsam aufeinander zu und deutet an, daß Ihr miteinander kämpft – gut, das soll dazu genügen! – Jahre sind vergangen, wir befinden uns mitten im Krieg: Die Sirenen heulen, Eure Stadt wird bombardiert – Ihr lauft aufgeregt und ängstlich durcheinander – nun werft Ihr Euch zu Boden, macht Euch ganz klein, um nur nicht von einem Splitter getroffen zu werden – Ihr kommt langsam wieder hoch, die feindlichen Flugzeuge sind weg – Der Krieg ist vorbei, wir haben das Jahr 1945 erreicht: Englische Soldaten marschieren in Euren Ort ein: Bitte, auf diese Seite die erste Gruppe, Ihr marschiert lässig und selbstbewußt als Sieger daher – und nun die zweite Gruppe, Ihr seid die deutschen Bürger: Ihr geht zögernd auf die Soldaten zu – die Soldaten wenden sich ab, Ihr wollt mit den Deutschen nichts zu tun haben! – Gut so – Danke! – Setzt Euch!' (Zeit: ca. 8 Minuten)

- Danach lasse ich die Deutschlandkarte aufhängen, um verschiedene Orte zeigen zu können und schildere, was sich gewöhnlich nach dem Einmarsch der Alliierten Truppen ereignete, erzähle, wie sich die Deutschen verhielten, wer und warum von seinem Posten in der Verwaltung abgelöst und welche Person mit welcher politischen Überzeugung eingesetzt wurde – berichte kurz von der Arbeit der Militärregierung, von Aktivitäten ehemaliger Widerstandskämpfer, von Denunzianten und der Entnazifizierung. (Zeit: ca. 8 Minuten)
- Danach lasse ich die folgende Kurzszene spielen:

In einem Gemeinschaftsraum einer Massenunterkunft

A: Ich habe den Mainzer Anzeiger mitgebracht – ich hab da eine interessante Stelle gefunden – hört mal zu: 'Die Gewerkschaften sind bereit, soweit als möglich, die Winterkartoffeln für ihre Mitglieder in den Betrieben zu beschaffen. Anmeldung bei den zuständigen Gewerkschaften.'

B: Das ist ja großartig, da gehe ich hin!

A: Bist Du denn Gewerkschaftsmitglied?

B: Ne, das bin ich nicht!

A: Die geben bestimmt nur an Mitglieder Kartoffeln aus!

C: Dann tritt doch ein! – Du wirst mit Kartoffeln versorgt! Ich mach das. – Gleich morgen gehe ich hin!

B: Ich denke ja gar nicht daran, wieder irgendwo einzutreten. – Ne, ne, nachher haben sie mich womöglich wieder am Kragen!

D: Ich weiß zwar auch nicht, wie ich meine Familie durchbringen soll, aber deswegen gehe ich doch nicht zu den Gewerkschaften. – Ich war jahrelang in der Arbeitsfront, und das reicht mir! – Als ich mich jetzt um eine Stelle bewarb, da schickten sie mich zuerst zur Entnazifizierung. Dort drückten sie mir einen Fragebogen in die Hand, und als ich feststellte, was die alles wissen wollten, da habe ich lieber verzichtet.

A: Wer sich früher nichts zuschulden kommen ließ, der braucht doch vor der Entnazifizierung keine Angst zu haben. – Ich habe das schon hinter mir!

E: Das mußt Du gerade sagen – Du warst doch ein ganz eifriger Nazi, Dich kenne ich! – Bestimmt hast Du nicht alles angegeben.

A: Das habe ich auch nicht!
F: So einen wie Dich müßte man bei den Franzosen anzeigen!
A: Mach das, geh nur hin und denunziere mich! – Zeig denen, was Du für ein guter Deutscher bist!

(Zeit: ca. 5 Minuten)

- Das Rollenspiel wird ausgewertet.
- Dann werden Tische und Stühle an eine Seite des Klassenraumes gestellt, um Platz für verschiedene Darstellungen nebeneinander zu haben: Raumskizze.

Gruppe der Arbeiter	Entnazifizierung	Jugendhof Vlotho	Kriegsverbrecherprozeß in Nürnberg

- Die Gruppen nehmen ihre Plätze ein, erhalten einen kurzen vorbereiteten Text, den sie sich ansehen und besprechen sollen, dann arbeite ich nacheinander mit jeder Gruppe. Jede Situation wird kurz angespielt, um das Spannungsfeld wahrnehmbar zu machen. – Anschließend erfolgt die Auswertung.

Texte: Gruppe der Arbeiter
‚In mehreren Städten der französischen Besatzungszone wurden im Winter 1946 die Brotrationen gekürzt. Daraufhin legten die Belegschaftsmitglieder in verschiedenen Betrieben spontan die Arbeit nieder und zogen auf die Straße, um gegen die Maßnahmen der Militärregierung zu demonstrieren.'

Es waren die ersten Proteste, die stattfanden.

Überlegt, was das für die Arbeiter damals bedeutete, denn in der Hitlerzeit hatten sie es nicht wagen dürfen, gegen eine Anordnung von oben zu protestieren!'

Gruppe: Entnazifizierung
An einem Tisch sitzen fünf Kommissionsmitglieder – vor dem Tisch steht der Antragsteller – der Vorsitzende hält seinen ausgefüllten Fragebogen in der Hand und fragt:
Vors.: Sagen Sie mal, waren Sie gleich im März 1933 in die NSDAP eingetreten?
Antr.: Ich wollte meinen Posten in der Stadtverwaltung nicht verlieren. – Es gab doch so viele Arbeitslose!
Vors.: Und sie haben in den nachfolgenden Jahren keine Führungsfunktionen in der Partei oder deren Gliederungen ausgeübt?
Antr.: Nein, ich war nur Mitglied in der Partei und einfacher SA-Mann.
Beis. 1: Und das sollen wir Ihnen glauben?
Beis. 2: Können Sie uns denn wenigstens Zeugen benennen?

Wie mag das Verfahren ausgegangen sein? Welche Fragen sind wohl noch gestellt worden?

Gruppe: Jugendhof Vlotho
‚Bereits im Sommer 1946 hatte die englische Militärregierung in Vlotho eine Jugendbegegnungsstätte eingerichtet.

Die Leitungsmannschaft setzte sich aus je einem Vertreter der ev., der kath., der sozialistischen und der Bündischen Jugend zusammen. Als Beauftragter der Militärregierung fungierte in der Leitungsmannschaft ein englischer Jugendoffizier.

Aus allen damals bereits zugelassenen Jugendgruppen kamen Jugendleiter nach Vlotho, um an zehntägigen Lehrgängen teilzunehmen. Auch Jugendliche aus England, Holland, Dänemark, USA und Frankreich wurden dazu eingeladen.

Was bezweckte die englische Militärregierung mit dieser Begegnungsstätte? – Und was sollten die Ausländer dort?

Gruppe: Kriegsverbrecherprozeß in Nürnberg

‚Im Auftrag des Alliierten Kontrollrates war ein internationales Militärtribunal eingesetzt worden, um in Nürnberg, an dem Ort, an dem die NSDAP früher ihre Macht auf den Parteitagen demonstrierte, Parteiführer, Minister und hohe Militärs für ihr Handeln zur Verantwortung zu ziehen.'

Die Hauptanklagepunkte waren:

‚Verbrechen gegen den Frieden (Bruch internationaler Abmachungen, Auslösung des zweiten Weltkrieges) und gegen die Menschlichkeit (Massenmorde an den Juden und an der Bevölkerung in den besetzten Gebieten)'

Was wollten die Alliierten mit dem Prozeß erreichen? Besprecht euch und diskutiert vor den Mitschülern über den Prozeß!

Auswertung der Stunde

Es war mir klar, daß ich sehr konzentriert arbeiten mußte, um nicht zeitlich ins Gedränge zu kommen.

Da die Schüler sehr gespannt waren, was sie wohl dieses Mal tun sollten, waren sie eifrig bei der Sache.

Bis zur Aussprache nach dem Rollenspiel blieb ich voll im Zeitplan.

Schwieriger wurde es bei der Gruppenarbeit. – Ich hatte den Schülern einige Minuten Zeit gelassen, sich in den Gruppen mit den Texten zu beschäftigen. Ich begann dann sogleich mit der Umsetzung.

In der ersten Gruppe überraschten die Schüler mich mit verschiedenen Vorschlägen: Ein Arbeiter muß sagen, das lassen wir uns nicht gefallen, die Brotrationen dürfen nicht gekürzt werden! – Wir müssen etwas dagegen tun! – Wir gehen auf die Straße! – Aber dürfen wir das denn? –

Und so entwickelte sich schnell eine kurze Szene, in der die Arbeiter zum Protest auf die Straße gingen.

In der zweiten Gruppe fanden die Schüler tatsächlich zusätzlich Fragen: Haben Sie sich auch nicht getraut, in jüdischen Geschäften zu kaufen? Und warum haben Sie nichts gegen die Judendeportationen unternommen?

Die Jugendhofgruppe deutete die Absicht der Engländer so: Die wollten in der Begegnung deutscher mit ausländischen Jugendlichen die demokratische Jugendarbeit fördern und mit dem englischen Jugendoffizier gleichzeitig alles kontrollieren – und in der letzten Gruppe wurde vor allen Klassenmitgliedern recht heftig diskutiert: Die wollten doch nur Rache nehmen! – Ein Militärgericht ist bestimmt kein freies und unabhängiges Gericht! – Die Angeklagten waren doch wirklich Verbrecher! – Es war doch schlimm, was sie mit den Juden gemacht haben! – Die Todesstrafe war schon gerecht!

Bei dieser Diskussion klingelte es zur Pause. Wir setzten jedoch das Gespräch fort und faßten das Gesehene und Gehörte zusammen.

III Literaturverzeichnis

1. Lesetips für Schüler

Zu U 1 und U 2

K. Sinos: „Der Stamm der Mammutjäger" Franckh, Stuttgart (JB)
B. Wood / G. Caselli: „Die Welt der Urmenschen" Neuer Tessloff Verlag, Hamburg 1976 (JB)
F. Behn: „Vorgeschichtliche Welt" Cotta Verlag, Stuttgart (SB)
S. Pigott (Hrsg.): „Die Welt aus der wir kommen. Die Vorgeschichte der Menschheit" Knaur Verlag, München 1961 (SB)
H. Baumann: „Die Höhlen der großen Jäger" Ravensburger TB 57 (JB)
E. André / D. Vogellehner: „Wir entdecken die Vorzeit" Herder, Freiburg (SB)
A. Ronen: „Das Abenteuer der Vorgeschichte" Benzinger, Köln 1978

Zu U 3

H. Baumann: „Die Welt der Pharaonen" Ravensburger TB 35 (JB)
A. Millard: „Große Völker der Vergangenheit: Die Ägypter." Falken Verlag, Wiesbaden 1977 (JB)
E. Nack: „Ägypten und der Vordere Orient im Altertum." Überreuter, Wien 1977 (SB)

Zu U 4

C. M. Bowra: „Griechenland, von Homer bis zum Hellenismus" rororo Life 31, 1972 (SB)
W. Mondfeld: „Entscheidung bei Salamis" Arena, Würzburg 1976 (JB)

Zu U 5

J. C. Grund: „Geiseln für Cäsar" Loewes Verlag (JB)
D. Macauly: „Eine Stadt wie Rom" dtv 7902 (JB)
A. Millard: „Das war Rom" Ravensburger TB 749 (JB)
„So lebten die alten Römer" Delphin Verlag (JB)

Zu U 6

J. C. Grund: „Feuer am Limes" Loewes Verlag (JB)
E. F. Jung: „Sie bezwangen Rom" Heyne 7081 (SB)
R. Pörtner: „Die Erben Roms. Städte und Stätten des deutschen Früh-Mittelalters" Knaur Verlag TB 132 (SB)
L. Radauer: „Attila und seine wilden Reiter" Styria, Graz (JB)

Zu U 7–U 9

A. Fermautle: „Kaiser, Ritter und Scholaren" rororo Life 34 (SB)
F. Stöckle: „... bis er gesteht" Arena Verlag, Würzburg (SB)
K. Hampe: „Das Hochmittelalter. Geschichte des Abendlandes von 900–1250" Böhlau Verlag, Köln 1977 (WD)

Zu U 10–U 15

Ch. Dericum-Pross: „Des Geyers schwarze Haufen" Bertelsmann, München 1980 (HR)
A. Borst: „Lebensformen im Mittelalter" Ullstein Sachbuch 34004
„Illustrierte Weltgeschichte: Das Mittelalter" Tessloff Verlag (SB)
H. Pleticha: „Landsknecht, Bundschuh, Söldner" Arena, Würzburg 1974 (SB)
O. Zierer: „Aus Knechtschaft zur Freiheit – Geschichte des Bauerntums" Salzburg 1979 (SB)
J. Coudy (Hrsg.): „Die Hugenottenkriege in Augenzeugenberichten" dtv TB 2707 (QS)
F. Habeck: „Der einäugige Reiter" Jugend und Volk, Wien o.J. (JB)

W. Knapp: „Giordano Bruno. Der Ketzer von Nola“ Urachhaus, Stuttgart 1982 (SB)
M. Friesenegger: „Tagebuch aus dem 30jährigen Krieg“ München 1974 (Q)
Ch. Grimmelshausen: „Leben und Abenteuer des Simplicissimus“ Hoch, Düsseldorf 1975 (HR)
W. zu Mondfeld: „Wallenstein“ Bertelmann, München 1978 (JB)
T. Röhrig: „In dreihundert Jahren vielleicht“ Arena, Würzburg (JB)

Zu U 16–U 18

F. Feld: „Johannes Gutenberg“ Boje, Stuttgart 1979 (JB)
M. Wein (Hrsg.) „Ich kam, sah und schrieb – Christoph Kolumbus, Bordbuch“ – Augenzeugenberichte aus fünf Jahrtausenden, dtv TB 187/188, 1964
H. Baumann: „Der Sohn des Kolumbus“ Loewes, Bindlach
O. Litowinsky: „Die letzte Fahrt des Christoph Kolumbus“ Ueberreuter, Wien
J. Misch: „Der letzte Kriegspfad“ Union, Fellbach (JB)
G. Sachse: „... und wo ist des Indianers Land?“ Bertelsmann, München (JB)
G. Sachse: „Hinter den Bergen die Freiheit“ Bertelsmann, München (JB)
W. Fährmann: „Der lange Weg des Lukas B.“ Arena, Würzburg
A. Müller-Tannewitz: „Die rote Lady“ Thienemann, Stuttgart
A. Müller-Tannewitz: „Marys neue Schwestern“ Thienemann, Stuttgart

Zu U 19

Ch. Blitzer: „Söldner, Diener, Majestäten“ rororo Life 37, Hamburg 1973 (SB)
Saint-Simon: „Der Hof Ludwig XIV.“, Reclam 1983 (QS)
K. Malettke: „Jean-Baptiste Colbert – Aufstieg im Dienste des Königs“ Muster-Schmidt, Göttingen 1977 (WB)
G. Ziegler: „Der Hof Ludwig XIV. in Augenzeugenberichten“ dtv 2711 (QS)
E. Stahleder: „Absolutismus und Aufklärung“ München 1974 (WD)
J. Hirschinger: „Nennen Sie das Gerechtigkeit, Sire?“ Thienemann, Stuttgart 1978
M. Hoffmann: „Der Landreiter von Fehrbellin“ Anrich, Kevelaer (JB)

Zu U 20

O. Zierer: „Bild der Jahrhunderte (Doppelband 33/34) Die große Revolution“, Verlag Sebastian Lux, Murnau 1953
P. Sethe: „Die großen Tage“ dtv München 1965
P. Hartwig: „Die Französische Revolution“ Klett Verlag, Stuttgart 1972
C. Rudé: „Die Massen in der Französischen Revolution“, München 1961
G. Pernoud / S. Flaissier: „Die Französische Revolution in Augenzeugenberichten“ Rauch Verlag, Düsseldorf 1962
J. Wittkop: „Graf Mirabeau“ Reutlingen o.J. (SB)
„Französische Revolution für Anfänger“ Rowohlt Sach-Comics 7546 (SB)

Zu U 21

R. Federmann: „Barrikaden, Jugend und Volk“ Wien 1973
H. Jessen (Hrsg.): „Die Deutsche Revolution 1848/49 in Augenzeugenberichten“ dtv 927 (QS)
D. Reiche: „Wie Spreu vor dem Wind“ Anrich, Kevelaer 1981 (JB)
D. Reiche: „Der verlorene Frühling“ Anrich, Kevelaer 1981 (JB)
C. Schurz: „Flucht aus der Festung Rastatt“ Waldkircher Verlagsgemeinschaft, Waldkirch 1983 (QS)

Zu U 22

F. Selmeier: „Eisen, Kohle, Dampf. Die Schrittmacher der industriellen Revolution“ rororo 7712 (SB)
H. Burton: „Die Aufrechten“ dtv junior 70040 (JB)

W. Ruppert: „Die Fabrik. Geschichte von Arbeit und Industrialisierung in Deutschland“ Beck, München 1983 (WD)
P. Lahnstein: „Report einer ‚guten alten Zeit‘“ dtv 1290 (QS)
U. Wölfel: „Jakob, der ein Kartoffelbergwerk träumte“ Anrich, Neunkirchen 1980 (JB)

Zu U 23

R. Frank: „Der Junge, der seinen Geburtstag vergaß. Ein Roman gegen den Krieg.“ Ravensberger TB 1505 (JB)
L. Reimers: „In Europa gehen die Lichter aus“ dtv 1699 (SB)
B. von Suttner: „Lebenserinnerungen, Reden und Schriften“ Fischer TB 2053 (QS)
S. Haffner: „Die sieben Todsünden des Deutschen Reiches im Ersten Weltkrieg“ (SB)
J. Mihaly: „... da gibts ein Wiedersehen! Kriegstagebuch eines Mädchens 1914–1918“ dtv 10485 (Q)
E. M. Remarque: „Im Westen nichts Neues“ KiWi TB 50 (HR)
K. Schwabe: „Th. Woodrow Wilson“ Musterschmidt, Personen und Geschichte 62 (WD)

Zu U 24

Fallada: „Kleiner Mann, was nun?“ rororo-Verlag
E. Kästner: „Fabian“ dtv 11006
W. Treue (Hrsg.): „Deutschland in der Weltwirtschaftskrise in Augenzeugenberichten“ dtv 1161 (QS)
H. Vinke: „Karl von Ossietzky“ Dressler, Hamburg 1978 (JB)
W. J. Bütow: „Hindenburg“ Bastei Lübbe TB 61078 (SB)
„Als Hitler kam. 50 Jahre nach dem 30. Januar 1933 – Erinnerungen prominenter Augenzeugen“ Herder TB 978 (QS)

Zu U 25–U 28

H. Burger: „Warum warst Du in der Hitlerjugend?“ Rotfuchs 194 (JB)
H. Focke / U. Reimers: „Alltag unterm Hakenkreuz“ Rowohlt TB 4431 (QS)
A. Grosser (Hrsg.): „Wie war es möglich? Die Wirklichkeit des Nationalsozialismus“ Fischer TB 3436 (WD)
M. von der Grün: „Wie war das eigentlich? Kindheit und Jugend im Dritten Reich“ Köln 1985 (QS)
M. von Hellfeld / A. Klönne: „Und sie werden nicht mehr frei – Jugend im Dritten Reich“ Köln 1985 (QS)
L. Ossowski: „Stern ohne Himmel“ Beltz & Gelberg, Weinheim
J. Kerr: „Als Hitler das rosa Kaninchen stahl“ Ravensburger TB 600 (JB)
A. Frank: „Geschichten und Ereignisse aus dem Hinterhaus. Auswahl aus den Aufzeichnungen der Anne Frank“ Fischer Boot 7533 (TB)
C. Asscher-Pinkof: „Sternkinder“ (Aus dem Holländischen von Wilhelm Niemeyer) Oetinger, Hamburg
H. Focke / D. Hilavorá: „Alltag der Gleichgeschalteten“ Rowohlt TB 5256 (QS)
N. Diekmann / D. Hilavorá: „Ich habe keinen Namen“ Arena Tb 1510
L. Hart: „Geschichte des Zweiten Weltkrieges“ 2 Bde, Bastei Lübbe Tb 65021/22 (SB)
D. Orgel: „Ein blauer und ein grüner Luftballon. Ein Mädchen erlebt den ‚Anschluß‘ Österreichs 1938“ Bertelsmann, München

Zu U 29

R. Baumgärtner: „Deutsche, die sich nicht beugten. Widerstand gegen den Nationalsozialismus in Deutschland“
Herder: Erlebte Geschichte, lebendige Politik. Freiburg 1982 (SB)
F. Fénélon: „Das Mädchenorchester von Auschwitz“ dtv 1706 (SB)
H. Graml (Hrsg.): „Widerstand im Dritten Reich. Probleme, Ereignisse, Gestalten“ Fischer Tb 4319 (WB)

H. Vinke: „Das kurze Leben der Sophie Scholl“ Ravensburg 1983 (JB)
R. Welsh: „In die Waagschale geworfen“ Jugend & Volk, Wien

Zu U 30–31

F. Baer: „Die Magermilchbande“ Knaus, Hamburg 1979 (JB)
K. P. Creamer: „Leberwurst aus Sägespänen“ Beltz, Weinheim 1985 (JB)
F. Grube / G. Richter: „Die Schwarzmarktzeit. Deutschland zwischen 1945–1948“ Hamburg 1979 (SB)
W. Benz (Hrsg.): „Die Vertreibung der Deutschen aus dem Osten“ Fischer Tb 4329 (WD)
G. Fuchs: „Die Amis kommen. Ein Hitlerjunge erlebt das Kriegsende“ Rotfuchs 359 (JB)
K. Kordou: „Wir haben halt einfach zugepackt“ Ravensburger Tb 873 (JB)
O. Pfeiffer: „Nelly oder Frieden ist was anderes.“ Dressler, Hamburg
E. M. Schmidt: „Ein kleines Lächeln“ Ensslin, Reutlingen
K. Kordou: „Ein Trümmersommer“ Ravensburger Tb 1619
W. Maser: „Nürnberg – Tribunal der Sieger“ Econ-Verlag, Düsseldorf

2. Verzeichnis der zitierten Literatur

Die Reise in die Vergangenheit, Hrsg. H. Ebeling u. a., Braunschweig 1972
Geschichte für Morgen, Hrsg. D. Heumann u. a., Frankfurt a. M. 1980
Geschichtliche Weltkunde, Hrsg. Prof. Dr. W. Hug, Ausgabe in 3 Bd., 2. Aufl., Verlag M. Diesterweg, Frankfurt a. M. 1977 (Nr. 3310, 3312, 3313)
Hug, Wolfgang: Geschichtsunterricht in der Praxis der Sekundarstufe I, Verlag Moritz Diesterweg, Frankfurt a. M. 1985
Loch, Werner / Hoffmann, Alfons: Erfindungen und Entdeckungen – Reformation und Konfessionskriege, Limburg 1980
Loehndorf, Klaus-Jürgen, Ursachen und Beginn des Bauernkrieges in: Hauptschulmagazin 7/81 (Ehrenwirth Verlag)
Meyer, Conrad Ferdinand: Gesammelte Werke in 5 Bd., Hrsg. W. Ignee, Nymphenburger V., München 1985
Münchhausen, Börries v., Das dichterische Werk in 2 Bd., Dt. Verlagsanstalt, Stuttgart 1950
Ulrich, Volker, Der Bauernkrieg von 1525 in: Geschichtsdidaktik, 4 Jg., Heft 3, 1979
Volks- und Berufsschule der Stadt Mainz. Jahresbericht 1938/39, Hrsg. Stadtschulamt Mainz
Wir sind ein Teil der Erde. Die Rede des Häuptlings Seattle vor dem Präsidenten der Vereinigten Staaten von Amerika im Jahre 1855, Walter Verlag, Olten und Freiburg i. Brsg., o. J.
Zierer, Otto: Das Bild unserer Zeit, Verlag S. Lux, München 1953
Zierer, Otto: Die große Revolution, Verlag S. Lux, München 1955

Die Autoren dieses Buches

Friedrich Jahn, geb. 1921; Studium an der PH Celle; Lehrer an Grund- und Hauptschulen in Nordrhein-Westfalen und Schleswig-Holstein; Studienleiter für Geschichte und Pädagogik im Seminar Kiel; pensioniert seit 1985.

Holger Jahn, geb. 1960; Studium an der PH Kiel; Hauptschullehrer in Kiel.

Bildnachweis

Archiv für Kunst und Geschichte, Berlin: S. 103; Bildarchiv Preuss. Kulturbesitz, Berlin: S. 191; Photographie Bulloz, Paris: S. 138 u.; Frankonius Verlag GmbH, Limburg: S. 116; Hachette Photothèque, Paris: S. 138 o.; Landesbildstelle Rheinland: S. 34; J. Thode, Mönkeberg: U 1, S. 8, 69, 107, 130, 175; VG Bild-Kunst, Bonn, 1992: S. 148.